이한우의 지인지감 06

이한우의
사기
3

이한우의 사기

3 표(表) 권13-권22
●●●○○○○○○○

『사기집해』『사기색은』『사기정의』
삼가주 완역 해설판

21세기북스

일러두기

1. 삼가주(三家注)는 원칙적으로 모두 번역하되 발음을 풀이한 것이 기존 발음과 같은 경우에는 대부분 생략했다. 또 중복되거나 지금 상황과 동떨어진 주는 생략했다.

2. 삼가주란 배인(裴駰)의 『사기집해(史記集解)』, 사마정(司馬貞)의 『사기색은(史記索隱)』, 장수절(張守節)의 『사기정의(史記正義)』를 뜻하며, 삼가주의 번역은 각주 앞에 각각 【집해(集解)】, 【색은(索隱)】, 【정의(正義)】로 표시해 구분했다.

3. 【 】표시로 시작하지 않는 주석은 옮긴이의 주이며, 삼가주와 다른 서체로 표기했다. 삼가주에 옮긴이의 주를 단 경우에도 마찬가지이다.

4. 발음 풀이 중에 간단한 것은 주(注)로 처리하지 않고 대부분 본문에 포함해 [○-○]이라는 식으로 표현했다. 또 역자가 뜻을 분명히 하기 위해 [○=○]이라는 표현을 쓰기도 했다.

5. 지나치게 미세해 지금의 독자에게 불필요한 주는 생략했고, 번역문에 녹였을 때는 따로 주(注) 표시를 하지 않았다.

6. 번역 원전은 인터넷사이트 '한천초려(漢川草廬)'를 기본으로 삼았다.

차례

권13 ─ 삼대세표(三代世表) 제1

권13 삼대 세표(三代世表) 제1[1]

태사공(太史公)이 말한다.

"오제(五帝)와 삼대(三代)의 기록[2]은 아득히 오래되었다[尙矣][3]. 은(殷) 이전의 경우에는 제후들이 누구이며 어떠했는지를 나열할[譜][4] 수가 없고, 주(周) 이후부터는 마침내 자못 드러낼 수 있다.

공자(孔子)가 사료[史文]에 근거해『춘추(春秋)』의 차례를 정하면서 원년(元年)의 벼리를 세우고 때[時]와 일월(日月)을 바로잡은 것이 대체로 매우 자세하다. (반면에)『상서(尙書-서경)』편찬[序]의 경우에는 너무 생략되었기에 (해당 사건이나 말의) 연(年)과 월(月)이 없거나, 간혹 좀 있다 해도 빠진 곳이 많아서 제대로 기록할 수가 없었다. 그래서 의심스러우면 그러한 의심을 그대로 전했으니[疑則傳疑], 이는 대개 신중했다고 할 것이다.

내[余]가『첩기(諜記)』를 읽어보니[5] 황제(黃帝) 이래로 모두 연수(年數)가 있었다. 역대 보첩(譜諜)과 (음양가의) 오덕(五德)이 끝나면 다시 시작해[終始] 전해지는 것[傳][6]을 고찰해보건대, 옛글들은 모두 서로 같지가 않고 어그러지거나 차이가 났다. (『상서(尙書-서경)』를 편찬한) 부자(夫子-공자)가 그 연월(年月)을 논해 정리하지[論次] 않은 것이 어찌 하릴없이 그랬으랴! 이에 오제계첩(五帝繫諜)과『상서(尙書)』를 갖고서[7] 세기(世紀)를 모아 황제 이래로부터 공화(共和)[8]까지[訖=至]를 세표(世表)로 만들었다."

1) 【색은(索隱)】 응소(應劭)가 말했다. "「표(表)」란 그 일을 기록해 보여주는 것이다." 살펴보건대[案],『예기(禮記)』에「표기(表記)」편이 있는데 정현(鄭玄)이 말하기

를 "「표(表)」란 '밝히다[明]'라는 뜻이다"라고 했다. 이는 일이 미미해 아직 드러나지 않은 것을 모름지기 겉으로 드러내 밝히는 것[表明]이니, 그래서 표(表)라고 한 것이다. 【정의(正義)】 대(代)라고 말한 것은, 오제(五帝)의 경우 너무 오래되어[久古] 전해지고 기록된 것이 적지만 하(夏)·은(殷) 이후부터는 마침내 『상서(尚書)』에 간략하게나마 연월(年月)이 있기 때문에 오제의 사적(事迹)에 비해 쉽게 밝힐 수 있으니, 그래서 삼대(三代)를 들어 「표」의 머리로 삼은 것이다. 「표(表)」란 밝히는 것이다. 즉 (임금의) 일과 거동[事儀]을 밝혀서 말한 것이라는 뜻이다.

2) 【색은(索隱)】 살펴보건대, 이 표(表)는 (『대대례기(大戴禮記)』) 「제계(帝繫)」와 (손씨의) 『계본(系本-세본)』에 바탕을 두었다. 그 내용이 오제와 삼대를 서술하고 있으면서도 편 이름에 오직 삼대(三代)만 표시한 것은, 삼대가 대대로 이어진 것이 장원(長遠)하기 때문에 마땅히 편의 이름으로 삼은 것이다. 또 삼대는 모두 오제로부터 나왔으므로, 그래서 삼대를 서술할 때는 반드시 오제부터 시작한 것이다.

3) 【색은(索隱)】 유씨(劉氏)가 말했다. "상(尚)은 아주 오랜 옛날[久古]이다. '아득히 오래되었다[尚矣]'는 글은 원래 『대대례(大戴禮)』에 (처음) 나왔는데, 거기에서의 글은 '황제(黃帝)는 아득히 오래되었다'이다."

4) 【정의(正義)】 보(譜)는 '펼치다[布]'라는 뜻이다. 그 일을 나열한다는 말이다.

5) 【색은(索隱)】 譜의 발음은 첩(牒)이다. 첩(牒)이란 계보와 시호[系諡]를 기록한 책이다. 아래에 나오는 역대 보첩[曆譜]이란, 역대(歷代)의 족보를 가리킨다.

6) 【색은(索隱)】 이는 제왕(帝王)들이 서로 교체되면 금목수화토(金木水火土)의 다섯 가지 다움[五德]이 다음 임금에게 전해져서 서로 계승하게 되고 끝이 나면 다시 시작하게 되니[終而復始], 그래서 말하기를 '종시오덕지전(終始五德之傳)'이라고 한 것이다.

7) 【색은(索隱)】 살펴보건대 『대대례(大戴禮)』에는 「오제덕(五帝德)」과 「제계(帝繫)」 편이 있으니, 이는 대개 태사공(太史公)이 이 두 편의 첩(譜)과 『상서(尚書)』를

취해 이를 모아서 황제 이래의 일을 기록함으로써 계표(系表-계통표)로 삼았
다는 말이다.

8) 중국 주(周)나라 여왕(厲王)이 국인(國人-도성 사람)들의 폭동으로 쫓겨난 뒤 일부 제후와 재
상이 왕을 대신해서 집정(執政)하던 시기를 뜻한다. 왕이 없이 정치가 이뤄지는 공화(共和)란
말은 여기에서 비롯했다.

제왕세국호 (帝王世國號)	전욱으로 이어짐 (顓頊屬)	곡으로 이어짐 (佶屬)	요로 이어짐 (堯屬)
황제(黃帝) 칭호는 유웅(有熊)이다.	황제가 창의(昌意)를 낳고	황제가 현효(玄囂)를 낳고[1]	황제가 현효를 낳고
제전욱(帝顓頊) 황제의 후손이다. 황제에서 시작해 전욱까지 3세(世)로, 칭호는 고양(高陽)이다.	창의가 전욱을 낳으니, 고양씨(高陽氏)다.	현효가 교극(蟜極)을 낳고	현효가 교극을 낳고
제곡(帝佶)[3] 황제의 증손(曾孫)이다. 황제에서 시작해 제곡까지 4세로, 칭호는 고신(高辛)이다.		교극이 고신을 낳으니	교극이 고신을 낳고
제요(帝堯) 황제에서 시작해 곡의 아들까지 5세로, 칭호는 당뇨(唐堯)다.		고신이 곧 제곡(帝佶)이다.[4]	고신이 방훈(放勛)을 낳으니
제순(帝舜) 황제의 현손의 현손으로, 칭호는 우(虞)다.			방훈(放勛)이 요(堯)다.
제우(帝禹) 황제의 이손(耳孫)으로, 칭호는 하(夏)다.			
제계(帝啓) 유호(有扈)를 정벌했고 감서(甘誓)를 지었다.			
제태강(帝太康)			
제중강(帝仲康) 태강의 동생이다.			
제상(帝相)			
제소강(帝少康)			

1) 【색은(索隱)】 살펴보건대, 송충(宋衷)이 말했다. "『태사공서(太史公書-사기)』에서 말한 현효청양(玄囂青陽)이 이 사람이니 곧 소호(少昊)이며, 황제를 이어 세워진 자다. 대개 소호는 금덕(金德)의 왕인데, 오운(五運)의 차례에 맞지 않으므로 오제를 서술할 때 그를 꼽지 않을 뿐이다."

2) 【색은(索隱)】 『계본(系本)』에서는 "궁계(窮係)"라고 했다. 송충(宋衷)이 말하기를 "일설에 이르기를 궁계는 시호이다"라고 했다.

순으로 이어짐 (舜屬)	하로 이어짐 (夏屬)	은으로 이어짐 (殷屬)	주로이어짐 (周屬)
황제가 창의를 낳고	황제가 창의를 낳고	황제가 현효를 낳고	황제가 현효를 낳고
창의가 전욱을 낳고		현효가 교극을 낳고	현효가 교극을 낳고
전욱이 궁선(窮蟬)을 낳고	창의가 전욱을 낳고	교극이 고신(高辛)을 낳고	교극이 고신을 낳고
궁선이 경강(敬康)을 낳고[2]		고신이 설(卨)을 낳으니	고신이 후직(后稷)을 낳으니 후직은 주나라의 시조[周祖]다.
경강이 구망(句望)을 낳고			
구망이 교우(蟜牛)를 낳고		설은 은나라의 시조[殷祖]다.	후직이 불줄(不窋·혹은 부줄)을 낳고
교우가 고수(瞽叟)를 낳고			
고수가 중화(重華)를 낳으니 이 사람이 제순이다.[5]	전욱이 곤(鯀)을 낳고	설이 소명(昭明)을 낳고	불줄이 국(鞠)을 낳고
	곤이 문명(文命)을 낳으니, 문명이 바로 우(禹)다.	소명이 상토(相土)를 낳고	국이 공류(公劉)를 낳고
		상토가 창약(昌若)을 낳고	공류가 경절(慶節)을 낳고
		창약이 조어(曹圉)를 낳고 조어가 명(冥)을 낳고	경절이 황복(皇僕)을 낳고 황복이 차불(差弗)을 낳고
		명이 진(振)을 낳고	차불이 훼유(毀渝)를 낳고 훼유가 공비(公非)를 낳고
		진이 미(微)를 낳고 미가 보정(報丁)을 낳고	공비가 고어(高圉)를 낳고 고어가 아어(亞圉)를 낳고
		보정이 보을(報乙)을 낳고 보을이 보병(報丙)을 낳고	아어가 공조류(公祖類)를 낳고

3) 곡(俈)은 곡(嚳)의 다른 표현이다.

4) 【색은(索隱)】 황제의 현손(玄孫)이다.

5) 【색은(索隱)】 『한서(漢書)』에서는 전욱의 5대에 이르러 곤을 낳았다고 했는데 여기와 『제계(帝系)』에서는 모두 전욱이 곤을 낳았다고 했으니, 이는 옛글에는 그 대계(代系)가 빠져 있기 때문이다.

제저(帝予)[6]			
제회(帝槐)[7]			
제망(帝芒)[8]			
제설(帝泄)[9]			
제불강(帝不降)			
제경(帝扃) 불강의 동생이다.			
제근(帝廑)[10]			
제공갑(帝孔甲) 불강(不降)의 아들인데 귀신을 좋아하고 음란했으며 다움을 좋아하지 않자 (하늘에서 내려왔던) 두 용(龍)이 떠나갔다.			
제고(帝皐)[11]			
제발(帝發)[12]			
제이계(帝履癸) 이 사람이 걸(桀)이다.			
우왕(禹王)부터 걸(桀)까지가 17세(世)이고, 황제부터 걸(桀)까지는 20세다.			
은탕(殷湯)이 하씨(夏氏)를 대신했다. 황제로부터 탕까지는 17세다.			
제외병(帝外丙) 탕의 태자인 태정(太丁)이 일찍 졸했기에 다음 동생인 외병이 세워졌다.			
제중왕(帝仲王) 외병(外丙)의 동생이다.			

6) 【색은(索隱)】 (予는) 직(直)과 여(呂)의 반절음인데, 또한 저(佇)로 쓰기도 한다. 【정의(正義)】 상(相)은 과요(過澆)에게 멸망당했고, 후(后) 민(緡)은 유잉(有仍)에게 시집가서 소강(少康)을 낳았다. 그 아들 저(予)가 다시 우(禹)의 뒤를 이었다.

7) 【색은(索隱)】 발음은 회(回)인데, 한편으로 회(懷)로 보기도 한다. 『계본(系本)』에는 분(芬)으로 되어 있다.

| | | 보병이 주임(主壬)을 낳고 주임이 주계(主癸)를 낳고

주계가 천을(天乙)을 낳으니 이 사람이 은탕(殷湯)이다. 탕에서 (위로) 황제에 이르기까지가 17세(世)다. | 공조류가 태왕(太王) 단보(亶父)를 낳고

단보가 계력(季歷)을 낳고 계력이 문왕(文王) 창(昌)을 낳았는데 (창은) 역괘(易卦)를 (3괘에서 8·8 64괘로) 곱했다. |
| | | | 문왕 창이 무왕(武王) 발(發)을 낳았다. |

8) 【색은(索隱)】 발음은 망(亡)인데, 황(荒)으로 된 책도 있다.

9) 【색은(索隱)】 발음은 설(薛)이다.

10) 【색은(索隱)】 기(其)와 근(靳)의 반절음이며, 또 발음은 근(勤)이다.

11) 【색은(索隱)】 송충(宋衷)이 말했다. "무덤이 효남릉(崤南陵)에 있다."

12) 【색은(索隱)】 제고(帝嚳)의 아들이다. 『계본(系本)』에 이르기를 "제고는 발(發)과 이계(履癸)를 낳았는데, 이계가 일명 걸(桀)이다"라고 했다.

제태갑(帝太甲)	옛 태자 태정(太丁)의 아들이다. 음란한 행동을 하자 이윤(伊尹)이 그를 동궁(桐宮)으로 추방했다. 3년 후에 잘못을 뉘우치고 자책하자 이윤이 마침내 그를 맞아들여 다시 제위에 올렸다.
제옥정(帝沃丁)	이윤(伊尹)이 졸(卒)했다.
제태강(帝太康)	옥정(沃丁)의 동생이다.
제소갑(帝小甲)[1]	태강(太康)의 동생이다. (이때부터) 은나라의 도리가 쇠퇴하니, 제후 중에 (조회하러) 오지 않는 자들이 있었다.
제옹기(帝雍己)	소갑(小甲)의 동생이다.
제태무(帝太戊)	옹기(雍己)의 동생으로, 뽕나무와 닥나무[桑穀]의 일로 인해 중종(中宗)이라는 묘호를 받았다.
제중정(帝中丁)[2]	
제외왕(帝外王)	중정(中丁)의 동생이다.
제하단갑(帝河亶甲)	외왕(外王)의 동생이다.
제조을(帝祖乙)	
제조신(帝祖辛)	
제옥갑(帝沃甲)	조신(祖辛)의 동생이다.
제조정(帝祖丁)	조신(祖辛)의 아들이다.
제남경(帝南庚)	옥갑(沃甲)의 아들이다.
제양갑(帝陽甲)	조정(祖丁)의 아들이다.
제반경(帝盤庚)	양갑(陽甲)의 동생이며 하남(河南)으로 천도했다[徙].
제소신(帝小辛)	반경(盤庚)의 동생이다.
제소을(帝小乙)	소신(小辛)의 동생이다.
제무정(帝武丁)	꿩이 쇠솥의 귀에 앉아 우는 상서로움이 있어 (뛰어난 재상) 부열(傅說)을 얻었고, 고종(高宗)이라는 묘호를 받았다.
제조경(帝祖庚)	
제갑(帝甲)[3]	조경(祖庚)의 동생으로, 음란했다.
제늠신(帝廩辛)[4]	
제경정(帝庚丁)	늠신(廩辛)의 동생으로, 은나라가 하북(河北)으로 천도했다.
제무을(帝武乙)	신을 깔보는 행동을 하다가 벼락에 맞아 죽었다[震死].
제태정(帝太丁)	
제을(帝乙)	은나라가 더욱 쇠퇴했다[益衰].
제신(帝辛)	이 사람이 주(紂)인데, 시해되었다[弑].

탕(湯)에서 주(紂)까지가 29세(世)이며, 황제에서 주까지는 46세다.

주(周)나라 무왕(武王)이 은(殷)나라를 정벌했다[伐]. 황제에서 무왕까지는 19세다.

1) **【색은(索隱)】** 「은본기(殷本紀)」와 『계본(系本)』에서는 모두 소갑(小甲)을 태강(太康)의 아들이라고 했다.

2) 속본(俗本)에는 중정(仲丁)으로 되어 있기도 하다.

3) **【집해(集解)】** 서광(徐廣)이 말했다. "일설에는 다움을 어지럽혀[淫德] 은나라가 쇠퇴했다고 한다."

4) **【색은(索隱)】** 판본에 따라 풍신(馮辛-빙신)으로 되어 있는 곳도 있다. 『계본(系本)』에는 조신(祖辛)으로 되어 있는데, 잘못이다. 살펴보건대, 위에서 조을(祖乙)이 이미 조신(祖辛)을 낳았으니 그 때문에 잘못된 것임을 알 수 있는 것이다.

	노(魯)	제(齊)	진(晉)	진(秦)	초(楚)
성왕(成王) 송(誦)[1]	주공(周公) 단(旦) 무 왕(武王)의 동생으로, 처음으로 봉(封)해졌다.	태공(太公) 상(尙) 문 왕(文王)과 무왕의 스승으로, 처음으로 봉해졌다.	당숙(唐叔) 우(虞) 무왕의 아들이다. 처음으로 봉해졌다.	악래(惡來) 주(紂)를 도왔고, 아버지 비렴(飛廉)은 힘이 있었다. 처음으로 봉해졌다.	웅역(熊繹) 아버지 육웅(鬻熊)이 문왕을 섬겼다. 처음으로 봉해졌다.
강왕(康王) 교/소(釗)[2] 형벌을 40여 년 동안 쓰지 않았다.	노공(魯公) 백금(伯禽)	정공(丁公) 여급(呂伋)	진후(晉侯) 섭(燮)	여방(女防)	웅예(熊乂)
소왕(昭王) 하(瑕)[4] 남순(南巡)을 갔다가 돌아오지 못했고, 그 일을 피해 역사에 언급하지 않았다.	고공(考公)	을공(乙公)	무후(武侯)	방고(旁皋)	웅담(熊黮)[5]
목왕(穆王) 만(滿) 보형(甫刑)을 지었다. 황복(荒服) 사람들이 더는 오지 않지 않았다.	양공(煬公) 고공의 동생이다.	계공(癸公)	성후(成侯)	대궤(大几)	웅승(熊勝)
공왕(恭王) 이호(伊扈)	유공(幽公)	애공(哀公)	여후(厲侯)	대락(大駱)	웅양(熊煬)
의왕(懿王) 견(堅) 주나라의 도리가 쇠퇴하자 시인이 이를 풍자했다.	위공(魏公)[7]	호공(胡公)	정후(靖侯)	비자(非子)	웅거(熊渠)
효왕(孝王) 방(方) 의왕의 동생이다.	여공(厲公)	헌공(獻公) 호공을 시해했다.		진후(秦侯)	웅무강(熊無康)

1) 【색은(索隱)】 판본에 따라 용(庸)이라 한 것이 있는데, 잘못이다.

2) 【색은(索隱)】 극(克)과 요(堯)의 반절음인데, 또 소(昭)라고도 발음한다.

3) 【색은(索隱)】 강숙의 아들이며 왕손모(王孫牟)의 아버지다.

4) 【색은(索隱)】 발음은 하(遐)다. 송충(宋衷)이 말했다. "소왕이 남쪽으로 초나라를 정벌할 때 신유미(辛由靡)가 보좌했는데, 한수(漢水) 가운데를 건너던 중에 물에 빠졌다. 유미가 왕을 건지긴 했으나 결국 죽었으니, 주나라는 이에 그

송(宋)	위(衛)	진(陳)	채(蔡)	조(曹)	연(燕)
미자(微子) **계(啓)** 주(紂)의 이복형이다. 처음으로 봉해졌다.	**강숙(康叔)** 무왕의 동생이다. 처음으로 봉해졌다.	**호공(胡公)** **만(滿)** 순(舜)임금의 후예다. 처음으로 봉해졌다.	**숙도(叔度)** 무왕의 동생이다. 처음으로 봉해졌다.	**숙진(叔振)** **탁(鐸)** 무왕의 동생이다. 처음으로 봉해졌다.	**소공(召公)** **석(奭)** 주나라와 동성(同姓)이다. 처음으로 봉해졌다.
미중(微仲) 계(啓)의 동생이다.	**강백(康伯)**[3]	**신공(申公)**	**채중(蔡仲)**		혜후(惠侯)까지 9세다.
송공(宋公)	**효백(孝伯)**	**상공(相公)**	**채백(蔡伯)**	**태백(太伯)**	
정공(丁公)	**사백(嗣伯)**	**효공(孝公)**	**궁후(宮侯)**	**중군(仲君)**	
민공(湣公) 정공의 동생이다.	**첩백(輒伯)**[6]	**신공(慎公)**	**여후(厲侯)**	**궁백(宮伯)**	
양공(煬公) 민공의 동생이다.	**정백(靖伯)**	**유공(幽公)**	**무후(武侯)**	**효백(孝伯)**	
여공(厲公)	**정백(貞伯)**	**이공(釐公**-희공으로도 읽음)		**이백(夷伯)**	

　　의 후손을 서적(西翟)에 후로 봉해주었다.”

5) 【색은(索隱)】 토(吐)와 감(感)의 반절음이고, 또 도(徒)와 감(感)의 반절음이며, 또 두(杜)와 감(減)의 반절음이다. 추씨(鄒)는 또 발음이 점(點)이라고 했다.

6) 【색은(索隱)】 발음은 첩(捷)이다.

7) 【색은(索隱)】 『계본(系本)』에는 미공(微公)으로 되어 있고, 이름은 불기(弗其)다.

	노(魯)	제(齊)	진(晉)	진(秦)	초(楚)
이왕(夷王) 섭(燮) 의왕의 아들이다.	헌공(獻公)	무공(武公)		공백(公伯)	웅지홍(熊鷙紅)
여왕(厲王) 호(胡) 자신의 허물을 듣기 싫어하다가 난이 일어나자 나라 밖으로 도망쳐 마침내 체(彘) 땅에서 죽었다.	진공(眞公)			진중(秦仲)	웅연(熊延) 홍의 동생이다.
공화(共和)[8] 두 백(伯)이 정치를 맡았다.	무공(武公) 진공의 동생이다.				웅용(熊勇)

8) 【색은(索隱)】 주나라에서 두 공(公)을 불러 함께 왕실을 보좌토록 했으니, 그래서 공화(共和)라고 했다. 황보밀(皇甫謐)이 말하기를 "공백화간왕위(共伯和干王位)"라고 했으니, 이는 이름이 화(和)인 공국(共國)의 백작(伯爵)이 왕위를 찬탈했다는 말이다. 그러나 사천(史遷-사마천)의 설(說)과는 같지 않으니, 대개 이설(異說)일 뿐이다.

장부자(張夫子)가 저(褚)선생에게 물었다[1].

"『시경(詩經)』에서 말하기를 설(契)과 후직(后稷)은 모두 아버지 없이 태어났다고 합니다. 그런데 지금 살펴보건대, 전기(傳記)들에서는 모두 그들에게 아버지가 있었는데 그들의 아버지는 바로 황제(黃帝)의 자손[子]이라 말합니다[2]. 이런 이야기들이 『시경』과 어긋나지 않는다고 할 수 있겠습니까?"

1) 【색은(索隱)】 저선생은 이름이 소손(少孫)으로, 원성(元成) 연간에 박사(博士)를 지냈다. 장부자는 누구인지 알 수가 없다.

2) 【색은(索隱)】 위의 글을 살펴보건대 설과 후직은 모두 제곡(帝嚳)의 아들인데 여기서는 황제의 자(子)라고 말했으니, 이는 황제의 자손들이라는 뜻일 뿐이

송(宋)	위(衛)	진(陳)	채(蔡)	조(曹)	연(燕)
이공(釐公)	경후(頃侯)				
	이후(釐侯)				

다. 살펴보건대, 곡(嚳)은 황제의 증손이며 설과 기(弃=棄)[후직의 이름이다.]는 현손이 되기 때문에 그렇게 말한 것이다.

저선생이 말했다.

"그렇지 않습니다. 『시경』에서 설(契)이 알에서 태어나고 후직(后稷)이 사람의 발자국에서 태어났다고 말한 것은 그들에게 천명의 정성이 있다는 것을 보여주려고 한 것일 뿐입니다. 귀신은 자기 혼자서는 이룰 수 없고 사람을 기다려서 생겨나는 것이니, 어찌 (그들이) 아버지 없이 태어날 수 있었겠습니까? 한편에서는 아버지가 있었다 하고 다른 한편에서는 아버지가 없었다 하니, 믿을 만하면 믿는 대로 전하고[信以傳信] 의심스러우면 의심스러운 대로 전하고자 해서[疑以傳疑] 그래서 두 설을 다 말한 것입니다.

요(堯)임금은 설과 직이 모두 뛰어난 사람[賢人]이며 하늘이 낳아준 자라는 것을 알았습니다. 그래서 설에게 사방 70리를 봉해줘 10여 세(世)가 지나서 탕(湯)에 이르러 천하에 왕 노릇을 할 수 있게 해주었습니다. 또 (요임금은) 후직의 자손이 훗날 왕 노릇하게 되리라는 것을 알았기에 그래서 익(益)에게 사방 100리를 봉해줘 그 후로 1,000년이 지나 문왕(文王)에 이르러 천하를 소유하게 되었습니다.

『시전(詩傳)』에 이르기를 '탕의 선조는 설인데, 아버지 없이 태어났도다. 설의 어머니와 그 자매들이 현구수(玄丘水)에서 목욕을 하는데, 제비가 알을 머금고 있다가 떨어뜨렸네. 설의 어머니가 그 알을 받아 입에 머금었다가, 잘못해 알을 삼키니 곧 설을 낳았도다[1]'라고 했습니다. 설은 날 때부터 뛰어나서[生而賢] 요임금이 그를 세워 사도(司徒)로 삼고 그에게 자씨(子氏)라는 성을 내려주었습니다. 자(子)란 자(玆)이니, 자(玆=滋)는 점점 더 커진다는 뜻입니다. 시인이 이를 아름답게 여겨 이렇게 노래했습니다.

'은나라 땅[殷社][2]은 아득히 넓으니

하늘이 현조에게 명을 내려 내려가서 상(商)을 낳게 했도다.'

상(商)이란 질박하다[質]는 뜻으로, 은(殷)의 칭호입니다.

1) 【색은(索隱)】 유융씨(有娀氏)의 딸로 이름은 간적(簡狄)인데 현구수에서 목욕을 했다는 내용이 『시위(詩緯)』에 나온다. 「은본기(殷本紀)」에 이르기를, 현조(玄鳥-제비)가 물 위를 날다가 알을 떨어뜨렸는데 유융씨 간적이 그 알을 받아서 삼켰다고 했다.

2) 【집해(集解)】 『시경』에는 토(土)로 되어 있다.

문왕의 선조는 후직인데, 후직 또한 아버지 없이 태어났습니다. 후직의 어머니는 강원(姜嫄)인데[1], 외출 나갔다가 거인의 발자국을 보고서 거기를 밟고는 임신하게 된 것을 알게 되었고 곧 후직을 낳았습니다. 강원은 아버지 없이 낳은 아들이라 천하게 여겨서 그를 길에다 내다 버렸더니 소와 양들이 피하고 밟지 않았습니다. 그 아이를 싸서[抱之][2] 산속에 두었더니 산에 있는 사람들이 그를 길러주었습니다. 또 그 아이를 큰 늪지에 갖다 버렸더니 새들이 자리를 덮어주고 먹여주었습니다. 강원은 이를 이상하게 여겨서, 이에 그가 하늘의 아들임을 알고는 마침내 데려다가 그를 키웠습니다[長之]. 요임금은 그가 뛰어난 재주를 갖고 있음을 알고는 그를 세워 대농

(大農)으로 삼고 그에게 희씨(姬氏) 성을 내려주었습니다. 희(姬)란 근원, 근본이라는 뜻입니다. 시인이 이를 아름답게 여겨 노래하기를 '맨 처음에 백성을 낳으셨도다'라고 했으니, 이는 깊이 닦아 더욱 이뤄낸다[深修益成]는 뜻으로 후직의 시작을 말하는 것입니다.

1) **[색은(索隱)]** 유합씨(有邰氏)의 딸이다. 위소(韋昭)가 말했다. "강은 성이고, 원은 자(字)다."

2) **[집해(集解)]** 抱는 보(普)와 모(茅)의 반절음이다. **[색은(索隱)]** 抱는 보(普)와 교(交)의 반절음이고, 또 글자 그대로도 읽는다.

공자가 말하기를 '옛날에 요임금이 명해 설을 자씨(子氏)로 삼은 것은 탕왕이 있게 하기 위함이요, 명해 후직을 희씨로 삼은 것은 문왕이 있게 하기 위함이었다. 대왕(大王-태왕)은 계력(季歷)에게 (자신의 후계자가 되라고) 명해 하늘의 상서로움을 밝혔으며, 태백(太伯)은 오(吳)나라로 가서 드디어 새로운 천하의 원천을 탄생시켰다[1]'라고 했습니다. 하늘의 명이란 말로 하기 어려우니, 빼어난 이가 아니고서는 제대로 볼 수 없습니다. 순임금·우왕·설·후직은 모두 황제(黃帝)의 자손입니다. 황제가 하늘의 명을 받아 천하를 다스리고 다움과 은택[德澤=德恩]이 깊이 후세에까지 전해졌기 때문에 그래서 그 자손들이 모두 다시 세워져서 천자가 되었으니, 이는 하늘이 다움이 있는 자[有德=有德者]에게 보응한 것입니다. (그런데도) 사람들은 잘 알지도 못하면서 범범하게[氾] 포의나 필부에서 일어난 것일 뿐이라고 여기고 있습니다. 무릇 포의나 필부가 어찌 아무런 까닭도 없이 일어나 천하에서 왕 노릇을 할 수 있겠습니까? 그들이 천명을 갖고 있었기에 가능했던 일입니다."

1) **[색은(索隱)]** 태백이 계력에게 왕위를 양보하고 오나라에 거주하면서 반란을 일

으키지 않은 것은 문왕과 무왕에게 왕위가 전해져 난을 바로잡고 주나라의 도리를 완성하게 하기 위함이었으니, 이것이 바로 드디어 천하가 생겨날 수 있게 한 원본(源本)이었던 것임을 말한다.

"그렇다면 황제의 후손이 천하에서 왕 노릇 하는 것이 어찌 이다지도 오랠 수 있습니까?"

말했다.

"전(傳)에 이르기를, 천하의 군왕(君王) 중에서 수많은 검수(黔首-검은 머리 백성)를 위해 백성의 생명을 대신 떠맡은[贖] 자가 제(帝)가 되니 만세(萬世)토록 복이 있게 됩니다. 황제(黃帝)가 바로 이런 분입니다. 다섯 가지 정사[五政]가 밝아지면 예와 마땅함[禮義]을 닦고 하늘의 때[天時]에 따라 군사를 일으키고 정벌을 단행해서 천하에 이로움을 주는 자가 왕(王)이 되니 천세(千世)토록 복이 있게 됩니다. 촉왕(蜀王)은 황제의 후손[1]으로 오늘날에 이르러서는 한나라 서남쪽으로 5,000리 떨어져 있으면서도 늘 와서 조회하고 공물을 한나라에 바쳤으니, 이야말로 그 선조가 다움이 있어 그 은택이 후세에까지 전해진 까닭이 아니겠습니까?

도리와 다움을 실천하는 일을 어찌 소홀히 할 수 있겠습니까? 남의 군주나 왕 노릇 하는 사람은 도리와 다움을 세워 그것으로써 자신을 살피고 세상을 살핍니다. 한나라 대장군 곽자맹(霍子孟)은 이름이 광(光)인데 이 사람 역시 황제의 후세입니다[2]. 이는 널리 듣고 멀리 보는 사람[博聞遠見]에게나 말할 수 있는 것이지 견문이 얕은 자에게 말해주기란 참으로 힘든 것입니다. 어찌하여 이런 말을 하는 것이겠습니까?

1) **[색은(索隱)]** 살펴보건대 『계본(系本)』에 따르면, 촉은 성(姓)이 없었는데 서로 전해 황제의 후손이라고 했으며 또 황제는 아들 25명에게 분봉하면서 성(姓)을 내려주었고 그 과정에서 혹 만이(蠻夷)에게 봉해주었을 것이니, 이는 대

개 당연하다고 할 것이다. (양웅(揚雄)의)『촉왕본기(蜀王本紀)』에 따르면 주제 (朱提)에서는 남자 두우(杜宇)가 하늘에서 내려와 스스로 망제(望帝)라고 했 다 하는데, 이 사람이 촉왕이다. 그렇다면 두(杜)라는 성은 당두씨(唐杜氏)에 서 나왔을 것이니, 이는 대개 육종씨(陸終氏)의 후손이며 또한 황제의 후손 이다. 【정의(正義)】『보기보(譜記普)』에 이르기를 촉의 선조는 인황(人皇)에게서 비롯되었다고 한다. 황제와 그의 아들 창의(昌意)가 촉산씨(蜀山氏)의 여인을 아내로 맞아 제곡(帝嚳)을 낳았는데, 그가 세워지자, 지서(支庶-지자와 서자) 들은 촉에 봉해져서 우순(虞舜)과 하나라와 상나라 때까지 이어졌다. 주나라 가 쇠퇴하자 가장 먼저 잠총(蠶叢-촉의 별칭)에서 왕(王)이라 칭했다가, 나라 가 망하자, 자손들은 요(姚)·전(雟)) 등지에 거처했다.

2) 【색은(索隱)】 살펴보건대,『계본(系本)』에 따르면 곽국((霍國)은 진성(眞姓)의 후 손이다. 주나라 무왕이 동생 숙처(叔處)를 곽 땅에 봉해주었으니, 이 희성(姬 姓) 또한 황제의 후손이다.

옛날의 제후들은 봉국(封國)을 성(姓)으로 삼았습니다. 곽(霍)이란 나라 이름입니다. 무왕이 동생 숙처를 곽 땅에 봉해주었는데, 후세에 진(晉)나라 헌공(獻公)이 곽공(霍公)을 멸하자 곽공 후세들은 서민이 되어 이리저리 떠 돌다가 평양(平陽)에 거처를 잡았습니다. 평양은 하동(河東)에 있는데, 하 동은 진(晉)나라 땅이었다가 나뉘어 위국(魏國)이 되었습니다. 시(詩)에서 이르기를, 이 또한 주(周)나라 자손이라고 했습니다. 주나라는 후직(后稷) 에서 일어났고 후직은 아버지 없이 태어났습니다. (그러나) 삼대(三代)의 세 계(世系)가 전하는 바에 따르면 후직에게는 고신(高辛)이라는 이름의 아버 지가 있었습니다. 고신은 황제의 증손입니다.『황제 종시전(黃帝終始傳)』[1] 에서 말했습니다.

'한나라가 일어난 지 100여 년이 되었을 때
키가 작지도 크지도 않은 어떤 사람이

백연(白燕)[2]의 마을에서 나와

천하의 정사를 잡아 쥐었다네

이때 아주 어린 군주[嬰兒主][3]가 있었으나

군주의 수레를 뒤로 물러나 있게 했도다[却][4]'

1) 【집해(集解)】 대개 오행참위설(五行讖緯說)인데, 오늘날의 동요에 해당한다.

2) 【정의(正義)】 판본에 따라 백체(白彘)로 되어 있다. 살펴보건대 곽광은 평양 사람
이다. 평양은 지금의 진주(晉州) 곽읍(霍邑)인데, 본래 진나라 때 곽백국(霍伯
國)이었다가 한나라 때 체현(彘縣)이 되었으며 후한 때 체를 영안(永安)으로
고쳤고 수문제 때 다시 고쳐 곽읍이라고 했다. 『편검기전(偏檢記傳)』에는 백
연(白燕)이라는 이름은 없으니, 아마도 백체(白彘)가 이 고을의 이름인 듯하
다.[그렇다면 원문에서 자연(自燕)이라고 한 것은 백연(白燕)의 오자인 듯하다.]

3) 【색은(索隱)】 소제(昭帝)를 가리킨다.

4) 【색은(索隱)】 곽광이 정권을 쥐고서 전적으로 권력을 행사함으로써 제(帝)의 명
령이 수레를 뒤로 물리듯 앞으로 나아가지 못하고 핍박받았다는 말이다.

곽(霍)장군이란 자는 본래 평양 백연에 살고 있었습니다. 신이 낭관(郞
官)으로 있을 때 방사고공(方士考功)[1]들과 함께 기정(旗亭)[2] 아래에서 만난
적이 있는데, 신에게 이런 이야기들을 말해주었습니다. 어찌 위대하지 않겠
습니까![3]"[4]

1) 【정의(正義)】 연로해 방사 중에서도 최고의 공력을 가진 사람들이다.

2) 【집해(集解)】 「서경부(西京賦)」에서 "기정 5리"라고 했다. 설종(薛綜)이 말했다.
"기정은 시장의 누각이다. 그 위에 깃발이 있어, 그렇게 부른 것이다."

3) 【색은(索隱)】 저선생은 대체로 낡고 완고한 유자[腐儒]다. 주객을 설정하고 『시전
(詩傳)』을 인용해서 설과 기가 아버지가 없었지만 모두 제곡(帝嚳)의 자손

들이었음을 『제계(帝系)』를 근거로 삼아 말하고 있다. 그런데 마지막에 촉왕과 곽광을 끌어들인 것은 끝내 무슨 일을 입증하려 함일까? 말을 함에 일정한 원칙도 없고 정사(正史)를 엉망으로 만들다가[無穢] 느닷없이 "어찌 위대하지 않겠습니까!"라고 했으니, 하나같이 어찌 이다지도 황당무계할 수 있는가!

4) **【색은술찬(索隱述贊)】** 고신(高辛)의 후손[高辛之胤]/상서로움을 크게 열었도다[大啓禎祥]/자기를 닦으며 율무 삼키고[脩己呑薏]/석뉴에서 임금다운 임금 일으켰다네[石紐興王]/하늘이 제비에게 명하니[天命玄鳥]/간적이 상을 낳았구나[簡狄生商]/강원이 발자국 밟으니[姜嫄履跡]/상서로움이 아래로 창에게까지 미쳤도다[祚流岐昌]/더불어 역운을 맞이하니[俱膺曆運]/서로 흥하고 망했구나[互有興亡]/주공과 소공이 풍속을 여유롭게 하니[風餘周召]/성왕과 강왕 형벌을 내려놓을 수 있었다네[刑措成康]/체(彘)에서 나온 이래[出彘之後]/제후들은 날로 강해졌도다[諸侯日彊]!

권14

12 제후 연표(十二諸侯年表) 제2

권14 12제후 연표(十二諸侯年表) 제2[1]

태사공(太史公)이 춘추시대 역대 보첩(譜諜=譜牒)을 읽다가[2] 주(周) 여왕(厲王)에 이르게 되면 일찍이 책을 덮고[廢書] 탄식하지 않은 적이 없었다.

그러고는 이렇게 말하곤 했다.

"아, (노나라) 악사[師] 지(摯)는 이를 보았구나[3]!"

1) 【색은(索隱)】 편에서는 12제후라고 했지만 실은 13제후를 서술하고 있는데, 이는 이적(夷狄-오랑캐)을 천하게 여겨 오(吳)를 세지 않았고 패자가 된 것이 훗날의 일이었기 때문이다. 세지는 않으면서도 서술을 한 것은 합려(闔閭)가 패자가 되어 상국(上國)과 동맹을 맺어서다.

2) 【색은(索隱)】 살펴보건대, 유묘(劉杳)가 말했다. "「삼대 계표(三代系表-삼대세표)」나 방행사상(旁行邪上-旁行斜上, 격자표로 만든 족보)은 주보(周譜-주나라 족보)를 본뜬 것이다. 족보는 주나라 때 생겨났다. (『한서(漢書)』) 「예문지(藝文志)」에는 고제왕보(古帝王譜)가 있었다고 한다[다음 두 가지가 나온다. 『제왕제후세보(帝王諸侯世譜)』 20권과 『고래제왕연보(古來帝王年譜)』 5권이 그것이다.]. 또 예로부터 『춘추』를 공부하는 사람에게는 연력(年曆)이 있었고 보첩(譜諜)의 설이 있었다. 그래서 (진(晉)나라 학자) 두원개(杜元凱)는 『춘추 장력(春秋長曆)』과 『공자보(公子譜)』를 지었다. 대개 구설(舊說)에 바탕을 둔 것들이었기에 태사공은 그런 책들을 구해서 읽을 수 있었을 것이다.

3) 【집해(集解)】 정현(鄭玄)이 말했다. "악사 지는 태사(太師-음악 책임자)의 이름이다. 주나라의 도리가 쇠퇴하자 정(鄭)나라와 위(衛)나라의 음악이 일어났고

정악(正樂)이 폐기되어 절도를 잃었으니, 노나라 태사 지가 (『시경(詩經)』의 첫 머리인) 「관저(關雎)」편의 소리가 갖는 의미를 간파하고서 가장 먼저 그 어지러움을 다스렸다."

(은나라 마지막 왕) 주(紂)가 상아 술그릇[象箸]¹⁾을 만들자, 기자(箕子)가 한탄했으며[晞]²⁾, 주나라 도리가 이지러지자[缺=虧] 시인(詩人)³⁾은 부부 사이[袵席]를 근본으로 삼아 「관저(關雎)」를 지었고 어짊과 마땅함의 도리[仁義]가 점차 무너지자[陵遲] 「녹명(鹿鳴)」이란 시로 풍자했다.

급기야 여왕(厲王)에 이르러, 그는 자신의 허물[過]에 관해 듣는 것을 싫어했기에[惡]⁴⁾ 공경(公卿)들이 주살될까 두려워했고 (결국 그로 인해) 화란이 일어났다.

여왕이 드디어 체(彘) 땅⁵⁾으로 달아나자 어지러움이 경사(京師-수도)에서 시작되었으니 이에 공화(共和)로써 정치를 해야 했다. 이때부터 혹 (제후 중에 누가) 힘으로 정사를 마음대로 했으니, 강한 제후국은 약한 제후국을 올라타고[乘=凌蔑] 군사를 일으키면서도 천자에게 청하지 않았다.

그러면서도 (천자의) 왕실(王室)의 마땅함이라는 명분을 끼고[挾]⁶⁾ 다른 나라를 토벌한 뒤 회맹해서 맹주(盟主)가 되었으니, 정사가 오패(五伯)⁷⁾에서 나왔고, 제후들이 마음대로 행동해[恣行]⁸⁾ 음란과 사치로 법도가 없었으며 난을 일으키는 신하와 권세를 찬탈하는 자식들[賊臣簒子=亂臣賊子]이 점점 더 많이 생겨났다.

1) 【색은(索隱)】 추씨(鄒氏)와 유씨(劉氏)는 둘 다 箸의 발음이 직(直)과 여(慮)의 반절음이니 곧 저(筯-젓가락)라고 했다. 지금 살펴보건대 기자(箕子)가 "상아 젓가락을 만들었다면 분명 옥 술잔[玉桮]일 것이다"라고 했으니, 그렇다면 저(箸)란 (젓가락이기보다는) 술통[樽]이다. 箸의 발음은 치(治)와 약(略)의 반절음이다.

2) 【색은(索隱)】 희(唏)는 슬퍼서 탄식하는 소리니, 발음은 허(許)와 기(旣)의 반절음이다. 또 발음은 희(希)인데, 희(希)는 또한 여(餘)로 발음한다. 그래서 기(記)에 이르기를 "선생이 말하기를 즐거워함[嘻]이 심하구나"라고 했으니, 이를 또한 희(餼-희생)로 발음한다.

3) 『시경(詩經)』에 나오는 시를 지은 사람들을 이렇게 부른다.

4) 【색은(索隱)】 그래서 『국어(國語)』에 이르기를 "여왕이 비방을 그치게 하자 (사람들은) 도로에서 눈짓으로 말했다"라고 한 것이다.

5) 【색은(索隱)】 체(彘)는 땅 이름이니, 하동(河東)에 있으며 뒤에 영안현(永安縣)이 되었다.

6) 【색은(索隱)】 挾의 발음은 협(協)이다.

7) 【색은(索隱)】 伯의 발음은 (백이 아니라) 패(覇)다. 오패(五霸)란 제(齊) 환공(桓公), 진(晉) 문공(文公), 진(秦) 목공(穆公), 송(宋) 양공(襄公), 초(楚) 장왕(莊王)이다.

8) 【색은(索隱)】 (行의 발음은) 하(下)와 맹(孟)의 반절음이다.

제(齊)·진(晉)·진(秦)·초(楚)는 그래서 성주(成周-춘추시대 이전의 서주 시대) 때는 세력이 너무도 미미해 봉역(封域-국토)이라고 해봐야 사방 100리이거나 혹 50리였다.

(그러나) 진(晉)은 삼하(三河-황하·회하·낙하)가 막아주었고 제(齊)는 동해를 등지고 있었으며 초(楚)는 장강과 회수(淮水)를 끼고 있었고[介]1) 진(秦)은 옹주(雍州)의 지형적 험준함에 기대고 있었다2).

(이들은) 온 천하에서 번갈아 일어나 서로 바꿔가면서 패주(伯主)가 되니 문왕과 무왕이 예전에 봉해주었던 큰 봉국들[大封]도 모두 이들 패주의 위협 앞에 굴복했다.

이 때문에 공자(孔子)는 임금다운 임금의 도리[王道]를 밝혀 70여 군주를 찾아갔으나[干=求] 어느 누구도 그를 쓰지 않았고, 그래서 서쪽으로 가서 주나라 왕실[周室]을 살펴보고 역사 기록과 오래된 견문들을 논해 노(盧)나라로부터 시작해서 『춘추(春秋)』를 편찬했다.

위로는 (노나라) 은공(隱公)부터 기록하고 아래로는 애공(哀公) 때 기린을 잡은 것[獲麟]에까지 이르렀으며 요란한 글[辭文]을 줄이고 번잡스럽게 중복된 문장을 없애버림[去其煩重]3)으로써 의리와 법도[義法]를 제정했으니, (그 결과) 왕도(王道)가 갖춰지고[備] 인사(人事)가 두루 통하게 되었다[浹].

1) **【색은(索隱)】** 介의 발음은 계(界)이니, 초나라가 장강과 회수를 자신들의 경계로 삼고 있음을 말한다.

2) 주요 제후국들이 가진 지형적인 이점을 말한 것이다.

3) **【색은(索隱)】** 글을 간단히 말해 거중(去重-중복을 제거함)했다는 것이다. 역사 기록을 압축하고 『춘추(春秋)』를 수찬하면서 중복된 글들을 제거했다는 말이다.

70제자가 그 전하려는 뜻[傳指]1)을 입으로 전수받았으나 거기에는 풍자 · 비판 · 기림[襃] · 은휘(隱諱) · 힐난 · 헐뜯음의 문사(文辭)가 있어 글로는 다 보여줄 수가 없었다.

(이에) 노나라 군자 좌구명(左丘明)이 제자들 사람사람마다 이단(異端-지엽말단)을 내세워 각자 자기주장을 고집하다가 그 본래의 뜻을 잃게 될까 두려워해, 그래서 공자가 기록한 역사에 근거를 두고서 그의 말을 갖춰 논해 『좌씨 춘추(左氏春秋)』를 완성했다.

1) **【색은(索隱)】** 傳의 발음은 축(逐)과 선(宣)의 반절음이다.

탁초(鐸椒)는 초(楚) 위왕(威王)의 사부[傅](譯註-원문에는 전(傳)으로 되어 있는데 잘못이다.)가 되었는데, 왕이『춘추(春秋-춘추좌씨전)』를 다 살펴볼 수 없었기 때문에 (탁초가) 성공과 실패를 취사선택해 마침내 40장(章)을 편찬했으니 이를『탁씨미(鐸氏微)』[1]라고 했다.

조(趙) 효성왕(孝成王) 때의 재상 우경(虞卿)이 위로는『춘추(春秋-춘추좌씨전)』에서 뽑고 아래로는 근래의 형세[近勢]를 살펴서 역시 8편을 지었으니,『우씨 춘추(虞氏春秋)』[2]라고 했다.

여불위(呂不韋)라는 사람은 진(秦) 장양왕(莊襄王)의 재상이었는데, 그 또한 위로 상고(尙古)를 살펴서『춘추』를 걸러내고[刪拾] 6국의 당시 일들을 모아 팔람(八覽), 육론(六論), 십이기(十二紀)를 지었으니『여씨 춘추(呂氏春秋)』라고 했다.

1) 【색은(索隱)】 탁초가 편찬한 것이다. 책명을 탁씨미(鐸氏微)로 한 까닭은『춘추(春秋)』에는 은미하고 완곡한[微婉] 글들이 있기 때문이다.

2) 【정의(正義)】 살펴보건대, 그 글은 8편인데 「예문지(藝文志)」에 이르기를 15편이라 하고 우경(虞卿)이 편찬했다고 했다.

순경(荀卿), 맹자(孟子), 공손고(公孫固), 한비(韓非)의 무리[1]에 이르러서는 각자가 나름대로『춘추』의 글을 뽑아서[捃摭=攈摭] 책을 지었는데, 그들이 기록한 것이 모두 같지는 않았다.

한나라 승상 장창(張蒼)이 역보(曆譜)의 형식을 빌려 오덕(五德)에 관한 책을 지었고[2], 상대부 동중서(董仲舒)는『춘추』의 의리를 미뤄 헤아려 자못 많은 글을 지었다[3].

1) 【색은(索隱)】 순황(荀況)·맹가(孟軻)·한비(韓非)는 모두 책을 쓰고서 스스로를 자(子)라고 칭했다. 송나라의 공손고는 저술한 것이 없는데, 이 고(固)가 바로 제나라 사람 한고(韓固)로서 시를 전해준 사람이다.

2) 【색은(索隱)】 살펴보건대, 장창은 『종시오덕전(終始五德傳)』을 지었다.

3) 【색은(索隱)】 『춘추번로(春秋繁露)』를 지었다.

태사공(太史公)이 말한다.

"유자(儒者)들은 그 (『춘추』의) 뜻을 잘라냈고[斷=斷章取義] 바삐 돌아
다니며 유세하는 자들은 그 표현[辭]에만 매달렸으니 (모두) 그 끝과 시작
[終始]을 종합적으로 살피는 데 힘쓰지 않았다.

(예를 들면) 역법을 담당하는 사람들은 그 연월만 취했고 수가(數家)[1]들
은 신령스러운 운행[神運]만을 높였으며[隆][2] 보첩을 파고드는 사람들은
오로지 세계(世系)와 시호만을 기록했으니, 그들의 글은 소략해 한 번 보아
서는[一觀] 그 요지를 알아내기가 어렵다[要難].

이에 12제후의 연보를 만들어서 공화(共和)로부터 공자에까지 『춘추(春
秋)』와 『국어(國語)』를 탐구했던 학자들이 비평했던[譏] 성대함과 쇠퇴함의
큰 뜻[大指=大義]을 이 편에 드러내 보였으니, 배움을 이루고[成學] 옛글을
연구하는 사람들을 위해 요약하고 잘라낸 것[要刪]이다[3]."

1) 【색은(索隱)】 數의 발음은 소(疏)와 구(具)의 반절음으로, 음양술수가를 말한다.

2) 【집해(集解)】 서광(徐廣)이 말했다. "판본에 따라 통(通)으로 되어 있다."

3) 【색은(索隱)】 배움을 이루고 옛글을 연구하는 사람들을 위해 요약하고 잘라낸
   것이라고 했는데, 이 말은 『춘추(春秋)』와 『국어(國語)』가 본래 배움을 이룬
   사람을 위해 그 요체를 볼 수 있게 해주려는 책이기 때문에 잘라내 이 편을
   만들었다는 뜻이다.

	주(周)	노(魯)	제(齊)	진(晉)	진(秦)	초(楚)	송(宋)
기원전 841년 경신(庚申)	공화 원년으로 선왕(宣王)이 어려서 대신들이 공화(共和)해 정치를 시행했다.[1]	진공(眞公) 비(濞)[2] 15년, 일설에는 14년	무공(武公) 수(壽)[3] 10년	정후(靖侯) 의구(宜臼)[4] 18년	진중(秦仲)[5] 4년	웅용(熊勇)[6] 7년	희공(釐公)[7] 18년
840년	2년. 여왕(厲王)의 아들이 소공의 궁에 ㄱ 주했으니 이 사람이 선왕(宣王)이다.	16년	11년	진(晉) 희후(釐侯) 사도(司徒) 원년	5년	8년	19년
839년	3년	17년	12년	2년	6년	9년	20년
838년	4년	18년	13년	3년	7년	10년	21년
837년 갑자(甲子)	5년	19년	14년	4년	8년	초 웅엄(熊嚴) 원년	22년
836년	6년	20년	15년	5년	9년	2년	23년
835년	7년	21년	16년	6년	10년	3년	24년
834년	8년	22년	17년	7년	11년	4년	25년
833년	9년	23년	18년	8년	12년	5년	26년
832년	10년	24년	19년	9년	13년	6년	27년
831년	11년	25년	20년	10년	14년	7년	28년

1) **【집해(集解)】** 서광(徐廣)이 말했다. "공화 원년은 경신년이다. 이때부터 경왕(敬王) 43년까지 모두 365년이다. 공화는 춘추시대로부터 119년 전이었다." **【색은(索隱)】** 선왕(宣王)이 어려서 주공과 소공 두 사람이 공동으로 왕실을 보좌했다. 그래서 공화라고 한다. 선왕은 여왕(厲王)의 아들인데 서씨(徐氏)는 말하기를 "원년에서 경왕까지 43년이니 모두 365년이다. 공화는 춘추시대로부터 119년 전이었다"라고 했다.

2) **【색은(索隱)】** 『계본(系本)』에는 "신공(愼公) 지(摯)"라고 되어 있고, 추탄생(鄒誕生)은 "신공 호(嘷)이니 진공은 백금(伯禽)의 현손이다"라고 했다.

3) **【색은(索隱)】** 태공(太公)의 5대손이며 헌공(獻公)의 아들이다. 송충(宋衷)이 말했다. "무공 10년에 선왕의 대신들이 공동으로 정사를 행하면서 명칭을 공화라고 했고, 14년에 선왕이 즉위했다."

4) **【색은(索隱)】** 당숙(唐叔)의 5대손이며 여후(厲侯)의 아들이다. 송충이 말했다.

위(衛)	진(陳)	채(蔡)	조(曹)	정(鄭)	연(燕)	오(吳)
희후(釐侯)8) 14년	유공(幽公) 영(寧)9) 14년	무후(武侯)10) 23년	이백(夷伯)11) 24년		혜후(惠侯)12) 24년	
15년	15년	24년	25년		25년	
16년	16년	25년	26년		26년	
17년	17년	26년	27년		27년	
18년	18년	채 이후(夷侯) 원년	28년		28년	
19년	19년	2년	29년		29년	
20년	20년	3년	30년		30년	
21년	21년	4년	조 유백(幽伯) 강(彊) 원년		31년	
22년	22년	5년	2년		32년	
23년	23년	6년	3년		33년	
24년	진 희공(釐公) 효(孝) 원년	7년	4년		34년	

"당숙 이하 5대는 연기(年紀)가 없다."

5) 【색은(索隱)】 비자(非子)의 증손이며 공백(公伯)의 아들이다. 선왕이 명해 대부가 되었고, 서융을 주벌했다.

6) 【색은(索隱)】 초나라는 미(芈)성이며 육웅(粥熊)의 후손이어서 씨는 웅으로 했다. 웅용은 웅연(熊延)의 아들이며 웅역(熊繹)의 9대손이다.

7) 【색은(索隱)】 미중(微仲)의 7대손이며 여공(厲公)의 아들이다.

8) 【색은(索隱)】 강숙의 7대손이며 경후(頃侯)의 아들이다. 경후는 주나라에 뇌물을 주어 비로소 명을 받아 후가 되었다.

9) 【색은(索隱)】 호공(胡公)의 5대손이다.

10) 【색은(索隱)】 채중(蔡仲)의 5대손이다.

11) 【색은(索隱)】 이름은 희(喜)이며 진탁(振鐸)의 6대손이다.

12) 【색은(索隱)】 소공(召公) 석(奭)의 9세손이다.

	주(周)	노(魯)	제(齊)	진(晉)	진(秦)	초(楚)	송(宋)
830년	12년	26년	21년	11년	15년	8년	송 혜공(惠公) 한(覵) 원년[1]
829년	13년	27년	22년	12년	16년	9년	2년
828년	14년 선왕기 즉위해 공화는 끝났다.[2]	28년	23년	13년	17년	10년	3년
827년 갑술(甲戌)	선왕 원년이다. 여왕의 아들이다.	29년	24년	14년	18년	초 웅상(熊霜) 원년	4년
826년	2년	30년	25년	15년	19년	2년	5년
825년	3년	노 무공(武公) 오(敖) 원년	26년	16년	20년	3년	6년
824년	4년	2년	제 여공(厲公) 무기(無忌) 원년	17년	21년	4년	7년
823년	5년	3년	2년	18년	22년	5년	8년
822년	6년	4년	3년	진 헌공(獻公) 적(籍)원년	23년	6년	9년
821년	7년	5년	4년	2년	진 장공(莊公) 기(其)원년[4]	초 웅순(熊徇) 원년	10년
820년	8년	6년	5년	3년	2년	2년	11년
819년	9년	7년	6년	4년	3년	3년	12년
818년	10년	8년	7년	5년	4년	4년	13년
817년 갑신(甲申)	11년	9년	8년	6년	5년	5년	14년
816년	12년	10년	9년	7년	6년	6년	15년
815년	13년	노 의공(懿公) 희(戲) 원년	제 문공(文公) 적(赤) 원년	8년	7년	7년	16년
814년	14년	2년	2년	9년	8년	8년	17년
813년	15년	3년	3년	10년	9년	9년	18년
812년	16년	4년	4년	11년	10년	10년	19년

1) 【색은(索隱)】 覵의 발음은 한(閑)이고, 또 발음은 하(下)와 판(板)의 반절음이다.

2) 【색은(索隱)】 두 재상이 정사를 돌려주니, 선왕이 원년을 칭했다.

3) 【색은(索隱)】 서광이 말하기를 판본에 따라 이 장(莊)자가 없다고 했다. 살펴보건대, 연나라는 연기와 임금 이름을 다 잃어버렸으므로 이 장(莊)자도 그냥 덧

위(衛)	진(陳)	채(蔡)	조(曹)	정(鄭)	연(燕)	오(吳)
25년	2년	8년	5년		35년	
26년	3년	9년	6년		36년	
27년	4년	10년	7년		37년	
28년	5년	11년	8년		38년	
29년	6년	12년	9년		연 희후(釐侯) 장(莊) 원년[3]	
30년	7년	13년	조 대백(戴伯) 선(鮮) 원년		2년	
31년	8년	14년	2년		3년	
32년	9년	15년	3년		4년	
33년	10년	16년	4년		5년	
34년	11년	17년	5년		6년	
35년	12년	18년	6년		7년	
36년	13년	19년	7년		8년	
37년	14년	20년	8년		9년	
38년	15년	21년	9년		10년	
39년	16년	22년	10년		11년	
40년	17년	23년	11년		12년	
41년	18년	24년	12년		13년	
42년	19년	25년	13년		14년	
위 무공(武公) 화(和) 원년	20년	26년	14년		15년	

붙여진 것이다.

4) 【색은(索隱)】 기는 이름이다. 살펴보건대, 진나라의 앞선 임금들은 아울러 이름
을 기록하지 않았는데 아마도 그것은 이름이 아니었기 때문일 것이다.

	주(周)	노(魯)	제(齊)	진(晉)	진(秦)	초(楚)	송(宋)
811년	17년	5년	5년	목후(穆侯) 불생(弗生) 원년5)	11년	11년	20년
810년	18년	6년	6년	2년	12년	12년	21년
809년	19년	7년	7년	3년	13년	13년	22년
808년	20년	8년	8년	4년. 제나라 여인을 취해 부인으로 삼았다.	14년	14년	23년
807년 갑오(甲午)	21년	9년	9년	5년	15년	15년	24년
806년	22년	노 효공(孝公) 칭(稱) 원년6)	10년	6년	16년	16년	25년
805년	23년	2년	11년	7년, 조(條)나라를 정벌하고 태자 구(仇)를 낳았다.	17년	17년	26년
804년	24년	3년	12년	8년	18년	18년	27년
803년	25년	4년	제 성공(成公) 열(說) 원년8)	9년	19년	19년	28년
802년	26년	5년	2년	10년. 천무(千畝)와 전쟁을 했다. 태자 구의 동생 성사(成師)를 낳았다. 두 아들의 이름이 상충하니 군자가 그것을 비판했다. 뒤에 난이 일어났다.	20년	20년	29년

5) 【색은(索隱)】 살펴코건대,『계가(系家)』에 따르면 이름이 비생(費生) 혹은 비생(濆生)으로 되어 있다.『계본(系本)』에는 불생이라고 했으니, 이름은 생(生)이고 비(費)·비(濆)·불(弗)만 다를 뿐이다.

6) 【집해(集解)】 백어(伯御)가 세워져 군(君)이 되었는데 칭은 여러 공자 중 하나였다

위(衛)	진(陳)	채(蔡)	조(曹)	정(鄭)	연(燕)	오(吳)
2년	21년	27년	15년		16년	
3년	22년	28년	16년		17년	
4년	23년	채 희후(釐侯) 소사(所事) 원년	17년		18년	
5년	24년	2년	18년		19년	
6년	25년	3년	19년		20년	
7년	26년	4년	20년	정 환공(桓公) 우(友) 원년에 비로소 봉해졌다. 주나라 선왕의 동생이다.[7]	21년	
8년	27년	5년	21년	2년	22년	
9년	28년	6년	22년	3년	23년	
10년	29년	7년	23년	4년	24년	
11년	30년	8년	24년	5년	25년	

고 한다. 백어는 무공(武公)의 손자다.

7) **【색은(索隱)】** 선왕 22년에 그를 정나라에 봉했고, 세워진 지 36년 만에 유왕(幽王)과 함께 견융을 죽였다.

8) **【색은(索隱)】** 『계가(系家)』에는 열(說)이 탈(脫)로 되어 있다.

	주(周)	노(魯)	제(齊)	진(晉)	진(秦)	초(楚)	송(宋)
801년	27년	6년	3년	11년	21년	21년	30년
800년	28년	7년	4년	12년	22년	22년	31년. 송 혜공(惠公)이 훙했다.
799년	29년	8년	5년	13년	23년	초 웅악(熊鄂) 원년	송 대공(戴公)이 세워졌다. 원년이다.
798년	30년	9년	6년	14년	24년	2년	2년
797년 갑진(甲辰)	31년	10년	7년	15년	25년	3년	3년
796년	32년	11년. 주나라 선왕이 백어를 주살하고 그의 동생 칭을 세웠으니 이 사람이 효공(孝公)이다.	8년	16년	26년	4년	4년
795년	33년	12년	9년	17년	27년	5년	5년
794년	34년	13년	제 장공(莊公) 속(贖) 원년10)	18년	28년	6년	6년
793년	35년	14년	2년	19년	29년	7년	7년
792년	36년	15년	3년	20년	30년	8년	8년
791년	37년	16년	4년	21년	31년	9년	9년
790년	38년	17년	5년	22년	32년	초 약오(若敖) 원년11)	10년
789년	39년	18년	6년	23년	33년	2년	11년
788년	40년	19년	7년	24년	34년	3년	12년
787년 갑인(甲寅)	41년	20년	8년	25년	35년	4년	13년
786년	42년	21년	9년	26년	36년	5년	14년
785년	43년	22년	10년	27년, 목후(穆侯)가 졸하니 동생 상숙(殤叔)이 스스로를 세웠고 태자 구는 나라 밖으로 달아났다.	37년	6년	15년

9) 【색은(索隱)】 치(雉)는 판본에 따라 시(兕)로 되어 있다.

10) 【색은(索隱)】 유씨(劉氏)는 贖의 발음이 신(神)과 욕(欲)의 반절음이라고 했다.

위(衛)	진(陳)	채(蔡)	조(曹)	정(鄭)	연(燕)	오(吳)
12년	31년	9년	25년	6년	26년	
13년	32년	10년	26년	7년	27년	
14년	33년	11년	27년	8년	28년	
15년	34년	12년	28년	9년	29년	
16년	35년	13년	29년	10년	30년	
17년	36년	14년	30년	11년	31년	
18년	진 무공(武公) 영(靈) 원년	15년	조 혜백(惠伯) 치(雉) 원년[9]	12년	32년	
19년	2년	16년	2년	13년	33년	
20년	3년	17년	3년	14년	34년	
21년	4년	18년	4년	15년	35년	
22년	5년	19년	5년	16년	36년	
23년	6년	20년	6년	17년	연 경후(頃侯) 원년	
24년	7년	21년	7년	18년	2년	
25년	8년	22년	8년	19년	3년	
26년	9년	23년	9년	20년	4년	
27년	10년	24년	10년	21년	5년	
28년	11년	25년	11년	22년	6년	

『계가』와 『계본』에는 나란히 구(購)로 되어 있다.

11) 【색은(索隱)】 웅의(熊儀)를 가리키니, 호가 약오다.

	주(周)	노(魯)	제(齊)	진(晉)	진(秦)	초(楚)	송(宋)
784년	44년	23년	11년	진 상숙 원년	38년	7년	16년
783년	45년	24년	12년	2년	39년	8년	17년
782년	46년	25년	13년	3년	40년	9년	18년
781년	유왕(幽王) 원년	26년	14년	4년, 구(仇)가 상숙을 죽이고 세워져 문후(文侯)가 되었다.	41년	10년	19년
780년	2년, 삼천(三川)에 지진이 났다.	27년	15년	진 문후 구(仇) 원년	42년	11년	20년
779년	3년, 왕이 포사(褒姒)를 취했다.	28년	16년	2년	43년	12년	21년
778년	4년	29년	17년	3년	44년	13년	22년
777년 갑자(甲子)	5년	30년	18년	4년	진 양공(襄公) 원년	14년	23년
776년	6년	31년	19년	5년	2년	15년	24년
775년	7년	32년	20년	6년	3년	16년	25년
774년	8년	33년	21년	7년	4년	17년	26년
773년	9년	34년	22년	8년	5년	18년	27년
772년	10년	35년	23년	9년	6년	19년	28년
771년	11년, 유왕이 견융에게 살해되었다.	36년	24년	10년	7년, 처음으로 제후의 반열에 올랐다.	20년	29년
770년	평왕(平王) 원년, 동쪽의 낙읍(雒邑)으로 수도를 옮겼다.	37년	25년	11년	8년, 처음 서치(西畤)를 세우고 백제(白帝)에게 제사를 지냈다.	21년	30년
769년	2년	38년	26년	12년	9년	22년	31년
768년	3년	노 혜공(惠公) 불황(弗湟) 원년[13]	27년	13년	10년	23년	32년
767년 갑술(甲戌)	4년	2년	28년	14년	11년	24년	33년
766년	5년	3년	29년	15년	12년, 융을 정벌하러 기(岐)에 이르렀다가 죽었다.	25년	34년

12) **【색은(索隱)】** 이름은 활돌(滑突)인데, 판본에 따라 활이 굴(掘)자로 되어 있다. 둘 다 발음은 호(胡)와 홀(忽)의 반절음이다.

위(衛)	진(陳)	채(蔡)	조(曹)	정(鄭)	연(燕)	오(吳)
29년	12년	26년	12년	23년	7년	
30년	13년	27년	13년	24년	8년	
31년	14년	28년	14년	25년	9년	
32년	15년	29년	15년	26년	10년	
33년	진 이공(夷公) 원년	30년	16년	27년	11년	
34년	2년	31년	17년	28년	12년	
35년	3년	32년	18년	29년	13년	
36년	진 평공(平公) 섭(燮) 원년	33년	19년	30년	14년	
37년	2년	34년	20년	31년	15년	
38년	3년	35년	21년	32년	16년	
39년	4년	36년	22년	33년	17년	
40년	5년	37년	23년	34년	18년	
41년	6년	38년	24년	35년	19년	
42년	7년	39년	25년	36년, 유왕의 일로 견융에게 살해되었다.	20년	
43년	8년	40년	26년	정 무공(武公) 원년[12]	21년	
44년	9년	41년	27년	2년	22년	
45년	10년	42년	28년	3년	23년	
46년	11년	43년	29년	4년	24년	
47년	12년	44년	30년	5년	연 애후(哀侯) 원년	

13) **【색은(索隱)】** 『계가』에는 불황(弗湟)으로 되어 있는데 『계본』에는 불황(弗皇)으로 되어 있다.

	주(周)	노(魯)	제(齊)	진(晉)	진(秦)	초(楚)	송(宋)
765년	6년	4년	30년	16년	진 문공(文公) 원년	26년	송 무공(武公) 사공(司空) 원년
764년	7년	5년	31년	17년	2년	27년	2년
763년	8년	6년	32년	18년	3년	초 소오(霄敖) 원년[14]	3년
762년	9년	7년	33년	19년	4년	2년	4년
761년	10년	8년	34년	20년	5년	3년	5년
760년	11년	9년	35년	21년	6년	4년	6년
759년	12년	10년	36년	22년	7년	5년	7년
758년	13년	11년	37년	23년	8년	6년	8년
757년 갑신(甲申)	14년	12년	38년	24년	9년	초 분모(蚡冒) 원년[15]	9년
756년	15년	13년	39년	25년	10년, 부치(鄜畤)를 지었다.	2년	10년
755년	16년	14년	40년	26년	11년	3년	11년
754년	17년	15년	41년	27년	12년	4년	12년
753년	18년	16년	42년	28년	13년	5년	13년
752년	19년	17년	43년	29년	14년	6년	14년
751년	20년	18년	44년	30년	15년	7년	15년
750년	21년	19년	45년	31년	16년	8년	16년
749년	22년	20년	46년	32년	17년	9년	17년

14) 【색은(索隱)】 살펴보건대, 『계가』에 따르면 약오의 아들 웅감(熊坎)이 세워졌으니 이 사람이 소오다. 그런데 영어(甯敖)라고도 하니, 아마도 이 소(霄)자가 바뀌어 영(甯)이 된 듯하다. 유백장(劉伯莊)은 단지 글자에 따라 발음할 뿐이라고 하면서 더는 분석하지 않았다.

위(衛)	진(陳)	채(蔡)	조(曹)	정(鄭)	연(燕)	오(吳)
48년	13년	45년	31년	6년	2년	
49년	14년	46년	32년	7년	연 정후(鄭侯) 원년	
50년	15년	47년	33년	8년	2년	
51년	16년	48년	34년	9년	3년	
52년	17년	채 공후(共侯) 흥(興) 원년	35년	10년, 신후(申侯)의 딸 무강(武姜)을 아내로 맞았다.	4년	
53년	18년	2년	36년	11년	5년	
54년	19년	채 대후(戴侯) 원년	조 목공(穆公) 원년	12년	6년	
55년	20년	2년	2년	13년	7년	
위 장공(莊公) 양(楊) 원년	21년	3년	3년	14년, 장공(莊公) 오생(寤生)을 낳았다.	8년	
2년	22년	4년	조 환공(桓公) 종생(終生) 원년	15년	9년	
3년	23년	5년	2년	16년	10년	
4년	진 문공(文公) 어(圉) 원년이다. 백공(柏公) 포(鮑)와 여공(厲公) 타(他)를 낳았다. 타의 어머니는 채나라 여자다.	6년	3년	17년, 태숙(大叔) 단(段)을 낳았다.	11년	
5년	2년	7년	4년	18년	12년	
6년	3년	8년	5년	19년	13년	
7년	4년	9년	6년	20년	14년	
8년	5년	10년	7년	21년	15년	
9년	6년	채 선후(宣侯) 개론(揩論) 원년	8년	22년	16년	

15) 【색은(索隱)】 추씨(鄒氏)가 말하기를, 분(蚡)은 판본에 따라 분(粉)으로 되어 있고 발음은 분(憤)이라고 했다. 冒의 발음은 망(亡)과 보(報)의 반절음이고, 또 발음은 묵(默)이라고 했다.

	주(周)	노(魯)	제(齊)	진(晉)	진(秦)	초(楚)	송(宋)
748년	23년	21년	47년	33년	18년	10년	18년, 노 환공(桓公)의 어머니를 낳았다.
747년 갑오(甲午)	24년	22년	48년	34년	19년, 사당 진보(陳寶)를 지었다.	11년	송 선공(宣公) 역(力) 원년
746년	25년	23년	49년	35년	20년	12년	2년
745년	26년	24년	50년	진 소후(昭侯) 원년이다. 계부 성사(成師)를 곡옥(曲沃)에 봉했는데, 곡옥이 본국보다 컸기에 군자가 이를 기롱해 말했다. "진나라 사람들의 난은 곡옥에서 시작할 것이다."	21년	13년	3년
744년	27년	25년	51년	2년	22년	14년	4년
743년	28년	26년	52년	3년	23년	15년	5년
742년	29년	27년	53년	4년	24년	16년	6년
741년	30년	28년	54년	5년	25년	17년	7년
740년	31년	29년	55년	6년	26년	무왕(武王)이 세워졌다.	8년

16) 【집해(集解)】 어머니가 단(段)을 세우고 싶어 했지만, 공이 들어주지 않았다.

위(衛)	진(陳)	채(蔡)	조(曹)	정(鄭)	연(燕)	오(吳)
10년	7년	2년	9년	23년	17년	
11년	8년	3년	10년	24년	18년	
12년	9년	4년	11년	25년	19년	
13년	10년, 문공(文公)이 졸했다.	5년	12년	26년	20년	
14년	진 환공(桓公) 원년	6년	13년	27년	21년	
15년	2년	7년	14년	진 장공(莊公) 오생 원년[16] 채중(祭仲)이 태어났다.	22년	
16년	3년	8년	15년	2년	23년	
17년, 애첩이 주우(州吁)을 낳았는데, 주우는 전쟁을 좋아했다.	4년	9년	16년	3년	24년	
18년	5년	10년	17년	4년	25년	

	주(周)	노(魯)	제(齊)	진(晉)	진(秦)	초(楚)	송(宋)
739년	32년	30년	56년	반보(潘父)가 소후(昭侯)를 죽이고 성사(成師)를 맞아들이려 했으나 뜻을 이루지 못했다. 소후의 아들이 세워졌으니 이 사람이 효후(孝侯)다.[17]	27년	2년	9년
738년	33년	31년	57년	2년	28년	3년	10년
737년 갑진(甲辰)	34년	32년	58년	3년	29년	4년	11년
736년	35년	33년	59년	4년	30년	5년	12년
735년	36년	34년	60년	5년	31년	6년	13년
734년	37년	35년	61년	6년	32년	7년	14년
733년	38년	36년	62년	7년	33년	8년	15년
732년	39년	37년	63년	8년	34년	9년	16년
731년	40년	38년	64년	9년, 곡옥 환숙 성사(成師)가 졸하니 아들이 뒤를 이어 세워져 장백(莊伯)이 되었다.	35년	10년	17년
730년	41년	39년	제 희공(釐公) 녹보(祿父) 원년	10년	36년	11년	18년

17) 【색은(索隱)】 소후는 문후 구(仇)의 아들이다. 『계가』에 따르면, 진나라 대신 반보가 소후를 죽이고 곡옥의 환숙(桓叔)을 맞아들이자, 진나라 사람들이 그

위(衛)	진(陳)	채(蔡)	조(曹)	정(鄭)	연(燕)	오(吳)
19년	6년	11년	18년	5년	26년	
20년	7년	12년	19년	6년	27년	
21년	8년	13년	20년	7년	28년	
22년	9년	14년	21년	8년	29년	
23년	10년	15년	22년	9년	30년	
1년, 위 환공(桓公) 완(完) 원년이다. 부인이 자식이 없어 환공이 세워졌다.	11년	16년	23년	10년	31년	
2년, 동생 주우가 교만하니 환공이 그를 축출했고, 주우는 나라 밖으로 도망쳤다.	12년	17년	24년	11년	32년	
3년	13년	18년	25년	12년	33년	
4년	14년	19년	26년	13년	34년	
5년	15년	20년	27년	14년	35년	

를 공격하고 소후의 아들 평(平)을 세웠으니 이 사람이 효후다.

	주(周)	노(魯)	제(齊)	진(晉)	진(秦)	초(楚)	송(宋)
729년	42년	40년	2년, 친동생 이중(夷仲)이 공손 무지(公孫毋知)를 낳았다.	11년	37년	12년	19년, 공이 졸했 는 데 명해서 동생 화(和)를 세우니, 이 사람이 목공(穆公)이다.
728년	43년	41년	3년	12년	38년	13년	송 목공(穆公) 화(和) 원년
727년 갑인(甲寅)	44년	42년	4년	13년	39년	14년	2년
726년	45년	43년	5년	14년	40년	15년	3년
725년	46년	44년	6년	15년	41년	16년	4년
724년	47년	45년	7년	16년, 곡옥 장백이 효후를 죽이니 진나라 사람들은 효후의 아들 극(郤)을 세워 악후(鄂侯)로 삼았다.	42년	17년	5년
723년	48년	46년	8년	진 악후 극 원년에 곡옥이 진나라보다 강했다.[18]	43년	18년	6년
722년	49년	노 은공(隱公) 식고(息姑) 원년 어머니는 성자(聲子)다.[19]	9년	2년	44년	19년	7년
721년	50년	2년	10년	3년	45년	20년	8년

18) 【색은(索隱)】 어떤 판본에는 극(郤)이 도(都)로 되어 있는데 오류다. 악(鄂)은 읍이고, 극(郤)은 그의 이름이다.

위(衛)	진(陳)	채(蔡)	조(曹)	정(鄭)	연(燕)	오(吳)
6년	16년	21년	28년	15년	36년	
7년	17년	22년	29년	16년	연 목후(穆侯) 원년	
8년	18년	23년	30년	17년	2년	
9년	19년	24년	31년	18년	3년	
10년	20년	25년	32년	19년	4년	
11년	21년	26년	33년	20년	5년	
12년	22년	27년	34년	21년	6년	
13년	23년	28년	35년	22년, 단(段)이 난을 일으켰다가 도망쳤다.	7년	
14년	24년	29년	36년	23년, 공이 뉘우치고서 어머니를 뵙지 못해 그리워하다가 땅을 파고 들어가서 서로 만나 보았다.	8년	

19) 【집해(集解)】 서광(徐廣)이 말했다. "춘추 은공 원년은 해가 기미년이다." 【색은(索隱)】

『계가』에 따르면 이름이 식(息)이고, 『계본』에 따르면 이름이 식여(息如)다.

	주(周)	노(魯)	제(齊)	진(晉)	진(秦)	초(楚)	송(宋)
720년	51년	3년 2월, 일식이 있었다.	11년	4년	46년	21년	9년, 공이 공보(孔父)에게 의탁하자 상공(殤公)을 세웠다. 풍(馮)이 정나라로 달아났다.
719년	환왕(桓王) 원년	4년	12년	5년	47년	22년	송 상공(殤公) 여이(與夷) 원년
718년	2년, 괵공(虢公)으로 하여금 진나라의 곡옥을 정벌하게 했다.	5년, 공이 당(棠)에서 고기잡이를 구경하니 군자가 그것을 기롱했다.	13년	6년, 악후가 졸했다. 곡옥 장백이 다시 진나라를 공격했다. 악후의 아들 광(光)을 세워 애후(哀侯)로 삼았다.	48년	23년	2년, 정나라가 아군을 치니 아군도 정나라를 쳤다.
717년 갑자(甲子)	3년	6년, 정나라 사람들이 투평(渝平)에 왔다.	14년	진 애후(哀侯) 광(光) 원년	49년	24년	3년
716년	4년	7년	15년	2년, 장백이 졸하고 아들 칭(稱)이 세워졌으니 무공(武公)이다.	50년	25년	4년
715년	5년	8년, 허(許)나라 땅을 (노나라 옥과) 바꾸니 군자가 이를 기롱했다.	16년	3년	진 영공(寧公) 원년	26년	5년
714년	6년	9년 3월, 큰 우박이 떨어졌다.	17년	4년	2년	27년	6년
713년	7년	10년	18년	5년	3년	28년	7년, 제후가 우리를 꺾자 우리 군대는 위(衛)나라 사람들과 함께 정나라를 쳤다.

위(衛)	진(陳)	채(蔡)	조(曹)	정(鄭)	연(燕)	오(吳)
15년	25년	30년	37년	24년, 주나라를 침범해 벼를 가로채 왔다.	9년	
16년, 주우가 공을 시해하고 스스로를 세웠다.	26년, 위(衛) 석작(石碏)이 와서 고했기에 주우를 붙잡았다.	31년	38년	25년	10년	
위 선공(宣公) 원년, 진(晉)이 함께 그를 세웠다. 주우를 토벌했다.	27년	32년	39년	26년	11년	
2년	28년	33년	40년	27년, 처음으로 왕(王-천자)에게 조회했으나 왕은 받지 않았다.	12년	
3년	29년	34년	41년	28년	13년	
4년	30년	35년	42년	29년, 노나라에 옥을 주고서 허나라 땅과 바꿨다.	14년	
5년	31년	채 환후(桓侯) 봉인(封人) 원년	43년	30년	15년	
6년	32년	2년	44년	31년	16년	

	주(周)	노(魯)	제(齊)	진(晉)	진(秦)	초(楚)	송(宋)
712년	8년	11년, 대부 휘(翬)가 환공을 죽이고 자신이 재상이 될 것을 청했으나 공이 들어주지 않았다. 이에 공을 곧바로 죽였다.	19년	6년	4년	29년	8년
711년	9년	노 환공(桓公) 윤(允) 원년이다. 어머니는 송 무공(武公)의 딸로, 수문(手文)을 낳고 노 부인이 되었다.[20]	20년	7년	5년	30년	9년
710년	10년	2년, 송나라가 쇠솥을 뇌물로 바치니 태묘에 가져다 놓았는데 군자들이 기롱했다.	21년	8년	6년	31년	화독(華督)이 공보의 아내를 보고 좋아했다. 화독이 공보를 죽이고 또 상공(殤公)을 죽였다. 송공 풍(馮) 원년에 화독이 재상이 되었다.
709년	11년	3년, 휘가 여인을 맞이하자 제후(齊侯)가 여인을 환송했는데, 군자들이 그것을 기롱했다.	22년	진 소자(小子) 원년	7년	32년	2년
708년	12년	4년	23년	2년	8년	33년	3년
707년 갑술(甲戌)	13년,정나라를 쳤다.	5년	24년	3년	9년	34년	4년

20) 【색은(索隱)】 윤(允)은 판본에 따라 올(兀)로 되어 있는데, 오(五)와 홀(忽)의 반

위(衛)	진(陳)	채(蔡)	조(曹)	정(鄭)	연(燕)	오(吳)
7년	33년	3년	43년	32년	17년	
8년	34년	4년	46년	33년, 옥을 갖고 노나라에 가서 허나라 땅과 바꿨다.	18년	
9년	35년	5년	47년	34년	연 선후(宣侯) 원년	
10년	36년	6년	48년	35년	(2년)	
11년	37년	7년	49년	36년	3년	
12년	38년	8년	50년	37년, 주나라를 쳐서 왕을 다치게 했다.	4년	

절음이다. 서광은 말하기를, 판본에 따라 월(軏)로 되어 있다고 했다.

	주(周)	노(魯)	제(齊)	진(晉)	진(秦)	초(楚)	송(宋)
706년	14년	6년	25년, 산융(山戎)이 우리를 쳤다.	곡옥 무공이 소자를 죽였다. 그 참에 곡옥을 정벌해, 진 애후의 동생 민(湣)을 세워 진후로 삼았다. 진후 민 원년이다.[21]	10년	35년, 수(隋)를 침범했는데 수가 선정을 펼치자, 침략을 멈췄다.	5년
705년	15년	7년	26년	2년	11년	36년	6년
704년	16년	8년	27년	3년	12년	37년, 수(隨)를 쳤으나 뽑지 못했고 동맹만 맺고서 군대를 철수했다.	7년
703년	17년	9년	28년	4년	진 출공(出公) 원년	38년	8년
702년	18년	10년	29년	5년	2년	39년	9년
701년	19년	11년	30년	6년	3년	40년	10년, 채중(蔡仲)을 붙잡았다.
700년	20년	12년	31년	7년	4년	41년	11년
699년	21년	13년	32년, 무지(毋知) 희공(釐公)이 질복(秩服)을 태자와 같게 했다.	8년	5년	42년	12년
698년	22년	14년	33년	9년	6년, 삼보(三父)가 출공(出公)을 죽이고 그의 형 무공(武公)을 세웠다.	43년	13년

21) 【색은(索隱)】 湣의 발음은 민(旻)이다.

22) 【색은(索隱)】 他의 발음은 도(徒)와 하(何)의 반절음이다. 진나라 대부 오보(五

위(衛)	진(陳)	채(蔡)	조(曹)	정(鄭)	연(燕)	오(吳)
13년	동생 타(他)가 태자 면(免)을 죽이고 대신 들어서니 국란이 재연되었다. 진 여공(厲公) 타(他) 원년이다.[22]	9년	51년	38년, 태자 홀(忽)이 제나라를 구원하니 제나라는 그에게 아내를 주었다.	5년	
14년	2년, 경중 완(敬仲完)을 낳았다.	10년	52년	39년	6년	
15년	3년, 주나라 태사가 점을 치더니, 완(完)이 후세에 제(齊)의 왕이 될 것이라고 했다.	11년	53년	40년	7년	
16년	4년	12년	54년	41년	8년	
17년	5년	13년	55년	42년	9년	
18년, 태자 급(伋)의 동생 수(壽)가 다투다가 죽었다.	6년	14년	조 장공(莊公) 사고(射姑) 원년	43년	10년	
19년	7년, 공이 채를 어지럽히자, 채가 공을 죽였다.	15년	2년	정 여공(厲公) 돌(突) 원년	11년	
위(衛) 혜공(惠公) 초하루 원년	진(陳) 장공(莊公) 림(林) 원년	16년	3년	2년	12년	
2년	2년	17년	4년	3년, 제후들이 우리를 쳤는데 송나라에 보복하기 위함이었다.	13년	

父)의 후손이 세워져 여공이 되었다.

	주(周)	노(魯)	제(齊)	진(晉)	진(秦)	초(楚)	송(宋)
697년 갑신(甲申)	23년	15년, 천왕이 수레를 요구했으니, 예가 아니었다.	제나라 양공(襄公) 제아(諸兒) 원년에 무지의 질복을 깎아내자, 무지가 원망했다.	10년	진(秦) 무공(武公) 원년, 팽(彭)을 쳐서 화산(華山)에 이르렀다.	44년	14년
696년	장왕(莊王) 원년, 아들 퇴(頹)를 낳았다.	16년, 공이 조(曹)와 회동하고 정나라를 치는 문제를 모의했다.	2년	11년	2년	45년	15년
695년	2년, 형제가 있었다.	17년, 일식이 일었는데 날짜를 기록하지 않은 것은 관리가 빠뜨렸기 때문이다.	3년	12년	3년	46년	16년
694년	3년	18년, 공이 부인과 함께 제나라에 갔는데 부인이 제나라 임금과 사통했다. 제나라 후가 팽생(彭生)을 시켜 수레 위에서 공을 죽였다.	4년, 노나라 환공을 죽였고 팽생을 주살했다.	13년	4년	47년	17년
693년	4년, 주공(周公)이 왕을 죽이고 아들 극(克)을 세우려 하자 왕이 주공을 주살했고, 극은 연나라로 달아났다.	노나라 장공(莊公) 동(同) 원년이다.	5년	14년	5년	48년	18년
692년	5년	2년	6년	15년	6년	49년	19년
691년	6년	3년	7년	16년	7년	50년	송나라 민공(湣公) 원년이다.

위(衛)	진(陳)	채(蔡)	조(曹)	정(鄭)	연(燕)	오(吳)
3년, 삭(朔)이 제나라로 달아나니 검모(黔牟)를 세웠다.	3년	18년	5년	4년, 채중(蔡仲)을 세우니 공은 나가서 역(櫟)에 머물렀다.	연나라 환후(桓侯) 원년이다.	
위(衛) 검모(黔牟) 원년	4년	19년	6년	정나라 소공(昭公) 원년, 홀(忽)의 어머니 등(鄧)나라 여인을 채중(蔡仲)이 차지했다.	2년	
2년	5년	20년	7년	2년, 거미(渠彌)가 소공(昭公)을 죽였다.	3년	
3년	6년	채(蔡) 애후(哀侯) 헌무(獻舞) 원년이다.	8년	정(鄭)나라 자미(子亹)에 제나라가 자미를 죽였는데 소공의 동생이다.	4년	
4년	7년	2년	9년	정나라 자영(子嬰) 원년이고 자미의 동생이다.	5년	
5년	진(陳)나라 선공(宣公) 저구(杵臼) 원년이고 저구는 장공의 동생이다.	3년	10년	2년	6년	
6년	2년	4년	11년	3년	7년	

	주(周)	노(魯)	제(齊)	진(晉)	진(秦)	초(楚)	송(宋)
690년	7년	4년	8년, 기(紀)나라를 쳐서 그 도읍을 없앴다.	17년	8년	51년, 왕이 수후(隋侯)를 치니 부인의 마음이 움직였고, 왕은 군중에서 졸했다.	2년
689년	8년	5년, 제나라와 함께 위(衛)나라를 쳐서 혜공(惠公)을 들여 넣었다.	9년	18년	9년	초나라 문왕(文王) 자(貲)가 비로소 영(郢)에 도읍했다.	3년
688년	9년	6년	10년	19년	10년	2년, 신(申)나라를 치고 등(鄧)나라를 지나갈 때 등나라 사람들이 "초는 차지할 수 있습니다"라고 했으나, 등나라 후가 허락하지 않았다.	4년
687년 갑오(甲申)	10년	7년, 별똥별이 비처럼 떨어졌다.	11년	20년	11년	3년	5년
686년	11년	8년, 공자 규(糾)가 도망쳐 왔는데, 관중(管仲)과 함께 무지(毋知)의 난을 피해 온 것이다.	11년, 무지가 임금을 시해하고 스스로를 세웠다.	21년	12년	4년	6년
685년	12년	9년, 노나라가 규를 함께 들이고 소백을 뒤에 두려 하자 제나라가 노나라에 맞서 관중을 산 채로 보냈다.	제나라 환공 소백 원년 봄, 제나라는 무지를 죽였다.	22년	13년	5년	7년

위(衛)	진(陳)	채(蔡)	조(曹)	정(鄭)	연(燕)	오(吳)
7년	3년	5년	12년	4년, 연나라 장공(莊公) 원년이다.		
8년	4년	6년	13년	5년	2년	
9년	5년	7년	14년	6년	3년	
10년, 제나라가 혜공(惠公)을 세우니 검모(黔牟)가 주나라로 달아났다.	6년	8년	15년	7년	4년	
위나라 혜공 삭(朔)이 다시 나라에 들어왔다. 14년이다.	7년	9년	16년	8년	5년	
15년	8년	10년	17년	9년	6년	

	주(周)	노(魯)	제(齊)	진(晉)	진(秦)	초(楚)	송(宋)
684년	13년	제 나 라 가 우리를 쳤는데 공자 규 때문이다.	2년	23년	14년	6년, 식(息) 부인은 진 나 라 사람 인데 채나 라를 지날 때 채나라 가 무례를 저 지 르 자 미워했다. 초 나 라 가 채 나 라 를 쳐서 애후 (哀侯)를 사로잡고 돌아왔다.	8년
683년	14년	11년, 장문 중(臧文仲) 을 보내 송 나라에 홍 수가 난 것 을 위로했다.	3년	24년	15년	7년	9년, 송나 라에 큰 홍 수가 나니 임금이 자 책했다. 노 나 라 에 서 장 문 중 을 보내 위로 했다.
682년	15년	12년	4년	25년	16년	8년	10년, 만 (万)이 임금 을 죽였는 데, 구목(仇 牧)이 의리 가 있었다.
681년	희왕(釐王) 원년	13년, 조말 (曹沫)이 환 공을 겁박 해 빼앗긴 땅을 돌려 받았다.	노나라 사 람과 가(柯) 땅에서 회 동했다.	26년	17년	9년	송나라 환 공(桓公) 어 열(御說) 원 년인데 환 공은 장공 의 아들이 다.
680년	2년	14년	6년	27년	18년	10년	2년
679년	3년	15년	7년, 비로 소 패자가 되어 견(鄄) 에서 제후 들과 회맹 했다.	곡옥 무공 이 진나라 후 민을 멸 하고 주나 라에 보무 기를 바치 니, 주나라 는 무공을 진나라 임 금으로 삼 으라고 명 하고 아울 러 그 땅을 자기 것으 로 했다.	19년	11년	3년

위(衛)	진(陳)	채(蔡)	조(曹)	정(鄭)	연(燕)	오(吳)
16년	9년	11년, 초나라가 우리 후(侯)를 사로잡았다.	18년	10년	7년	
17년	10년	12년	19년	11년	8년	
18년	11년	13년	20년	12년	9년	
19년	12년	14년	21년	13년	10년	
20년	13년	15년	22년	14년	11년	
21년	14년	16년	23년	정나라 여공(厲公) 원년인데, 여공은 달아난 이후 17년이 지나서 다시 자기 나라에 들어왔다.	12년	

	주(周)	노(魯)	제(齊)	진(晉)	진(秦)	초(楚)	송(宋)
678년	4년	16년	8년	진(晉) 무공(武公) 칭(稱)이 진나라에 도읍을 정했다. 이미 세워지고 28년에 원년을 고치지 않았기에 그것을 원년으로 삼았다.	20년, 옹(雍)에 안장되었는데, 처음으로 순장을 시행했다.	12년, 등(鄧)나라를 쳐서 멸망시켰다.	4년
677년 갑진(甲辰)	5년	17년	9년	39년, 무공이 졸하고 아들 궤제(詭諸)가 세워지니 헌공(獻公)이다.	진나라 덕공(德恭) 원년이다. 덕공은 무공의 동생이다.	13년	5년
676년	혜왕(惠王) 원년, 진후(陳后)를 부인으로 맞이하다.	18년	10년	진 헌공 궤제(詭諸) 원년	2년, 처음으로 복날을 두고 사당에 제사 지냈으며 개를 찢어 발겨 읍 4개 문에 가져다 놓았다.	두오(杜敖) 간(艱) 원년	6년
675년	2년, 연나라와 위(衛)나라가 왕을 치자 왕은 온(溫) 땅으로 달아났고, 아들 퇴(頹)가 세워졌다.	19년	11년	2년	진나라 선공(宣公) 원년	2년	7년, 위(衛)나라 여자를 아내로 맞이했다. 문공의 동생이다.
674년	3년	20년	13년	3년	2년	3년	8년
673년	4년, 궤를 주살하고 혜왕을 들여넣었다.	21년	13년	4년	3년	4년	9년
672년	5년, 태자 어머니가 일찍 죽었다. 혜후(惠后)가 숙대(叔帶)를 낳았다.	22년	14년, 진완(陳完)이 진나라로부터 도망쳐 왔다. 전상(田常)은 이 사람으로부터 시작된다.	5년, 여융을 쳐서 여희를 얻었다.	4년, 밀치(密時)를 조정했다.	동생 운(惲)이 두오를 죽이고 스스로를 세웠다.	10년

위(衛)	진(陳)	채(蔡)	조(曹)	정(鄭)	연(燕)	오(吳)
22년	15년	17년	24년	2년, 제후들이 우리를 쳤다.	13년	
23년	16년	18년	25년	3년	14년	
24년	17년	19년	26년	4년	15년	
25년	18년	20년	27년	5년	16년, 왕을 치니 왕이 온 땅으로 달아났고, 아들 퇴가 세워졌다.	
26년	19년	채나라 목후(穆侯) 힐(肹) 원년	28년	6년	17년, 정나라가 우리 중보(仲父)를 붙잡았다.	
27년	20년	2년	29년	7년, 주나라의 난을 구원하고 왕을 들여 넣었다.	18년	
28년	21년, 여(厲)공 자 완(完)이 제 나라로 도망쳤다.	3년	30년	정문공 첩(捷) 원년	19년	

	주(周)	노(魯)	제(齊)	진(晉)	진(秦)	초(楚)	송(宋)
671년	6년	23년, 공이 제나라에 가서 사(社)를 구경 했다.	15년	6년	5년	초나라 성왕(成王) 운(惲) 원년	11년
670년	7년	24년	16년	7년	6년	2년	12년
669년	8년	25년	17년	8년, 옛 진나라 임금의 여러 공자를 모두 죽였다.	7년	3년	13년
668년	9년	26년	18년	9년, 처음으로 강(絳)에 성을 쌓고 도읍으로 삼았다.	8년	4년	14년
667년 갑인(甲寅)	10년, 제나라 후에게 명을 내렸다.	27년	19년	10년	9년	5년	15년
666년	11년	28년	20년	11년	10년	6년	16년
665년	12년	29년	21년	12년, 태자 신생이 곡옥에, 중이는 포성에, 이오는 굴성에 머물렀다. 여희 때문이다.	11년	7년	17년
664년	13년	30년	22년	13년	12년	8년	18년
663년	14년	31년	23년, 산융을 쳤는데, 연나라 때문이다.	14년	진나라 성공(成公) 원년	9년	19년
662년	14년	31년, 장공의 동생 숙아(叔牙)가 독살되었고, 경보가 자반을 죽였다. 계우는 진(陳)나라로 달아났고 민공(湣公)이 세워졌다.	24년	15년	2년	10년	20년
661년	16년	노나라 민공(湣公) 개(開) 원년	25년	16년, 위나라를 쳐서 곽(霍) 땅을 차지했다.			

위(衛)	진(陳)	채(蔡)	조(曹)	정(鄭)	연(燕)	오(吳)
29년	22년	4년	31년	2년	20년	
30년	23년	5년	조나라 희공(釐公) 이(夷) 원년	3년	21년	
31년	24년	6년	2년	4년	22년	
위나라 의공(懿公) 적(赤) 원년	25년	7년	3년	5년	23년	
2년	26년	8년	4년	6년	24년	
3년	27년	9년	5년	7년	25년	
4년	28년	10년	6년	8년	26년	
5년	29년	11년	7년	9년	27년	
6년	30년	12년	8년	10년	28년	
7년	31년	13년	9년	11년	29년	

	주(周)	노(魯)	제(齊)	진(晉)	진(秦)	초(楚)	송(宋)
660년	17년	2년, 경보(慶父)가 민공을 죽였다. 계우(季友)가 진(陳)나라에서 들어와 신(申)을 세우니 이 사람이 희공(釐公)이다. 경보를 죽였다.	26년	17년	4년	12년	22년
659년	18년	노나라 희공 원년, 애강(哀姜)의 시신이 제나라로부터 도착했다.	27년, 여동생인 노나라 장공(莊公)의 부인을 죽였는데 음란했기 때문이다.	18년	진나라 목공(穆公) 임호(任好) 원년	13년	23년
658년	19년	2년	28년, 위(衛)나라를 위해 초구(楚丘)를 쌓았다. 융적에게 침략당한 위나라를 구원하기 위함이었다.	19년, 순식(荀息)이 폐물을 갖고서 괵(虢)을 치고자 우(虞)에게 길을 빌려줄 것을 청해 하양(下陽)에서 멸망시켰다.	2년	14년	24년
657년 갑자(甲子)	20년	3년	29년, 채희(蔡姬)와 함께 배를 타니 채희가 배를 흔들었고, 공은 화가 나서 채희를 자기 나라로 돌려보냈다.	20년	3년	15년	25년

위(衛)	진(陳)	채(蔡)	조(曹)	정(鄭)	연(燕)	오(吳)
적(翟)이 우리를 쳤다. 공이 학을 좋아하니 병사들은 싸우지 않았고, 우리 도성이 무너졌다. 나라 사람들이 원망했고, 혜공이 어지러우니 그 후사를 멸하고 다시 검모(黔牟)의 동생을 세웠다. 위나라 대공(戴公) 원년이다.	33년	15년	2년	13년	31년	
위나라 문공(文公) 훼(燬) 원년이니, 대공의 동생이다.	34년	16년	3년	14년	32년	
2년, 제나라 환공이 제후들을 이끌고 우리 성 초구를 쳤다.	35년	17년	4년	15년	33년	
3년	36년	18년, 여자 문제로 제나라가 우리를 쳤다.	5년	16년	연나라 양공(襄公) 원년	

	주(周)	노(魯)	제(齊)	진(晉)	진(秦)	초(楚)	송(宋)
656년	21년	4년	30년, 제후들을 이끌고 채나라를 쳐서 궤멸시키고, 드디어 초나라를 쳐서 포모(包茅)를 공물로 바치지 않은 일을 꾸짖었다.	21년, 신행이 여희의 참소로 자살했다. 중이는 포성으로, 이오는 굴성으로 달아났다.	4년, 진(晉)나라에서 부인을 맞아왔다.	16년, 제나라가 우리를 쳐서 형(陘)에 이르니, 굴완(屈完)을 사자로 보내 동맹을 맺었다.	26년
655년	22년	5년	31년	22년, 우(虞)와 괵(虢)나라를 멸망시켰다. 중이가 적(狄)으로 달아났다.	5년	17년	27년
654년	23년	6년	32년, 제후들을 이끌고 정나라를 쳤다.	23년, 이오가 양(梁)나라로 달아났다.	6년	18년, 허나라를 치니 허나라 임금이 윗몸을 드러내고 사죄했고, 초나라는 그것을 따랐다.	28년
653년	24년	7년	33년	24년	7년	19년	29년
652년	25년, 양왕(襄王)이 세워졌는데 태숙(太叔)을 두려워했다.	8년	34년	25년, 적(翟)을 쳤는데 중이 때문이다.	8년	20년	30년, 공이 병이 들었는데, 태자 자보(玆父)는 형 목이(目夷)가 뛰어나다며 자리를 양보했으나 공이 들어주지 않았다.
651년	양왕(襄王) 원년, 제후들이 왕을 세웠다.	9년, 제나라가 우리를 거느리고 진나라의 난을 진압해 고량(高梁)에 이르렀다가 돌아왔다.	35년 여름, 제후들과 규구(葵丘)에서 회동했다. 천자가 재공(宰孔)을 시켜 제사 고기를 보냈는데, 명을 내려 절은 하지 말고 받으라고 했다.	26년, 공이 졸하니 해제(奚齊)가 세워졌는데, 이극(里克)이 죽였다. 탁자(卓子)도 죽였고 이오(夷吾)를 세웠다.	9년, 이오가 극예(郤芮)를 시켜 뇌물을 주고서 나라에 들어가게 해달라고 요청했다.	21년	31년, 공이 훙하고 아직 매장을 못했는데, 제나라 환공이 규구에서 회동했다.

위(衛)	진(陳)	채(蔡)	조(曹)	정(鄭)	연(燕)	오(吳)
4년	37년	19년	6년	17년	2년	
5년	38년	20년	7년	18년	3년	
6년	39년	21년	8년	19년	4년	
7년	40년	22년	9년	20년	5년	
8년	41년	23년	조나라 공공 (共公) 원년	21년	6년	
9년	42년	24년	2년	22년	7년	

	주(周)	노(魯)	제(齊)	진(晉)	진(秦)	초(楚)	송(宋)
650년	2년	10년	36년, 습붕(隰朋)을 시켜 진(晉)나라 혜공(惠公)을 세워주었다.	진나라 혜공 이오 원년, 이극을 죽이고 진나라와의 맹약을 배반했다.	10년, 비정(丕鄭)의 아들 표(豹)가 도망쳐 왔다.	22년	송나라 양공 자보 원년, 목이가 재상이 되었다.
649년	융이 우리를 쳤으니, 태숙 대가 그들을 불러들인 것이다. 숙대를 주살하려 하자 숙대가 제나라로 달아났다.	11년	37년	2년	11년, 왕을 구원해 적을 치니 적이 물러갔다.	23년, 황(黃)을 쳤다.	2년
648년	4년	12년	38년, 관중을 시켜 주나라에 들어온 융을 정벌케 했다. 주나라에서 상경(上卿)의 예를 행하려 했으나 관중이 사양하고 하경(下卿)의 예로 받았다.	3년	12년	24년	3년
647년 갑술(甲戌)	5년	13년	39년, 중손(仲孫)을 시켜 왕에게 청해서 숙대를 받아들인 일을 사죄했으나, 왕이 화를 풀지 않았다.	4년, 기근이 들어 곡식을 청하니 진(秦)이 우리에게 곡식을 주었다.	비표(丕豹)가 주지 않으려 했지만, 공이 듣지 않고 진(晉)나라에 곡식을 수송했는데, 옹(雍)에서 강(絳)까지 이어졌다.	25년	4년
646년	6년	14년	40년	5년, 진(秦)에 기근이 들어 곡식을 청했지만, 진(晉)이 배반했다.	14년	26년, 육(六)과 영(英)나라를 멸망시켰다.	5년
645년	7년	15년 5월, 일식이 있었다. 사관이 이를 기록하지 않고 빠트렸다.	41년	6년, 진(秦)나라가 혜공을 사로잡았다가 다시 그를 세워주었다.	15년, 좋은 말을 도둑질해서 잡아 먹었던 병사들이 진(晉)나라를 깨뜨렸다.	27년	6년

위(衛)	진(陳)	채(蔡)	조(曹)	정(鄭)	연(燕)	오(吳)
10년	43년	25년	3년	23년	8년	
11년	44년	26년	4년	24년, 첩이 하늘에서 난을 주는 꿈을 꾸고 목공(穆公) 난(蘭)을 낳았다.	9년	
12년	45년	27년	5년	25년	10년	
13년	진 목공(穆公) 관(款) 원년	28년	6년	26년	11년	
14년	2년	29년	7년	27년	12년	
15년	3년	채나라 장후(莊侯) 갑오(甲午) 원년	8년	28년	13년	

	주(周)	노(魯)	제(齊)	진(晉)	진(秦)	초(楚)	송(宋)
644년	8년	16년	42년, 왕이 융이 침략해 왔다고 제나라에 고하자, 제나라는 제후들을 불러 주나라를 지켰다.	7년, 중이는 관중이 죽었다는 소식을 듣고 적나라를 떠나 제나라로 갔다.	16년, 하동에 관사(官司)를 두었다.	28년	7년, 운석 5개가 떨어졌다. 물새 6마리가 뒤로 밀리면서 날아갔다.
643년	9년	17년	43년	8년	17년	29년	8년
642년	10년	18년	제나라 효공(孝公) 소(昭) 원년	9년	18년	30년	9년
641년	11년	19년	2년	10년	19년, 양(梁)나라를 멸망시켰다. 양나라 임금이 토목공사를 좋아해 가만있지 않으니, 백성이 피폐해져서 망했다.	31년	10년
640년	12년	20년	3년	11년	20년	32년	11년
639년	13년	21년	4년	12년	21년	33년, 송나라 양공을 붙잡았다가, 돌려보냈다.	12년, 초나라를 불러 동맹을 맺었다.
638년	14년, 숙대가 다시 주나라로 돌아갔다.	22년	5년, 왕의 동생 숙대를 돌려보냈다.	13년, 태자 어(圉)가 인질이 되었다가 진나라에서 도망쳐 돌아왔다.	22년	34년	13년, 홍(泓)의 전투에서 초나라가 공을 패배시켰다.
637년 갑신(甲申)	15년	23년	6년, 송나라를 쳤다. 동맹을 깼기 때문이다.	14년, 어(圉)가 세워졌으니 회공(懷公)이다.	23년, 초나라에서 중이를 맞이했는데, 두터운 예로 대하고 아내까지 주었다. 중이가 돌아가기를 원했다.	35년, 중이가 지나갈 때 두텁게 예우했다.	공이 홍의 전투 때 병으로 죽었다.

위(衛)	진(陳)	채(蔡)	조(曹)	정(鄭)	연(燕)	오(吳)
16년	4년	2년	9년	29년	14년	
17년	5년	3년	10년	30년	15년	
18년	6년	4년	11년	31년	16년	
19년	7년	5년	12년	32년	17년	
20년	8년	6년	13년	33년	18년	
21년	9년	7년	14년	34년	19년	
22년	10년	8년	15년	35년, 군(君)이 초나라에 갔고, 송나라가 우리를 쳤다.	20년	
23년, 중이가 제나라에서 출발해 지나갈 때 무례하게 대했다.	11년	9년	16년, 중이가 지나갈 때 무례하게 대했으나, 희부기(僖負羈)는 사사로이 잘 대해주었다.	36년, 중이가 지나갈 때 무례하게 대하니, 숙첨(叔詹)이 그래서는 안 된다고 간언했다.	21년	

	주(周)	노(魯)	제(齊)	진(晉)	진(秦)	초(楚)	송(宋)
636년	16년, 왕이 사(氾)로 달아났는데, 사는 정나라 땅이다.	24년	7년	진나라 문공 원년, 자어(子圉)를 주살했다. 위무자는 위나라 대부, 조최는 원대부(原大夫)다. 구범(咎犯)이 말했다. "패자가 되려면 왕을 주나라에 들여보내는 것만 한 것이 없습니다."	24년, 군대를 붙여 중이를 보내 주었다.	36년	송나라 성공(成公) 왕신(王臣) 원년
635년	17년, 진(晉)나라가 왕을 들여보냈다.	25년	8년	2년	25년, 왕을 들여보내려고 하상(河上·황하 변)에 주둔했다.	37년	2년
634년	18년	26년	9년	3년, 송나라가 항복했다.	26년	38년	3년, 초나라를 배반하고 진(晉)나라와 화친했다.
633년	19년	27년	10년, 효공이 훙하니, 반(潘)이 위(衛) 공자 개방(開方)에 힘입어 효공의 아들을 죽이고 세워졌다.	4년, 송나라를 구원하고 조나라에 보답하니, 위(衛)나라가 수치스러워했다.	27년	39년, 자옥(子玉)을 시켜 송나라를 쳤다.	4년, 초나라가 우리를 쳤고, 우리는 진(晉)나라에 위급을 알렸다.
632년	20년, 왕이 하양(河陽)을 순추했다.	28년, 공이 천토(踐土)에 가서 회맹했다.	제나라 소공(昭公) 반(潘) 원년, 진(晉)과 함께 초나라를 꺾고 주나라 왕에게 조회했다.	5년, 조나라를 침략했고, 위(衛)나라를 쳐서 오록을 차지하고 조백(曹伯)을 붙잡았다. 제후들이 초나라를 꺾고 하양에서 왕에게 조회하니, 주나라에서는 공(公)의 작위와 토지를 내려주었다.	28년, 진(晉)과 함께 초나라를 치고 주나라에 조회했다.	40년, 진나라가 성복(城濮)에서 자옥을 꺾었다.	5년, 진(晉)이 우리를 구원하니 초나라가 군대를 철수했다.

위(衛)	진(陳)	채(蔡)	조(曹)	정(鄭)	연(燕)	오(吳)
24년	12년	10년	17년	37년	22년	
25년	13년	11년	18년	38년	23년	
위나라 성공(成公) 정(鄭) 원년	14년	12년	19년	39년	24년	
2년	15년	13년	20년	40년	25년	
3년, 진(晉)이 우리를 쳐서 오록(五鹿)을 차지했다. 공은 나라 밖으로 달아나니, 공자 하(瑕)를 세우고 진나라가 주도한 회맹에 참여하고서 위나라로 돌아왔다.	16년, 진(晉)과 함께 초나라를 치고 주나라 왕에게 조회했다.	14년, 진(晉)과 함께 초나라를 치고 주나라 왕에게 조회했다.	21년, 진나라가 우리를 쳐서 공을 붙잡았다가 다시 돌려보냈다.	41년	26년	

	주(周)	노(魯)	제(齊)	진(晉)	진(秦)	초(楚)	송(宋)
631년	21년	29년	2년	6년	29년	41년	6년
630년	22년	30년	3년	7년, 주나라가 위(衛) 성공을 돌려보내려는 것을 들어주었다. 진(秦)과 함께 정나라를 에워쌌다.	30년, 정나라를 에워쌌다가 이상한 말이 떠돌아 군대를 물렸다.	42년	7년
629년	23년	31년	4년	8년	31년	43년	8년
628년	24년	32년	5년	9년, 문공이 훙했다.	32년, 장차 정나라를 습격하려 하자 건숙(蹇叔)이 불가하다고 말했다.	44년	9년
627년 갑오(甲午)	25년	33년, 희공이 훙했다.	6년, 적(狄)이 우리를 침략했다.	진나라 양공(襄公) 환(驩) 원년, 효산에서 진(秦)을 깨뜨렸다.	33년, 정나라를 쳤고 진(晉)이 효산에서 우리를 꺾었다.	45년	10년
626년	26년	노나라 문공(文公) 흥(興) 원년	7년	2년, 위(衛)를 치니 위도 우리를 쳤다.	34년, 효산에서 패하고 돌아온 장수들에 대해 공이 원래 관직을 돌려주었다.	46년, 왕이 태자를 죽이고 직(職)을 세우려 하자 태자가 두려워 사부 반숭과 함께 왕을 죽였다. 왕은 죽기 전에 곰발바닥요리를 먹고 싶어 했으나, 들어주지 않았다. 스스로를 세워 왕이 되었다.	11년
625년	27년	2년	8년	3년, 진(秦)나라가 효산에서 우리에 복수했고, 왕(汪)에서 우리가 진나라를 꺾었다.	35년, 진(晉)나라를 쳐서 효산에서의 패배를 설욕했는데, 왕에서 우리가 패배했다.	초나라 목왕(穆王) 상신(商臣) 원년, 태자의 집을 반숭에게 주고 재상으로 삼았다.	12년

위(衛)	진(陳)	채(蔡)	조(曹)	정(鄭)	연(燕)	오(吳)
4년, 진(晉)이 위(衛) 때문에 송나라와 동맹을 맺었다.	진나라 공공(共公) 삭(朔) 원년	15년	22년	42년	27년	
5년, 주나라가 성공을 들여보내 주니 위나라로 돌아왔다.	2년	16년	23년	43년, 진(秦)과 진(晉)이 우리를 에워쌌는데, 진(晉)나라 때문이다.	28년	
6년	3년	17년	24년	44년	29년	
7년	4년	18년	25년	45년, 문공이 훙했다.	30년	
8년	5년	19년	26년	정나라 목공(穆公) 난(蘭) 원년, 진(秦)이 우리를 습격하니, 현고(弦高)가 그들을 속였다.	31년	
9년, 진(晉)이 우리를 치니 우리도 진을 쳤다.	6년	20년	27년	2년	32년	
10년	7년	21년	28년	3년	33년	

	주(周)	노(魯)	제(齊)	진(晉)	진(秦)	초(楚)	송(宋)
624년	28년	3년, 공이 진(晉)에 갔다.	9년	4년, 진(秦)이 우리를 쳐서 왕관(王官)을 공격했으나 우리는 성 밖을 나가지 않았다.	36년, 맹명(孟明) 등이 우리 진나라를 쳤으나 진나라는 감히 나가지 못했다.	2년, 진(晉)이 우리를 쳤다.	13년
623년	29년	4년	10년	5년, 진(秦)을 쳐서 원(邧)과 신성(新城)을 에워쌌다.	37년, 진(晉)이 우리를 치고 원과 신성을 에워쌌다.	3년, 강(江)나라를 멸망시켰다.	14년
622년	30년	5년	11년	6년, 조성자·난정자·곽백·구계가 모두 졸했다.	38년	4년, 육(六)과 요(蓼)나라를 멸망시켰다.	15년
621년	31년	6년	12년	7년, 공이 졸했다. 조순(趙盾)은 태자가 어리다는 이유로 임금을 고쳐 세우려 했다가, 주살될 것을 두려워해 태자를 왕으로 세웠으니 영공(靈公)이다.	39년, 목공(繆公)이 훙했다. 순장했는데 170명이 따라 죽어 군자가 이를 비판했다. 그래서 그의 죽음을 말하지 않았다.	5년	16년
620년	32년	7년	13년	진나라 영공(靈公) 이고(夷皐) 원년, 조돈이 정권을 마음대로 했다.	진나라 강공(康公) 앵(罃) 원년	6년	17년, 공손고(公孫固)가 성공을 죽였다.
619년	33년, 양왕이 붕했다.	8년, 왕사(王使) 위(衛)가 와서 평왕의 장례에 쓸 금을 요구했는데, 예가 아니었다.	14년	2년, 진(秦)이 우리를 쳐서 무성(武城)을 차지하고 영호(令狐)의 전투 패배를 되갚았다.	2년	2년	송나라 소공(昭公) 저구(杵臼) 원년이다. 소공은 양공의 아들이다.
618년	경왕(頃王) 운년	9년	15년	3년, 제후들을 이끌고 정나라를 구원했다.	3년	8년, 진(陳)을 쳤는데, 진(晉)나라에 복종했기 때문이다.	2년

위(衛)	진(陳)	채(蔡)	조(曹)	정(鄭)	연(燕)	오(吳)
11년	8년	22년	29년	4년	34년	
12년, 공이 진(晉)에 갔다.	9년	23년	30년	5년	35년	
13년	10년	24년	31년	6년	36년	
14년	11년	25년	32년	7년	37년	
15년	12년	26년	33년	8년	38년	
16년	13년	27년	34년	9년	39년	
17년	14년	28년	35년	10년, 초나라가 우리를 쳤다.	40년	

	주(周)	노(魯)	제(齊)	진(晉)	진(秦)	초(楚)	송(宋)
617년 갑진(甲辰)	2년	10년	16년	4년, 진(秦)을 쳐서 소량(少梁)을 뽑아 버렸다. 진나라가 우리 북징(北徵)을 차지했다.	4년, 진(晉)이 우리를 쳐 소량을, 우리가 진나라를 쳐 북징을 차지했다.	9년	3년
616년	3년	11년, 함(鹹)에서 장적(長翟)을 꺾고 장적을 얻었다.	17년	5년	5년	10년	4년, 장구(長丘)에서 장적을 꺾었다.
615년	4년	12년	18년	6년, 진(秦)이 우리 기마(羈馬)를 차지했다. 진나라와 하곡(河曲)에서 싸웠는데 진나라 군대가 도망갔다.	6년, 진(晉)을 쳐서 기마를 차지했다. 진이화가 나 우리와 하곡에서 크게 싸웠다.	11년	5년
614년	5년	13년	19년	7년, 수회(隨會)를 얻었다.	7년, 진(晉)이 기만술로 수회를 얻었다.	12년	6년
613년	6년, 경왕이 붕했다. 공경들이 정권을 놓고 다투느라 제후들에게 부고하지 않았다.	14년, 혜성이 북두에 들어가니, 주사(周史)가 10년 안에 제나라와 진(晉)나라 임금이 죽을 것이라고 말했다.	20년, 소공이 졸했다. 동생 상인(商人)이 태자를 죽이고 자기를 세우니, 이 사람이 의공(懿公)이다.	8년, 조돈이 수레 800승을 이끌고 주나라에 가서 첩치(捷菑)를 들여 보내 왕실을 평정했다.	8년	초나라 장왕(莊王) 여(侶) 원년	7년
612년	광왕(匡王) 원년	15년 6월 신축일에 일식이 있었고 제나라가 우리를 쳤다.	제나라 의공(懿公) 상인(商人) 원년	9년, 우리가 채나라에 침입했다.	9년	2년	8년
611년	2년	16년	2년, 민심을 얻지 못했다.	10년	10년	3년, 용(庸)나라를 멸망시켰다.	9년, 양(襄)부인이 위백(衛伯)을 시켜 소공을 죽였다. 동생 포(鮑)가 세워졌다.

위(衛)	진(陳)	채(蔡)	조(曹)	정(鄭)	연(燕)	오(吳)
18년	15년	29년	조나라 문공(文公) 수(壽) 원년	11년	연나라 환공(桓公) 원년	
19년	16년	30년	2년	12년	2년	
20년	17년	31년	3년	13년	3년	
21년	18년	32년	4년	14년	4년	
22년	진나라 영공(靈公) 평국(平國) 원년	33년	5년	15년	5년	
23년	2년	34년, 진(晉)이 우리를 쳤다. 장후(莊侯)가 훙했다.	6년, 제(齊)가 우리 부(邿)를 쳤다.	16년	6년	
24년	3년	채나라 문후(文侯) 신(申) 원년	7년	17년	7년	

	주(周)	노(魯)	제(齊)	진(晉)	진(秦)	초(楚)	송(宋)
610년	3년	17년, 제나라가 우리를 쳤다.	3년, 노나라를 쳤다.	11년, 제후들을 이끌고 송나라를 평정했다.	11년	4년	송 문공(文公) 포(鮑) 원년으로, 소공의 동생이다. 진(晉)이 제후들을 이끌고 우리를 평정했다.
609년	4년	18년, 양중(襄仲)이 적자를 죽이고 서자를 세워 선공(宣公)으로 삼았다.	4년, 공이 병촉(邴歜)의 아버지에게 발목을 자르는 월형(刖刑)을 가하고 염직(閻職)의 아내를 빼앗으니, 두 사람이 함께 공을 죽이고 환공의 아들 혜공(惠公)을 세웠다.	12년	12년	5년	2년
608년	5년	노나라 선공(宣公) 퇴(俀) 원년, 노나라가 선공을 세웠으나 바르지 않다고 하여 공실의 위상이 낮아졌다.	제나라 혜공(惠公) 원년, 노와 제(濟)의 서쪽 땅을 차지했다.	13년, 조돈이 진(陳)과 송을 구원하고 정나라를 쳤다.	진나라 공공(共公) 화(和) 원년	6년, 청과 진을 쳤다. 우리를 배반하고 진(晉)에 복종했기 때문이다.	3년, 초나라와 정나라가 우리를 구원했다. 우리가 초나라를 배반해서다.
607년 갑인(甲寅)	6년, 광왕이 붕했다.	2년	2년, 왕자 성보(成父)가 장적(長翟)을 꺾었다.	14년, 조천(趙穿)이 영공을 죽였고, 조돈은 조천으로 하여금 공자 흑둔(黑臀)을 주나라에서 맞아오게 해 그를 세웠다. 조씨에게 공족(公族)이 내려졌다.	2년	7년	4년, 화원(華元)이 병사들에게 양고기 국을 끊여 먹여 정나라를 함락했다.

위(衛)	진(陳)	채(蔡)	조(曹)	정(鄭)	연(燕)	오(吳)
25년	4년	2년	8년	18년	8년	
25년	5년	3년	9년	19년	9년	
27년	6년	4년	10년	12년, 초와 함께 진(陳)을 침략하고 드디어 송을 침략했다. 진(晉)에서 조돈을 시켜 우리를 쳤다. 진을 배반해서다.	10년	
28년	7년	5년	11년	21년, 송나라 군대와 싸워 화원을 붙잡았다.	11년	

	주(周)	노(魯)	제(齊)	진(晉)	진(秦)	초(楚)	송(宋)
606년	정왕(定王) 원년	3년	3년	진나라 성공(成公) 흑둔 원년, 정나라를 쳤다.	3년	8년, 육혼(陸渾)을 쳐서 낙(雒)에 이르렀고 쇠솥의 경중에 관해 물었다.	5년, 송나라가 재물을 주어 화원을 데려오려 했는데, 본인이 도망쳐 송나라로 돌아왔다. 조(曹)나라를 에워쌌다.
605년	2년	4년	4년	2년	4년	9년, 약오씨(若敖氏)가 난을 일으키자, 그들을 멸했다. 정나라를 쳤다.	6년
604년	3년	5년	5년	3년, 중항환자(中行桓子) 순림보(荀林父)가 정나라를 구원하고 진(陳)을 쳤다.	5년	10년	7년
603년	4년	6년	6년	4년, 위(衛)와 함께 진(陳)을 쳤다.	진나라 환공(桓公) 원년	11년	8년
602년	5년	7년	7년	5년	2년	12년	9년
601년	6년	8년 7월, 일식이 있었다.	8년	6년, 노나라와 함께 진(秦)을 쳐서 진나라의 간첩을 붙잡아 강(絳)의 저잣거리에서 죽였는데, 6일 만에 소생했다.	3년, 진(晉)이 우리를 쳐서 우리 간첩을 붙잡았다.	13년, 진(陳)나라를 치고 서료(舒蓼)를 멸망시켰다.	10년
600년	7년	9년	9년	7년, 환자를 시켜 초나라를 쳤다. 제후의 군사들이 진(陳)을 쳐 정나라를 구원했다. 성공이 훙했다.	4년	14년, 정나라를 치니 진(晉)나라 극결(郤缺)이 정나라를 구원하고 우리를 패배시켰다.	11년

위(衛)	진(陳)	채(蔡)	조(曹)	정(鄭)	연(燕)	오(吳)
29년	8년	6년	12년, 송나라가 우리를 에워쌌다.	22년, 화원이 도망쳐 돌아갔다.	12년	
30년	9년	7년	13년	정나라 영공(靈公) 이(夷) 원년, 자공과 자가가 자라탕 때문에 영공을 죽였다.	13년	
31년	10년, 초나라가 정나라를 치고 우리와 함께 평정했다. 진나라 중항환자가 초나라와 맞서 싸우며 정나라를 구원하고 우리를 쳤다.	8년	14년	정나라 양공(襄公) 견(堅) 원년이다. 양공은 영공의 이복 동생이다. 초나라가 우리를 치니 진(晉)나라가 와서 구원했다.	14년	
32년, 진(晉)나라와 함께 진(陳)을 쳤다.	진(晉)과 위(衛)가 우리를 침략했다.	9년	15년	2년	15년	
33년	12년	10년	16년	3년	16년	
34년	13년, 초나라가 우리를 쳤다.	11년	17년	4년	연나라 선공(宣公) 원년	
35년	14년	12년	18년	5년, 초나라가 우리를 치니 진(晉)이 우리를 구원하러 와서 초나라 군대를 꺾었다.	2년	

연도	주(周)	노(魯)	제(齊)	진(晉)	진(秦)	초(楚)	송(宋)
599년	8년	10년 4월, 일식이 있었다.	10년, 공이 졸했다. 최저(崔杼)가 총애를 받자 고씨와 국씨가 그를 내쫓으니, 위(衛)나라로 달아났다.	진나라 경공(景公) 거(據) 원년, 송나라와 함께 정나라를 쳤다.	5년	15년	12년
598년	9년	11년	제나라 경공(頃公) 무야(無野) 원년	2년	6년	16년, 제후들을 이끌고 진(陳)나라 하징서를 주살하고 진나라 영공의 아들 오(午)를 세웠다.	13년
597년 갑자(甲子)	10년	12년	2년	3년, 정나라를 구원했는데 하상(河上)에서 초나라에 패했다.	7년	17년, 정나라를 에워싸니 정나라 임금이 웃통을 드러내 사죄했고, 그를 풀어주었다.	14년, 진(陳)을 쳤다.
596년	11년	13년	3년	4년	8년	18년	15년
595년	12년	14년	4년	5년, 정나라를 쳤다.	9년	19년, 송나라를 포위했으니, 사자를 죽였기 때문이다.	초나라 사자를 죽이니 초나라가 우리를 에워쌌다.
594년	13년	15년, 처음으로 무(畝)를 단위로 세금을 거두었다.	5년	6년, 송나라를 구원하고 해양을 붙잡았으며 사자를 보냈다. 진(秦)이 우리를 쳤다.	10년	20년, 송나라를 에워쌌다. 5월, 화원이 자반(子反)에게 정성을 다해 아뢰자, 초나라가 군대를 물렸다.	17년, 초나라에 고하니 초나라가 물러갔다.
593년	14년	16년	6년	7년, 수회(隨會)가 장적(長翟)을 멸망시켰다.	11년	21년	18년

위(衛)	진(陳)	채(蔡)	조(曹)	정(鄭)	연(燕)	오(吳)
위나라 목공(穆公) 속(遬) 원년, 제나라 최저가 도망쳐 왔다.	15년, 하징서(夏徵舒)가 자기 어머니를 모욕했다며 영공을 죽였다.	13년	19년	6년, 진(晉)·송·초나라가 우리를 쳤다.	3년	
2년	진나라 성공(成公) 오(午) 원년이다. 성공은 영공의 태자다.	14년	20년	7년	4년	
3년	2년	15년	21년	8년, 초나라가 우리를 에워쌌고, 우리가 비굴한 말로 빌자, 포위를 풀었다.	5년	
4년	3년	16년	22년	9년	6년	
5년	4년	17년	23년, 문공이 훙했다.	10년, 진(晉)이 우리를 쳤다.	7년	
6년	5년	18년	조나라 선공(宣公) 여(廬) 원년	11년, 초나라를 도와 송나라를 쳐서 해양(解揚)을 붙잡았다.	8년	
7년	6년	19년	2년	12년	9년	

	주(周)	노(魯)	제(齊)	진(晉)	진(秦)	초(楚)	송(宋)
592년	15년	17년, 일식이 있었다.	7년, 진(晉)의 사자 극극(郤克)이 제나라에 왔을 때 부인이 비웃으니, 극극이 화가 나서 돌아가 버렸다.	8년, 극극을 사자로 삼아 제나라에 보냈는데, 제나라 임금 부인이 비웃자, 극극이 화가 나서 돌아왔다.	12년	22년	19년
591년	16년	18년, 선공이 훙했다.	8년, 진(晉)나라가 우리를 쳐서 꺾었다.	9년, 제나라를 쳐서 인질을 잡고 군대를 해산했다.	13년	23년, 장왕이 훙했다.	20년
590년	17년	노나라 성공(成公) 흑굉(黑肱) 원년 봄, 제나라가 우리 융(隆)을 차지했다.	9년	10년	14년	초나라 공왕(共王) 심(審) 원년	21년
589년	18년	2년, 진(晉)과 함께 제(齊)를 치니, 제가 우리 땅 문양(汶陽)을 돌려주었다. 초나라와 몰래 동맹을 맺었다.	10년, 진나라 극극이 안(鞍)에서 공을 꺾고 봉축보(逢丑父)를 포로로 잡았다.	11년, 노나라·조(曹)나라와 함께 제나라를 꺾었다.	15년	2년 가을, 초나라 대부 신공무신(申公巫臣)이 몰래 하징서의 어머니를 훔쳐 진나라로 도망쳐 오자 형대부(邢大夫)로 삼았다. 겨울에 위(衛)와 노나라를 쳤고 제나라를 구원했다.	22년
588년	19년	3년, 진(晉) 송·위(衛)·조(曹)나라와 함께 정나라를 쳤다.	11년, 경공이 진(晉)나라에 가서 왕 노릇을 하고 싶어 했지만, 진나라는 감히 받아들이지 못했다.	12년, 비로소 육경(六卿)을 두었다. 제후들을 이끌고 정나라를 쳤다.	16년	3년	송나라 공공(共公) 하(瑕) 원년

위(衛)	진(陳)	채(蔡)	조(曹)	정(鄭)	연(燕)	오(吳)
8년	7년	20년, 문후가 훙했다.	3년	13년	10년	
9년	8년	채나라 경후(景侯) 고(固) 원년	4년	14년	11년	
10년	9년	2년	5년	15년	12년	
11년, 목공이 훙했다. 제후들과 함께 제나라를 꺾고 침략해 간 땅을 돌려주었다. 초나라가 우리를 쳤다.	10년	3년	6년	16년	13년	
위나라 정공(定公) 장(臧) 원년	11년	4년	7년, 정나라를 쳤다.	17년, 진(晉)나라가 제후들을 이끌고 우리를 쳤다.	14년	

	주(周)	노(魯)	제(齊)	진(晉)	진(秦)	초(楚)	송(宋)
587년 갑술(甲戌)	20년	4년, 공이 진(晉)나라에 갔으나 진에서 공경하지 않자, 공은 진나라를 배신하고 초나라와 화친하려 했다.	12년	13년, 노나라 공이 왔는데 공경하지 않았다.	17년	4년, 자반이 정나라를 구원했다.	2년
586년	21년, 정왕이 붕했다.	5년	13년	14년, 양산(梁山)이 무너졌다. 백종(伯宗)은 사람을 숨겨주고 그 사람의 말을 썼다.	18년	5년, 정나라를 쳤는데 우리를 배반했기 때문이다. 정나라 도공(悼公)이 와서 사죄했다.	3년
585년	간왕(簡王) 원년	6년	14년	15년, 난서를 시켜 정나라를 구원하게 했고 드디어 채나라를 침략했다.	19년	6년	4년
584년	2년	7년	15년	16년, 무신(巫臣)을 통해 처음 오나라와 통교하고 초나라를 도모했다.	20년	7년, 정나라를 쳤다.	5년
583년	3년	8년	16년	17년, 조무(趙武)의 전읍을 회복해 주었다. 채나라를 침략했다.	21년	8년	6년
582년	4년	9년	17년, 경공이 훙했다.	18년, 정나라 성공을 붙잡고 정나라를 쳤다. 진(秦)이 우리를 쳤다.	22년, 진(晉)나라를 쳤다.	9년, 정나라를 구원했다. 겨울에 진나라와 동맹을 맺었다.	7년
581년	5년	10년, 공이 진나라에 갔는데, 시신을 돌려보내 주니 이를 기록하지 않았다.	제나라 영공(靈公) 환(環) 원년	19년	23년	10년	8년

위(衛)	진(陳)	채(蔡)	조(曹)	정(鄭)	연(燕)	오(吳)
2년	12년	5년	8년	18년, 진(晉)나라 난서(欒書)가 우리 범(范)을 차지했다. 양공이 훙했다.	15년	
3년	13년	6년	9년	정나라 도공(悼公) 비(費) 원년, 공이 초나라에 가서 사죄했다.	연나라 소공(昭公) 원년	
4년	14년	7년, 진(晉)나라가 우리를 침략했다.	10년	2년, 도공이 훙했다. 초나라가 우리를 치자 진나라는 난서를 보내와 우리를 구원했다.	2년	오나라 수몽(壽夢) 원년
5년	15년	8년	11년	정나라 성공(成公) 곤(綸) 원년이다. 도공의 동생이다. 초나라가 우리를 쳤다.	3년	2년, 무신이 와서 초나라를 칠 것을 모의했다.
6년	16년	9년, 진(晉)나라가 우리를 쳤다.	12년	2년	4년	3년
7년	17년	10년	13년	3년, 초나라와 동맹을 맺었다. 공이 진(晉)나라에 갔는데, 공을 붙잡고 우리를 쳤다.	5년	4년
8년	18년	11년	14년	4년, 진(晉)나라가 제후들을 이끌고 우리를 쳤다.	6년	5년

	주(周)	노(魯)	제(齊)	진(晉)	진(秦)	초(楚)	송(宋)
580년	6년	11년	2년	진나라 여공(厲公) 수만(壽曼) 원년	24년, 진후(晉侯)와 황하를 끼고서 동맹을 맺고, 돌아와서는 동맹을 배반했다.	11년	9년
579년	7년	12년	3년	2년	25년	12년	10년
578년	8년	13년, 진(晉)과 함께 진(秦)나라를 쳤다.	4년, 진(秦)나라를 쳤다.	3년, 진(秦)을 쳤으니, 경수(涇水)에 이르러 그들을 꺾고 그 장수 성차(成差)를 붙잡았다.	26년, 진(晉)나라가 제후들을 이끌고 우리를 쳤다.	13년	11년, 진(晉)나라가 우리를 이끌고 진(秦)을 쳤다.
577년 갑신(甲申)	9년	14년	5년	4년	27년	14년	12년
576년	10년	15년, 비로소 오나라와 통교하고 종리(鍾離)에서 회동했다.	6년	5년, 삼극(三郤)이 백종을 참소해 죽였다. 백종은 직간을 잘했다.	진나라 경공(景公) 원년	15년, 허(許)나라가 정나라를 두려워해 섭(葉)으로 달아났다.	13년, 화원이 진(晉)으로 도망쳤다가 다시 돌아왔다.
575년	11년	16년, 선백(宣伯)이 진(晉)나라에 고해 계문자(季文子)를 죽이고자 했으나, 진나라는 문자가 의리가 있다고 여겼기에 벗어날 수 있었다.	7년	6년, 언릉(鄢陵)에서 초나라를 꺾었다.	2년	16년, 정나라를 구원했으나 불리했다. 자반이 취해서 군대가 패하니, 자반을 죽였다.	송나라 평공(平公) 성(成) 원년
574년	12년	17년	8년	7년	3년	17년	2년
573년	13년	18년, 성공이 훙했다.	9년	8년, 난서와 중항언이 여공(厲公)을 죽이고 양공의 손자를 세웠으니, 이 사람이 도공(悼公)이다.	4년	18년, 어석(魚石) 때문에 송나라 팽성을 쳤다.	3년, 초나라가 팽성을 치고 어석을 그곳에 봉해주었다.

위(衛)	진(陳)	채(蔡)	조(曹)	정(鄭)	연(燕)	오(吳)
9년	19년	12년	15년	5년	7년	6년
10년	20년	13년	16년	6년	8년	7년
11년	21년	14년	17년, 진나라가 우리를 이끌고 진(秦)을 쳤다.	7년, 진(秦)을 쳤다.	9년	8년
12년, 정공이 훙했다.	22년	15년	조나라 성공(成公) 부추(負芻) 원년	8년	10년	9년
위나라 헌공(獻公) 간(衎) 원년	23년	16년	2년, 진(晉)나라가 우리 공을 붙잡고서 돌아갔다.	9년	11년	10년, 노나라와 함께 종리에서 회동했다.
2년	24년	17년	3년	10년, 진(晉)나라를 배신하고 초나라와 동맹을 맺으니, 진나라가 우리를 쳤고, 초나라가 구원하러 왔다.	12년	11년
3년	25년	18년	4년	11년	13년, 소공이 훙했다.	12년
4년	26년	19년	5년	12년, 초나라와 함께 송나라를 쳤다.	연나라 무공(武公) 원년	

	주(周)	노(魯)	제(齊)	진(晉)	진(秦)	초(楚)	송(宋)
572년	14년, 간왕이 붕했다.	노나라 양공(襄公) 오(午) 원년, 송나라 팽성을 에워쌌다.	10년, 진(晉)나라가 우리를 치니, 태자 광(光)을 진나라에 인질로 보냈다.	진나라 도공(悼公) 원년, 송나라 팽성을 에워쌌다.	5년	19년, 송나라를 침공하고 정나라를 구원했다.	4년, 초나라가 우리를 침략해 견구(犬丘)를 차지했다. 진(晉)이 어석을 주살하고 우리 팽성을 돌려 주었다.
571년	영왕(靈王) 원년, 유자(有髭)를 낳았다.	2년, 진(晉)나라와 함께 호뢰(虎牢)에 성을 쌓았다.	11년	2년, 제후들을 이끌고 정나라를 쳤으며 호뢰에 성을 쌓았다.	6년	20년	5년
570년	2년	3년	12년, 오나라를 쳤다.	3년, 위강(魏絳)이 양간(楊干)에게 모욕을 주었다.	7년	21년, 자중(子重)을 시켜 오나라를 쳐서 형산(衡山)에 이르렀다. 하기(何忌)를 시켜 진(陳)을 침략했다.	6년
569년	3년	4년, 공이 진(晉)나라에 갔다.	13년	4년, 위강이 융적과의 강화를 설득하니 적이 진나라에 조회를 했다.	8년	22년, 진(陳)을 쳤다.	7년
568년	4년	5년, 계문자가 졸했다.	14년	5년	9년	23년, 진(陳)을 쳤다.	8년
567년 갑오(甲午)	5년	6년	15년	6년	10년	24년	9년
566년	6년	7년	16년	7년	11년	25년, 진(陳)을 에워쌌다.	10년
565년	7년	8년, 공이 진(晉)에 갔다.	17년	8년	12년	26년, 정나라를 쳤다.	11년

위(衛)	진(陳)	채(蔡)	조(曹)	정(鄭)	연(燕)	오(吳)
5년, 송나라 팽성을 에워 쌌다.	27년	20년	6년	13년, 진(晉) 나라가 우리 를 쳐서 꺾고 군대를 유수 (洧水) 변에 주 둔하니, 초나 라가 구원하 러 왔다.	2년	14년
6년	28년	21년	7년	14년, 성공이 훙했다. 진(晉) 나라가 제후 들을 이끌고 우리를 쳤다.	3년	15년
7년	29년, 초나라 와의 동맹을 배반하자 초 나라가 우리 를 침략했다.	22년	8년	정나라 희공 (釐公) 탄(惲) 원년	4년	16년, 초나라 가 우리를 쳤 다.
8년	30년, 초나라 가 우리를 쳤 다. 성공이 훙 했다.	23년	9년	2년	5년	17년
9년	진나라 애공 (哀公) 약(弱) 원년	24년	10년	3년	6년	18년
10년	2년	25년	11년	4년	7년	19년
11년	3년, 초나라가 우리를 에워 쌌다. 공이 도 망쳐 돌아왔 기 때문이다.	26년	12년	5년, 자사(子 駟)가 적야(賊 夜)를 시켜 희 공을 죽인 뒤 병으로 죽었 다며 제후들 에게 거짓으 로 부고했다.	8년	20년
12년	4년	27년, 정나라 가 우리를 쳤 다.	13년	정나라 간공 (簡公) 희(喜) 원년이다. 희 공 아들이다.	9년	21년

	주(周)	노(魯)	제(齊)	진(晉)	진(秦)	초(楚)	송(宋)
564년	8년	9년, 진(晉)과 함께 정나라를 치고 황하변에서 회동했는데 양공의 나이를 묻자 11살이라고 답하니, 관례를 해야 한다고 해서 위(衛)나라에서 관례를 거행했다.	18년, 진(晉)과 함께 정나라를 쳤다.	제·노·송·위(衛)·조(曹)를 이끌고 정나라를 쳤다. 진(秦)이 우리를 쳤다.	진(晉)을 치니 초가 우리를 구원했다.	정나라를 치고 무성(武城)에 주둔했는데, 진(秦)에 대비하기 위함이었다.	진(晉)이 우리를 이끌고 정나라를 쳤다.
563년	9년, 왕숙(王肅)이 진(晉)으로 달아났다.	10년, 초나라와 정나라가 우리 서쪽 변방을 침범했다.	19년, 태자 광 고후(高厚)를 시켜 종리에서 제후들과 회동하게 했다.	10년, 제후들을 이끌고 정나라를 쳤다. 순앵(荀罃)이 진(秦)을 쳤다.	14년, 진(晉)나라가 우리를 쳤다.	28년, 자양(子襄)을 시켜 정나라를 구원했다.	13년, 정나라가 우리를 치니 위(衛)나라가 구원하러 왔다.
562년	10년	11년, 삼환(三桓)이 군대를 셋으로 나눠 각각 군대를 통솔했다.	20년	11년, 제후들을 이끌고 정나라를 쳤는데, 진(秦)이 역(櫟)에서 우리를 꺾었다. 공이 말했다. "내가 위강의 말을 써서 제후들을 아홉 번 규합했다." 그에게 음악을 내려 주었다.	15년, 우리 사서장 포(鮑)가 진(晉)을 쳐서 정나라를 구원하고 그들을 역(櫟)에서 패배시켰다.	29년, 정나라와 함께 송나라를 쳤다.	14년, 초나라와 정나라가 우리를 쳤다.
561년	11년	12년, 공이 진(晉)나라에 갔다.	21년	12년	16년	30년	15년
560년	12년	13년	22년	13년	17년	31년, 오나라가 우리를 쳤으나 그들을 꺾었다. 공왕이 훙했다.	16년

위(衛)	진(陳)	채(蔡)	조(曹)	정(鄭)	연(燕)	오(吳)
진(晉)이 우리를 이끌고 정나라를 쳤다. 사조(師曹)가 공의 애첩을 때렸다.	5년	28년	14년, 진(晉)이 우리를 이끌고 정나라를 쳤다.	2년, 자사(子駟)를 주살했다. 진(晉)나라가 제후들을 이끌고 우리를 쳤다. 이에 그들과 동맹을 맺으니, 초나라가 화가 나서 우리를 쳤다.	10년	22년
14년, 송나라를 구원했다.	6년	29년	15년	3년, 진(晉)이 제후들을 이끌고 우리를 치니 초나라가 구원하러 왔다. 자공(子孔)이 난을 일으키니 자산(子産)이 그를 공격했다.	11년	23년
15년, 정나라를 쳤다.	7년	30년	16년	4년, 초나라와 함께 송나라를 치니 진(晉)이 제후들을 이끌고 우리를 쳤고, 진(秦)이 와서 구원했다.	12년	24년
16년	8년	31년	17년	5년	13년	25년, 수몽이 졸했다.
17년	9년	32년	18년	6년	14년	오나라 제번(諸樊) 원년, 즈나라가 우리를 꺾었다.

	주(周)	노(魯)	제(齊)	진(晉)	진(秦)	초(楚)	송(宋)
559년	13년	14년, 일식이 있었다.	23년, 위(衛)나라 헌공이 도망쳐 왔다.	14년, 제후 대부들을 이끌고 진(秦)을 쳐 역림(棫林)에서 깨뜨렸다.	18년, 진나라가 제후 대부들을 이끌고 우리를 쳐서 우리가 역림에서 패했다.	초나라 강왕(康王) 소(昭) 원년, 공왕의 태자가 오나라로 도망쳤다.	17년
558년	14년	15년, 일식이 있었다. 제나라가 우리를 쳤다.	24년, 노나라를 쳤다.	15년, 도공이 훙했다.	19년	2년	18년
557년 갑진(甲辰)	15년	16년, 제나라가 우리를 쳤다. 지진이 있었다. 제나라가 다시 우리 북쪽 변방을 쳤다.	25년, 노나라를 쳤다.	진나라 평공(平公) 표(彪) 원년, 우리가 심판(湛阪)에서 초나라를 꺾었다.[23]	20년	3년, 진(晉)나라가 우리를 쳐 심판에서 패했다.	19년
556년	16년	17년, 제나라가 우리 북쪽 변방을 쳤다.	26년, 노나라를 쳤다.	2년	21년	4년	20년, 진(陳)나라를 쳤다.
555년	17년	18년, 진(晉)과 함께 제나라를 쳤다.	27년, 진(晉)나라가 임치(臨淄)를 에워쌌다. 안영(晏嬰)이 그들을 크게 깨뜨렸다.	3년, 노·송·정·위(衛)를 이끌고 제나라를 쳤는데 크게 패했다.	22년	5년, 정나라를 쳤다.	21년, 진(晉)나라가 우리를 이끌고 제나라를 쳤다.
554년	18년	19년	28년, 광을 폐하고 아(牙)를 세워 태자로 삼으니, 광이 최저와 함께 아를 죽이고 자기를 세웠다. 진(晉)·위(衛)가 우리를 쳤다.	위나라와 함께 제나라를 쳤다.	23년	6년	22년
553년	19년	20년, 일식이 있었다.	제나라 장공(莊公) 원년	5년	24년	7년	23년

23) 【색은(索隱)】 湛의 발음은 (담이 아니라) 시(視)와 임(林)의 반절음이다.

위(衛)	진(陳)	채(蔡)	조(曹)	정(鄭)	연(燕)	오(吳)
18년, 손문자(孫文子)가 공을 공격하자 공이 제나라로 달아나니, 정공의 동생 적(狄)을 세웠다.	10년	33년	19년	7년	15년	2년, 계자(季子)가 왕위를 사양했다. 초나라가 우리를 쳤다.
위나라 상공(殤公) 적(狄) 원년이다. 정공의 동생이다.	11년	34년	20년	8년	16년	3년
2년	12년	35년	21년	9년	17년	4년
3년, 조(曹)나라를 쳤다.	13년, 송나라가 우리를 쳤다.	36년	22년, 위(衛)나라를 쳤다.	10년	18년	5년
4년	14년	37년	23년, 성공이 훙했다.	11년, 진(晉)나라가 우리를 이끌고 제나라를 쳤다. 초나라가 우리를 쳤다.	19년, 무공이 훙했다.	6년
5년, 진(晉)이 우리를 이끌고 제나라를 쳤다.	15년	38년	조나라 무공(武工) 승(勝) 원년	12년, 자산이 경(卿)이 되었다.	연나라 문공(文公) 원년	7년
6년	16년	39년	2년	13년	2년	8년

	주(周)	노(魯)	제(齊)	진(晉)	진(秦)	초(楚)	송(宋)
552년	20년	21년, 공이 진(晉)나라에 갔다. 일식이 다시 있었다.	2년	6년, 노나라 양공이 왔다. 양설호(羊舌虎)를 죽였다.	25년	8년	24년
551년	21년	22년, 공자가 태어났다.	3년, 진나라 난영이 도망쳐 오니 안영이 말했다. "돌려 보내는 것이 낫습니다."	7년, 난영(欒逞)이 제나라로 달아났다.	26년	9년	25년
550년	22년	23년	4년, 난영을 곡옥에 들여보내기 위해 진(晉)을 쳐서 조가(朝歌)를 차지했다.	8년	27년	10년	26년
549년	23년	24년, 제나라를 침략했다. 일식이 다시 있었다.	5년, 진(晉)을 두려워해 초나라가 통교했는데 안영의 모책이었다.	9년	28년	11년, 제나라와 통교했다. 진(陳)·채(蔡)를 이끌고 정나라를 쳐서 제나라를 구원했다.	27년
548년	24년	25년, 제나라가 우리 북쪽 변방을 쳤다. 효백(孝伯)이 제나라를 쳤던 일을 보복한 것이다.	6년, 진나라가 우리를 쳤다. 조가의 일을 보복한 것이다. 최저는 장공이 자기 부인과 사통했다 하여 그를 죽이고 동생 경공을 세웠다.	10년, 제나라를 쳐서 고당(高唐)에 이르렀는데 태항(太行)의 전투를 보복하기 위함이었다.	29년, 공이 진(晉)에 갔는데 동맹은 체결하지 못했다.	12년, 오나라가 우리를 쳤다. 주사(舟師)의 전투를 보복하기 위함이었다. 오왕을 쏘아 죽였다.	28년
547년 갑인(甲寅)	25년	26년	제나라 경공(景公) 저구(杵臼) 원년, 진(晉)에 가서 위 헌공(獻公)을 돌려보낼 것을 청했다.	11년, 위(衛)나라 상공(殤公)을 주살하고 헌공을 다시 들여보냈다.	30년	13년, 진(陳)·채(蔡)를 거느리고 정나라를 쳤다.	29년

위(衛)	진(陳)	채(蔡)	조(曹)	정(鄭)	연(燕)	오(吳)
7년	17년	40년	3년	14년	3년	9년
8년	18년	41년	4년	15년	4년	10년
9년, 제나라가 우리를 쳤다.	19년	42년	5년	16년	5년	11년
10년	20년, 초나라가 우리를 이끌고 정나라를 쳤다.	43년, 초나라가 우리를 이끌고 정나라를 쳤다.	6년	17년, 자산이 말하기를, 범선자(范宣子)가 정사를 맡게 되면 우리가 진(陳)을 칠 것을 청해야 한다고 했다.	6년	12년
11년	21년, 정나라가 우리를 쳤다.	44년	7년	18년, 진(陳)을 쳐서 그 나라 안으로 들어갔다.	연나라 의공(懿公) 원년	13년, 제번이 초나라를 쳐 소문(巢門)까지 압박했지만, 왕이 부상을 입었다가 훙했다.
12년, 제나라와 진(晉)나라가 상공을 죽이고 헌공을 다시 들여보냈다.	22년, 초나라가 우리를 이끌고 정나라를 쳤다.	45년	8년	19년, 초나라가 진·채를 이끌고 우리를 쳤다.	2년	오나라 여제(餘祭) 원년

	주(周)	노(魯)	제(齊)	진(晉)	진(秦)	초(楚)	송(宋)
546년	26년	27년, 일식이 있었다.	2년, 경봉(慶封)이 전권을 행사하고자 최씨를 죽이려 하니 최저가 자살했다.	12년	31년	14년	30년
545년	27년	28년, 공이 초나라에 갔다. 강왕(康王) 장례식에 참석한 것이다.	3년 겨울, 포씨·고씨·난씨가 경봉을 도모하려고 군대를 동원해 공격하자 경봉은 오나라로 달아났다.	13년	32년	15년, 강왕이 훙했다.	31년
544년	경왕(景王) 원년	29년, 오나라 계찰이 와서 주나라 음악을 관람했는데, 음악의 의미를 모두 알았다.	4년, 오나라 계찰이 사신으로 와서 안영과 환담했다.	14년, 오나라 계찰이 와서 말했다. "진나라 정권은 결국 한·위·조 씨에게 돌아갈 것입니다."	33년	초나라 웅겹오(熊郟敖) 원년	32년
543년	2년	30년	5년	15년	34년	2년	33년
542년	3년	31년, 양공이 훙했다.	6년	16년	35년	3년, 왕의 작은 아버지 위(圍)가 영윤이 되었다.	34년
541년	4년	노나라 소공(昭公) 조(稠) 원년이다. 소공은 나이 19살에 동심이 있었다.	7년	17년, 진나라 후의 아들이 도망쳐 왔다.	36년, 공의 동생의 아들이 수레 1,000승을 갖고 진(晉)으로 달아났다.	4년, 영윤 위(圍)가 겹오를 죽이고 자기를 세웠으니, 이 사람이 영왕(靈王)이다.	35년

위(衛)	진(陳)	채(蔡)	조(曹)	정(鄭)	연(燕)	오(吳)
위나라 헌공(獻公) 간(衎) 후(後) 원년	23년	46년	9년	20년	3년	2년
2년	24년	47년	10년	21년	4년, 의공이 훙했다.	3년, 제나라 경봉이 도망쳐 왔다.
3년	25년	48년	11년	22년, 오나라 계찰이 자산에게 말했다. "정권이 그대에게 돌아갈 것인데, 그대가 예로써 한다면 요행히 횡액은 면할 수 있을 것입니다."	연나라 혜공(惠公) 원년, 제나라 고지(高止)가 도망쳐 왔다.	4년, 문지기 환관이 여제를 죽였다. 계찰이 제후들에게 사신으로 가 있었다
위나라 양공(襄公) 오(惡) 원년	26년	49년, 태자를 위해 초나라 여자를 데려왔는데, 공이 통정하자 태자가 공을 죽이고 스스로를 세웠다.	12년	23년, 여러 공자가 총애를 다투다가 서로 죽였고, 또 자산을 죽이려 하니 자성(子成)이 만류했다.	2년	5년
2년	27년	채나라 영후(靈侯) 반(班) 원년	13년	24년	3년	6년
3년	28년	2년	14년	25년	4년	7년

	주(周)	노(魯)	제(齊)	진(晉)	진(秦)	초(楚)	송(宋)
540년	5년	2년, 공이 진(晉)에 갔는데, 황하에 이르렀을 때 진나라가 사절하는 바람에 돌아왔다.	8년, 전무우(田無宇)가 제나라 여자를 호송했다.	18년, 전무우가 와서 여자를 호송했다.	37년	초나라 영왕 위(圍) 원년이다. 공왕(共王)의 아들 주옥(肘玉)이다.	36년
539년	6년	3년	9년, 안영이 진(晉)에 사신으로 가서 숙향(叔向)을 만나 말했다. "제나라 권력은 전씨(田氏)에게 돌아갈 것입니다." 숙향이 말했다. "진(晉)나라 왕실은 낮아질 것입니다."	19년	38년	2년	37년
538년	7년	4년, 병을 핑계로 초나라와 회동하지 않았다.	10년	20년	39년	3년 여름, 송나라 땅에서 제후들과 만나 동맹을 맺었다. 오나라 주방(朱方)을 치고 경봉을 주살했다. 겨울에 우리에게 보복하고 성 3개를 빼앗았다.	38년
537년 갑자(甲子)	8년	5년	11년	21년, 진후의 아들이 진(秦)으로 돌아갔다.	40년, 공이 졸했다. 후의 아들이 진나라에서 돌아왔다.	4년, 제후들을 이끌고 오나라를 쳤다.	39년
536년	9년	6년	12년, 공이 진(晉)나라에 가서 연나라를 치고 그 임금을 들여보낼 것을 청했다.	22년, 제나라 경공이 와서 연나라를 치고 그 임금을 들여보낼 것을 청했다.	진나라 양공(襄公) 원년	5년, 오나라를 치고 건계(乾谿)에 주둔했다.	40년

위(衛)	진(陳)	채(蔡)	조(曹)	정(鄭)	연(燕)	오(吳)
4년	29년	3년	15년	26년	5년	8년
5년	30년	4년	16년	27년 여름에는 진(晉)에, 겨울에는 초에 갔다.	6년, 공이 공경들을 죽이고 행신(幸臣)을 세우려 하니 공경들이 행신을 죽이려 했고, 공이 두려워 제나라로 달아났다.	9년
6년, 병을 핑계로 초나라와 회동하지 않았다.	31년	5년	17년, 병을 핑계로 초나라와 회동하지 않았다.	28년, 자산이 말했다. "세 나라는 초나라와 회동하지 않을 것이다."	7년	10년, 초나라가 경봉을 즈살했다.
7년	32년	6년	18년	29년	8년	11년, 초나라가 제후들을 이끌고 우리를 쳤다.
8년	33년	7년	19년	30년	9년, 제나라가 우리를 쳤다.	12년, 초나라가 우리를 치고 건계에 주둔했다.

	주(周)	노(魯)	제(齊)	진(晉)	진(秦)	초(楚)	송(宋)
535년	10년	7년, 계무자(季武子)가 졸했다. 일식이 있었다.	13년, 연나라 임금을 들여보냈다.	23년, 연나라 임금을 들여보냈다.	2년	6년, 우윤(芋尹)으로부터 도망친 자가 장화궁(章華宮)에 들어가자 그를 붙잡아 우윤에게 넘겨주었다.	41년
534년	11년	8년, 공이 초나라에 갔는데 초나라가 억류했다. 장화궁을 축하했다.	14년	24년	3년	7년, 장화대에 나아가 도망친 자를 그 안에 집어넣었다. 진(陳)나라를 멸망시켰다.	42년
533년	12년	9년	15년	25년	4년	8년, 동생 기질(棄疾)이 군대를 이끌고 진(陳)을 평정했다.	43년
532년	13년	10년	16년	26년 봄, 무녀(婺女) 별이 나왔다. 10월, 공이 훙했다.	5년	9년	44년, 평공이 훙했다.
531년	14년	11년	17년	진나라 소공(昭公)이 (夷) 원년	6년	10년, 술에 취해 채후(蔡侯)를 죽이고 기질을 보내 그들을 에워쌌다. 기질이 얼마 후에 채후가 되었다.	송나라 원공(元公) 좌(佐) 원년
530년	15년	12년, 진(晉)에 조회하려고 황하에 이르렀는데, 진나라가 사절해 돌아왔다.	18년, 공이 진(晉)에 갔다.	2년	7년	11년, 왕이 오나라가 두려워 서(舒)를 치고자 하여 건계에 주둔했다. 백성이 전쟁으로 피곤해 왕을 원망했다.	2년

위(衛)	진(陳)	채(蔡)	조(曹)	정(鄭)	연(燕)	오(吳)
9년, 부인 강씨(姜氏)에게 자식이 없었다.	34년	8년	20년	31년	연나라 도공(悼公) 원년, 혜공이 돌아와 졸했다.	13년
위나라 영공(靈公) 원년	35년, 동생 초(招)가 난을 빚어 양공이 자살했다.	9년	21년	32년	2년	14년
2년	진나라 혜공(惠公) 오(吳) 원년이다. 애공의 손자다. 초나라가 와서 우리를 평정했다.	10년	22년	23년	3년	15년
3년	2년	11년	23년	34년	4년	16년
4년	3년	12년, 영후가 초나라에 가니 초나라에서 그를 죽였고, 기질이 얼마 후 채후가 되었다.	24년	35년	5년	17년
5년, 공이 진(晉)에 갔다. 사군(嗣君)에게 조회했다.	4년	채후 여(廬) 원년이다. 경후(景侯)의 아들이다.	25년	36년, 공이 진(晉)에 갔다.	6년	오나라 여매(餘昧) 원년

	주(周)	노(魯)	제(齊)	진(晉)	진(秦)	초(楚)	송(宋)
529년	16년	13년	19년	3년	8년	12년, 기질이 난을 일으켜 자기를 세웠고 영왕은 자살했다. 진(陳)과 채나라 임금을 회복시켜주었다.	3년
528년	17년	14년	20년	4년	9년	초나라 평왕(平王) 거(居) 원년이다. 공왕의 아들 포옥(抱玉)이다.	4년
527년 갑술(甲戌)	18년, 후태자(后太子)가 졸했다.	15년, 일식이 있었다. 공이 진(晉)나라에 가자 진나라에서 공을 머무르게 하고 함께 장례를 치르고자 했는데, 공이 이를 부끄럽게 여겼다.	21년	5년	10년	2년, 왕이 태자를 위해 진(秦)의 여자를 맞아들였다가 미인이라 자기가 차지했다.	5년
526년	19년	16년	22년	6년, 공이 졸했다. 육경이 망각했고 공실은 미약했다.	11년	3년	6년
525년	20년	17년, 정월 초하루에 일식이 있었다. 혜성이 진(辰)에 보였다.	23년	진나라 경공(頃公) 기질(棄疾) 원년	12년	4년, 오나라와 전쟁을 했다.	7년
524년	21년	18년	24년	2년	13년	5년	8년, 화재가 있었다.
523년	22년	19년, 지진이 있었다.	25년	3년	14년	6년	9년

위(衛)	진(陳)	채(蔡)	조(曹)	정(鄭)	연(燕)	오(吳)
6년	5년, 초나라 평왕이 진을 회복하고 혜공을 세웠다.	2년, 초나라 평왕이 우리를 회복하고 경후의 아들 여서(廬徐)를 세웠다.	26년	정나라 정공(定公) 원년	7년	2년
7년	6년	3년	27년	2년	연나라 공공(共公) 원년	3년
8년	7년	4년	조나라 평공(平公) 수(須) 원년	3년	2년	4년
9년	8년	5년	2년	4년, 화재가 있어 푸닥거리를 하려 하자 자산이 말했다. "다움을 닦는 것만 못합니다."	3년	오나라 요(僚) 원년
10년	9년	6년	3년	5년	4년	2년, 초나라와 전쟁을 했다.
11년, 화재가 있었다.	10년, 화재가 있었다.	7년	4년, 평공이 훙했다.	6년, 화재가 있었다.	5년, 공공이 훙했다.	3년
12년	11년	8년	조나라 도공(悼公) 오(午) 원년	7년	연나라 평공(平公) 원년	4년

	주(周)	노(魯)	제(齊)	진(晉)	진(秦)	초(楚)	송(宋)
522년	23년	20년, 제나라 경공이 안영과 함께 사냥하고 노나라에 들어와 예를 물었다.	26년, 노나라 경계에서 사냥했고, 그 참에 노나라에 들어갔다.	4년	15년	7년, 자서를 주살했다. 일찍이 태자 건이 송으로 달아났을 때 자서도 오나라로 달아난 적이 있었다.	10년, 공이 신의를 지키지 않았다. 속임수를 써서 여러 공자를 죽였다. 초나라 태자 건(建)이 도망쳐 왔다가 어지러움을 보고서 정나라로 갔다.
521년	24년	21년, 공이 진(晉)나라에 가다가 황하에 이르렀을 때 진에서 사절해 돌아왔다. 월식이 있었다.	27년	5년	16년	8년, 채후가 도망쳐 왔다.	11년
520년	25년	22년, 일식이 있었다.	28년	6년, 주나라 왕실이 어지럽자, 공이 난을 평정하고 경왕(敬王)을 세웠다.	17년	9년	12년
519년	경왕(敬王) 원년	23년, 지진이 있었다.	29년	7년	18년	10년, 오나라가 우리를 쳐서 꺾었다.	13년
518년	2년	24년, 구욕조가 와서 둥지를 틀었다.	30년	8년	19년	11년, 오나라와 (초나라) 비량(卑梁) 여자들이 뽕나무를 두고 싸움을 벌였는데, 오나라가 우리 종리를 차지했다.	14년

위(衛)	진(陳)	채(蔡)	조(曹)	정(鄭)	연(燕)	오(吳)
13년	12년	9년, 평후가 훙했다. 영공의 손자 동국(東國)이 평후의 아들을 죽이고 스스로를 세웠다.	2년	8년, 초나라 태자 건이 송나라에서 도망쳐 왔다.	2년	5년, 오원(伍員)이 도망쳐 왔다.
14년	13년	채나라 도후(悼侯) 동국 원년, 채후가 초나라로 달아났다.	3년	9년	3년	6년
15년	14년	2년	4년	10년	4년	7년
16년	15년, 오나라가 우리 군사를 꺾고 호(胡)와 침(沈) 땅을 차지했다.	3년	5년	11년, 초나라 건이 난을 일으키자 그를 죽였다.	5년	8년
17년	16년	채나라 소후(昭侯) 신(申) 원년이다. 도후의 동생이다.	6년	12년, 공이 진(晉)에 갔는데, 왕을 들여보낼 것을 청하기 위함이었다.	6년	9년

	주(周)	노(魯)	제(齊)	진(晉)	진(秦)	초(楚)	송(宋)
517년 갑신(甲申)	3년	25년, 공이 계씨를 주살하려 하자 삼환씨가 공을 공격하니, 공이 나라 밖으로 나가 운(鄆) 땅에 머물렀다.	31년	9년	20년	12년	15년
516년	4년	26년, 제나라가 우리 운 땅을 차지했다. 공이 거처했기 때문이다.	32년, 혜성이 나타났다. 안자가 말했다. "전씨가 제나라에서 덕이 있어 걱정스럽습니다."	10년, 지력(知櫟)과 조앙(趙鞅)이 왕을 왕성으로 들여보냈다.	21년	13년, 자서(子西)를 세우려 했으나 자서는 받아들이지 않았다. 진나라 여자가 낳은 아들이 세워졌으니 소왕(昭王)이다.	송나라 경공(景公) 두만(豆曼) 원년
515년	5년	27년	33년	11년	22년	초나라 소왕(昭王) 진(珍) 원년, 무기(無忌)를 주살했다. 대중에게 영합했기 때문이다.	2년
514년	6년	28년, 공이 진(晉)에 가서 귀국을 요구했으나, 진은 들어주지 않고 공을 간후(乾侯) 땅에 살게 했다.	34년	12년, 육경이 공족을 주살하고 그 땅을 나눠 가졌다. 각각 그 아들들이 대부가 되게 했다.	23년	2년	3년
513년	7년	29년, 공이 간후에서 운으로 옮겼다. 제나라 임금이 스스로를 주군(主君)이라고 하자 공이 부끄럽게 여겨 다시 간후로 돌아갔다.	35년	13년	24년	3년	4년

위(衛)	진(陳)	채(蔡)	조(曹)	정(鄭)	연(燕)	오(吳)
18년	17년	2년	7년	13년	7년	10년
19년	18년	3년	8년	14년	8년	11년
20년	19년	4년	9년	15년	9년	12년, 공자 광(光)이 전제를 시켜 요를 죽이고 스스로를 세웠다.
21년	20년	5년	조나라 양공(襄公) 원년	16년	10년	오나라 합려(闔閭) 원년
22년	21년	6년	2년	정나라 헌공(獻公) 채(蠆-전갈) 원년	11년	2년

	주(周)	노(魯)	제(齊)	진(晉)	진(秦)	초(楚)	송(宋)
512년	8년	30년	36년	14년, 경공이 훙했다.	25년	4년, 오나라의 세 공자가 도망쳐 오니 그들을 봉해 주고 오나라를 방어하게 했다.	5년
511년	9년	31년, 일식이 있었다.	37년	진나라 정공(定公) 오(午) 원년	26년	5년, 오나라가 우리의 육(六)과 잠(潛) 땅을 쳤다.	6년
510년	10년, 진(晉)나라가 제후들을 시켜 우리를 위해 성을 쌓았다.	32년, 공이 간후에서 졸했다.	38년	2년, 제후들을 이끌고 주나라를 위해 성을 쌓았다.	27년	6년	7년
509년	11년	노나라 정공(定公) 송(宋) 원년, 소공의 시신이 간후에서 도착했다.	39년	3년	28년	7년, 낭와(囊瓦)가 오나라를 쳐서 우리 예장(豫章)에서 꺾었다. 채후가 내조했다.	8년
508년	12년	2년	40년	4년	29년	8년	9년
507년 갑오(甲午)	13년	3년	41년	5년	30년	9년, 채나라 소후가 억류된 지 3년이었는데, 가죽옷을 넘겨주자 돌려보내 주었다.	10년
506년	14년, 진(晉)나라와 함께 제후들을 이끌고 초나라를 쳤다.	4년	42년	6년, 주나라가 우리와 함께 제후들을 이끌고 초나라를 침략했다.	31년, 초나라 포서(包胥)가 구원을 청했다.	10년, 오나라와 채나라가 우리를 쳐서 영(郢)에 들어오니 소왕이 달아났다. 오자서가 평왕의 시신에 매질했다.	11년

위(衛)	진(陳)	채(蔡)	조(曹)	정(鄭)	연(燕)	오(吳)
23년	22년	7년	3년	2년	12년	3년, 세 공자가 초나라로 달아났다.
24년	23년	8년	4년	3년	13년	4년, 초나라의 육과 잠 땅을 쳤다.
25년	24년	9년	5년, 평공의 동생 통(通)이 양공을 죽이고 스스로를 세웠다.	4년	14년	5년
26년	25년	10년, 초나라에 조회했다가 가죽옷 때문에 억류되었다.	조나라 은공(隱公) 원년	5년	15년	6년, 초나라가 우리를 치자 반격해 그들을 꺾고 초나라의 거소(居巢)를 차지했다.
27년	26년	11년	2년	6년	16년	7년
28년	27년	12년, 자상(子常)에게 가죽옷을 주고 돌아갈 수 있었다. 진(晉)에 가서 초를 칠 것을 청했다.	3년	7년	17년	8년
29년, 채나라와 우두머리 자리를 다투었다.	28년	13년, 위(衛)나라와 우두머리 자리를 다투었다. 초나라가 우리를 침략하자 오나라가 우리와 함께 초나라를 쳐서 영에 들어갔다.	4년	8년	18년	9년, 채나라와 함께 초나라를 쳐서 영에 들어갔다.

	주(周)	노(魯)	제(齊)	진(晉)	진(秦)	초(楚)	송(宋)
505년	15년	5년, 양호(陽號-양화)가 계환자(季桓子)를 붙잡고 동맹을 맺은 다음에 풀어주었다. 일식이 있었다.	43년	7년	32년	11년, 진(秦)이 구원하러 오니 오나라는 철수했고, 소왕이 다시 영에 들어왔다.	12년
504년	16년, 왕자 조(朝)의 무리가 난을 일으키자, 왕은 진(晉)으로 달아났다.	6년	44년	8년	33년	12년, 오나라가 우리 땅 반(番)을 차지하자 초나라는 두려워서 수도를 약(鄀)으로 옮겼다.	13년
503년	17년, 유자(劉子)가 왕을 맞이하니, 진(晉)이 왕을 들여보냈다.	7년, 제나라가 우리를 쳤다.	45년, 위(衛)나라를 침략했다. 노나라를 쳤다.	9년, 주나라 경왕을 들여보냈다.	34년	13년	14년
502년	18년	8년, 양호가 삼환을 치려 하자 삼환이 양호를 공격했고, 양호는 양관(陽關)으로 달아났다.	46년, 노나라가 우리를 치자 우리도 노나라를 쳤다.	10년, 위(衛)나라를 쳤다.	35년	14년, 자서가 백성을 위해 울자, 백성도 울었고, 채나라 소후는 두려움을 느꼈다.	15년
501년	19년	9년, 양호를 치니 양호가 제나라로 달아났다.	47년, 양호를 가두니 양호가 진(晉)나라로 달아났다.	11년, 양호가 도망쳐 왔다.	36년, 애공이 훙했다.	15년	16년, 양호가 도망쳐 왔다.
500년	20년	10년, 공이 협곡에서 제후(齊侯)와 회동했다. 공자가 재상이 되었다. 제나라가 우리 땅을 돌려주었다.	48년	12년	진나라 혜공(惠公) 원년, 혜성이 나타났다.	16년	17년

위(衛)	진(陳)	채(蔡)	조(曹)	정(鄭)	연(燕)	오(吳)
30년	진나라 회공(懷公) 유(柳) 원년	14년	조나라 정공(靖公) 노(路) 원년	9년	19년	10년
31년	2년	15년	2년	10년, 노나라가 우리를 침략했다.	연나라 간공(簡公) 원년	11년, 초나라를 쳐서 반 땅을 차지했다.
32년, 제나라가 우리를 침략했다.	3년	16년	3년	11년	2년	12년
33년, 진(晉)과 노나라가 우리를 침략해 쳤다.	4년, 공이 오나라에 가니 오나라가 공을 억류했고, 그 참에 오나라에서 죽었다.	17년	4년, 정공이 훙했다.	12년	3년	13년, 진(陳)나라 회공디 오자 그를 덕류하니, 오나라에서 죽었다.
34년	진나라 민공(湣公) 월(越) 원년	18년	조나라 백양(伯陽) 원년	13년, 헌공이 훙했다.	4년	14년
35년	2년	19년	2년	정나라 성공(聲公) 승(勝) 원년인데, 정나라가 더욱 약해졌다.	5년	15년

	주(周)	노(魯)	제(齊)	진(晉)	진(秦)	초(楚)	송(宋)
499년	21년	11년	49년	13년	2년, 조공(躁公)·회공(懷公)·간공(簡公)을 낳았다.	17년	18년
498년	22년	12년, 제나라가 여악을 보내오니 계환자가 받았고, 이에 공자가 떠났다.	50년, 노나라에 여악을 보냈다.	14년	3년	18년	19년
497년 갑진(甲辰)	23년	13년	51년	15년, 조앙이 범씨와 중항씨를 쳤다.	4년	19년	20년
496년	24년	14년	52년	16년	5년	20년	21년
495년	25년	15년, 정공이 훙했다. 일식이 있었다.	53년	17년	6년	21년, 호(胡)를 멸했다. 오나라에 패해 우리를 배반했기 때문이다.	22년, 정나라가 우리를 쳤다.
494년	26년	노나라 애공(哀公) 장(將) 원년	54년, 진(晉)을 쳤다.	18년, 조항이 조가에서 범씨와 중항씨를 에워쌌다. 제나라가 우리를 쳤다.	7년	22년, 제후들을 이끌고 채나라를 에워쌌다.	23년

위(衛)	진(陳)	채(蔡)	조(曹)	정(鄭)	연(燕)	오(吳)
36년	3년	20년	3년, 나라 사람이 꿈을 꾸었는데, 군자 여럿이 사직에 모여 조나라를 멸망시킬 모의를 하고 있었다. 조숙·진탁이 이를 말리면서 공손강(公孫彊)이란 자를 기다리자고 하니 이를 받아들였다.	2년	6년	16년
37년, 조나라를 쳤다.	4년	21년	4년, 위(衛)나라가 우리를 쳤다.	3년	7년	17년
38년, 공자가 오니 녹봉을 노나라에서와 같이 해주겠다고 했다.	5년	22년	5년	4년	8년	18년
39년, 태자 괴외(蒯聵)가 나라 밖으로 달아났다.	6년, 공자가 왔다.	23년	6년, 공손강이 활쏘기를 좋아했는데, 흰 기러기를 잡아 왕에게 바쳤다. 임금이 사성(司城) 벼슬을 내려주었고 꿈꾼 자의 아들은 떠났다.	5년, 자산(子產)이 졸했다.	9년	19년, 월나라를 쳤으나 우리가 패했고, 합려는 손가락 부상으로 사망했다.
40년	7년	24년	7년	6년, 송나라를 쳤다.	10년	오왕 부차(夫差) 원년
41년, 진(晉)을 쳤다.	8년, 오나라가 우리를 쳤다.	25년, 초나라가 우리를 쳤다. 오나라가 원망했기 때문이다.	8년	7년	11년	2년, 월나라를 쳤다.

	주(周)	노(魯)	제(齊)	진(晉)	진(秦)	초(楚)	송(宋)
493년	27년	2년	55년, 범씨와 중항씨에게 곡식을 보냈다.	19년, 조앙이 범씨와 중항씨를 에워싸자, 정나라에서 구원하러 왔고, 우리가 그 군대를 꺾었다.	8년	23년	24년
492년	28년	3년, 지진이 있었다.	56년	20년	9년	24년	25년, 공자가 송나라를 지나갈 때 환퇴(桓魋)가 공자를 미워했다.
491년	29년	4년	57년, 범씨를 구원하려 했다.	21년, 조앙이 한단(邯鄲)과 백인(栢人)을 뽑아 버리고 그곳 들을 차지했다.	10년, 혜공이 훙했다.	25년	26년
490년	30년	5년	58년, 경공이 훙했다. 총애하는 첩의 아들을 세워 태자로 삼았다.	22년, 조앙이 범씨와 중항씨를 꺾으니 중항씨는 제나라로 달아났다. 위(衛)나라를 쳤다.	진나라 도공(悼公) 원년	26년	27년
489년	31년	6년	제나라 안유자(晏孺子) 원년, 전걸(田乞)이 사술로 양생(陽生)을 세우고 유자를 죽였다.	23년	2년	27년, 진(陳)을 구원했고, 왕은 성보(城父)에서 죽었다.	28년, 조나라를 쳤다.
488년	32년	7년, 공이 증(繒)에서 오왕을 만났다. 오나라에서 백뢰를 요구하자 계강자(季康子)가 자공(子貢)을 시켜 변명했다.	제나라 도공(悼公) 양생(陽生) 원년	24년, 위(衛)나라를 쳤다.	3년	초나라 혜왕(惠王) 장(章) 원년	29년, 정나라를 쳤고, 조나라를 에워쌌다.

위(衛)	진(陳)	채(蔡)	조(曹)	정(鄭)	연(燕)	오(吳)
42년, 영공이 훙했다. 괴외의 아들 첩(輒)이 세워졌다. 진(晉)나라가 태자 괴외를 척(戚) 땅에 받아주었다.	9년	26년, 초나라를 두려워해 몰래 오나라 사람을 불러 주래(州來)로 도읍을 옮길 것을 청했다. 주래는 오나라와 가깝다.	9년	8년, 범씨와 중항씨를 구원해 조앙과 철(鐵) 땅에서 싸웠는데, 우리 군대가 패했다.	12년	3년
위나라 출공(出公) 첩 원년	10년	27년	10년, 송나라가 우리를 쳤다.	9년	연나라 헌공 원년	4년
2년	11년	26년, 대부 공(共)이 소후를 죽였다.	11년	10년	2년	5년
3년, 진(晉)나라가 우리를 쳤다. 범씨를 구원하기 위함이었다.	12년	채나라 성후(成侯) 삭(朔) 원년	12년	11년	3년	6년
4년	13년, 오나라가 우리를 치니 초나라가 와서 구원했다.	2년	13년, 송나라가 우리를 쳤다.	12년	4년	7년, 진(陳)나라를 쳤다.
5년, 진(晉)나라가 우리를 쳤다.	14년	3년	14년, 송나라가 우리를 에워싸니 정나라가 우리를 구원했다.	13년	5년	8년, 노나라가 증에서 우리를 만났다.

	주(周)	노(魯)	제(齊)	진(晉)	진(秦)	초(楚)	송(宋)
487년 갑인(甲寅)	33년	8년, 오나라가 주(邾)나라를 위해 우리를 쳤으니, 성 아래에 이르렀다 가 동맹을 맺고 철수했다. 제나라가 우리 세 읍을 쳤다.	2년, 노나라를 쳐서 세 읍을 차지했다.	25년	4년	2년, 자서 (평왕의 태자)가 건의 아들 승(勝)을 오나라로부터 불러 (소(巢) 읍의 대부로 삼고) 칭호를 백공(白公)이라고 했다.	30년, 조나라가 우리를 배반하니 우리가 조나라를 멸망시켰다.
486년	34년	9년	3년	26년	5년	3년, 진(陳)나라를 쳤는데, 진나라가 오나라와 동맹을 맺었기 때문이다.	31년, 정나라가 우리를 에워쌌는데, 옹구(雍丘)에서 꺾었다.
485년	35년	10년, 오나라와 함께 제나라를 쳤다.	4년, 오와 노나라가 우리를 쳤다. 포자(鮑子)가 도공을 죽였고, 제나라 사람들은 아들 임(壬)을 세워 간공(簡公)으로 삼았다.	27년, 조앙을 시켜 제나라를 쳤다.	6년	4년, 정나라를 쳤다.	32년, 정나라를 쳤다.
484년	36년	11년, 제나라가 우리를 쳤다. 염유(冉有)가 말해 공자를 맞이하니, 공자가 귀국했다.	제나라 간공(簡公) 원년, 노나라가 오나라와 함께 우리를 꺾었다.	28년	7년	5년	33년
483년	37년	12년, 오나라와 탁고(橐皐)에서 회동했다. 전부(田賦)를 채용했다.	2년	29년	8년	6년, 백공 승이 여러 차례 자서에게 정나라를 칠 것을 청했다. 아비지의 원한 때문이다.	34년
482년	38년	13년, 오나라와 황지(黃池)에서 회동했다.	3년	30년, 오나라와 황지에서 회동했는데, 우두머리 자리를 놓고 다투었다.	9년	7년, 진(陳)나라를 쳤다.	35년, 정나라가 우리 군대를 꺾었다.

위(衛)	진(陳)	채(蔡)	조(曹)	정(鄭)	연(燕)	오(吳)
6년	15년	4년	15년, 송나라가 조나라를 멸망시키고 백양(伯陽)을 사로잡았다.	14년	6년	9년, 노나라를 쳤다.
7년	16년, 초나라를 배반하고 오나라와 화친을 맺었다.	5년		15년, 송나라를 에워쌌는데, 우리 군대가 옹구에서 패하자, 위를 쳤다.	7년	10년
8년, 공자가 진(陳)나라에서 왔다.	17년	6년		16년	8년	11년, 노나라와 함께 제나라를 쳐서 진(陳)나라를 구원했다. 오운을 주살했다.
9년, 공자가 노나라로 돌아갔다.	18년	7년		17년	9년	12년, 노나라와 함께 제나라를 꺾었다.
10년, 공이 진(晉)에 가 오나라와 탁고에서 만났다.	19년	8년		18년, 송나라가 우리를 쳤다.	10년	13년, 노나라와 탁고에서 회동했다.
11년	20년	9년		19년, 송나라 군대를 꺾었다.	11년	14년, 진(晉)나라와 황지에서 회동했다.

	주(周)	노(魯)	제(齊)	진(晉)	진(秦)	초(楚)	송(宋)
481년	39년	14년, 서쪽으로 사냥 가서 기린을 잡았다. 위(衛)나라 출공이 도망쳐 왔다.	4년, 전상(田常)이 간공을 죽인 뒤 동생 오(鰲)를 세워 평왕(平王)으로 삼고 자기는 재상이 되어 국권을 마음대로 했다.	31년	10년	8년	36년
480년	40년	15년, 자복경백(子服景伯)을 제나라에 사신으로 보내면서 자공을 보좌로 삼았는데, 제나라가 우리에게 빼앗아 간 땅을 돌려주었다.	제나라 평공(平公) 오(鰲) 원년이다. 경공의 손자다. 제나라는 이 때부터 전씨(田氏)의 나라로 불렸다.	32년	11년	9년	37년, 형혹성이 심성을 지키니 자위(子韋)가 "좋은 일"이라고 말했다.
479년	41년	16년, 공자가 졸했다.	2년	33년	12년	10년, 백공 승이 영윤 자서를 죽이고 혜왕을 공격했다. 섭공(葉公)이 백공을 공격하니 백공이 자살했다. 혜공이 나라를 회복했다.	38년
478년	42년	17년	3년	34년	13년	11년	39년
477년 갑자(甲子)	43년, 경왕이 붕했다.	18년 27년, 졸했다.	4년 25년, 졸했다.	35년 37년, 졸했다.	14년, 졸하고 아들 여공공(厲共公)이 세워졌다.	12년 57년, 졸했다.	40년 64년, 졸했다.

24)

위(衛)	진(陳)	채(蔡)	조(曹)	정(鄭)	연(燕)	오(吳)
12년, 아버지 괴외가 들어오자, 첩은 나라 밖으로 달아났다.	21년	10년		20년	12년	15년
위나라 장공(莊公) 괴외(蒯聵) 원년	22년	11년		21년	13년	16년
2년	23년, 초나라가 진(陳)나라를 멸망시키고 민공을 죽였다.	12년		22년	14년	17년
3년, 장공이 융주(戎州) 사람을 모욕했다. 융주 사람이 조간자와 함께 장공을 공격하니 나라 밖으로 달아났다.		13년		23년	15년	18년, 조라가 우리를 꺾였다.
위군(衛君) 기(起) 원년, 석부(石傅)가 기를 쫓아내고 첩(輒)을 다시 들어오게 했다.		14년 19년, 졸했다.		24년 38년, 졸했다.	16년 28년, 졸했다.	19년 22년, 졸했다.

24) 태사공이 표로 차례를 만드니[太史表次]/마침내 조리가 있게 되었도다[抑有條理]/공화에서 시작해[起自共和]/공자에까지 이르렀다네[訖於孔子]/12제후[十二諸侯]/각각 연기를 만들었구나[各編年紀]/흥망이 이어지고[興亡繼及]/성쇠와 선악이 나뉘었도다[盛衰臧否]/악은 잘못을 덮지 않았고[惡不揜過]/선은 반드시 높이 찬미했다네[善必揚美]/기린이 잡히자, 글을 마쳤으니[絶筆獲麟]/의리상 같은 부끄러움을 취했도다[義取同恥]!

권15 | 육국 연표(六國年表) 제3

권15 육국 연표(六國年表) 제3[1]

태사공이 진기(秦記)[2]를 읽다가, 견융(犬戎)이 (주나라) 유왕(幽王)을 꺼
뜨리자, 주(周)나라가 동쪽 낙읍(洛邑)으로 천도했고 진(秦)나라 양공(襄公)
이 비로소 봉해져 제후가 되자 서치(西畤)를 조성해 상제(上帝)에게 제사를
지냈다는 대목에 이르러 참람한 단서[僭端]를 보았다.

1) **【색은(索隱)】** 육국이란 곧 위(魏)·한(韓)·조(趙)·초(楚)·연(燕)·제(齊)이니, 진
(秦)나라까지 아울러 모두 칠국이라서 (전국)칠웅(七雄)이라고 한다.

2) **【색은(索隱)】** 즉 진나라 역사 기록을 말한다. 아래에서 "진나라가 시서(詩書-유가
의 책들)를 불태우고 제후들의 역사 기록을 불태운 것은 더욱 심했다. 오직 진
나라 기록만이 남았는데, 그나마도 일월(日月)은 싣지 않았다"라고 한 것이
그것이다.

『예기(禮記)』에 이르기를 "천자는 하늘과 땅에 제사를 지내고 제후는 자
기 봉역(封域) 안에 있는 명산대천(名山大川)에 제사를 지낸다"라고 했는데,
지금 진나라는 융적(戎翟)의 풍속과 뒤섞여서 사납고 흉폭함[暴戾]을 앞세
우고 어짊과 마땅함[仁義]을 뒤로하여 지위가 번신(藩臣-울타리 같은 신하)임
에도 (천자의 제사인) 교사(郊祀-교제사)를 거행했으니[臚][1] 군자들이 두려
워했다. 문공(文公)에 이르러서는 농(隴-농서)을 넘어 이적(夷狄)을 물리치
고 진보(陳寶)를 높이며 기(岐)와 옹(雍) 사이 땅을 경영했고 목공(穆公)은
정사를 잘 닦아[修政] 동쪽 경계가 황하에까지 이르렀으니, 제(齊)나라 환

공(桓公)이나 진(晉)나라 문공(文公)과 같은 중원의 후백(侯伯)들과 어깨를 나란히 했다[侔]. 이때부터 배신(陪臣)들이 정권을 쥐고 대부(大夫)들이 대대로 나라의 명을 잡았으며 육경(六卿)이 진(晉)나라 권력을 제 마음대로 함으로써 정벌이나 회맹(會盟)을 할 때 진나라의 위세는 다른 제후들보다 무거웠다.

1) 【색은(索隱)】 살펴보건대 여/려(臚)는 '늘어놓다[陳]'라는 뜻이니, 『이아(爾雅)』의 글에 나온다. 이는 진나라가 제후이면서 천자가 지내는 교제사를 지냈으니 실로 참람해서, 마치 계씨(季氏)가 태산(泰山)에 여(旅)제사를 지낸 것과 같다는 말이다. 【정의(正義)】 여(臚)는 제사 이름이다.

전상(田常)이 간공(簡公)을 죽이고 제나라 재상이 되었을 때 다른 제후들은 아무 일 없었다는 듯이 그를 토벌하지 않은 채로 해내(海內-천하)에서 전공(戰功)만 다투었다. 삼국(三國)은 나중에 끝내 진(晉)나라를 분할했고 전화(田和) 또한 제나라를 멸하고 이를 소유했으니, 육국(六國)이 성대해진 것은 이때부터 시작되었다.

제후들은 군사력을 키워 적국을 병합하기에 힘썼고, 음모와 기만술[謀詐]이 자행되었으며, 종횡(縱橫-합종연횡)과 단장(短長)의 설(說)들이 일어났다. 왕을 사칭하는 제후들이 벌떼처럼 나와서는 동맹을 약속하고서도 신의를 저버리니, 비록 인질을 잡아두고 부(符-부절)를 나눠 가져도 오히려 참된 약속을 할 수가 없었다.

진(秦)나라는 처음에는[始=初] 작은 나라인 데다가 (중원에서) 멀리 떨어진 궁벽한 곳에 있었기 때문에 중원의 나라들[諸夏]은 진나라를 배척하면서[賓=擯] 융적(戎翟)처럼 여겼으나, 헌공(獻公) 이후부터는 늘 제후 가운데 출중했다[雄=出衆]. 진나라의 다움과 마땅함[德義]을 논하자면 오히려 노(魯)나라나 위(衛)나라의 포악함에도 미치지 못하고 진나라 병력을 헤아려

보면 삼진(三晉)의 강대함만 못했지만, 그러나 결국 천하를 병탄하게 되었으니 이는 반드시 지형이 험고해 편하고 형세가 이로웠기 때문만은 아니었고 아마도 하늘이 도운 때문인 듯하다.

혹자는 말한다.

"동방(東方)은 만물이 처음 생겨나는 곳이요, 서방(西方)은 만물이 성숙하는 곳이다."

무릇 일을 일으키려는 사람은 반드시 동남(東南)에서 하고, 공로의 결실을 거두려는 사람은 항상 서북(西北)에서 한다.

그래서 우(禹)는 서강(西羌)에서 일어났고[1], 탕(湯)은 박(亳)에서 일어났으며[2], 주나라 왕조는 풍(豐)과 호(鎬)를 근거로 삼아서 은(殷)나라를 정벌했고, 진(秦)나라 제왕들은 옹주(雍州)에서 일어났으며, 한(漢)나라가 일어난 곳은 촉한(蜀漢)이었다.

진나라가 이미 뜻을 이루고 나자, 천하의 시서(詩書-유가의 책들)를 불태우고 제후들의 역사 기록을 불태운 것이 더욱 심했으니, 여기에는 (진나라를) 풍자하고 비판하는 말들이 실려 있었기 때문이다. 시서(詩書-유가의 책들)를 다시 볼 수 있게 된 것은 그런 책들이 대부분 민가(民家)에 숨겨져 있었기 때문이지만, 제후들의 역사 기록은 오직 주나라 왕실(서고)에만 보관되어 있어 깡그리 사라지고 말았다.

애석하고 또 애석하도다! 오직 진나라 기록만이 남았는데, 그나마도 일월(日月)은 싣지 않았고 문장도 간략해서 온전치 못하다. 하지만 전국(戰國)들의 권변(權變)[3]에도 실로 뽑아낼 만한 것들이 자못 있으니, 어찌 반드시 상고(上古)의 것이어야만 하겠는가?

---

1) **【집해(集解)】** 황보밀(皇甫謐)이 말했다. "맹자에 따르면 우왕은 석뉴(石紐)에서 태어난 서이(西夷) 사람이라고 했다. 전(傳)에 이르기를 '우는 서강(西羌)에서 났다'라고 했으니, 이것이다."

2) 【집해(集解)】 서광(徐廣)이 말했다. "경조(京兆) 두현(杜縣)에 박정(亳亭)이 있다."

3) 권도(權道)와 임기응변의 술수를 말한다.

진나라가 천하를 차지하는 과정에서 사나운 짓을 많이 했지만, 세상이 달라지고 바뀌면서 그 공을 이룬 것도 컸다[1]. 전(傳)에 이르기를 "후왕(後王)을 본받자[法後王]"[2]라고 한 것은 어째서일까? 후왕은 자기와 가깝고 풍속의 변화도 서로 비슷해, 설사 그 의논(議論)이 비천하다 해도, 행하기가 쉽기 때문이다[3]. (그런데도) 배우는 자들[學者]은 자기가 들은 바에 얽매여서 진나라가 제(帝)의 자리에 있은 것이 일천(日淺)한 것만 보고서는 그 끝과 시작[終始]을 살피지 못한 채 그것만을 갖고서 모두[擧=皆] 비웃으며 감히 제대로 된 말을 하지[道=言] 않으니, 이는 귀로써 음식을 먹으려는 것과 아무런 차이가 없다[4].

슬프도다!

나는 이에 진기(秦記)에 의거하고 『춘추(春秋)』의 뒤를 밟아서[踵=繼承] 육국의 시사(時事)를 표(表)로 만들었으니, 주나라 원왕(元王)에서 시작해[5] 2세(二世)까지[訖=迄] 모두 270년 동안의 다양하게 보고 들은 흥망의 실마리들을 드러내었다.

훗날 군자가 있어 잘 읽고 음미하기를 바란다.

1) 【색은(索隱)】 임금이 법을 만든 것들을 갖고서 말하자면, 시대가 달라짐에 따라 그 정사를 바꿔 이룬 바가 컸다는 말이다.

2) 『순자(荀子)』에 나오는 말이다. 맹자는 선왕을 본받고자 했고 순자는 후왕을 본받고자 했으니, 후왕이란 근래의 뛰어난 왕들을 말한다.

3) 【정의(正義)】 후왕은 근대의 왕이다.

4) 【색은(索隱)】 살펴보건대, 속물 학자들은 학식이 낮아서 모두 진나라를 비웃었으니 이는 마치 귀로 음식을 먹어 맛을 제대로 알지 못하는 것과 같다고 말

한 것이다.

5) **【색은(索隱)】** 살펴보건대, 이 표는 주나라 원왕 원년에서 시작하는데『춘추(春秋)』는 원왕 8년에서 끝난다.

	주(周)	진(秦)	위헌자(魏獻子)	한선자(韓宣子)
기원전 476년	원왕(元王)[1]	여공공(厲共公) 원년[2]	위(衛) 출공 첩(輒) 후 원년	
475년	2년	2년, 촉인(蜀人)이 뇌물을 갖고 왔다.	진(晉) 정공(定公)이 졸했다.	
474년	3년	3년	진(晉) 출공(出公) 착(錯) 원년[3]	
473년	4년	4년		
472년	5년	5년, 초인(楚人)이 뇌물을 갖고 왔다.		
471년	6년	육의거(六義渠)가 예물을 갖고 왔다. 면제(綿諸)가 구원을 청했다.		
470년	7년	7년, 혜성이 나타났다.	위(衛) 장공(莊公)이 주연을 베풀었는데, 대부들이 버선(혹은 허리띠)을 벗지 않자, 공이 화를 내니 대부들이 즉시 공을 공격했고, 공은 송나라로 달아났다.	
469년	8년	8년		
468년	정왕(定王) 원년[5]	9년		
467년	2년	10년, 서장(庶長)이 병사들을 이끌고 위(魏)나라 성을 뽑아버렸다. 혜성이 나타났다.		
466년	3년	11년		
465년	4년	12년		
464년	5년	13년		지백(知伯)이 정나라를 치니, 사환자(駟桓子)가 제나라에 가서 구원을 청했다.
463년	6년	14년		정나라 성공이 졸했다.
462년	7년	15년		정(鄭) 애공(哀公) 원년

1) **【색은(索隱)】** 이름은 인(仁)이고 경왕(敬王)의 아들이며 8년에 붕했다.

2) **【색은(索隱)】** 도공의 아들이다.

3) **【색은(索隱)】** 『계본(系本)』에는 이름이 착(鑿)으로 되어 있다.

조간자(趙簡子)	초(楚)	연(燕)	제(齊)
42년	초 혜왕(惠王) 장(章) 13년	연 헌공(獻公) 17년	제 평공(平公) 오(驁) 5년
43년	14년, 월이 오를 에워싸니 오가 원망했다.	18년	6년
44년	15년	19년	7년, 월인(越人)이 처음으로 왔다.
45년	16년, 월이 오를 멸망시켰다.	20년	8년
46년	17년, 채(蔡) 경후(景侯)가 졸했다.[4]	21년	9년, 진(晉) 지백(知伯) 오(瑤)가 와서 우리를 쳤다.
47년	18년 채(蔡) 성후(聲侯) 원년	22년	10년
48년	19년, 왕자 영(英)이 진(秦)으로 달아났다.	23년	11년
49년	20년	24년	12년
50년	21년	25년	13년
51년	22년, 노(魯) 애공(哀公)이 졸했다.	26년	14년
52년	23년, 노 도공(悼公) 원년이다. 삼환(三桓)이 이겨 노나라는 작은 후(侯)의 나라 같았다.	27년	15년
53년	24년	28년	16년
지백이 간자(簡子)에게 말하기를 태자 양자(襄子)를 폐하고 싶다고 하자, 양자가 지백을 원망했다.	25년	연(燕) 효공(孝公) 원년	17년, 정나라를 치니 진(晉) 군대가 물러갔다. 중항문자가 전상(田常)에게 말했다. "마침내 지금에서야 그로 인해 망하리라는 것을 알겠소."
55년	26년	2년	18년
56년	27년	3년	19년

4) 【색은(索隱)】 살펴보건대, 경(景)은 성(成)이어야 맞다.

5) 【색은(索隱)】 이름은 개(介)다.

	주(周)	진(秦)	위헌자(魏獻子)	한선자(韓宣子)
461년	8년	16년, 아방(阿旁)에 해자를 팠다. 대려(大荔)를 쳤다. 방희성(龐戱城)[6]을 보수했다.		
460년	9년	17년		
459년	10년	18년		
458년	11년	19년		
457년	12년	20년, 공이 군사를 이끌고 면제와 싸웠다.		
456년	13년	21년	진(晉) 애공(哀公) 기(忌) 원년	
455년	14년	22년	위(衛) 도공(悼公) 검(黔) 원년	
454년	15년	23년		
453년	16년	24년	위 환자(魏桓子)가 진양(晉陽)에서 지백을 꺾었다.	한 강자(韓康子)가 진양에서 지백을 꺾었다.
452년	17년	25년, 진(晉)대부 지개(智開)가 그 읍 사람들을 이끌고 도망쳐 왔다.		
451년	18년	26년, 좌서장(左庶長)이 남정(南鄭)에 성을 쌓았다.		
450년	19년	27년	위(衛) 경공(敬公) 원년	
449년	20년	28년, 월인이 와서 여자를 맞이했다.		
448년	21년	29년, 진(晉)대부 지관(智寬)이 그 읍 사람들을 이끌고 도망쳐 왔다.		
447년	22년	30년		
446년	23년	31년		
445년	24년	32년		
444년	25년	33년, 의거를 치고 그 왕을 사로잡았다.		

6) 지금의 섬서성(陝西省) 백수현(白水縣) 동북쪽이라고 한다.

조간자(趙簡子)	초(楚)	연(燕)	제(齊)
57년	28년	4년	20년
58년	29년	5년	21년
59년	30년	6년	22년
60년	31년	7년	23년
양자(襄子) 원년, 상복을 벗지도 않은 채 하옥(夏屋)에 올라 대왕(代王)을 유인해서 쇠몽둥이로 죽였다. 백로자주(伯魯子周)를 봉해 대성군(代成君)으로 삼았다.	32년, 채 성후가 졸했다.	8년	24년
2년	33년 채(蔡) 원후(元侯) 원년	9년	25년
3년	34년	10년	제(齊) 선공(宣公) 취불(就匜) 원년
4년, 지백과 범씨와 중항씨가 땅을 나눠 가졌다.	35년	11년	2년
5년, 양자가 진양에서 지백을 꺾고 위·한과 함께 그 땅을 삼분했다.	36년	12년	3년
6년	37년	13년	4년
7년	38년	14년	5년, 송 경공이 졸했다.
8년	39년 채후(蔡侯) 제(齊) 원년	15년	6년 송(宋) 소공(昭公) 원년
9년	40년	연(燕) 성공(成公) 원년	7년
10년	41년	2년	8년
11년	42년, 초나라가 채나라를 멸망시켰다.	3년	9년
12년	43년	4년	10년
13년	44년, 기(杞)나라를 멸망시켰다. 기나라는 하나라의 후손이다.	5년	11년
14년	45년	6년	12년

	주(周)	진(秦)	위헌자(魏獻子)	한선자(韓宣子)
443년	26년	34년, 일식이 있어 낮이 밤처럼 어두웠다. 별들이 보였다.		
442년	27년	진 조공(秦躁公) 원년		
441년	28년	2년, 남정이 반란을 일으켰다.		
440년	고왕(考王) 원년	3년		
439년	2년	4년		
438년	3년	5년		
437년	4년	6년	진(晉) 유공(幽公) 원년, 한(韓)과 위(魏)가 복종했다.	
436년	5년	7년		
435년	6년	8년 6월, 눈이 내렸고 일식과 월식이 있었다.		
434년	7년	9년		
433년	8년	10년		
432년	9년	11년		
431년	10년	12년	위(衛) 소공(昭公) 원년	
430년	11년	13년, 의거가 진(秦)을 쳐 위양(渭陽)까지 쳐들어왔다.		
429년	12년	14년		
428년	13년	진(秦) 회공(懷公) 원년, 영공(靈公)이 태어났다.		
427년	14년	2년		
426년	15년	3년		
425년	위열왕(威烈王) 원년	4년, 서장(庶長) 구(龜)가 회공을 죽였다. 태자 조(蚤)가 죽자, 대신들이 태자의 아들을 세우니 영공(靈公)이다.	위(衛) 도공(悼公) 미(亹) 원년	
424년	2년	진(秦) 영공(靈公) 원년, 헌공(獻公)을 낳았다.	위(魏) 문후(文侯) 사(斯) 원년	한(韓) 무자(武子) 원년
423년	3년	2년	2년	2년은 정(鄭) 유공(幽公) 원년인데 한나라가 그를 죽였다.

조간자(趙簡子)	초(楚)	연(燕)	제(齊)
15년	46년	7년	13년
16년	47년	8년	14년
17년	48년	9년	15년
18년	49년	10년	16년
19년	50년	11년	17년
20년	51년	12년	18년
21년	52년	13년	19년
22년	53년	14년	20년
23년	54년	15년	21년
24년	55년	16년	22년
25년	56년	연(燕) 민공(湣公) 원년	23년
26년	57년	2년	24년
27년	초(楚) 간왕(簡王) 중(仲) 원년, 거(莒)나라를 멸망시켰다.	3년	25년
28년	2년	4년	26년
29년	3년, 노나라 도공(悼公)이 졸했다.	5년	27년
30년	4년 노나라 원공(元公) 원년	6년	28년
31년	5년	7년	29년
32년	6년	8년	30년
33년, 양자가 졸했다.	7년	9년	31년
조(趙) 환자(桓子) 원년	8년	10년	32년
조(趙) 헌후(獻侯) 원년	9년	11년	33년

	주(周)	진(秦)	위헌자(魏獻子)	한선자(韓宣子)
422년	4년	3년, 상하 치(畤-제사 터)를 조성했다.	3년	3년, 정나라가 유공 아들을 세우니 수공(繻公) 원년이다.
421년	5년	4년	4년	4년
420년	6년	5년	5년, 위(魏)가 진 유공을 주살하고 동생 지(止)를 세웠다.	5년
419년	7년	6년	6년 진(晉) 열공(烈公) 지(止) 원년. 위(魏)가 소량에 성을 쌓았다.	6년
418년	8년	7년, 위(魏)와 소량(少梁)에서 싸웠다.	7년	7년
417년	9년	8년, 황하 변에 성을 쌓고 해자를 팠다. 애초에 임금이 그곳에 살았기 때문이다.	8년, 다시 소량에 성을 쌓았다.	8년
416년	10년	9년	9년	9년
415년	11년	10년, 방(龐) 땅을 보완하고 적고(籍姑)에 성을 쌓았다.[7]	10년	10년
414년	12년	진(秦) 간공(簡公) 원년	11년 위(衛) 신공(慎公) 원년	11년
413년	13년	2년, 진(晉)과 싸워 정하(鄭下)에서 꺾었다.	12년	12년
412년	14년	3년	13년, 공자 격(擊)이 번방(繁龐)을 에워싸고 그 백성을 내보냈다.	13년
411년	15년	4년	14년	14년
410년	16년	5년, 일식이 있었다.	15년	15년
409년	17년	6년, 처음으로 관리들에게 칼을 차게 했다.	16년, 진(秦)을 치고 임진(臨晉)과 원리(元里)에 성을 쌓았다.	16년
408년	18년	7년, 낙수(洛水)를 이용해 해자를 파고 중천(重泉)에 성을 쌓았다. 처음으로 벼에 세금을 부과했다.	17년, 중산을 쳤다. 진(秦)나라를 쳐서 정(鄭) 땅까지 갔고, 돌아와 낙음(雒陰)과 합양(合陽)에 성을 쌓았다.	한 경후(景侯) 건(虔) 원년, 정나라를 쳐서 옹구를 차지했다. 정나라는 수도에 성을 쌓았다.
407년	19년	8년	18년, 문후가 자하(子夏)에게 경전 수업을 받았다. 단간목(段干木)의 마을을 지날 때는 항상 경의를 표했다.	2년, 정나라가 부서(負黍)에서 한나라를 꺾었다.
406년	20년	9년	19년	3년

7) 【색은(索隱)】 방과 적고는 모두 성읍 이름이다.

조간자(趙簡子)	초(楚)	연(燕)	제(齊)
2년	10년	12년	34년
3년	11년	13년	35년
4년	12년	14년	36년
5년	13년	15년	37년
6년	14년	16년	38년
7년	15년	17년	39년
8년	16년	18년	40년
9년	17년	19년	41년
10년, 중산(中山) 무공(武公)이 처음 세워졌다.	18년	20년	42년
11년	19년	21년	43년, 진(晉)을 쳐서 황성(黃城)을 허물고 양호(陽狐)를 에워쌌다.
12년	20년	22년	44년, 노(魯)와 거(莒)를 치고 안양(安陽)에 이르렀다.
13년, 평읍에 성을 쌓았다.	21년	23년	45년, 노나라를 쳐서 도(都)를 차지했다.
14년	22년	24년	46년
15년	23년	25년	47년
조(趙) 열후(烈侯) 적(籍) 원년, 위(魏)나라가 태자를 시켜 중산을 쳤다.	24년, 간왕이 졸했다.	26년	48년, 노성(魯郕)을 차지했다.
2년	초(楚) 성왕(聲王) 원년 노(魯) 목공(穆公) 원년	27년	49년, 정나라와 서성(西城)에서 회동했다. 위(衛)를 쳐서 무구(毋丘)를 차지했다.
3년	2년	28년	50년

	주(周)	진(秦)	위헌자(魏獻子)	한선자(韓宣子)
405년	21년	10년	20년, 재상을 임명하려는데 이극(李克)이 적황(翟黃)과 언쟁을 벌였다.	4년
404년	22년	11년	21년	5년
403년	23년, 구정(九鼎)이 떨렸다.	12년	22년, 처음으로 후(侯)가 되었다.	6년, 처음으로 후(侯)가 되었다.
402년	24년	13년	23년	7년
401년	안왕(安王) 원년	14년, 위(魏)를 쳐서 양호(陽狐)에 이르렀다.	24년, 진(秦)이 우리를 쳐 양호(陽狐)에 이르렀다.	8년
400년	2년	15년	25년, 태자 앵(罃)이 태어났다.	9년, 정나라가 양적(陽翟)을 에워쌌다.
399년	3년, 왕자 정(定)이 진(晉)나라로 달아났다.	진(秦) 혜공(惠公) 원년	26년, 괵(虢)나라에서 산이 무너져 황하가 막혔다.	한(韓) 열후(烈侯) 원년
398년	4년	2년	27년	2년, 정나라 사람들이 재상 사자양(駟子陽)을 죽였다.
397년	5년	3년, 일식이 있었다.	28년	3년, 정나라 사람들이 임금을 죽였다. 3월에 도적이 한나라 재상 협류(俠累)를 죽였다.
396년	6년	4년	29년	4년, 정나라 재상 자양(子陽)의 무리가 자기 임금 수공(繻公)을 죽였다.
395년	7년	5년, 면(綿)을 쳤다.	30년	5년 정(鄭) 강공(康公) 원년
394년	8년	6년	31년	6년, 노나라를 구원했다. 정나라 부서가 반란을 일으켰다.
393년	9년	7년	32년, 정나라를 쳐서 산조(酸棗)에 성을 쌓았다.	7년
392년	10년	7년	33년 진(晉) 효공(孝公) 경(傾) 원년	8년
391년	11년	9년, 한나라 의양(宜陽)을 쳐서 읍 여섯 곳을 차지했다.	34년	9년, 진(秦)이 의양(宜陽)을 쳐서 읍 여섯 곳을 차지했다.
390년	12년	10년, 진(晉)과 무성(武城)에서 싸웠다. 섬(陝)을 현으로 삼았다.	35년, 제나라가 양양(襄陽)을 쳐서 차지했다.	10년

조간자(趙簡子)	초(楚)	연(燕)	제(齊)
4년	3년	29년	51년, 전회(田會)가 늠구(廩丘)를 끼고서 반란을 일으켰다.
5년	4년	30년	제(齊) 강공(康公) 대(貸) 원년
6년, 처음으로 후(侯)가 되었다.	5년, 위·한·조나라가 처음으로 반열에 올라 제후가 되었다.	31년	2년 송(宋) 도공(悼公) 원년
7년, 열후(烈侯)가 음악을 좋아해 가수에게 밭을 내려주려 하자, 서월(徐越)이 어짊과 마땅함으로 모시면서 만류했다.	6년, 도적이 성왕을 죽였다.	연 희공(釐公) 원년	3년
8년	초(楚) 도왕(悼王) 유(類) 원년	2년	4년
9년	2년, 삼진(三晉)이 와서 우리를 치고 승구(乘丘)에 이르렀다.	3년	5년
조(趙) 무공(武公) 원년	3년, 정나라에 유관(榆關)을 돌려주었다.	4년	6년
2년	4년, 정나라 군대를 깨뜨리고 정나라를 에워쌌다. 정나라 사람들이 자양을 죽였다.	5년	7년
3년	5년	6년	8년
4년	6년	7년	9년
5년	7년	8년	10년 송(宋) 휴공(休公) 원년
6년	8년	9년	11년, 노나라를 쳐서 최(最)를 차지했다.
7년	9년, 한이 우리 부서를 쳤다.	10년	12년
8년	10년	11년	13년
9년	11년	12년	14년
10년	12년	13년	15년, 노나라가 평륙(平陸)에서 우리를 꺾었다.

	주(周)	진(秦)	위헌자(魏獻子)	한선자(韓宣子)
389년	13년	11년, 태자가 태어났다.	36년, 진(秦)이 진(晉)을 침략했다.	11년
388년	14년	12년	37년	12년
387년	15년	13년, 촉(蜀)이 우리 남정(南鄭)을 차지했다.	38년	13년
386년	16년	진(秦) 출공(出公) 원년	위(魏) 무후(武侯) 원년, 한단(邯鄲)을 습격했으나 위나라가 패했다.	한 문후(韓文侯) 원년
385년	17년	2년, 서장(庶長) 개(改)가 영공의 태자를 맞이해 세우니 이 사람이 헌공(獻公)이다. 출공을 주살했다.	2년, 안읍(安邑)과 왕원(王垣)에 성을 쌓았다.	2년, 정나라를 쳐서 양성(陽城)을 차지했다. 송나라를 쳐서 팽성에 이르러 송나라 임금을 붙잡았다.
384년	18년	진(秦) 헌공(獻公) 원년	3년	3년
383년	19년	2년, 역양(櫟陽)에 성을 쌓았다.	4년	4년
382년	20년	3년, 일식이 있어 낮에 어두웠다.	5년	5년
381년	21년	4년, 효공(孝公)이 태어났다.	6년	6년
380년	22년	5년	7년, 제나라를 쳐서 상구(桑丘)에 이르렀다.	7년, 제나라를 쳐서 상구에 이르렀다. 정나라가 진(晉)을 꺾었다.
379년	23년	6년, 처음으로 포(蒲)·남전(藍田)·선명지(善明氏)를 현으로 삼았다.	8년	8년
378년	24년	7년	9년, 적(翟)이 회(澮)에서 우리를 꺾었다. 제나라를 쳐서 영구(靈丘)에 이르렀다.	9년, 제나라를 쳐서 영구에 이르렀다.
377년	25년	8년	10년 진(晉) 정공(靜公) 구주(俱酒) 원년	10년
376년	26년	9년	11년, 위(魏)·한·월이 진(晉)나라를 멸망시키니 후사가 끊어졌다.	한(韓) 애후(哀侯) 원년, 진국(晉國)이 나뉘었다.
375년	열왕(烈王) 원년	10년, 일식이 있었다.	12년	2년, 정나라를 멸망시켰다. 강공 20년에 망했고 후사가 없었다.
374년	2년	11년, 역양을 현으로 삼았다.	13년	3년
373년	3년	12년	14년	4년

조간자(趙簡子)	초(楚)	연(燕)	제(齊)
11년	13년	14년	16년, 진(晉)·위(衛)나라와 탁택(濁澤)에서 회동했다.
12년	14년	15년	17년
13년	15년	16년	18년
조(趙) 경후(敬侯) 원년, 무공의 아들 조(朝)가 난을 일으켰다가 위(魏)로 달아났다.	16년	17년	19년, 전상(田常)의 증손 전화(田和)가 비로소 반열에 올라 제후가 되었다. 강공을 바닷가로 옮기고 식읍으로 성 1개를 주었다.
2년	17년	18년	20년, 노나라를 쳐서 깨뜨렸다. 전화가 졸했다.
3년	18년	19년	21년, 전화의 아들 환공(桓公) 오(午)가 세워졌다.
4년, 위(魏)가 토대(兔臺)에서 우리를 꺾었다.	19년	20년	22년
5년	20년	21년	23년
6년	21년	22년	24년
7년, 제나라를 쳐서 상구에 이르렀다.	초(楚) 숙왕(肅王) 장(臧) 원년	23년	25년, 연나라를 쳐서 상구를 차지했다.
8년, 위(衛)를 습격했으나 이기지 못했다.	2년	24년	26년, 강공이 졸하니 전씨가 드디어 제나라를 삼켜 소유했다. 태공망의 후예에 의한 제사는 끊어졌다.
9년, 제나라를 쳐서 영구에 이르렀다.	3년	25년	제(齊) 위왕(威王) 인(因) 원년. 전상에서 위왕에까지 이르렀으니, 위왕이 비로소 제나라를 천하 강국으로 만들었다.
10년	4년, 촉(蜀)이 우리 자방(茲方)을 쳤다.	26년	2년
11년, 진국(晉國)이 나뉘었다.	5년	27년	3년, 삼진이 임금을 멸했다.
12년	6년 노(魯) 공공(共公) 원년	28년	4년
조(趙) 성후(成侯) 원년	7년	29년	5년
2년	8년	30년, 임고(林孤)에서 제나라를 꺾었다.	6년, 노나라가 양관(陽關)에 쳐들어왔다. 진(晉)이 쳐서 전릉(轉陵)에 이르렀다.

	주(周)	진(秦)	위헌자(魏獻子)	한선자(韓宣子)
372년	4년	13년	15년, 위(衛) 성공(聲公) 원년, 북린(北藺)에서 조나라를 꺾었다.	5년
371년	5년	14년	16년, 초나라를 쳐서 어양(魚陽)을 차지했다.	6년, 한엄(韓嚴)이 자기 임금을 죽였다.
370년	6년	15년	혜왕(惠王) 원년	장후(莊侯) 원년
369년	7년	16년, 백성 사이에 큰 역병이 돌았다. 일식이 있었다.	2년, 마릉(馬陵)에서 한나라를 꺾었다.	2년, 위(魏)가 마릉에서 우리를 꺾었다.
368년	현왕(顯王) 원년	17년, 역양(櫟陽)에 금비가 내렸는데 4월부터 8월까지 이어졌다.	3년, 제나라가 관진(觀津)에서 우리를 꺾었다.	3년
367년	2년	18년	4년	4년
366년	3년	19년, 낙양에서 한과 위(魏)를 꺾었다.	5년, 택양(宅陽)에서 한나라와 회동했다. 무도(武都)에 성을 쌓았다.	5년
365년	4년	20년	6년, 송을 쳐서 의대(儀臺)에서 꺾었다.	6년
364년	5년, 진(秦)을 축하했다.	21년, 장교(章蟜)가 진(晉)과 석문에서 싸워 6만 명의 목을 베니 천자가 축하했다.	7년	7년
363년	6년	22년	8년	8년
362년	7년	23년, 위(魏)와 소량에서 싸워 그 태자를 사로잡았다.	9년, 진(秦)과 소량에서 싸웠는데 우리 태자가 붙잡혔다.	9년, 위(魏)가 회(澮)에서 우리를 꺾었다. 한 달 동안 큰비가 내렸다.
361년	8년	진(秦) 효공(孝公) 원년. 혜성이 서쪽에 나타났다.	10년, 조나라 피뢰(皮牢)를 차지했다. 위(衛) 성후(成侯) 원년.	10년
360년	9년, 진(秦)에 제사 고기를 보냈다.	2년, 천자가 제사 고기를 보냈다.	11년	11년
359년	10년	3년	12년, 별이 낮에 떨어졌는데 큰 소리가 났다.	12년
358년	11년	4년	13년	한(韓) 소후(昭侯) 원년, 진(秦)이 서산(西山)에서 우리를 꺾었다.
357년	12년	5년	14년, 조나라와 호(鄗)에서 회동했다.	2년, 송나라가 우리 황지(黃池)를 차지했다. 위(魏)나라가 우리 주(朱) 땅을 차지했다.
356년	13년	6년	15년, 노·위(衛)·송·정나라 후가 왔다.	3년

조간자(趙簡子)	초(楚)	연(燕)	제(齊)
3년, 위(衛)를 쳐서 도비(都鄙) 73곳을 차지했다. 위(魏)나라가 북린에서 우리를 꺾었다.	9년	연(燕) 환공(桓公) 원년	7년 송(宋) 벽공(辟公) 원년
4년	10년, 위(魏)가 우리 어양을 차지했다.	2년	8년
5년, 견(甄)에서 제를 쳤다. 위(魏)나라가 회(懷)에서 우리를 꺾었다.	11년	3년	9년, 조나라가 우리 견(甄)을 쳤다.
6년, 위(魏)나라를 탁택(涿澤)에서 물리치고 위나라 혜왕(惠王)을 에워쌌다.	초(楚) 선왕(宣王) 양부(良夫) 원년	4년	10년 송(宋) 척성(剔成) 원년
7년, 제나라를 쳐서 장성에 이르렀다.	2년	5년	11년, 위(魏)를 쳐서 관(觀-관진)을 차지했다. 조나라가 우리 장성을 침공했다.
8년	3년	6년	12년
9년	4년	7년	13년
10년	5년	8년	14년
11년	6년	9년	15년
12년	7년	10년	16년
13년, 위나라가 회(澮)에서 우리를 꺾었다.	8년	11년	17년
14년	9년	연(燕) 문공(文公) 원년	18년
15년	10년	2년	19년
16년	11년	3년	20년
17년	12년	4년	21년, 추기(鄒忌)가 거문고 연주로 (제나라) 위왕을 알현했다.
18년, 조맹(趙孟)이 제나라에 갔다.	13년, 군(君) 윤흑(尹黑)이 진(秦)나라 여자를 아내로 맞았다.	5년	22년, 추기를 봉해 성후(成侯)로 삼았다.
19년, 연나라와 황하에서 회동했다. 제나라, 송나라와 평륙(平陸)에서 회동했다.	14년	6년	23년, 조나라와 평륙에서 회동했다.

	주(周)	진(秦)	위헌자(魏獻子)	한선자(韓宣子)
355년	14년	7년, 위왕(魏王)과 두평(杜平)에서 회동했다.	16년, 진(秦) 효공(孝公)과 두평에서 회동했다.	4년
354년	15년	8년, 위(魏)와 원리(元里)에서 싸워 7,000명의 목을 베고 소량을 차지했다.	17년, 진(秦)과 원리에서 싸웠는데, 진나라가 우리 소량을 차지했다.	5년
353년	16년	9년	18년, 한단이 항복했다. 제(齊)가 계릉(桂陵)에서 우리를 꺾었다.	6년, 동주를 쳐서 능관(陵觀)과 늠구(廩丘)를 차지했다.
352년	17년	10년, 위(衛) 공손앙(公孫鞅)이 대량조(大良造)가 되어 안읍(安邑)을 쳐서 항복시켰다.	19년, 제후들이 우리 양릉(襄陵)을 에워쌌다. 장성을 쌓고 고양(固陽)에 요새를 구축했다.	7년
351년	18년	11년, 상새(商塞)에 성을 쌓았다. 위앙(衛鞅-공손앙)이 고양(固陽)을 에워싸고 항복시켰다.	20년, 한단을 조나라에 돌려주었다.	8년, 신불해(申不害)가 재상이 되었다.
350년	19년	12년, 처음으로 작은 읍을 거둬 31개 현으로 만들라고 영을 내렸다. 밭을 개간해 천맥(阡陌)을 만들었다.	21년, 진(秦)과 동(彤)에서 만났다.	9년
349년	20년	13년, 처음으로 현(縣)을 두고 질사(秩史)를 두었다.	22년	10년, 한희(韓姬)가 자기 임금 도공(悼公)을 시해했다.
348년	21년	14년, 처음으로 부세(賦稅)를 만들었다.	23년	11년, 소후(昭侯)가 진(秦)에 갔다.
347년	22년	15년	24년	12년
346년	23년	16년	25년	13년
345년	24년	17년	26년	14년
344년	25년, 제후들이 회동했다.	18년	27년	15년
343년	26년, 진(秦)나라에 패(伯=覇) 칭호를 내려주었다.	19년, 무성(武城)에 성을 쌓았다.	28년	16년
342년	27년	20년, 제후들이 모두 축하했다. 제후들과 택(澤)에서 회동했다. 천자를 조현했다.	29년, 중산(中山)이 재상이 되었다.	17년
341년	28년	21년, 말이 사람을 낳았다.	30년, 제나라가 우리 태자 신(申)을 사로잡고 장군 방연(龐涓)을 죽였다.	18년

조간자(趙簡子)	초(楚)	연(燕)	제(齊)
20년	15년	7년	24년, 위(魏)와 교외에서 회동하고 사냥했다.
21년, 위(魏)가 우리 한단을 에워쌌다.	16년	8년	25년
22년, 위(魏)가 한단을 꺾었다.	17년	9년	26년, 계릉에서 위(魏)를 꺾었다.
23년	18년 노(魯) 강공(康公) 원년	10년	27년
24년, 위(魏)가 한단을 돌려주었고 위나라와 장수(漳水) 가에서 회맹했다.	19년	11년	28년
25년	20년	12년	29년
조(趙) 숙후(肅侯) 원년	21년	13년	30년
2년	22년	14년	31년
3년, 공자 범(范)이 한단을 습격했는데 이기지 못하고 죽었다.	23년	15년	32년
4년	24년	16년	33년, 그 대부 모신(牟辛)을 죽였다.
5년	25년	17년	34년
6년	26년	18년	35년, 전기(田忌)가 제나라를 습격했으나 이기지 못했다.
7년	27년 노(魯) 경공(景公) 언(偃) 원년	19년	36년
8년	28년	20년	제(齊) 선왕(宣王) 벽강(辟疆) 원년
9년	29년	21년	2년, 마릉(馬陵)에서 위(魏)를 꺾었다. 전기(田忌)·전영(田嬰)·전반(田朌)이 장군이 되고 손자(孫子-손빈)가 군사(軍師)가 되었다.

	주(周)	진(秦)	위헌자(魏獻子)	한선자(韓宣子)
340년	29년	22년, 대량조 상앙(商鞅)을 봉했다.	31년, 진(秦) 상앙이 우리를 쳐서 우리 공자 앙(卬)을 사로잡았다.	19년
339년	30년	23년, 진(晉)과 안문(岸門)에서 싸웠다.	32년, 공자 혁(赫)이 태자가 되었다.	20년
338년	31년	24년, 진(秦)의 대려(大荔)가 합양(合陽)을 에워쌌다. 효공이 훙했다. 상군이 반역했다가 동(彤) 땅에서 죽었다.	33년, 위앙(衛鞅)이 우리에게 도망쳤지만, 우리가 무서워서 받아들이지 않았다.	21년
337년	32년	진(秦) 혜문왕(惠文王) 원년, 초(楚)·한(韓)·조(趙)·촉인(蜀人)이 찾아왔다.	34년	22년, 신불해가 졸했다.
336년	33년, 진(秦)나라를 축하했다.	2년, 천자가 축하해주었다. 동전을 유통했다. 송나라 태구(太丘) 사당이 무너졌다.	35년, 맹자가 왔는데, 왕이 나라를 이롭게 하는 것에 관해 묻자 "임금은 이로움을 말해서는 안 됩니다"라고 답했다.	23년
335년	34년	3년, 왕이 관례를 했다. 한(韓)나라 의양(宜陽)을 뽑아버렸다.	36년	24년, 진(秦)이 우리 의양을 뽑아버렸다.
334년	35년	4년, 천자가 문왕과 무왕을 제사 지낸 고기를 보내왔다. 위부인(魏夫人)이 왔다.	위(魏) 양왕(襄王) 원년, 제후들과 서주(徐州)에서 회맹하고 서로를 왕으로 삼았다.	25년, 가뭄이 들었다. 고문(高門)을 지었는데 굴의구(屈宜臼)가 말했다. "소후(昭侯)는 이 문을 나가지 못할 것이다."
333년	36년	5년, 음진(陰晉) 사람 서수(犀首)가 대량조가 되었다.	2년, 진(秦)이 조음(彫陰)에서 우리를 꺾었다.	26년, 고문이 완성되었으나 소후가 졸해 이 문을 나가지 못했다.
332년	37년	6년, 위(魏)가 음진을 주며 화친하자 이름을 영진(寧秦)이라고 했다.	3년, 조나라를 쳤다. 위(衛) 평후(平侯) 원년.	한 선혜왕(韓宣惠王) 원년
331년	38년	7년, 의거(義渠)가 내란을 일으키자, 서장(庶長) 조(操)가 군대를 이끌고 가서 평정했다.	4년	2년
330년	30년	8년, 위(魏)가 진(秦)에 소량(少梁)과 하서(河西) 땅을 바쳤다.	5년, 진(秦)에 하서 땅과 소량을 주었다. 진이 다시 우리 초(焦)와 곡옥(曲沃)을 에워쌌다.	3년
329년	40년	9년, 황하를 건너 분음(汾陰)과 피지(皮氏)를 차지했다. 초(焦)를 에워싸서 항복시켰다. 위(魏)와 응(應) 땅에서 회동했다.	6년, 진(秦)과 응 땅에서 회동했다. 진이 분음과 피지를 차지했다.	4년

조간자(趙簡子)	초(楚)	연(燕)	제(齊)
10년	30년	22년	3년, 조나라와 회맹해서 위(魏)를 쳤다.
11년	초(楚) 위왕(威王) 웅상(熊商) 원년	23년	4년
12년	2년	24년	5년
13년	3년	25년	6년
14년	4년	26년	7년, 위(魏)와 평아(平阿) 남쪽에서 회동했다.
15년	5년	27년	8년, 위(魏)와 견(甄)에서 회동했다.
16년	6년	28년, 소진(蘇秦)이 연나라에 유세했다.	9년, 위(魏)와 서주에서 회맹하고 제후들이 서로 왕이라고 했다.
17년	7년, 서주에서 제나라를 에워쌌다.	29년	10년, 초나라 서주에서 우리를 에워쌌다.
18년, 제나라와 위(魏)나라가 우리를 치자 우리는 하수를 터서 물에 잠기게 했다.	8년	연(燕) 역왕(易王) 원년	11년, 위(魏)와 함께 조나라를 쳤다.
19년	9년	2년	12년
20년	10년	3년	13년
21년	22년, 위(魏)가 형산(陘山)에서 우리를 꺾었다.	4년	14년

	주(周)	진(秦)	위헌자(魏獻子)	한선자(韓宣子)
328년	41년	10년, 장의(張儀)가 재상이 되었다. 공자 상(桑)이 포양(蒲陽)을 에워싸고 항복시켰다. 위(魏)가 상군(上郡)을 바쳤다.	7년, 진(秦)에 상군을 바쳤다.	5년
327년	42년	11년, 의거군(義渠君)이 신하가 되었다. 위(魏)에 초와 곡옥을 돌려주었다.	8년, 진(秦)이 우리에게 초와 곡옥을 돌려주었다.	6년
326년	43년	12년, 처음으로 납제(臘祭)를 지냈다. 용문(龍門)에서 회동했다.	9년	7년
325년	44년	13년 4월 무오일, 위군(魏君)이 왕이 되었다.	10년	8년, 위(魏)가 우리 한거(韓擧)를 꺾었다.
324년	45년	재상 장의가 군대를 이끌고 섬(陝)을 차지했다. 처음으로 원년을 바꾸었다.	11년 위(衛) 사군(嗣君) 원년	9년
323년	46년	2년, 재상 장의가 제나라·초나라와 설상(齧桑)에서 회동했다.	12년	10년, 군이 왕이 되었다.
322년	47년	장의가 재상에서 물러나더니 위(魏)나라 재상이 되었다.	13년, 진(秦)이 곡옥을 차지했다. 평주(平周)에서 여자가 남자로 바뀌었다.	11년
321년	48년	4년	14년	12년
320년	신정왕(愼靚王) 원년	5년, 왕이 북쪽으로 융지(戎池)를 유람하고 황하 변에 이르렀다.	15년	13년
319년	2년	6년	16년	14년, 진(秦)이 와서 우리를 쳐 언(鄢)을 차지했다.
318년	3년	7년, 오국(五國)이 함께 진(秦)을 쳤으나, 이기지 못하고 돌아갔다.	위(魏) 애왕(哀王) 원년, 진(秦)을 공격했으나 이기지 못했다.	15년, 진(秦)을 공격했으나 이기지 못했다.
317년	4년	8년, 한나라·조나라와 싸워 8만 명을 참수했다. 장의가 다시 재상이 되었다.	2년, 제나라가 관진(觀津)에서 우리를 꺾었다.	16년, 진(秦)이 수어(脩魚)에서 우리를 꺾고 한나라 장군 신차(申差)를 붙잡았다.
316년	5년	9년, 촉(蜀)을 공격해 멸망시켰다. 조나라 중도(中都)·서양(西陽)·안읍(安邑)을 차지했다.	3년	17년
315년	6년	10년	4년	18년

조간자(趙簡子)	초(楚)	연(燕)	제(齊)
22년	초(楚) 회왕(懷王) 괴(槐) 원년	5년	15년 송군(宋君) 언(偃) 원년
23년	2년	6년	16년
24년	3년	7년	17년
조(趙) 무령왕(武寧王) 원년, 위(魏)가 우리 조호(趙護)를 꺾었다.	4년	8년	18년
2년, 호(鄗)에 성을 쌓았다.	5년	9년	19년
3년	6년, 양릉(襄陵)에서 위(魏)나라를 꺾었다.	10년, 군이 왕이 되었다.	제(齊) 민왕(湣王) 원년
4년, 한나라와 구서(區鼠)에서 회동했다.	7년	11년	2년
5년, 한나라 여자를 취해 부인으로 삼았다.	8년	12년	3년, 전영을 설(薛) 땅에 봉해주었다.
6년	9년	연왕(燕王) 쾌(噲) 원년	4년, 진(秦)에서 부인을 맞아들였다.
7년	10년, 광릉(廣陵)에 성을 쌓았다.	2년	5년
8년, 진(秦)을 공격했으나 이기지 못했다.	11년, 진(秦)을 공격했으나 이기지 못했다.	3년, 진(秦)을 공격했으나 이기지 못했다.	6년
9년, 한나라·위(魏)나라와 함께 진(秦)을 쳤다. 제나라가 관택(觀澤)에서 우리를 꺾었다.	12년	4년	7년, 위나라·조나라를 관택(觀澤)에서 꺾었다.
10년, 진(秦)이 우리의 중도·서양·안읍을 차지했다.	13년	5년, 임금이 그 신하 자지(子之)에게 선양하고 도리어 신하가 되고자 했다.	8년
11년, 진(秦)이 우리 장군 영(英)을 꺾었다.	14년	6년	9년

	주(周)	진(秦)	위헌자(魏獻子)	한선자(韓宣子)
314년	주나라 난왕(赧王) 원년	11년, 의거(義渠)를 침략해 25개 성을 얻었다.	5년, 진(秦)이 우리 곡옥을 뽑아버리고 그 주민들을 돌려보냈다. 서수(犀首)가 안문(岸門)으로 달아났다.	19년
313년	2년	12년, 저리자(樗里子)가 인양(藺陽)을 공격해 조나라 장수를 사로잡았다. 공자 요통(繇通)을 촉(蜀)에 봉했다.	6년, 진(秦)이 와서 공자 정(政)을 세워 태자로 삼았다. 진왕(秦王)과 임진(臨晉)에서 회동했다.	20년
312년	3년	13년, 서장(庶長) 장(章)이 초나라를 공격해 80명을 목 베었다.	7년, 제나라를 공격해 복(濮)에서 성자(聲子)를 사로잡았다. 진(秦)과 함께 연나라를 공격했다.	21년, 진(秦)이 우리를 도와 초나라를 공격해 경좌(景座)를 에워쌌다.
311년	4년	14년, 촉나라 재상이 촉후를 죽였다.	8년	한(韓) 양왕(襄王) 원년
310년	5년	진(秦) 무왕(武王) 원년, 촉나라 재상 장(壯)을 주살했다. 장의와 위장(魏章)이 모두 위(魏)에 가서 죽었다.	9년, 진(秦)과 임진(臨晉)에서 회동했다.	2년
309년	6년	2년, 처음으로 승상을 두고 저리자와 감무(甘茂)를 승상으로 삼았다.	10년, 장의가 죽었다.	3년
308년	7년	3년	11년, 진(秦)과 응(應)에서 회동했다.	4년, 진(秦)과 임진에서 회동했다. 진이 우리 의양을 공격했다.
307년	8년	4년, 의양성을 뽑아버리고 6만 명을 목 베었다. 황하를 건너 무수(武遂)에 성을 쌓았다.	12년, 태자가 가서 진(秦)에 조회했다.	5년, 진(秦)이 우리 의양을 뽑아버리고 6만 명을 목 베었다.
306년	9년	진(秦) 소양황(昭襄王) 원년	13년, 진(秦)이 피지를 공격했으나 뽑아버리지 못하고 해산했다.	6년, 진(秦)이 다시 우리에게 무수(武遂)를 주었다.
305년	10년	2년, 혜성이 나타났다. 상군(桑君)이 난을 일으키자 주살했다.	14년, 진(秦)의 무왕후(武王后)가 돌아왔다.	7년
304년	11년	3년	15년	8년
303년	12년	4년, 혜성이 나타났다.	16년, 진(秦)이 우리의 포판(蒲阪)·진양(晉陽)·봉릉(封陵)을 뽑아버렸다.	9년, 진(秦)이 무수(武遂)를 차지했다.
302년	13년	5년, 위왕(魏王)이 내조했다.	17년, 진(秦)과 임진에서 회맹하니, 우리에게 포판을 돌려주었다.	10년, 태자 영(嬰)과 진왕(秦王)이 임진에서 회맹하고 그 참에 함양에 갔다가 돌아왔다.

조간자(趙簡子)	초(楚)	연(燕)	제(齊)
12년	15년 노(魯) 평공(平公) 원년	7년, 임금 쾌와 태자 재상 자지가 모두 죽었다.	10년
13년, 진(秦)이 우리 인(藺)을 뽑아버리고 장수 조장(趙莊)을 사로잡았다.	16년, 장의가 와서 재상이 되었다.	8년	11년
14년	17년, 진(秦)이 우리 장군 굴개(屈匃)를 꺾었다.	9년, 연나라 사람이 함께 공자 평(平)을 세웠다.	12년
15년	18년	연(燕) 소왕(昭王) 원년	13년
16년, 오광(吳廣)이 딸을 바쳤는데, 아들 하(阿)를 낳으니 세워서 혜왕후(惠王后)로 삼았다.	19년	2년	14년
17년	20년	3년	15년
18년	21년	4년	16년
19년, 처음으로 호복(胡服-오랑캐 옷)을 입었다.	22년	5년	17년
20년	23년	6년	18년
21년	24년, 진(秦)이 와서 부인을 맞이했다.	7년	19년
22년	25년, 진왕(秦王)과 황극(黃棘)에서 회맹하니, 진이 우리에게 상용(上庸)을 돌려주었다.	8년	20년
23년	26년, 태자가 진(秦)에 인질로 갔다.	9년	21년
24년	27년	10년	22년

	주(周)	진(秦)	위헌자(魏獻子)	한선자(韓宣子)
301년	14년	6년, 촉(蜀)이 반란을 일으키자 사마조(司馬錯)가 가서 촉 군수 휘(輝)를 주살하고 촉을 평정했다. 일식이 일어나 낮에도 어두웠다. 초나라를 쳤다.	18년, 진(秦)과 함께 초나라를 쳤다.	11년, 진(秦)이 우리 양(穰) 땅을 차지했다. 진과 함께 초나라를 쳤다.
300년	15년	7년, 저리질이 졸했다. 초나라를 공격해 3만 명을 목 베었다. 위염(魏冉)이 재상이 되었다.	19년	12년
299년	16년	8년, 초왕이 오자 그 참에 억류했다.	제왕과 한나라에서 회동했다.	제왕과 위왕(魏王)이 왔다. 구(咎)를 세워 태자로 삼았다.
298년	17년	9년	21년, 제 한과 함께 함곡(函谷)에서 진(秦)을 공격했다. 황하와 위수(渭水)가 하루 동안 끊겼다.	14년, 제·위(魏)와 함께 진(秦)을 공격했다.
297년	18년	10년, 초나라 회왕이 조나라로 도망쳤으나 조나라가 받아들이지 않았다.	22년	15년
296년	19년	11년, 혜성이 나타났다. 위(魏)에 봉릉(封陵)을 돌려주었다.	23년	16년, 제·위(魏)와 함께 진(秦)을 공격했는데, 진이 우리에게 무수(武遂)를 주며 화친했다.
295년	20년	12년, 누완(樓緩)을 면직시켰다. 양후(穰侯) 위염(魏冉)이 승상이 되었다.	위(魏) 소왕(昭王) 원년, 진(秦)의 도위 사마조(司馬錯)가 와서 우리 양성(襄城)을 공격했다.	한(韓) 희왕(釐王) 구(咎) 원년
294년	21년	13년, 임비(任鄙)가 한중(漢中) 군수가 되었다.	2년, 진(秦)과 싸웠으나 우리가 불리했다.	2년
293년	22년	14년, 백기(白起)가 이궐(伊闕)을 공격해 24만 명을 목 베었다.	3년, 한나라를 도와 진(秦)을 공격했으나 진이 우리 병사를 이궐에서 꺾었다.	3년, 진이 우리를 이궐에서 꺾고 24만 명을 목 베었고 장군 희(喜)를 사로잡았다.
292년	23년	15년, 위염이 면직되었다.	4년	4년
291년	24년	16년	5년	5년, 진(秦)이 우리 원성(宛城)을 뽑아버렸다.
290년	25년	17년, 위(魏)가 하동(河東) 400리 땅을 바쳤다.	6년, 망묘(芒卯)가 잔꾀로 중함을 받았다.	6년, 진(秦)에 무수(武遂) 땅 사방 200리를 주었다.
289년	26년	18년, 객경 사마조(司馬錯)가 위(魏)를 공격해 지(軹)에 이르렀고, 크고 작은 성 61개를 차지했다.	7년, 진(秦)이 우리를 공격해 크고 작은 성 61개를 차지했다.	7년

조간자(趙簡子)	초(楚)	연(燕)	제(齊)
25년, 조나라가 중산을 공격했다. 혜후(惠后)가 졸했다.	28년, 진(秦)·한·위(魏)·제나라가 중구(重丘)에서 우리 장군 당매(唐昧)를 꺾었다.	11년	23년, 진과 함께 초나라를 쳐서 공자를 장수로 보냈는데, 큰 공로를 세웠다.
26년	29년, 진(秦)이 우리 양성(襄城)을 차지하고 경결(景缺)을 죽였다.	12년	24년, 진(秦)이 경양군(涇陽君)을 인질로 보냈다.
27년	30년, 왕이 진(秦)에 들어갔다. 진이 우리의 성 8개를 차지했다.	13년	25년, 경양군이 진나라로 돌아갔다. 설문(薛文)이 진에 들어가 재상이 되었다.
조(趙) 혜문왕(惠文王) 원년, 공자 승(勝)을 재상으로 삼고 평원군(平原君)에 봉했다.	초(楚) 경양왕(頃襄王) 원년, 진(秦)이 우리의 16개 성을 무찔렀다.	14년	26년, 위(魏)·한과 함께 진(秦)을 공격했다. 맹상군(孟嘗君)이 돌아와 제나라 재상이 되었다.
2년, 초나라 회왕이 도망쳐 왔으나, 받아들이지 않았다.	2년	15년	27년
3년	3년, 회왕이 진(秦)에서 졸했는데, 시신을 보내와서 매장했다.	16년	28년
4년, 주보(主父)를 에워싸서 죽였다. 제 연과 함께 중산(中山)을 멸망시켰다.	4년 노(魯) 문후(文侯) 원년	17년	29년, 조나라를 도와서 중산을 멸망시켰다.
5년	5년	18년	30년, 전갑(田甲)이 왕을 겁박하자 재상 설문(薛文)이 달아났다.
6년	6년	19년	31년
7년	7년, 진(秦)에서 부인을 맞이했다.	20년	32년
8년	8년	21년	33년
9년	9년	22년	34년
10년	10년	23년	35년

	주(周)	진(秦)	위헌자(魏獻子)	한선자(韓宣子)
288년	27년	19년 10월에 제(帝)라고 했다가 12월에 다시 왕(王)이라고 했다. 임비가 졸했다.	8년	8년
287년	28년	20년	9년, 진(秦)이 우리 신원(新垣)과 곡양(曲陽)의 성을 뽑아버렸다.	9년
286년	29년	21년, 위(魏)가 안읍과 하내를 바쳤다.	10년, 송왕(宋王)이 우리·온(溫) 땅에서 죽었다.	10년, 진(秦)이 우리 병사를 하산(夏山)에서 꺾었다.
285년	30년	22년, 몽무(蒙武)가 제나라를 공격했다.	11년	11년
284년	31년	23년, 도위 사리(斯離)가 한·위(魏)·연·조와 함께 제나라를 공격해 깨뜨렸다.	12년, 진(秦)과 함께 제서(濟西)에서 제나라를 공격했다. 진왕(秦王)과 서주(西周)에서 회동했다.	12년, 진과 함께 제서에서 제나라를 공격했다. 진왕과 서주에서 회동했다.
283년	32년	24년, 양(穰)에서 초나라와 회동했다.	13년, 진(秦)이 우리 안성(安城)을 뽑아버리고 군대가 대량(大梁)에 이르렀다가 돌아갔다.	13년
282년	33년	25년	14년, 홍수가 났다. 위(衛) 회군(懷君) 원년.	14년, 진(秦)과 두 주나라 사이에서 회동했다.
281년	34년	26년, 위염이 다시 승상이 되었다.	15년	15년
280년	35년	27년, 조나라를 공격해 3만 명을 목 베었다. 지진이 일어나 성이 무너졌다.	16년	16년
279년	36년	28년	17년	17년
278년	37년	29년, 백기가 초나라를 공격해 영(郢)을 뽑아버리고 다시 동쪽으로 경릉(竟陵)에 이르러 남군(南郡)으로 삼았다.	18년	18년
277년	38년	30년, 백기를 무안군(武安君)에 봉했다.	19년	19년
276년	39년	31년	위(魏) 안희왕(安釐王) 원년, 진(秦)이 우리 성 2개를 뽑아버렸다. 동생 공자 무기(無忌)를 봉해 신릉군(信陵君)으로 삼았다.	20년

조간자(趙簡子)	초(楚)	연(燕)	제(齊)
11년, 진(秦)이 우리 계양(桂陽)을 뽑아버렸다.	11년	24년	36년, 동제(東帝)라고 했다가 두 달 만에 다시 왕이라고 했다.
12년	12년	25년	37년
13년	13년	26년	38년, 제나라가 송나라를 멸망시켰다.
14년, 진(秦)과 중양(中陽)에서 회동했다.	14년	27년	39년, 진(秦)이 우리 성 9개를 뽑아버렸다.
15년, 제나라 석양(昔陽)을 차지했다.	15년, 제나라 회북(淮北)을 차지했다.	28년, 진(秦)과 삼진(三晉)이 제나라를 공격했고, 연나라 혼자 임치(臨菑)에 들어와 보기(寶器)들을 차지했다.	40년, 오국(五國)이 함께 민왕을 공격하자 왕은 거(莒)나라로 달아났다.
16년	16년, 진왕과 양에서 회동했다.	29년	제(齊) 양왕(襄王) 법장(法章) 원년
17년, 진(秦)이 우리 성 2개를 뽑아버렸다.	17년	30년	2년
18년, 진(秦)이 우리 석성(石城)을 뽑아버렸다.	18년	31년	3년
19년, 진이 우리 군대를 꺾고 3만 명을 목 베었다.	19년, 진이 우리를 공격하니 한(漢)과 상용(上庸) 땅을 주었다.	32년	4년
20년, 진(秦)과 민지(黽池)에서 회동했는데 인상여(藺相如)가 따라 왔다.	20년, 진이 언(鄢)과 서릉(西陵)을 뽑아버렸다.	33년	5년, 연나라 기겁(騎劫)을 죽였다.
21년	21년, 진이 우리 영을, 뽑아버리고 이릉(夷陵)을 불태우자, 왕이 진(陳)으로 달아났다.	연(燕) 혜왕(惠王) 원년	6년
22년	22년, 진(秦)이 우리 무(巫)와 검중(黔中)을 뽑아버렸다.	2년	7년
23년	23년, 진이 뽑아버린 장강 일대가 진에 반기를 들었다.	3년	8년

	주(周)	진(秦)	위헌자(魏獻子)	한선자(韓宣子)
275년	40년	32년	2년, 진이 우리 성 2개를 뽑아버리고 대량성에 주둔하니 한이 구원하러 왔는데, 진에 온(溫) 땅을 주고 화친했다.	21년, 포연(暴鳶)이 위(魏)를 구원했으나 진(秦)에 패하자, 개봉(開封)으로 달아났다.
274년	41년	33년	3년, 진(秦)이 우리 성 4개를 뽑아버리고 4만 명을 목 베었다.	22년
273년	42년	34년, 백기가 위(魏)나라 화양(華陽) 군대를 공격하자 망묘는 달아났고, 삼진(三晉)의 장군을 붙잡고서 15만 명을 목 베었다.	4년, 진(秦)에 남양(南陽)을 주고 화친했다.	23년
272년	43년	35년	5년, 연나라를 공격했다.	한(韓) 환혜왕(桓惠王) 원년
271년	44년	36년	6년	2년
270년	45년	37년	7년	3년, 진(秦)이 우리 연여(閼與)를 공격했다. 조사(趙奢)가 장수가 되어 진을 공격해서 대패시키니, 칭호를 내려 마복(馬服)이라고 했다.
269년	46년	38년	8년	4년
268년	47년	39년	9년, 진(秦)이 우리 회성(懷城)을 뽑아버렸다.	5년
267년	48년	40년, 태자가 위(魏)에 인질로 갔다가 죽으니, 시신이 돌아오자, 지양(芷陽)에 매장했다.	10년	6년
266년	49년	41년	11년, 진(秦)이 우리 늠구를 뽑아버렸다.	7년
265년	50년	42년, 선(宣)태후가 훙했다. 안국군(安國君)이 태자가 되었다.	12년	8년
264년	51년	43년	13년	9년, 진(秦)이 우리 형(陘) 땅을 뽑아버렸다. 분수(汾水) 변에 성을 쌓았다.
263년	52년	44년, 진(秦)이 한을 공격해 남양(南陽)을 차지했다.	14년	10년, 진이 우리 태항(太行)을 공격했다.
262년	53년	45년, 진이 한을 공격해 성 10개를 차지했다.	15년	11년

조간자(趙簡子)	초(楚)	연(燕)	제(齊)
24년	24년	4년	9년
25년	25년	5년	10년
26년	26년	6년	11년
27년	27년, 연나라를 공격했다. 노 경공(魯頃公) 원년.	7년	12년
28년, 인상여가 제나라를 공격해 평읍(平邑)에 이르렀다.	28년	연(燕) 무성왕(武成王) 원년	13년
29년	29년	2년	14년, 진(秦)과 초가 우리의 강수(剛壽)를 공격했다.
30년	30년	3년	15년
31년	31년	4년	16년
32년	32년	5년	17년
33년	33년	6년	18년
조(趙) 효성왕(孝成王) 원년, 진(秦)이 우리 성 3개를 뽑아버렸다. 평원군이 재상이 되었다.	34년	7년, 제나라 전단(田單)이 중양(中陽)을 뽑아버렸다.	19년
2년	35년	8년	제왕(齊王) 건(建) 원년
3년	36년	9년	2년
4년	초(楚) 고열왕(考烈王) 원년, 진이 우리 주(州)를 차지했다. 황헐(黃歇)이 재상이 되었다.	10년	3년

	주(周)	진(秦)	위헌자(魏獻子)	한선자(韓宣子)
261년	54년	46년, 왕이 남정(南鄭)에 갔다.	16년	12년
260년	55년	47년, 백기가 조나라를 장평에서 깨뜨리고 병졸 45만 명을 죽였다.	17년	13년
259년	56년	48년	18년	14년
258년	57년	49년	19년	15년
257년	58년	50년, 왕흘(王齕)과 정안평(鄭安平)이 한단을 에워쌌는데 왕흘은 회군하다가 신중(新中)을 뽑아버렸다.	20년, 공자 무기가 한단을 구원하자 진나라 병사들이 포위를 풀고 떠나갔다.	16년
256년	59년, 난왕이 졸했다.	51년	21년, 한·위(魏)·초가 조나라 신중을 구원하자 진군(秦軍)이 물러갔다.	17년, 진이 우리 양성(陽城)을 공격하자 조나라 신중을 구원했다.
255년		52년, 서주(西周)를 차지했다. 왕계(王稽)가 기시형을 당했다.	22년	18년
254년		53년	23년	19년
253년		54년	24년	20년
252년		55년	25년 위(衛) 원군(元君) 원년	21년
251년		56년	26년	22년
250년		진(秦) 효문왕(孝文王) 원년	27년	23년
249년		진(秦) 장양왕(莊襄王) 초(楚) 원년, 몽오(蒙驁)가 성고(成皐)와 형양(滎陽)을 차지했다. 처음으로 삼천군(三川郡)을 두었다. 여불위(呂不韋)가 승상이 되었다. 동주(東周)를 차지했다.	28년	24년, 진(秦)이 우리 성고와 형양을 뽑아버렸다.
248년		2년, 몽오가 조나라 유차(楡次)·신성(新城)·낭맹(狼孟)을 공격해 37개 성을 얻었다. 일식이 있었다.	29년	25년

조간자(趙簡子)	초(楚)	연(燕)	제(齊)
5년, 염파(廉頗)를 시켜 장평(長平)에서 진(秦)을 막았다.	2년	11년	4년
6년, 조괄(趙括)을 염파 대신 장수로 삼았다. 백기가 조괄의 병사 45만을 깨뜨렸다.	3년	12년	5년
7년	4년	13년	6년
8년	5년	14년	7년
9년, 진이 우리 한단을 에워싸자, 초·위(魏)가 우리를 구원했다.	6년, 춘신군이 조나라를 구원했다.	연(燕) 효왕(孝王) 원년	8년
10년	7년, 조나라 신중을 구원했다.	2년	9년
11년	8년, 노나라를 차지하고 노군(魯君)을 거(莒) 땅에 봉해주었다.	3년	10년
12년	9년	연왕(燕王) 희(喜) 원년	11년
13년	10년, 거양(鉅陽)으로 수도를 옮겼다.	2년	12년
14년	11년	3년	13년
15년, 평원군이 졸했다.	12년, 주국(柱國) 경백(景伯)이 죽었다.	4년, 조나라를 치니 조나라가 우리 군대를 깨뜨리고 율복(栗腹)을 죽였다.	14년
16년	13년	5년	15년
17년	14년, 초나라가 노나라를 멸망시키고 경공(頃公)을 하읍(下邑)으로 옮겨 가인(家人-평민)으로 삼으니, 제사가 끊어졌다.	6년	16년
18년	15년, 춘신군을 옮겨 오(吳)에 봉했다.	7년	17년

	주(周)	진(秦)	위헌자(魏獻子)	한선자(韓宣子)
247년		3년, 왕흘이 상당(上黨)을 공격했다. 처음으로 태원군(太原郡)을 두었다. 위(魏) 공자 무기가 오국을 이끌고 우리 군대를 하외(河外)에서 물리치니, 몽오가 포위를 풀고 철수했다.	30년, 무기가 오국을 이끌고 하외에서 진군(秦軍)을 꺾었다.	26년, 진이 우리 상당을 뽑아버렸다.
246년		시황제 원년, 진양(晉陽)을 공격해 차지하고 정국거(鄭國渠)를 만들었다.	31년	27년
245년		2년	32년	28년
244년		3년, 몽오가 한을 공격해 성 12개를 차지했다. 왕흘이 죽었다.	33년	29년, 진(秦)이 우리 성 12개를 뽑아버렸다.
243년		4년 7월, 메뚜기가 천하를 덮었다. 백성이 곡식 1,000석을 바치면 작위 1급을 주었다.	34년, 신릉군이 죽었다.	30년
242년		5년, 몽오가 위(魏)의 산조(酸棗) 성 20개를 차지했다. 처음으로 동군(東郡)을 두었다.	위(魏) 경민왕(景湣王) 원년, 진(秦)이 우리 성 20개를 뽑아버렸다.	31년
241년		6년, 오국이 함께 진나라를 공격했다.	2년, 진(秦)이 우리 조가(朝歌)를 뽑아버렸다. 위(衛)나라가 복양(濮陽)에서 야왕(野王)으로 천도했다.	32년
240년		7년, 혜성이 서쪽과 북쪽에 나타났다. 하(夏) 태후가 훙했다. 몽오가 죽었다.	3년, 진(秦)이 우리 급(汲)을 뽑아버렸다.	33년
239년		8년, 노애(嫪毐)를 장신후(長信侯)에 봉했다.	4년	34년
238년		9년, 혜성이 나타나 하늘 끝에 닿았다. 노애가 난을 일으키자, 그 사인(舍人)을 촉 땅으로 유배 보냈다. 혜성이 다시 나타났다.	5년, 진(秦)이 우리 원(垣)·포양(蒲陽)·연(衍)을 뽑아버렸다.	한왕(韓王) 안(安) 원년
237년		10년, 상국 여불위를 면직시켰다. 제나라와 조나라에서 사람이 오자 주연을 베풀었다. 태후가 함양에 들어왔다. 외국인들을 대대적으로 수색했다.	6년	2년
236년		11년, 여불위가 하남(河南)으로 갔다. 왕전(王翦)이 업(鄴)·연여(閼與)를 공격해 성 9개를 차지했다.	7년	3년

조간자(趙簡子)	초(楚)	연(燕)	제(齊)
19년	16년	8년	18년
20년	17년, 진(秦)이 우리 진양을 꺾었다.	9년	19년
21년	18년	10년	20년
조(趙) 도양왕(悼襄王) 언(偃) 원년	19년	11년	21년
2년, 태자가 진(秦)에 인질로 갔다가 돌아왔다.	20년	12년, 조나라가 우리 무수(武遂)와 방성(方城)을 뽑아버렸다.	22년
3년, 조나라 재상과 위나라 재상이 노가(魯柯)에서 회동했다.	21년	13년, 극신(劇辛)이 조나라에서 죽었다.	23년
4년	22년, 왕이 동쪽 수춘(壽春)으로 천도하고 이름을 영(郢)이라고 했다.	14년	24년
5년	23년	15년	25년
6년	24년	16년	26년
		17년	27년
8년, 진(秦)에 들어가니 주연을 베풀어주었다.	초(楚) 유왕(幽王) 도(悼) 원년	18년	28년, 진(秦)에 들어가니 주연을 베풀어주었다.
9년, 진(秦)이 우리 연여와 업을 뽑아버리고 성 9개를 차지했다.	2년	19년	29년

	주(周)	진(秦)	위헌자(魏獻子)	한선자(韓宣子)
235년		12년, 4개 군(郡)에서 병사를 징발해 위(魏)를 도와 초나라를 공격했다. 여불위가 졸했다. 촉으로 유배 보낸 노애의 사인들의 세금을 면제해주었다.	8년, 진(秦)이 우리를 도와서 초나라를 공격했다.	4년
234년		13년, 환의(桓齮)가 평양(平陽)을 공격해 조나라 호첩(扈輒)을 죽이고 10만 명의 목을 베었으며, 그 참에 동쪽으로 공격했다. 조왕이 하남에 갔다. 혜성이 나타났다.	9년	5년
233년		14년, 환의가 평양·무성(武城)·의안(宜安)을 평정했다. 한나라 사신 한비(韓非)가 왔는데 우리가 그를 죽였다. 한왕(韓王)이 신하가 될 것을 청했다.	10년	6년
232년		15년, 군대를 일으켜 업(鄴)에 이르렀다. 군대가 태원(太原)에 이르렀다. 낭맹을 차지했다.	11년	7년
231년		16년, 여읍(麗邑)을 두었다. 군사를 징발해 한나라 남양(南陽)을 받았다.	12년, 진(秦)에 성(城)을 바쳤다.	8년, 진이 와서 성을 받아 갔다.
230년		17년, 내사(內史) 등(騰)이 한왕 안(安)을 공격해 붙잡고 그 땅을 모두 차지하고서 영천군(潁川郡)을 두었다.	13년	9년, 진(秦)이 한왕 안을 잡고 진이 한을 멸망시켰다.
229년		18년	14년 위군(衛君) 각(角) 원년	
228년		19년, 왕전이 조나라를 뽑아버리고 한단에서 왕을 붙잡았다. 제태후(帝太后)가 훙했다.	15년	
227년		20년, 연나라 태자가 형가(荊軻)를 시켜 왕을 죽이고자 했으나 발각되었다. 왕전이 장수가 되어 연을 공격했다.	위왕(魏王) 가(假) 원년	
226년		21년, 왕분(王賁)이 초나라를 공격했다.	2년	

조간자(趙簡子)	초(楚)	연(燕)	제(齊)
조왕(趙王) 천(遷) 원년	3년, 진(秦)과 위(魏)가 우리를 공격했다.	20년	30년
2년, 진(秦)이 우리 평양을 뽑아버리고 호첩을 꺾었으며 10만 명을 목 베었다.	4년	21년	31년
3년, 진(秦)이 우리 의안을 뽑아버렸다.	5년	22년	32년
4년, 진(秦)이 우리 낭맹과 파오(鄱吾)를 뽑아버리고 업(鄴)에 주둔했다.	6년	23년, 태자 단(丹)이 진(秦)에 인질로 갔다가 도망쳐 돌아왔다.	33년
5년, 큰 지진이 있었다.	7년	24년	34년
6년	8년	25년	35년
7년	9년	26년	36년
8년	10년, 유왕이 졸하고 동생 학(郝)이 세워지니 애왕(哀王)이다. 3월에 부추(負芻)가 애왕을 죽였다.	27년	37년
대왕(代王) 가(嘉) 원년	초왕(楚王) 부추(負芻) 원년. 부추는 애왕의 이복형이다.	28년, 태자 단이 형가를 시켜 진왕을 찔렀고 진은 우리를 쳤다.	38년
2년	2년, 진(秦)이 우리를 대파하고 성 10개를 차지했다.	29년, 진(秦)이 우리 계(薊)를 뽑아버리고 태자 단(丹)을 붙잡았다. 왕은 요동으로 옮겼다.	39년

	주(周)	진(秦)	위헌자(魏獻子)	한선자(韓宣子)
225년		22년, 왕분이 위(魏)를 공격해 그 왕 가를 붙잡고 그 땅을 전부 차지했다.	3년, 진(秦)이 왕 가를 붙잡았다.	
224년		23년, 왕전과 몽무(蒙武)가 초군을 공격해 깨뜨리고 그 장수 항연(項燕)을 죽였다.		
223년		24년, 왕전과 몽무가 초나라를 깨뜨리고 그 왕 부추를 사로잡았다.		
222년		25년, 왕분이 연나라를 공격해 왕 희(喜)를 사로잡았다. 또 대왕(代王) 가(嘉)를 공격해 사로잡았다. 5월, 천하에 큰 술잔치를 열었다.		
221년		26년, 왕분이 제를 공격해 왕 건(建)을 사로잡았다, 비로소 천하를 병탄하니, 세워져 황제(皇帝)가 되었다.		
220년		27년, 황하의 이름을 덕수(德水)라고 고쳤다. 금인(金人) 12개를 만들었다. 백성의 명칭을 검수(黔首)라고 했다. 천하의 문자를 통일시켰다. 천하를 36개 군으로 나누었다.		
219년		28년, 아방궁을 만들었다. 형산(衡山)에 갔다. 치도(馳道)를 조성했다. 제가 낭야(琅邪)에 갔다가 남군(南郡)을 통해 들어왔다. 태극묘(太極廟-사당)를 만들었다. 30호에 작위 1급씩을 내려주었다.		
218년		29년, 군현을 10일 동안 대대적으로 수색했다. 제가 낭야에 갔다가 상당(上黨)을 통해 들어왔다.		
217년		30년		
216년		31년, 납(臘)의 명칭을 가평(嘉平)으로 고쳤다. 검수에게 한 고을마다 쌀 6석과 양 2마리를 내려주었다. 20일 동안 관중을 대대적으로 수색했다.		

조간자(趙簡子)	초(楚)	연(燕)	제(齊)
3년	3년	30년	40년
4년	4년, 진(秦)이 우리 장군 항연을 깨뜨렸다.	31년	41년
5년	5년, 진이 왕 부추를 붙잡았다. 진이 초를 멸망시켰다.	32년	42년
6년, 진나라 장수 왕분이 왕 가(嘉)를 붙잡고 진이 조를 멸망시켰다.		33년, 진(秦)이 연왕 희를 사로잡고 요동을 뽑아버렸으며 진이 연을 멸망시켰다.	43년
			44년, 진(秦)이 왕 건을 사로잡았다. 진이 제를 멸망시켰다.

	주(周)	진(秦)	위헌자(魏獻子)	한선자(韓宣子)
215년		32년, 제가 갈석(碣石)에 갔다가 상군(上郡)을 통해 들어왔다.		
214년		33년, 모든 도망자와 장사꾼, 췌서(贅壻-데릴사위)를 보내 육량(陸梁)을 공략해서 차지했으며 계림(桂林)·남해(南海)·상군(象郡)을 둬 지키게 했다. 융(戎)을 서북쪽으로 내쫓고 34개 현을 두었다. 하상(河上)에 장성을 쌓고 몽염(蒙恬)이 30만 명을 이끌었다.		
213년		34년, 치옥(治獄-수감) 중에 곧지 못한 자들을 귀양 보내 장성을 쌓게 했다. 남쪽의 월(越) 땅을 차지했다. 재심을 맡은 옥리가 잘못하면 같은 죄로 처벌했다.		
212년		35년, 직도(直道)를 조성했는데, 구원(九原)을 지나 감천(甘泉)까지 통하게 했다.		
211년		36년, 백성을 북하(北河)와 유중(楡中)으로 옮겼는데, 모두 3만 명이었고 가구마다 작위 1급을 내려주었다. 운석이 동군(東郡)에 떨어졌는데 '(진시황이 죽어) 땅이 나뉜다'라는 글이 새겨져 있었다.		
210년		37년 10월, 제가 회계(會稽)와 낭야에 갔다가 돌아오던 중에 사구(沙丘)에 이르러 붕했다. 아들 호해(胡亥)가 세워지니 2세황제다. 몽염을 죽였다. 구원을 통해 들어왔다. 다시 화폐를 유통했다.		
209년		2세 원년 10월 무인일, 죄인들을 대거 사면했다. 11월, 토원(▩園)을 만들었다. 12월, 아방궁을 다시 지었다. 이해 9월에 군현들이 모두 반란을 일으켰으니, 초나라 병사가 희(戱)에 이르자 장한(章邯)이 이들을 공격해 물리쳤다. 위군(衛君) 각(角)을 내쫓아 서인으로 만들었다.		

조간자(趙簡子)	초(楚)	연(燕)	제(齊)

	주(周)	진(秦)	위헌자(魏獻子)	한선자(韓宣子)
208년		2년, 장군 장한과 장사(長史) 사마흔(司馬欣), 도위(都尉) 동예(董翳)가 초나라 군사를 추격해 황하에 이르렀다. 승상 이사(李斯)와 거질(去疾), 장군 풍겁(馮劫)을 주살했다.		
207년		조고(趙高)가 반역을 일으켜 2세가 자살하자, 조고는 2세의 형 자영(子嬰)을 세웠다. 자영이 세워지자 곧 조고를 찔러 죽이고 삼족을 멸했다. 제후들이 진(秦)에 들어오자, 자영이 항복했는데, 항우(項羽)에게 살해되었다. 얼마 후에 [尋] (유방이) 항우를 주살하자 천하가 한(漢)에 귀속되었다.		

8)

8) **【색은술찬(索隱述贊)】** 춘추시대 이후로[春秋之後]/주나라 왕실 더욱 쇠미해졌다네[王室益卑]/초나라 강대하니 남쪽 나라들 복종했고[楚彊南服]/진나라 서방의 패권을 장악했도다[秦覇西垂]/삼경이 진나라 나눠 가져[三卿分晉]/팔대에 이르러 규가 흥했구나[八代興嬀]/번갈아 회맹 주도하고[遞主盟會]/서로 자웅을 다투었다네[互爲雄雌]/두 주나라 먼저 멸망하고[二周前滅]/육국이 뒤에 무너져 내렸도다[六國後隳]/장하도다 영씨여[壯哉嬴氏]/이렇게 천하를 병탄했다네[吞幷若斯]!

조간자(趙簡子)	초(楚)	연(燕)	제(齊)

권16 진·초 사이 월표(秦楚之際月表) 제4

권16 진·초 사이 월표(秦楚之際月表) 제4[1]

태사공이 진(秦)나라에서 초(楚)나라로 넘어가는 시기의 일들을 읽고서 말한다.

"애초에 난을 일으킨 것은 진섭(陳涉)에게서 시작되었고 잔학하고 무도하게 진나라를 멸한 것은 항씨(項氏-항우)로부터다. (그렇지만) 어지러움을 다스리고[撥亂=治亂] 사나움을 주벌해 해내(海內)를 평정하고 결국 제위[帝祚=帝位]에 나아가는 일[踐=卽]은 한가(漢家)에 의해 이뤄졌다. 이 5년 사이에 호령(號令)이 세 차례 바뀌었다[三嬗=三變][2]. 생민(生民-백성)이 생겨난 이래로 이처럼 빨리[亟=急] 천명을 받은 경우는 애당초 없었다.

1) 【색은(索隱)】 장안(張晏)이 말했다. "이때는 천하가 아직 안정되지 않았기 때문에 들쑥날쑥 뒤섞이고 빠진 것들이 많아서 연(年) 단위로 기록하지 못하고 월(月) 단위로 나열했다."

2) 【색은(索隱)】 嬗은 옛날의 선(禪)자다. 삼선(三嬗)이란 진섭, 항씨, 한고조다.

옛날에 우(虞-순임금)와 하(夏-우왕)나라가 일어날 수 있었던 것은 좋은 일을 쌓고 공로를 쌓기[積善累功]를 수십 년 동안 했기 때문이니, 은덕으로 백성을 적셔주고 정사를 섭행(攝行)해[1] 하늘에 비춘[2] 다음에야 자리에 오를 수 있었다. 탕(湯)과 무(武)가 왕(王-천자)이 될 수 있었던 것도 설(契)과 후직(后稷)부터 어짊을 닦고 마땅함을 행하기[修仁行義]를 10여 세대가 지나도록 했기 때문이니, 아무런 사전 기약도 없이 제후 800여 명이 맹진

(孟津)에 모여들었어도 오히려 아직은 안 된다고 했다가 그런 후에야 마침 내 내쫓고 시해했던 것이다[放弑]3). 진나라는 양공(襄公)에서 일어나 문공 (文公)과 목공(繆公) 때 명성을 드러냈고 헌공(獻公)과 효공(孝公) 이후 점 차 육국(六國)을 잠식(蠶食)했는데 그 기간이 100여 년이었으니, (그런 다음 에야) 시황(始皇)에 이르러서 마침내 관대지륜(冠帶之倫)4)을 병합할 수 있 었다. 다움을 베푸는 것은 저와 같았고[若彼]5) 힘을 쓰는 것은 이와 같았으 니[如此]6), 천하를 하나로 통일하는 일[一統]이란 이처럼[若斯] 어려운 일 이다.

1) 순임금과 우왕은 제위에 오르기 전에 일종의 인턴 기간을 거쳐 그것을 통과하고서야 제위를 선 양 받았다.

2) 【집해(集解)】 위소(韋昭)가 말했다. "순이 선위를 받은 것은 선기(璿璣)와 옥형(玉 衡)으로 칠정(七政)을 가지런히 했기 때문임을 말하고 있다."

3) 【색은(索隱)】 후에 마침내 탕왕이 걸(桀)을 내쫓고 무왕이 주(紂)를 주살한 것을 말한다.

4) 문무 관리 제도를 말한다.

5) 【색은(索隱)】 곧 설이나 후직, 진나라 양공과 목공을 말한다.

6) 【색은(索隱)】 탕왕·무왕·시황을 말한다.

진나라가 이미 제(帝)를 칭하고 나서도 전쟁이 끝나지 않는 것을 근심했 던 이유는 제후들이 있었기 때문이니, 이에 단 한 척의 땅도 분봉하지 않 은 채로 이름난 성(城)들을 죄다 무너뜨렸으며 창끝과 화살촉[鋒鏑]을 녹 이고1) 호걸들을 제거함[鉏=鋤]으로써 만세(萬世)의 안녕을 도모했다[維 =度]. 그러나 왕의 사업[王跡=王業]이 발흥해 여항(閭巷-평범한 마을)에서 일어나 서로 종횡으로 연합하며 진나라를 토벌했으니, (그 무너지는 속도를 보면) 이는 삼대(三代-하·은·주)보다 빠르고 뛰어났다[軼=卓越]. 또 이전에[鄕=前時] 진나라가 금지한 것들은 때마침 뛰어난 자에게 밑거름이 되어[資] 진나라를 치는 어려움을 단숨에 제거할 수 있게 해줄 뿐이어서[2] 천하의 영웅으로 하여금 발분하게 해주었으니[3], 어찌 봉지가 없다고 해서 왕이 될 수 없었겠는가![4] 이 사람이 마침내 전(傳)에서 말하는 크게 빼어난 이[大聖]란 말인가?[5]

어찌 하늘의 뜻이 아니겠는가! 어찌 하늘의 뜻이 아니겠는가! 크게 빼어난 이가 아니고서야 누가 능히 이런 때를 맞아 천명을 받아 제(帝)가 될 수 있었겠는가?"

1) 【색은(索隱)】 살펴보건대, 진나라는 창끝과 화살촉을 녹여 금인(金人) 12개를 간듦으로써 천하의 군사들을 약하게 했다.

2) 【색은(索隱)】 진나라가 이전에 군대 양성[養兵]을 금하고 제후들을 봉해 심지 않는 바람에 때마침 뒤에 나온 뛰어난 이를 위해 충분한 밑거름이 되어주었다는 뜻이다. 뛰어난 이란 곧 고제(高帝)를 가리키니, 즉 진나라가 먼저 (고조를 위해) 환난을 내몰아 없애주었다는 말이다.

3) 【색은(索隱)】 영웅이란 한고조를 가리킨다.

4) 【집해(集解)】 성인(聖人)이라 해도 땅이 없으면 왕이 될 수 없다. 만약에 순(舜)이 요(堯)를 만나지 못했다면 마땅히 부자(夫子-공자)처럼 궐리(闕里)에서 늙어갔을 것이다.

5) 【색은(索隱)】 고조는 포의(布衣)에서 일어나 후세에 천위(天位)를 전했으니, 사실상 이른바 대성(大聖)이라 할 수 있다.

진(秦)	초(楚)	항(項)	조(趙)	제(齊)
2세 원년[1]				
7월	초(楚) 은왕(隱王) 진섭(陳涉)이 군사를 일으켜 진(秦)으로 들어갔다.[2]			
8월	**2** 갈영(葛嬰)이 진섭을 위해 구강(九江)을 공략하고 양강(襄彊)을 세워 초왕으로 삼았다.		무신(武臣)이 비로소 한단(邯鄲)에 이르러서 스스로를 세워 조왕으로 삼았다.[3]	
9월, 초나라 군대가 희(戲)에 이르렀다.	**3** 주문(周文)의 군대가 희에 이르러 패했다. 진영(陳嬰)은 진섭이 왕이 되었다는 소식을 듣자마자 양강을 죽여버렸다.	항량이 칭호를 무신군(武信君)이라고 했다.[4]	**2**	제왕 전담(田儋)이 시작되었다. 담은 적인(狄人)으로, 여러 전씨 집안사람이 막강했다. 사촌 동생은 영(榮), 영의 동생은 횡(橫)이다.
2년 10월	**4** 갈영을 주살했다.	2	3	**2** 담이 일어나 적령(狄令)을 죽이고 스스로 왕이 되었다.
11월	주문이 죽었다.	3	**4** 이량이 무신과 장이를 죽이려 하니, 장이는 달아났다.	3

1) 【집해(集解)】 서광(徐廣)이 말했다. "임진년(壬辰年)이다." 【정의(正義)】 "7월에 진섭이 진(陳)나라에서 일어났다. 8월에 무신이 조나라에서 일어났다. 9월에 항량이 오나라에서 일어났고, 전담이 제나라에서 일어났으며, 패공(沛公)이 처음 일어났고, 한광이 연나라에서 일어났다. 12월에 위구가 위(魏)나라에서 일어났는데, 진왕(陳王)이 그를 세운 것이다. 3년 6월에 한성(韓成)이 한나라에서 일어났는데, 항량이 그를 세운 것이다."

2) 【색은(索隱)】 진섭은 일어난 지 6개월 만인 2세 원년 12월에 명이 다했다.

3) 【색은(索隱)】 모두 4개월 만에 이량(李良)에게 살해되었는데, 2세 원년 8월에 해당한다.

한(漢)	연(燕)	위(魏)	한(韓)
패공이 처음으로 일어났다.[5]	한광(韓廣)이 조나라를 위해 땅을 공략하고 계(薊)에 이르러 스스로를 세워 연왕(燕王)이 되니, 연나라가 시작되었다.[6]	위왕(魏王) 구(咎)가 시작되었다. 구는 진(陳)에 있어 귀국할 수가 없었다.[7]	
2 호릉(胡陵)과 방여(方與)를 쳐서 진나라 감군(監軍)을 깨뜨렸다.	2	2	
3 사수(泗水) 군수를 죽였다. 설서(薛西)를 뽑아버렸다. 주불(周市)이 동쪽으로 풍(豊)과 패(沛) 사이의 땅을 공략했다.[8]	3	3 조나라와 제나라가 함께 주불을 세우려 했으나 주불이 받으려 하지 않으면서 말했다. "반드시 위구를 세워야 할 것입니다."	

4) 【색은(索隱)】 2세 원년 9월에 세워졌는데, 2년 9월에 이르러 장한(章邯)이 정도(定陶)에서 항량을 죽였다.

5) 【색은(索隱)】 (패공으로 있은 기간은) 모두 14개월로, 회왕(懷王)이 패공을 봉해 무안후(武安侯)로 삼고 탕군(碭郡)의 병사를 이끌게 했다.

6) 【색은(索隱)】 항우가 뒤에 연나라를 2개로 나눠 장도(臧荼)를 연왕으로 삼고 한광을 요동왕으로 삼았는데, 뒷날 한신이 한광을 죽였다.

7) 【색은(索隱)】 2세 2년 6월에 구가 자살했다.

8) 【집해(集解)】 서광(徐廣)이 말했다. "사수는 동해(東海)에 속한다."

진(秦)	초(楚)	항(項)	조(趙)	제(齊)
12월	**6** 진섭이 죽었다.	**4**		**4**
단월(端月)[9]	초왕 경구(景駒)가 시작되었는데, 진가(秦嘉)가 그를 세웠다.[10]	**5** 진섭의 장수 소평(召平)이 진섭의 명을 사칭해서 항량(項梁)을 제배해 초(楚)의 주국(柱國)으로 삼고 급히 서쪽으로 진(秦)을 치게 했다.	**5** 조왕 헐(歇)이 처음으로 세워졌는데, 장이(張耳)와 진여(陳餘)가 그를 세운 것이다.	**5** 경구가 마음대로 왕이 되니, 우리에게 청하지 않은 것을 책망했다.
2월	**2** 진가가 상장군이 되었다.	**6** 항량이 장강을 건너니 진영(陳嬰)과 경포(鯨布)가 모두 그 예하에 들어왔다.	**2**	**6** 경포가 공손경(公孫慶)을 사자로 보내 제나라를 책망하자 경을 주살했다.
3월	**3**	**7**	**3**	**7**
4월	**4**	**8** 항량이 경구와 진가를 공격해 죽이고 드디어 설현에 들어갔는데, 병사가 10여만 명이나 되었다.	**4**	**8**
5월	**5**	**9**	**5**	**9**

9) 【색은(索隱)】 2세 2년 정월이다. 진나라는 정(正)을 피휘해 단월이라고 했다.

한(漢)	연(燕)	위(魏)	한(韓)
4 옹치(雍齒)가 패공에게 반기를 들고 풍(豐)을 들어 위(魏)에 항복했다. 패공이 돌아와 풍을 쳤으나 떨어뜨릴 수 없었다.	**4**	**4** 구(咎)가 진에서 돌아오니 세워졌다.	
5 패공은 경구가 왕이 되어 유현(留縣)에 있다는 소식을 듣고는 가서 그를 따라 함께 탕군(碭郡) 서쪽에서 진(秦)을 쳤다.	**5**	**5** 장한이 이미 진섭을 깨뜨리고 임제(臨濟)에서 구(咎)를 에워쌌다.	
6 탕군(碭郡)을 공격해 떨어뜨리고 병사 6,000명을 얻었으니 기존 병사와 합쳐 9,000명이 되었다.	**6**	**6**	
7 하읍(下邑)을 공격해 뽑아버리고 드디어 풍(豐)을 공격했으나 뽑아버리지 못했다. 항량의 병사가 많다는 소식을 듣고 가서 풍을 공격해줄 것을 청했다.	**7**	**7**	
8 패공이 설현(薛縣)에 가서 항량을 만나니 항량이 패공에게 (군사를) 보태주었고, 패공이 드디어 5,000 군사로 풍을 쳐서 뽑아버렸다.	**8**	**8** 임제가 다급해지자 주불(周市)이 제나라와 초나라에 가서 구원을 청했다.	
9 옹치(雍齒)가 위(魏)나라로 달아났다.	**9**	**9**	

10) 【색은(索隱)】 8월에 항량이 그를 죽였다.

진(秦)	초(楚)	항(項)	조(趙)	제(齊)
6월	초(楚) 회왕(懷王)이 시작되어 우이(盱台=盱眙)에 도읍했는데, 옛 회왕의 손자였기 때문이다. 항량이 그를 세운 것이다.[11]	**10** 항량이 초 회왕의 손자를 찾아서 민간에서 그를 얻자 그를 세워 초왕으로 삼았다.	**6**	**10** 전담이 임제(臨濟)를 구원하니 장한이 담을 죽였다. 전영은 동아(東阿)로 달아났다.
7월	**2** 진영(陳嬰)이 주국(柱國)이 되었다.	**11** 큰비가 내렸고 석 달 동안 별이 보이지 않았다.	**7**	제나라가 전가(田假)를 세워 왕으로 삼으니, 진(秦)나라가 서둘러 동아를 에워쌌다.
8월	**3**	**12** 동아를 구원하고 진군(秦軍)을 깨뜨렸으며 승세를 타고서 정도(定陶)에 이르렀으니, 항량에게 교만한 기색이 있었다.	**8**	초나라가 전영을 구원해 포위에서 벗어나 돌아갈 수 있게 해주었고, 전가를 내쫓고 전담의 아들 시(市)를 세워 제왕으로 삼으니 새로 시작되었다.
9월	팽성(彭城)으로 도읍을 옮겼다.	**13** 장한이 정도에서 항량을 깨뜨리고 죽이니 항우는 두려워서 팽성으로 군대를 돌렸다.	**9**	**2** 전가가 초나라로 달아나자, 초나라는 제나라로 하여금 조나라를 구원하게 했는데, 전영이 전가의 일 때문에 기꺼이 구원하려 하지 않으면서 말했다. "초가 가를 죽이면 마침내 출병하겠다." 항우가 전영에게 화를 냈다.
후 9월	**5** 송의(宋義)를 제배해 상장군으로 삼았다.	회왕이 항우를 노(魯)나라에 봉해주고 차장(次將)으로 삼아 송의 예하로 들어가게 한 뒤 북쪽으로 조나라를 구원하게 했다.	**10** 진군(秦軍)이 거록에서 헐(歇)을 에워싸니 진여(陳餘)가 구원병을 보냈다.	**3**

11) 【색은(索隱)】 회왕의 손자로 이름은 심(心)이다. 항량은 제후들과 함께 그를 높여 의제(義帝)로 삼았는데, 항우가 살해했다.

12) 【색은(索隱)】 항우가 다시 그를 왕으로 삼은 뒤 봉국으로는 가지 못하게 했다가

한(漢)	연(燕)	위(魏)	한(韓)
10 패공이 설현으로 가서 함께 초 회왕을 세웠다.	**10**	**10** 구가 자살하니 임제는 진(秦)나라에 항복했다.	한왕(韓王) 성(成)이 시작되었다.[12]
11 패공이 항우와 함께 북쪽으로 가서 동아를 구원해, 복양(濮陽) 동쪽에서 진나라 군대를 깨뜨리고 성양(城陽)을 도륙했다.	**11**	위구(魏咎)의 동생 표(豹)가 동아로 달아났다.	**2**
12 패공이 항우와 함께 서쪽 땅을 공략해 삼천(三川) 군수 이유(李由-이사의 아들)를 옹구(雍丘)에서 목 베었다.	**12**		**3**
13 패공은 항량이 죽었다는 소식을 듣고는 군대를 돌려 회왕을 따르면서 탕군에 주둔했다.	**13**	위표(魏豹)가 스스로를 세워 위왕(魏王)이 되고 평양(平陽)에 도읍하니, 위나라가 시작되었다.	**4**
14 회왕이 패공을 봉해 무안후(武安侯)로 삼아 탕군의 병사를 거느리고 서쪽으로 가게 한 뒤, 먼저 함양(咸陽)에 이르는 사람을 그곳의 왕으로 삼겠다고 약속했다.	**14**	**2**	**5**

몇 달 뒤에 그를 죽이고 정창(鄭昌)을 세워 한왕으로 삼았는데, (정창이) 한(漢)에 항복했다. 한나라는 한신(韓信)을 봉해 왕으로 삼았다.

진(秦)	초(楚)	항(項)	조(趙)	제(齊)
3년 10월	6	2	**11** 장한이 한단을 깨뜨리고 그곳 백성을 하내(河內)로 옮겼다.	**4** 제나라 장군 전도(田都)가 전영에게 반기를 들고 가서 항우를 도와 조나라를 구원했다.
11월	**7** 항적(項籍)을 제배해 상장군으로 삼았다.	**3** 항우가 회왕의 명을 고쳐 송의를 죽인 뒤 그 병사들을 이끌고 황하를 건너 거록을 구원했다.	12	5
12월	8	**4** 거록 아래에서 진군(秦軍)을 크게 깨뜨렸고 제후들의 장수들을 모두 항우 예하에 두었다.	**13** 초나라 구원병이 오자 진(秦)은 포위를 풀었다.	**6** 옛 제왕 건(建)의 손자 전안(田安)이 제북(濟北)을 떨어뜨리고 항우를 따라서 조나라를 구원했다.
단월(端月)	9	**5** 진장(秦將) 왕리를 사로잡았다.	**14** 장이(張耳)가 진여(陳餘)에게 화를 내고 장군 인장을 내던지고 가버렸다.	**7** 항우와 전영은 제나라를 나눠 2개 나라로 만들었다.
2월	10	**6** 장한을 공격해 깨뜨리니 장한의 군대가 퇴각했다.	15	8
3월	11	7	16	9
4월	12	**8** 초나라가 서둘러 장한을 공격하니 장한이 걱정되어 장사(長史) 흔(欣)을 시켜 돌아가서 진(秦)에 추가 병력을 청했으나 조고(趙高)는 오히려 꾸짖었다.	17	10

13) 『한서(漢書)』에는 왕흔(王訢)으로 되어 있다.

한(漢)	연(燕)	위(魏)	한(韓)
15 동군 위(東郡尉)와 왕리(王離)의 군대를 무성(武城) 남쪽에서 공격해 깨뜨렸다.	**15** 장군 장도(臧荼)를 시켜 조나라를 구원했다.	**3**	**6** 항우의 계책을 따라 함곡관에 들어갔다.
16	**16**	**4**	**7**
17 조나라를 구원하러 율(栗)에 이르러 황흔(皇訢)[13]과 무포(武蒲)의 군대를 얻었다. 진군(秦軍)과 싸워 깨뜨렸다.	**17**	**5** 위표가 조나라를 구원했다.	**8** 위나라를 나눠 은국(殷國)을 만들었다.
18	**18**	**6**	**9**
19 창읍(昌邑)에서 팽월의 군대를 얻어 진류(陳留)를 습격했다. 역이기(酈食其)의 계책을 써서 군대는 비축식량을 얻었다.	**19**	**7**	**10**
20 개봉(開封)을 공격해 진장(秦將) 양웅(楊熊)을 깨뜨리니 양웅은 형양(滎陽)으로 달아났고, 진나라는 양웅을 목 베어 조리돌림 했다.	**20**	**8**	**11**
21 영양(潁陽)을 공격하고 한(韓)나라 땅을 공략해서 북쪽으로 황하 나루를 끊었다.	**21**	**9**	**12**

진(秦)	초(楚)	항(項)	조(趙)	제(齊)
5월	2년 1월	**9** 조고가 흔(欣)을 주살하려 하니 흔이 두려워서 도망쳐, 장한에게 진나라에 반기를 들자는 의견을 말했다.	18	11
6월	2	**10** 장한이 초나라와 항복할 것을 약속했으나 마음을 정하지 못하니, 항우가 그것을 허락하며 공격했다.	**19** 장이는 초나라를 따라서 서쪽으로 진(秦)나라에 들어갔다.	12
7월	3	**11** 항우가 장한과 은허(殷墟)에서 만나기로 약속했고, 장한 등이 이미 항복하자 동맹을 맺고서 장한을 옹왕(雍王)으로 삼았다.	20	13
8월, 조고가 2세를 죽였다.	4	**12** 진나라를 들어 항복한 도위 예(翳)와 장사 흔(欣)을 상장(上將)으로 삼아서 진나라 도망병을 이끌게 했다.	**21** 조황 헐이 나라에 머물렀다. 진여는 도망쳐 남피(南皮)에 가서 살았다.	14
9월, 자영(子嬰)이 왕이 되었다.	5	13	22	15
10월	6	**14** 항우가 제후들의 병사 40여만 명을 이끌고 행군하며 땅을 공략해서 빼앗으니, 서쪽으로 하남(河南)에 이르렀다.	**23** 장이가 초나라를 따라 서쪽으로 진(秦)나라에 들어갔다.	16
11월	7	**15** 항우가 진나라의 항복한 병졸 20만 명을 신안(新安)에서 파묻어 죽였다.	24	17

14) 【집해(集解)】 서광(徐廣)이 말했다. "양성은 남양에 있다."

한(漢)	연(燕)	위(魏)	한(韓)
22	22	10	13
23 남양군수 의(齮)를 공격해 양성(陽城) 성곽 동쪽에서 그를 깨뜨렸다.[14]	23	11	14
24 남양을 항복시키고 그 군수 의를 봉해주었다.	24	12	15 신양(申陽)이 하남(河南)을 떨어뜨리고 초나라에 항복했다.
25 무관(武關)을 공격해 깨뜨렸다.	25	13	16
26 요(嶢)와 남전(藍田)을 공격해 떨어뜨렸다. 유후(留侯-장량)의 계책을 써서 싸우지 않고 둘 다 항복시켰다.	26	14	17
27 한(漢) 원년, 진왕(秦王) 자영이 항복했다. 패공이 함양에 들어가 깨뜨리고 진(秦)나라를 평정하고서 패상(霸上)으로 군대를 돌려 제후들에 대한 약속을 기다렸다.	27	15 항우를 따라 각지를 공략하고 드디어 함곡관에 들어갔다.	18
28 패공이 삼장(三章)의 영을 내자 진나라 백성이 크게 기뻐했다.	28	16	19

진(秦)	초(楚)	항(項)	조(趙)	제(齊)
12월	8	**16** 관중에 이르러 진왕 자영을 주살했으며 함양을 도륙하고 불을 질렀다. 천하를 나눠 제후들을 세워주었다.	**25** 조나라를 나눠 대국(代國)을 만들었다.	**18** 항우가 전영을 원망해 그를 죽이고 제나라를 세 나라로 만들었다.[15]

	초(楚)		조(趙)		제(齊)	
의제 원년 1월	**9** 제후들이 회왕을 높여 의제로 삼았다.	**17** 초나라를 넷으로 나누었다. 항적이 자립해 서초패왕이 되었다. 나뉘어 형산(衡山)이 되었다. 나뉘어 임강(臨江)이 되었다. 나뉘어 구강(九江)이 되었다.	**26** 이름을 상산(常山)으로 고쳤다. 나뉘어 대(代)가 되었다.		**19** 이름을 임치(臨菑)라고 고쳤다. 나뉘어 제북(濟北)이 되었다. 나뉘어 교동(膠東)이 되었다.	
2월 도읍을 강남 침(郴)으로 옮겼다.		서초패왕 항적이 처음으로 천하의 명(命)을 주관해 18왕의 주인이 되었다. (형산)왕 오예(吳芮)가 시작되었는데 옛 파군(番君)이다. (임강)왕 공오(共敖)가 시작되었는데 옛 초의 주국(柱國)이다. (구강)왕 영포(英布)가 시작되었는데 옛 초나라 장수다.	**27** (상산)왕 장이(張耳)가 시작되었는데 옛 초나라 장수다. (대)왕 조헐(趙歇)이 시작되었는데 옛 조나라 왕이다.		**20** (제)왕 전도(田都)가 시작되었는데 옛 제나라 장수다. (제북)왕 전안(田安)이 시작되었는데 옛 제나라 장수다. (교동)왕 전시(田市)가 시작되었는데 옛 제나라 왕이다.	
3월	**2** (서초가) 팽성(彭城)에 도읍했다. (형산이) 주(邾)에 도읍했다. (임강이) 강릉(江陵)에 도읍했다. (구강이) 육(六)에 도읍했다.	**2** (상산이) 양국(襄國)에 도읍했다.	**28** (대가) 대(代)에 도읍했다.	**2** (제가) 임치(臨菑)에 도읍했다. (제북이) 박양(博陽)에 도읍했다.	**21** (교동이) 즉묵(卽墨)에 도읍했다.

15) **【색은(索隱)】** 임치(臨淄)·제북(濟北)·교동(膠東)이다.

16) **【색은(索隱)】** 한(漢)·옹(雍)·새(塞)·적(翟)이다.

17) **【색은(索隱)】** 연(燕)과 요동(遼東)이다.

한(漢)	연(燕)	위(魏)	한(韓)
29 항우와 틈이 있어 그를 희하(戲下)에서 만나 오해를 풀었다. 항우는 약속을 배반하고 관중을 나눠 네 나라로 만들었다.[16]	**29** 장도(臧荼)가 따라 들어가서 연나라를 나눠 두 나라로 만들었다.[17]	**17** 위(魏)나라를 나눠 은국(殷國)을 만들었다.	**20** 한(韓)나라를 나눠 하남국(河南國)을 만들었다.

한(漢)	연(燕)	위(魏)	한(韓)
정월 관중을 나눠 한(漢)으로 삼았다. 관중을 나눠 옹(雍)으로 삼았다. 관중을 나눠 새(塞)로 삼았다. 관중을 나눠 적(翟)으로 삼았다.	**30** 연(燕)나라. 나뉘어 요동(遼東)이 되었다.	**18** 이름을 서위(西魏)라고 고쳤다. 나뉘어 은(殷)이 되었다.	**21** 한(韓)나라. 나뉘어 하남(河南)이 되었다.
2월 한왕(漢王)이 시작되었는데 옛 패공이다. (옹)왕 장한(章邯)이 시작되었는데 옛 진나라 장수다. (새)왕 사마흔(司馬欣)이 시작되었는데 옛 진나라 장수다.[18] (적)왕 동예(董翳)가 시작되었는데 옛 진나라 장수다.[19]	**31** (연)왕 장도(臧荼)가 시작되었는데 옛 연나라 장수다. (요동)왕 한광(韓廣)이 시작되었는데 옛 연왕이다.	**19** (서위)왕 위표(魏豹)가 시작되었는데 옛 위왕이다. (은)왕 사마앙(司馬卬)이 시작되었는데 옛 조나라 장수다.	**22** (한(韓))왕 한성(韓成)이 시작되었는데 옛 한나라 장수다.[20] (하남)왕 신양(申陽)이 시작되었는데 옛 초나라 장수다.

한(漢)		연(燕)		위(魏)		한(韓)	
3월 (한(漢)이) 남정(南鄭)에 도읍했다.	**2** (옹이) 폐구(廢丘)에 도읍했다. (새가) 역양(櫟陽)에 도읍했다. (적이) 고노(高奴)에 도읍했다.	**2** (연이) 계(薊)에 도읍했다.	**32** (요동이) 무종(無終)에 도읍했다.	**20** (서위가) 평양(平陽)에 도읍했다.	**2** (은이) 조가(朝歌)에 도읍했다.	**23** (한(韓)이) 양적(陽翟)에 도읍했다.	**2** (하남이) 낙양(洛陽)에 도읍했다.

18) 【색은(索隱)】 옛 진나라 장사(長史)다.

19) 【색은(索隱)】 옛 진나라 도위(都尉)다.

20) 【색은(索隱)】 옛 한왕이다.

월	초(楚)	조(趙)		제(齊)	
4월	**3** 제후들이 희하(戱下)에서 해산하고 모두 봉국으로 갔다.	**3**	**29**	**3**	**22**
5월	**4**	**4**	**30**	**4** 전영(田榮)이 전도(田都)를 치니 전도가 초나라에 항복했다.	**23**
6월	**5**	**5**	**31**	**5** 제왕 전영이 시작되었는데, 옛 제나라 재상이다.	**24** 전영이 전시(田市)를 공격해 죽였다.
7월	**6**	**6**	**32**	**2**	**6** 전영이 전안(田安)을 공격해 죽였다. (교동이) 제나라에 편입되었다.
8월	**7**	**7**	**33**	**3**	(제북이) 제나라에 편입되었다.
9월	**8**	**8**	**34**	**4**	

한(漢)		연(燕)		위(魏)		한(韓)	
4월	3	3	33	21	3	24	3
5월	4	4	34	22	4	25	4
6월	5	5	35	23	5	26	5
7월	6	6	36	24	6	27 항우가 한성을 주살했다.	6
8월	7 (옹왕) 장한이 폐구를 지켰는데 한(漢)이에 워쌌다. (새왕) 사마흔이 한(漢)에 항복하니 봉국을 없앴다. (적왕) 동예가 한(漢)에 항복하니 봉국을 없앴다.	7	37 장도가 무종에서 한광을 공격해 멸망시켰다.	25	7	한왕 정창(鄭昌)이 시작되었는데 항우가 세워준 것이다.	7
9월	8 (새가) 한에 편입되어 하남(河南)과 상군(上郡)이 되었다. (적이) 한에 편입되어 상군이 되었다.	8	연 나라에 편입되었다.	26	8	2	8

	초(楚)	조(趙)		제(齊)
10월 항우가 의 제를 죽였다.	9	**9** 장이가 한에 항복했다.	**35** 헐이 다시 조왕이 되었다.	5
	10		**36** 대왕 헐이 도로 조나라 왕이 되었다.	6
	11	헐은 진여(陳餘)를 대왕(代王)으로 삼고 칭호를 성안군(成安君)이라 했다.	37	7
	12	2	38	**8** 항적이 전영을 치니 전영은 평원(平原)으로 달아났고, 평원 사람들이 그를 죽였다.
2년 1월	13	3	39	항적이 옛 제왕 전가(田假)를 세워 제왕으로 삼았다.
2	14	4	40	**2** 전영 동생 횡(橫)이 성양(城陽)에서 반란을 일으켜 전가를 치니 전가는 초나라로 달아났고, 초나라는 가를 죽였다.
3 항우가 병력 3만 명으로 한나라 병사 56만 명을 깨뜨렸다.	15	5	41	제왕 전광(田廣)이 시작되었다. 광은 전영의 아들로 전횡이 그를 세운 것이다.
4	16	6	42	2
5	17	7	43	3

21) 【집해(集解)】 서광(徐廣)이 말했다. "홍농군(弘農郡) 섬현(陝縣)이다."

한(漢)		연(燕)	위(魏)		한(韓)	
10월 왕이 섬(陝)에 이르렀다.[21]	9	9	27	9	3	9
11월	10 한 나라가 우리 (옹의) 농서(隴西)를 뽑아버렸다.	10	28	10	한왕 신(信)이 시작되었는데 한(漢)이 세워준 것이다.	한 나라에 편입되어 하남군(河南郡)이 되었다.
12월	11	11	29	11	2	
정월(正月)	12 한 나라가 (옹의) 북지(北地)를 뽑아버렸다.	12	30	12	3	
2월	2년 1월	2년 1월	31	13	4	
3월 왕이 은(殷)을 공격했다.	2	2	32 한 나라에 항복하니 왕에서 폐위되었다.	14 한 나라에 항복하니 앙(卬)이 폐위되었다.	5	
4월 왕이 초나라를 치고 팽성(彭城)에 이르렀는데 회(懷)가 평정되었다.	3	3	33	하내군으로 삼고 한 나라에 편입시켰다.	6 한나라를 따라 초나라를 쳤다.	
5월 왕이 형양(滎陽)으로 달아났다.	4	4	34 위표가 돌아와 한나라에 반기를 들었다.		7	
6월 왕이 함곡관에 들어가 태자를 세웠다. 형양(滎陽) 때로 복귀했다.	5 한 나라가 (옹왕) 장한을 폐구에서 죽였다.	5	35		8	

진 · 초 사이 월표(秦楚之際月表) 제4

초(楚)		조(趙)		제(齊)
6	18	8	44	4
7	19	9	45	5
8	20	10	46	6
9	21	11	47	7
10	22	12 한나라 장수 한신이 진여를 목 베었다.	48 한나라가 헐을 멸하고 장이를 세웠다.	8
11	23		한나라에 편입되어 군(郡)이 되었다.	9
12 (구강왕) 영포가 한나라에 몸소 투항했다.	24	한나라에 편입되어 태원군(太原郡)이 되었다.		10
3년 1월 (구강) 땅은 항적에게 귀속되었다.	25			11
2	26			12
3	27			13
4	28			14
5	29			15
6	30			16
7	31 (임강)왕 오(敖)가 훙했다.			17
8	임강왕 환(驩)이 시작되었는데 오(敖)의 아들이다.			18
9	2			19
10	3			20

한(漢)		연(燕)	위(魏)	한(韓)
7월	(옹이) 한나라에 편입되어 농서군(隴西郡)이 되었는데, 북쪽에 주둔하며 땅을 지키는 군이었다.	6	36	9
8월		7	37	10
9월		8	38 한나라 장군 신(信)이 위표를 사로잡았다.	11
후9월		9	한나라에 편입되어 하동(河東)과 상당군(上黨郡)이 되었다.	12
3년 10월		10		2년 1월
11월		11		2
12월		12		3
정월		3년 1월		4
2월		2		5
3월		3		6
4월 초나라가 형양(滎陽)에서 왕을 에워쌌다.		4		7
5월		5		8
6월		6		9
7월 왕이 형양을 나갔다.		7		10
8월 주하(周苛)와 종공(樅公)이 위표를 죽였다.		8		11
9월		9		12
4년 10월		10		3년 1월

	초(楚)		조(趙)	제(齊)
11 한나라 장수 한신이 용저(龍且)를 깨뜨리고 죽였다.	4		조왕 장이가 시작되었는데, 한나라가 세워준 것이다.	**21** 한나라 장수 한신이 한광을 공격해 죽였다.
12	5		2	한나라에 편입되어 군이 되었다.
4년 1월	6		3	
2	7		4	제왕 한신이 시작되었는데 한나라가 세워준 것이다.
3 한나라가 어사 주하(周苛)를 초나라에 들여보냈는데 죽었다.	8		5	2
4	9		6	3
5	10		7	4
6	11		8	5
7	**12** 회남왕 영포가 시작되었는데 한나라가 세워준 것이다.		9	6
8	13	2	10	7
9	14	3	11	8
10	15	4	12	9
11	16	5	2년 1월	10
12 항적을 주살했다.	**17** 한나라가 환(驩)을 사로잡았다.	6	2	11
13 제왕(齊王) 한신을 초왕으로 옮겼다. (형산)왕을 장사로 옮겼다.	한나라에 편입되어 남군(南郡)이 되었다.	7 회남국	3 조나라	12년 왕을 초나라로 옮기고 한나라에 편입시켜 사군(四郡)으로 만들었다.

한(漢)	연(燕)	위(魏)	한(韓)
11월	**11**		**2**
12월	**12**		**3**
정월	4년 1월		**4**
2월 한신을 세워 제나라 왕으로 삼았다.	**2**		**5**
3월 주하가 초나라에 들어갔다.	**2**		**6**
4월 왕이 형양을 나갔다. 위표가 죽었다.	**4**		**7**
5월	**5**		**8**
6월	**6**		**9**
7월 영포를 세워 회남왕으로 삼았다.	**7**		**10**
8월	**8**		**11**
9월 태공과 여후가 초나라에서 돌아왔다.	**9**		**12**
5년 10월	**10**		4년 1월
11월	**11**		**2**
12월	**12**		**3**
정월 항적을 죽이니 천하가 평정되었고 제후들이 신하로서 한나라에 복속했다.	5년 1월 연나라	다시 양(梁)나라를 두었다.	**4** 한왕 신(信)을 대(代)로 옮겼고, 마읍(馬邑)을 도읍으로 삼았다. / 임강(臨江)을 나눠 장사 국(長沙國)을 만들었다.

초(楚)		조(趙)	제(齊)
2 (형산국을) 회남국에 편입시켰다.	**8**	**4**	
3	**9**	**5**	
4	**10**	**6**	
5	**11**	**7**	
6	**12**	**8**	
7	2년 1월	**9** 장이가 훙하니 시호를 경왕(景王)이라 했다.	
8	**2**	조왕 장오(張敖)가 시작되었는데 장이(張耳)의 아들이다.	
9 왕이 옛 항우의 장수 종리매(鍾離眛)를 붙잡으니 그를 목 베고 나서 보고했다.	**3**	**2**	
10	**4**	**3**	

23)

22) 【색은(索隱)】 개봉(改封)한 것이다.

23) 【색은술찬(索隱述贊)】 진나라가 상서로운 사슴을 잃어버리자[秦失其鹿][사슴은 권좌를 가리킨다.]/군웅이 다퉈 그 사슴을 쫓았도다[群雄競逐]/여우는 초나라 사당에서 소리 내 울었고[狐鳴楚祠]/용은 패현 골짜기에서 일어났도다[龍興沛谷]/무신은 스스로 왕이 되었고[武臣自王]/위표는 기어코 옛 지위를 회복했도다[魏豹必復]/전담은 제나라를 근거지로 삼았고[田儋據齊]/영포는 육나라가 본거지였다네[英布居六]/항왕이 명을 주관하더니[項王主命]/의제가 주륙 당했도다[義帝見戮]/일이 일어난 달은 그해에 매어 기록하니[以月繫年][두예(杜預)는 『춘추좌씨전』 서(序)에서 이렇게 말했다. "사건(事件)을 기록하는 자

한(漢)	연(燕)	위(魏)	한(韓)	
2월 갑오일에 왕이 칭호를 바꿔 정도(定陶)에서 황제의 자리에 나아갔다.	2	양왕 팽월(彭越)이 시작되었다.	5	형산왕 도예를 장사왕으로 슫았다.[22]
3월	3	2	6	2
4월	4	3	7	3
5월	5	4	8	4
6월 제(帝)가 함곡관에 들어갔다.	6	5	9	5
7월	7	6	10	6 (오예가) 훙하니 시호는 문왕(文王)이다.
8월 제(帝)가 몸소 군대를 이끌고 연나라를 쳤다.	8	7	11	장사 성왕(長沙成王) 신(臣)이 시작되었는더 예(芮)의 아들이다.
9월	9 장도가 한나라에 반기를 드니 그를 붙잡았다.	8	12	2
후9월	연왕 노관(盧綰)이 시작되었는데 한나라 태위(太尉)였다.	9	5년 1월	3

는 사건을 그 사건이 일어난 날짜에 매어 기록하고 날짜를 그달에, 달을 그 철에, 철을 그해에 매어 기록했으니, 이는 그 연월(年月)의 원근(遠近)을 기록해 사건의 이동(異同)을 구별하기 위함이다."]/도리는 유구하건만 명운이 너무나 빠르구나[道悠運速]/천하가 흉흉하니[洶洶天下]/저 까마귀 누구 지붕에 가서 앉는지를 볼지어다[瞻烏誰屋][이는 『시경(詩經)』 「소아(小雅)·정월(正月)」편에 나오는 다음 구절을 압축한 것이다. "저 까마귀가 누구의 지붕에 가서 앉는지롤 볼지어다[瞻烏爰止 于誰之屋]!" 「정월」은 어떤 대부가 주나라 유왕(幽王)을 풍자한 시다.]/패상에 진인(眞人) 있어[眞人霸上]/결국 천명을 향유했노라[卒享天祿]!

권17

한나라가 일어난 이래의 제후왕 연표(漢興以來諸侯王年表) 제5

권17 한나라가 일어난 이래의
제후왕 연표(漢興以來諸侯王年表) 제5[1]

태사공(太史公)이 말한다.

"은(殷)나라 이전은 너무 오래되었다[尙矣][2].

주(周)나라 봉작(封爵)은 공(公)·후(侯)·백(伯)·자(子)·남(男)의 다섯 등급이었다. 그리고 백금(伯禽)과 강숙(康叔)을 노(魯)와 위(衛)에 각각 사방 400리를 봉해준 것은 혈친을 내 몸처럼 여기는 의리[親親之義]를 드러내고 다움이 있는 자를 기린 것이었으며, 태공(太公)을 제(齊)에 봉해 다섯 후[五侯][3]를 통할하게 한 것은 그가 주나라를 위해 부지런히 노고를 다한 것을 높여준 것이었다.

1) 【색은(索隱)】 응소(應劭)가 말했다. "명칭은 비록 왕(王)이지만 실질적으로는 옛날의 제후와 같다."

2) 그래서 다루지 않겠다는 말이다.

3) 공·후·백·자·남을 가리킨다.

무왕(武王)·성왕(成王)·강왕(康王) 때 분봉 받은 자가 수백 명이었으며 그중에 왕실과 같은 성은 55명이었는데[1], 봉이라고 해봐야 큰 것도 사방 100리를 넘지 않았고 작은 것은 30리였으니 그들은 이로써 왕실을 보필하고 호위했다[輔衛].

관(管-관숙)·채(蔡-채숙)·강숙(康叔)·조(曹)·정(鄭) 등은 혹 더해지기도 하고 혹 깎이기도 했다.

여왕(厲王)과 유왕(幽王) 이후에는 왕실이 이지러지고 후(侯)나 백(伯) 중에 강한 나라가 일어났으니, 천자가 쇠약해져서 제대로 바로잡을 수가 없었다. 이는 왕실의 다움[德]이 순수하지 못해서[不純=不善]가 아니라 형세상으로 약해졌기 때문이다[2].

1) 【색은(索隱)】 살펴보건대 『한서(漢書)』에서는 봉국이 800개이고 그중 동성이 50여 개라고 했으니, 고씨(顧氏)는 『좌전(左傳)』에서 위자(魏子)가 성전(成鱄)에게 했던 "무왕이 은나라를 이기고 나서 천하에 빛을 드리우니 형제 나라가 15개였고 희성(姬姓)의 나라가 40개였다"라고 말한 것이 그것이라고 했다.

2) 【색은(索隱)】 주나라 왕이 임금답지 못하거나 선하지 못해서가 아니라 형세가 약했기 때문이라는 말이다.

한(漢)나라가 일어나서는 두 등급을 두었다[1]. 고조(高祖) 말년에는 유씨(劉氏)가 아닌데도 왕이 되었거나 공로가 없는데도 위에 올라서 후가 된 자가 있으면 천하가 함께 주토(誅討)하라고 했다. 고조의 자제나 동성(同姓)으로 왕이 된 경우는 아홉 나라인데[2] 단지 장사왕(長沙王)만이 성이 달랐으며, 공신 중에서 후가 된 자는 100여 명이었다.

1) 【집해(集解)】 위소(韋昭)가 말했다. "한나라는 공신들을 봉할 때 그 공이 크면 왕(王), 작으면 후(侯)라고 했다."

2) 【집해(集解)】 서광(徐廣)이 말했다. "제·초·형(荊)·회남·연·조·양(梁)·대(代)·회양(淮陽)이다." 【색은(索隱)】 서광은 아홉 나라에 오(吳)를 포함하지 않았는데, 이는 형(荊)이 끊어져서 오(吳)에 봉해졌기 때문이다.

안문(雁門)과 태원(太原)에서 시작해 동쪽으로 요양(遼陽)[1]에 이르는 지역이 연(燕)나라와 대(代)나라다. 상산(常山) 남쪽에서 시작해 태항산(太行

山)을 동쪽으로 돌아 황하(黃河)와 제수(濟水)를 건너 동아(東阿)와 견성(甄城) 동쪽으로 곧장 바닷가에 이르는 지역이 제(齊)나라와 조(趙)나라다. 진현(陳縣) 서쪽에서 시작해 남쪽으로 구의산(九疑山)에 이르렀다가 동쪽으로 장강(長江)·회하(淮河)·곡수(穀水)·사수(泗水)와 회계산(會稽山)을 띠처럼 연결하고 있는 지역이 양(梁)·초(楚)·오(吳)·회남국(淮南國), 장사국(長沙國)이다. 이들 아홉 나라들은 밖으로 (서쪽과 북쪽으로는) 오랑캐, (남쪽으로는) 월족(越族)과 접하고 있었고 안으로는 북쪽으로 산을 마주하고 있으며 동쪽으로는 모두 제후들의 땅이었는데, 큰 제후국은 군(郡)을 대여섯 개 갖고 있고 성(城)이 수십 개 연이어져 있으며 (독립적으로) 백관(百官)과 궁관(宮觀)을 둬 천자를 넘보는[僭] 수준이었다.

1) 【집해(集解)】 위소(韋昭)가 말했다. "요동 요양현이다."

한(漢)나라는 단지 삼하(三河)·동군(東郡)·영천(潁川)·남양(南陽)과 강릉(江陵)에서 서쪽으로 촉군(蜀郡)까지, 북쪽으로 운중(雲中)에서 농서(隴西)와 내사(內史)[1]까지 모두 15개 군을 소유할 뿐이었는데, 그중에는 공주(公主)나 열후(列侯) 등의 식읍(食邑)이 자못 많았다. 어째서인가? 천하가 평정된 초창기에 골육 동성(同姓)이 적었기 때문에 서얼(庶孼)들까지 넓히고 강하게 함으로써 사해(四海)를 진무하며 천자를 받들고 호위하기[承衛] 위함이었다.

1) 【정의(正義)】 경조(京兆-수도)다.

한나라가 천하를 평정한 지 100년이 되자 친속들은 점점 멀어졌다. 제후 중에 혹 교만하고 사치한 자들은 간사한 신하의 계모(計謀)에 빠져들어[忕][1] 음란(淫亂)을 일삼았으니, 크게는 반역을 일으키는 자도 있었고 작게는 국법을 마구 어기다가[不軌] 그 명(命)을 위태롭게 해서 몸이 죽고 나라를 잃는 자도 있었다. 천자는 상고(上古)시대의 제도와 풍습을 잘 살핀 연후에 은혜를 베풀어서 제후들이 추은(推恩)해 자제들에게 국읍(國邑)을 나눠줄 수 있게 했으니[2], 그래서 제(齊)나라는 일곱[3], 조(趙)나라는 여섯[4], 양(梁)나라는 다섯[5], 회남(淮南)은 셋[6]으로 나누었다. 그리하여 천자의 지서자(支庶子-방계) 중에 왕이 된 자, 왕자의 방계 중에 후가 된 자가 100여 명이었다. (그러나) 오초(吳楚)의 난 때 제후들이 처벌을 받아 봉지가 삭감되었으니[削地], 연(燕)과 대(代)는 북쪽 변경 군이 없어졌고 오(吳)·회남(淮南)·장사(長沙)는 남쪽 변경 군이 없어졌으며 제(齊)·조(趙)·양(梁)·초(楚)의 지군(支郡)과 명산, 못과 바다는 모두 한나라 조정에 귀속되었다. 제후들이 점점 약해지니, 큰 나라라고 해도 불과 성 10여 개를 소유할 뿐이었고 작은 나라는 수십 리에 지나지 않았다. 이렇게 되자 위로는 (중앙조정에) 공직(貢職)을 받들 정도였고 아래로는 조상 제사를 받들 정도였지만, 이렇게 해서 경사(京師)를 울타리처럼 둘러싸서 보필토록 한 것이다. (그 결과) 한나라 조정이 직할하는 군 80~90개가 제후국 사이에 얽히듯이 자리했는데, 그 형세가 개의 이빨들이 서로 맞물린 듯했다. 조정이 험한 요새와 이로운 지역을 장악했고 중앙의 힘이 강화되었으며 제후는 약화했으니, 존비(尊卑)의 서열이 명확해지고 모든 일이 각기 제자리를 차지하게 되었다[各得其所][7].

1) **[색은(索隱)]** 忕의 발음은 (태가 아니라) 서(誓)다. 忕의 뜻은 '익히다[習]'다. 간사한 신하들의 모계(謀計)에 젖어 든다는 말이다. 그래서 『이아(爾雅)』에서는 "서(忕)는 뉴(狃)이다"라고 했다. 뉴(狃) 또한 뜻은 '익히다[習]'다.

2) **[색은(索隱)]** 살펴보건대, 무제(武帝)는 주보언(主父偃)의 말을 써서 추은령(推恩令)을 내렸다.[추은령이란 제후왕이 죽으면 봉국의 토지를 여러 자제에게 분할 상속하게 한 제도다. 이렇게 함으로써 큰 제후왕들의 봉토를 자연스럽게 삭감할 수 있었다.]

3) 【집해(集解)】 서광(徐廣)이 말했다. "성양(城陽)·제북(濟北)·제남(濟南)·치천(菑川)

·교서(膠西)·교동(膠東)으로 나뉘어 모두 일곱이다."

4) 【집해(集解)】 서광(徐廣)이 말했다. "하간(河間)·광천(廣川)·중산(中山)·상산(常

山)·청하(淸河)다."

5) 【집해(集解)】 서광(徐廣)이 말했다. "제음(濟陰)·제천(濟川)·제동(濟東)·산양(山

陽)이다."

6) 【집해(集解)】 서광(徐廣)이 말했다. "여강(廬江)·형산(衡山)이다."

7) 각득기소(各得其所)라는 표현은 덕(德)의 정의(定義)라 할 수 있다. 임금은 임금답고 신하는 신

하다워졌다[君君臣臣]는 말이다. 『논어(論語)』 「자한(子罕)」편에 나오는 공자 말이다. "내가 위

(衛)나라에서 노(魯)나라로 돌아온 뒤에 악(樂)을 바로잡았더니 아(雅)와 송(頌)이 각각 제자리

를 얻었다[樂正 雅頌各得其所]."

신(臣) 천(遷)은 고조(高祖) 이래로부터 태초(太初-무제 연호) 연간까지의

제후들을 삼가 기록하고 그 이후 그들이 더해지고 덜어지는 시기를, 계통

을 잡아 정리해서[譜] 세상의 흐름[時世]을 살펴볼 수 있게 했다. (이런 일에

는) 형세가 비록 강한 영향을 미치겠지만, (그럼에도 불구하고) 요컨대 어짊과

마땅함[仁義]을 매사의 근본으로 삼아야 할 것이다."

고조 원년	초[1]	제[2]	형[3]	회남[4]	연[5]
2년	팽성에 도읍했다.	임치에 도읍했다.	오(吳)에 도읍했다.	수춘에 도읍했다.	계(薊)에 도읍했다.
3년					
4년		처음 왕 한신 원년이니, 옛 상국이다.		10월 을축일이 처음 왕 영포 원년이다.	
5년	제왕 신이 초왕으로 옮긴 원년이다. 반란을 일으켜 폐위되었다.	2년, 초나라로 옮겼다.		2년	후9월 임자일에 노관이 처음 왕이 된 원년이다.
6년	정월 병오일에 처음 왕이 된 교(交) 원년이다.	정월 갑자일에 처음 왕이 된 도혜왕 비(肥) 원년이다. 고조의 아들이다.	정월 병오일에 처음 왕이 된 유가 원년이다.	3년	2년
7년	2년	2년	2년	4년	3년
8년	3년	3년	3년	5년	4년

1) 【색은(索隱)】 고조 5년에 한신을 봉했고, 6년에 동생 교(交)를 왕으로 삼았다.

2) 【색은(索隱)】 4년에 한신을 봉했고, 6년에 아들 비(肥)를 봉했다.

3) 【색은(索隱)】 6년에 유가(劉賈)를 봉했는데, 11년에 유가가 영포에게 살해당했다. 그해에 오국을 세워 형의 아들 비(濞)를 봉했다.

4) 【색은(索隱)】 4년에 영포를 봉했다. 11년에 반란을 일으키니 주살하고 아들 장(長)을 세웠다.

5) 【색은(索隱)】 5년에 노관을 봉했다. 11년에 도망쳐 흉노로 들어가니, 12년에 아들 건(建)을 세웠다.

6) 【색은(索隱)】 4년에 장이를 봉했으나 그해에 훙하니, 이듬해에 아들 오(敖)를 세

조[6]	양[7]	회양[8]	대[9]	장사[10]
한단에 도읍했다.	회양(淮陽)에 도읍했다.	진(陳)에 도읍했다.	마읍에 도읍했다.	
			2년	
처음 왕 장이 원년이다. 훙했다.			3년	
왕 오(敖) 원년이다. 오는 장이의 아들이다.	처음 왕이 된 팽월 원년이다.		4년, 흉노에 항복하니, 나라를 없애고 군으로 삼았다.	2월 을미일, 문왕 오예(吳芮)가 처음 왕이 된 원년이다. 훙했다.
2년	2년			성왕 신(臣) 원년이다.
3년	3년			2년
4년, 왕을 폐했다.	4년			3년

웠다. 8년에 폐해 선평후로 삼았고, 9년에 아들 여의를 세웠다.

7) 【색은(索隱)】 5년에 팽월을 봉했다. 11년에 반란을 일으키니 주살하고, 12년에 아들 회(恢)를 세웠다.

8) 【색은(索隱)】 11년에 아들 우(友)를 봉했다. 2년 후에 군(郡)으로 삼았다가, 고후 원년에 다시 국(國)으로 삼아 혜제의 아들 강(彊)을 봉했다.

9) 【색은(索隱)】 2년에 한왕 신을 봉했는데, 5년에 흉노에 항복했다. 11년에 아들 항(恒)을 세웠다.

10) 【색은(索隱)】 5년에 오예가 훙하자 6년에 아들 성왕(成王) 신(臣)을 세워 장사왕으로 삼았다.

	초	제	형	회남	연
9년	4년, 내조했다.	4년, 내조했다.	4년	6년, 내조했다.	5년
10년	5년, 내조했다.	5년, 내조했다.	5년, 내조했다.	7년, 내조했다. 반란을 일으켜 주살되었다.	6년, 내조했다.
11년	6년	6년	6년, 영포에게 살해당하니 나라를 없애고 군으로 삼았다.	12월 경오일이 여왕(厲王) 장(長) 원년이다. 고조 아들이다.	7년
12년	7년	7년	다시 오국을 두었다. 10월 신축일에 처음 왕이 된 비(濞) 원년이다. 고조 형의 아들로, 예전에 패후(沛侯)였다.	2년	3월 갑오일에 처음 왕이 된 영왕(靈王) 건(建) 원년이다. 고조의 아들이다.
효혜 원년	8년	8년	2년	3년	2년

조	양	회양	대	장사
처음 왕이 된 은왕(殷王) 여의 원년이다. 여의는 고조의 아들이다.	5년, 내조했다.			4년
2년	6년, 내조했다. 반란을 일으켜 주살되었다.		다시 대(代)를 두고 중도(中都)에 도읍했다.	5년
3년	2월 병오일에 처음 왕이 된 회(恢) 원년이다. 회는 고조의 아들이다.	2월 병인일에 처음 왕이 된 우(友) 원년이다. 고조의 아들이며 조나라로 옮겼다.	2월 병자일에 처음 왕이 된 원년이다.	6년
4년, 죽었다.	2년	2년	2년	7년
회양왕을 조나라로 옮긴 원년이다. 이 사람이 유왕(幽王)이다.	3년	군으로 삼았다.	3년	8년

	초		제	형	회남	연
2년	9년, 내조했다.		9년, 내조했다.	3년	4년	3년
3년	10년		10년	4년	5년	4년
4년	11년, 내조했다.		11년, 내조했다.	5년	6년, 내조했다.	5년
5년	12년		12년	6년, 내조했다.	7년	6년, 내조했다.
6년	13년		13년, 훙했다.	7년	8년	7년
7년	14년, 내조했다.	처음으로 노(魯)나라를 두었다.	애왕 양(襄) 원년이다.	8년, 내조했다.	9년, 내조했다.	8년, 내조했다.
고후 원년	15년	4월, 처음 왕이 된 장언(張偃) 원년이다. 장언은 고후의 외손이고 옛 조왕 오의 아들이다.	2년	9년	10년	9년
2년	16년	2년	3년	10년	11년	10년

BOOK21

경제경영-인문

21세기북스는 급변하는 시대의 흐름 속에서 독자의 요구를 먼저 읽어내는 예리한 시각으로 〈칭찬은 고래도 춤추게 한다〉, 〈설득의 심리학〉 등 밀리언셀러를 출간하며 경제 경영 자기계발 분야의 독보적인 브랜드로서 자리매김했습니다.

 21cbooks　　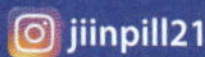 jiinpill21　　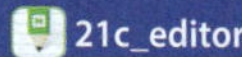 21c_editors

북이십일의 문학 브랜드 아르테는 세계와 호흡하며 세계의 우수한 작가들을 만납니다. 국내에 소개되지 않은 혹은 잊혀서는 안 되는 작품들에, 새로운 가치를 담아 재창조하여 '깊고 아름다운 책'을 만들고자 합니다.

 21arte　　 21_arte　　 staubin

원 페이지 인문학

하루 5분이면 충분한 실천 인문학

김익한 지음 | 값 19,900원

하루 한 장의 생각으로 단단해지는 내일'아는 것'이 아니라 '사는 것'을 제안하는 365일 실천 인문학하루 한 페이지, 5분이면 충분한 성장의 시간!

김형석, 백 년의 유산

106세 철학자가 길어 올린 최후의 인간학

김형석 지음 | 값 22,000원

"백 년의 사유가 담긴 우리 시대 마지막 유산"
기네스 공식 인증, 현존 인류 최고령 저자
김형석 교수가 전하는 '만년(萬年)의 교양'

법의학자 유성호의 유언 노트

후회 없는 삶을 위한 지침서

유성호 지음 | 값 19,900원

"죽음을 떠올릴 때 삶은 더 선명해진다"
매주 죽음을 만나는 서울대 유성호 교수가 일 년에 한 번 '유언'을 쓰며 발견한 인생의 진정한 가치와 의미, 어떻게 살아가야 할 것인가에 관한 고민과 성찰!

Philos 038
신을 찾는 뇌

종교는 어떻게 진화했는가

로빈 던바 지음 | 구형찬 옮김 | 값 30,000원

'던바의 수' '사회적 뇌' 사회성 연구의 대가 로빈 던바,
종교에 대한 과학적 연구 20년의 결정판
다학제간연구로 종교의 기원과 진화 목적을 밝히다

그레이트하모니 006
피델 & 체

불가능을 가능케 한 두 혁명가의 우정

사이먼리드헨리지음 | 값 39,800원

같고도 다른 두 혁명가의 우정을 통해 20세기 후반 냉전사와 혁명사를 꿰뚫다! 전설로 남은 두 혁명가의 일대기

설득자

부, 성공, 행복이 따르는 설득 비법

정흥수 지음 │ 값 22,000원

"듣게 하고, 믿게 하고, 움직이게 하라!"
인간관계부터 리더십·협상·사업까지,
사람의 마음을 움직이는 실전 설득법

80/20 법칙 · 80/20 법칙(행동편)

적은 노력으로 크게 성취하는 불변의 진리

리처드 코치 지음 │ 각권 24,000원

"사소한 것에 매달리지 마라, 모든 것을 결정 짓는 20%에 몰두하라"
당신의 일상을 완전히 바꾸어 줄 간단한 효율의 과학
최소 노력으로 최대 성과를 내는 똑똑한 일상 설계법

직감의 힘

촉은 거짓말을 하지 않는다

로라 후앙 지음 │ 값 19,900원

"성공한 리더들은 왜 직감을 단련하는가?"
조직행동학 권위자가 수천 명의 리더 인터뷰로 밝혀낸
무의식의 신호를 포착해 더 빠르고 좋은 결정을 내리는 법

기획의 감각

국내 1세대 A&R 프로듀서 정병기가 써내려간 기획의 세계

정병기(Jaden Jeong) 지음 │ 값 18,900원

"남들이 미쳤다고 말할 때 기획은 완성된다!"
원더걸스에서 2PM, 러블리즈, 이달의 소녀, tripleS까지
K-POP 업계를 뒤바꾼 기획자의 시선, 그 혁신적 감각에 대하여

브라이언 트레이시 자기 확신론,
브라이언 트레이시 시간 관리론

위대한 행동주의자의 성공 원칙 시리즈

브라이언 트레이시 지음 │ 각권 20,000원, 22,000원

"당신이 할 수 있는 것, 될 수 있는 것, 이룰 수 있는 것에는 한계가 없다!"
현존하는 인물 중 세계에서 가장 영향력 있는 자기계발 전문가
브라이언 트레이시의 성공 법칙 실천편!

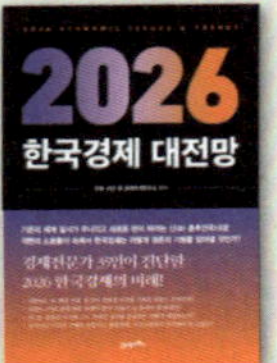

2026 한국경제 대전망

2026 ECONOMIC ISSUES & TRENDS

오철·이근 외 경제추격연구소 지음 | 값 24,000원

"경제전문가 35인이 진단한 2026 한국경제의 미래!"
기존 질서가 무너지고 새로운 판이 짜이는 신 춘추전국시대! 경제 대전환의 시기에 꼭 읽어야 할 대한민국 최고 경제전문가 35인의 미래 인사이트

정서적 연봉

월급쟁이에게 돈보다 중요한 것

신재용 지음 | 값 22,000원

"인재가 구글에 가는 건 못 막더라도
경쟁사에 뺏겨서는 안 되지 않겠는가?"
국내 최초, 조직문화에 값을 매기다.
일 잘하는 직원을 잡으려면 감정 급여를 챙겨라!

Philos 040

자유의 길

경제학은 어떻게 좋은 사회를 만들 수 있는가

조지프 스티글리츠 지음 | 이강국 옮김 | 값 34,000원

자칭 '자유의 수호자'들은 어떻게 자유를 억압해 왔는가?
오늘날 가장 오남용되는 문제적 개념, 노벨상 수상 경제학자의 눈으로 바라본 자유

대한민국, 넥스트 레벨 2

철학·정치·사회·경제·통섭 최고 전문가 17인의
국가 재설계 제안

코리아다이나미즘포럼 편저 | 값 28,000원

"분열의 시대에 다시 함께 사는 법을 묻다!"
한국 사회 대전환의 5대 실천 코드 새롭게 일어설 대한민국을 위한 전문가 17인의 제언

초연결 지구에서 무역하라

무역은 사라지고, 연결만 남는다

양송이·최건식 지음 | 값 17,000원

"이 시대 수출은 '보내는 것'이 아니라 '보이게 하는 것'!"
수출에 대한 고정관념에서 탈피하고 전통적 수출 방식에서 벗어나
디지털 생태계 속 새로운 무역의 길을 제시한다.

조	양	회양	대	장사
2년	4년		4년	애왕(哀王) 회(回) 원년이다.
3년	5년		5년	2년
4년, 내조했다.	6년		6년	3년
5년	7년		7년	4년
6년	8년		8년	5년
7년, 내조했다. / 처음으로 상산국(常山國)을 두었다.	9년 내조했다. / 처음으로 여국(呂國)을 두었다.	다시 회양국을 두었다.	9년	6년
8년 / 4월 신묘일에 애왕이 된 불의(不疑) 원년이다. 그해에 훙했다.	10년 / 4월 신묘일에 처음 왕이 된 여왕(呂王) 태(台) 원년이다. 그해에 훙했다.	4월 신묘일에 처음 왕이 된 회왕(懷王) 강(强) 원년이다. 강은 혜제의 아들이다.	10년	7년
9년 / 7월 계사일에 처음 왕이 된 의(義) 원년이다. 효혜의 아들이며 옛 양성후(襄城侯)인데, 세워져 제(帝)가 되었다.	11년 / 11월 계해일에 왕이 된 여가(呂嘉) 원년이다. 가는 숙왕(肅王)의 아들이다.	2년	11년	공왕(恭王) 우(右) 원년이다.

	초		제	형	회남	연
3년	17년	3년	4년, 내조했다.	11년	12년	11년
4년	18년	4년	5년	12년	13년	12년
5년	19년	5년	6년	13년	14년, 내조했다.	13년
6년	20년	6년	7년 처음으로 낭야국(琅邪國)을 두었다.	14년	15년	14년
7년	21년	7년	8년 왕 택(澤) 원년이다. 옛 영릉후(營陵侯)다.	15년	16년	15년, 끊어졌다.

조		양		회양	대	장사
10년	2년	12년	2년	3년	12년	2년, 내조했다.
11년	5월 병진일에 처음 왕이 된 조(朝) 원년이다. 조는 혜제의 아들이며 옛 지후(軹侯)다.	13년	3년	4년	13년	3년
12년	2년	14년	4년	5년, 후사가 없었다.	14년	4년
13년	3년	15년	여가가 폐위되었다. 7월 병진일에 여산(呂産)이 왕이 된 원년이다. 숙왕의 동생이며 옛 교후(洨侯)다.	처음 왕이 된 무(武) 원년이다. 무는 효혜제의 아들로, 옛 호관후(壺關侯)다.	15년	5년
14년, 유왕이 죽었다.	4년	16년, 왕을 조나라로 옮기니 자살했다. 여산이 왕이 된 원년이다.	여산을 옮겨 양왕으로 삼았다. 7월 정사일이 태왕(太王) 원년이니, 혜제의 아들이다.	2년	16년	6년

	초		제				형	회남	연
8년	22년	8년	9년			2년	16년	17년	10월 신축일, 처음 왕이 된 여통(呂通) 원년이다. 숙왕의 아들이며 옛 동평후(東平侯)다. 9월에 주살되었고 나라는 없어졌다.
효문 전원년	23년	9년, 후로 강등되었다.	10년, 훙했다.	처음으로 성양(城陽)을 두었다.	처음으로 제북(濟北)을 두었다.	3년, 연나라로 옮겼다.	17년	18년	10월 경술일에 낭야왕 택(澤)을 연나라로 삼은 원년이다. 이 사람이 경왕(敬王)이다.
2년	이왕(夷王) 영(郢) 원년이다.		문왕(文王) 칙(則) 원년이다.	2월 을묘일에 경왕(景王)이 된 장(章) 원년이다. 장은 도혜왕 아들로, 옛 주허후(朱虛侯)다.[11]	2월 을묘일에 왕이 된 흥거(興居) 원년이다. 흥거는 도혜왕 아들로, 옛 동모후(東牟侯)다.[12]	나라를 없애 군으로 삼았다.	18년	19년	2년, 훙했다.
3년	2년		2년	2년	2년		19년, 내조했다.	20년, 내조했다.	강왕(康王) 가(嘉) 원년이다.

11) **【색은(索隱)】** 주허는 현(縣) 이름이고 낭야군에 속한다.

조			양	회양	대	장사
처음 왕이 된 여록(呂祿) 원년이다. 여후의 오빠 아들로 호릉후(胡陵侯)였다. 주살되었고 나라는 없어졌다.	5년, (혜제) 아들이 아니라 해서 주살하고 나라를 없애 군으로 삼았다.		2년, 죄가 있어 주살했고 군으로 삼았다.	3년, 무(武)가 주살되었고 나라는 없어졌다.	17년	7년
10월 경술일에 조왕 수(遂) 원년이 시작되었다. 유왕의 아들이다.	나눠 하간(河間)을 만들고 낙성(洛城)을 도읍으로 삼았다.	처음으로 태원(太原)을 두고 진양(晉陽)을 도읍으로 삼았다.	다시 양국(梁國)을 두었다.		18년, 문제(文帝)가 되었다.	8년
2년	2월 을묘일에 처음 왕이 된 문왕(文王) 벽강(辟彊) 원년이다. 벽강은 조나라 유왕(幽王) 아들이다.	2월 을묘일에 처음 왕이 된 참(參) 원년이다. 참은 문제의 아들이다.	2월 을묘일에 처음 왕이 된 회왕 승(勝) 원년이다. 승은 문제의 아들이다.		2월 을묘일에 처음 왕이 된 무(武) 원년이다. 무는 문제의 아들이다.	9년
3년	2년	2년	2년	다시 회양국을 두었다.	2년, 회양으로 옮겼다.	정 왕(靖王) 저(著) 원년이다.

12) 【색은(索隱)】 동모는 현 이름이고 동래군에 속한다.

	초	제		형	회남	연
4년	3년	3년	공왕(共王) 희(喜) 원년이다. 군으로 삼았다.	20년	21년	2년
5년	4년, 훙했다.	4년	2년	21년	22년	3년
6년	왕 무(戊) 원년이다.	5년	3년	22년	23년, 왕이 무도해 촉으로 옮겼고, 옹(雍)에서 죽으니, 군으로 삼았다.	4년
7년	2년	6년	4년	23년		5년
8년	3년	7년, 내조했다.	5년	24년		6년, 내조했다.
9년	4년	8년	6년, 내조했다.	25년		7년
10년	5년	9년	7년	26년		8년
11년	6년	10년	8년, 회남으로 옮겼다. 군으로 삼아 제나라에 속하게 했다.	27년		9년

조			양	회양	대	장사
4년	3년	3년, 대왕(代王)으로 고쳤다.	3년	대왕 무(武)를 회양으로 옮기고 (개원하지 않고) 3년이라 했다.	3년, 태원왕 참을 대왕으로 바꾸었고 3년이라 했다. 실제로는 태원에 머물렀는데 이 사람이 효왕(孝王)이다.	2년
5년	4년		4년	4년	4년	3년
6년	5년		5년	5년	5년	4년
7년, 내조했다.	6년		6년, 내조했다.	6년, 내조했다.	6년, 내조했다.	5년
8년	7년, 내조했다.		7년	7년	7년	6년
9년	8년		8년	8년, 내조했다.	8년	7년
10년	9년		9년	9년	9년	8년, 내조했다.
11년, 내조했다.	10년		10년, 내조했다. 홍하니 후사가 없었다.	10년, 내조했다. 양으로 옮겼다. 군으로 삼았다.	10년, 내조했다.	9년

	초	제	형	회남	연
12년	7년	11년, 내조했다.	28년	성양왕 희(喜)가 회남으로 옮긴 원년이다.	10년
13년	8년, 내조했다.	12년	29년	2년	11년
14년	9년	13년	30년	3년	12년, 내 조 했다.
15년	10년	처음으로 형산(衡山)을 두었다. 14년, 훙(薨)했는데 후사가 없었다. 나누어 성양국(城陽國)을 두다. 나누어 제국(齊國)을 두었다. 나누어 제북국(濟北國)을 두었다. 나누어 제남국(濟南國)을 두었다. 나누어 치천(菑川)을 두고 극(劇)에 도읍했다. 나누어 교서(膠西)를 두고 원(宛)에 도읍했다. 나누어 교동(膠東)을 두고 즉묵에 도읍했다.	31년	4년, 성양으로 옮겼다.	13년, 내 조 했다.
16년	11년 4월 병인일에 왕 발(勃)이 되니 원년이다. 회남여왕(淮南厲王)의 아들이며 옛 안양후(安陽侯)였다.	4월 병인일에 왕 효장려(孝將閭)가 되니 원년이다. 제도혜왕(悼惠王)의 아들이며 옛 양허후(陽虛侯)였다. 4월 병인일에 왕 지(志)가 되니 원년이다. 제도혜왕의 아들이며 옛 안도후(安都侯)였다. 4월 병인일에 왕 벽광(辟光)이 되니 원년이다. 제도혜왕의 아들이며 옛 초후(初侯)였다. 4월 병인일에 왕 현(賢)이 되니 원년이다. 제도혜왕의 아들이며 옛 무성후(武成侯)였다. 4월 병인일에 왕 앙(卬)이 되니 원년이다. 제도혜왕의 아들이며 옛 평창후(平昌侯)였다. 4월 병인일에 왕 웅거(雄渠)가 되니 원년이다. 제도혜왕의 아들이며 옛 백석후(白石侯)였다.	32년	4월 병인일에 왕 안(安)이 되니 원년이다. 회남여왕의 아들이며 옛 부릉후(阜陵侯)였다.	14년

조		양	회양	대	장사
12년, 내조했다.	11년, 내조했다.	11년, 회양왕 무를 양으로 옮겼으니, 이 사람이 효왕이다.	11년	10년	
13년	12년	12년	12년	11년	
	13년, 훙했다.	13년	13년	12년	
15년	애왕 복(福) 원년이다. 훙하니 후사가 없어 나라를 없애고 군으로 삼았다.	처음으로 여강국(廬江國)을 두었다.	14년, 내조했다.	14년	13년
16년		4월 병인일에 왕이 된 사(賜) 원년이다. 회남여왕의 아들이며 옛 양주후(陽周侯)다.	15년	15년	14년

	초	제								형	회남	연
후원년	12년	2년	2년	**14**	2년	2년	2년	2년	2년	33년	2년	15년
2년	13년	3년	3년	**15**	3년	3년	3년	3년	3년	34년	3년	16년
3년	14년	4년	4년, 내조했다.	**16**	4년, 내조했다.	4년, 내조했다.	4년	4년	4년	35년	4년	17년
4년	15년	5년	5년	**17**	5년, 내조했다.	5년	5년	5년	5년	36년	5년	18년, 내조했다.
5년	16년, 내조했다.	6년	6년	18년, 내조했다.	6년	6년, 내조했다.	6년	6년, 내조했다.	6년	37년	6년	19년
6년	17년	7년	7년	19년	7년	7년	7년			38년	7년, 내조했다.	20년
7년	18년	8년	8년	20년	8년	8년	8년	8년	8년	39년	8년	21년

조		양	회양	대	장사
17년	2년	16년		16년	15년
18년	3년	17년		17년, 훙했다.	16년
19년	4년	18년, 내조했다.		공왕(恭王) 등(登) 원년이다.	17년
20년, 내조했다.	5년	19년		2년	18년
21년	6년	20년		3년	19년
22년	7년	21년		4년	20년, 내조했다.
23년	8년	22년		5년	21년, 내조했다. 훙하니 후사가 없어 나라를 없앴다.

❖

	초			제							형	회남	연
효경 원년	19년		9년	9년	21년	9년	9년	9년	9년	9년	40년	9년	22년
2년	20년, 내조했다.	초 나라를 나눠 다시 노 나라를 두었다.	10년	10년	22년	10년, 내조했다.	10년	10년	10년	10년	41년	10년	23년
3년	21년, 반란을 일으켜 주살 되었다.	6월 을해일에 회양왕을 노나라로 옮긴 원년이다. 이 사람이 공왕(恭王)이다.	11년	11년	23년	11년	11년	11년	11년	11년	42년, 반란을 일으켜 주살 되었다.	11년	24년
4년 4월 기사일, 태자를 세웠다.	문왕 예(禮) 원년이다. 원왕의 아들이고 옛 평륙후(平陸侯)이다.	2년, 내조했다.	12년, 제 북으로 옮겨졌다. 강왕 사(賜)를 형산으로 옮긴 원년이다.	의왕(懿王) 수(壽) 원년이다.	24년	12년	군으로 삼았다.	12년	2년	4월 을사일에 처음 왕이 된 원년이다. 이 사람이 효무제다.	처음으로 강도를 두었다. 6월 을해일에 여남왕 비(非)가 강도왕이 된 원년이다. 이 사람이 역왕(易王)이다.	12년	25년

조					양			회양	대	장사
24년	다시 하간국을 두었다.	처음으로 광천을 두고 신도(信都)에 도읍했다.		9년	23년	비로소 임강을 두고 강릉(江陵)에 도읍했다.	처음으로 여남국을 두었다.	비로소 회양국을 두었다.	6년	다시 장사국을 두었다.
25년, 내조했다.	3월 갑인일에 처음으로 왕이 된 헌왕(獻王) 덕(德) 원년이다. 경제의 아들이다.	3월 갑인일에 왕이 된 팽조(彭祖) 원년이다. 경제의 아들이다.	처음으로 중산을 두고 노노(盧奴)에 도읍했다.	10년	24년, 내조했다.	3월 갑인일에 처음 왕이 된 알어(閼於) 원년이다. 경제의 아들이다.	3월 갑인일에 처음 왕이 된 비(非) 원년이다.	3월 갑인일에 처음 왕이 된 여(餘) 원년이다. 경제의 아들인데, 노 나라로 옮겼다.	7년	3월 갑인일 예 왕이 된 정왕(定王) 발(發) 원년이다. 경제의 다들이다
26년	2년, 내조했다.	2년, 내조했다.	6월 을해일에 정왕(靖王) 승(勝)이 왕이 된 원년이다. 경제의 아들이다.	11년	25년, 내조했다.	2년	2년	2년	8년	2년
군으로 삼았다.	3년	3년	2년	12년, 노산(魯山)으로 옮기고 나라를 없애 군으로 삼았다.	26년	3년, 훙했다. 후사가 없어 나라를 없애고 군으로 삼았다.	3년, 강도(江都)로 옮겼다.	군으로 삼았다.	9년	3년

	초			제						형	회남	연
5년	2년	3년	2년	2년, 내조했다.	25년	13년, 훙했다. 이 사람이 정왕(貞王)이다.	13년	3년	2년	2년	13년, 내조했다.	26년, 훙했다.
6년	3년, 내조했다. 훙했다.	4년	3년	3년	26년	무왕(武王) 호(胡) 원년이다.	14년	4년	3년	3년	14년	왕 정국(定國) 원년이다.
7년 11월 을축일, 태자를 폐했다.	안왕(安王) 도(道) 원년이다.	5년	4년	4년	27년	2년	15년	5년	4년 4월 정사 일, 태자가 되었다.	4년	15년	2년
중 원년	2년, 내조했다.	6년	5년	5년	28년	3년	16년, 내조했다.	6년, 내조했다.	다시 교동국을 두었다.	5년	16년	3년
2년	3년	7년	6년	6년	29년, 내조했다.	4년	17년, 내조했다.	7년	4월 을사일에 처음 왕이 된 강왕(康王) 기(寄) 원년이다. 경제의 아들이다.	6년	17년	4년

조						양	대	장사
광천왕 팽조를 조나라로 옮긴 지 4년이다. 이 사람이 경숙왕(敬肅王)이다.	4년	4년, 조나라로 옮겼으며 나라를 없애고 신도군(信都郡)으로 삼았다.	3년		27년		10년	4년
5년	5년		4년		28년	다시 임강국을 두었다.	11년	5년, 내조했다.
6년	6년		5년, 내조했다.		29년, 내조했다.	11월 을축일에 처음 왕이 된 민왕(閔王) 영(榮) 원년이다. 경제의 태자였다가 폐위되어 왕이 되었다.	12년	6년, 내조했다.
7년	7년	다시 광천국을 두었다.	6년		30년	2년	13년	7년
8년, 내조했다.	8년, 내조했다.	4월 을사일에 왕이 된 혜왕(惠王) 월(越) 원년이다. 경제의 아들이다.	7년	처음으로 청하(淸河)를 두고 청양(淸陽)에 도읍했다.	31년, 내조했다.	3년	14년	8년

	초			제						형	회남	연
3년	4년	8년	7년, 내조 했다.	7년	30년	5년	18년	8년	2년	7년	18년	5년, 내 조했다.
4년	5년	9년	8년	8년	31년	6년	19년	9년	3년	8년	1 9 년, 내 조 했 다.	6년
5년	6 년, 내 조 했다.	10년	9년	9년	32년	7년	20년	10년	4 년, 내 조 했다.	9년	20년	7년

조						양					대	장사
9년	9년	2년	8년	3월 정사일에 애왕 승(乘)이 왕이 된 원년이다. 경제의 아들이다.		3 2 년	4년, 침묘(寢廟)에 있는 빈 땅을 침범해 자기 궁궐을 증축하려 했던 죄에 걸려 자살했다. 나라는 없어져 남군(南郡)이 되었다.				1 5 년, 내조했다.	9년
10년	1 0 년	3년	9 년, 내조했다.	2년	다시 상산국을 두었다.	3 3 년					16년	1 0 년, 내조했다.
11년	1 1 년	4년	10년	3년	3월 정사일에 처음으로 왕이 된 헌왕(憲王) 순(舜) 원년이다. 경제의 아들이다.	3 4 년	나눠서 제천국을 만들었다.	나눠서 제동국을 만들었다.	나눠서 산양국을 만들었다.	나눠서 제음국을 만들었다.	17년	1 1 년, 내조했다.

	초			제						형	회남	연
6년	7년	11년	10년	10년	33년	8년	21년	11년	5년	10년	21년	8년
후원 원년	8년	12년	11년	11년	경왕(頃王) 연(延) 원년이다.	9년	22년, 내조했다.	12년	6년	11년	22년	9년, 내조했다.
2년	9년	13년	12년	12년, 내조했다.	2년	10년, 내조했다.	23년	13년	7년	12년	23년	10년, 내조했다.
3년	10년	14년	13년	13년	3년	11년	24년	14년	8년, 내조했다.	13년	24년	11년

조						양					대	장사
12년	12년	5년	1 1년	4년	2년	35년, 내조 했 다. 훙했다.	5월 병술일에 처음 왕이 된 명(明)원년이다. 양효왕의 아들이다.	5월 병술일에 처음 왕이 된 팽리(彭離) 원년이다. 양효왕의 아들이다.	5월 병술일에 처음 왕이 된 정(定) 원년이다. 양효왕의 아들이다.	5월 병술일에 처음 왕이 된 불식(不識) 원년이다.	18년	12년
13년, 내조 했다.	13년, 내조 했다.	6년	1 2년	5년	3년	공왕(恭王) 매(買) 원년이다. 효왕의 아들이다.	2년	2년	2년	2년, 훙하니 후사가 없어 나라를 없앴다.	19년	13년
14년	14년	7년	1 3년	6년	4년	2년	3년	3년	3년		20년	14년
15년	15년	8년	1 4년	7년	5년	3년	4년	4년	4년		21년	15년

	초			제						형	회남	연
효무 건원(建元) 원년	11년	15년	14년	14년	4년	12년	25년	15년	9년	14년	25년	12년
2년	12년, 내조했다.	16년, 내조했다.	15년	15년	5년	13년	26년	16년	10년	15년	26년, 내조했다.	13년
3년	13년	17년	16년	16년	6년	14년	27년	17년	11년	16년	27년	14년
4년	14년	18년	17년	17년	7년	15년	28년	18년	12년	17년, 내조했다.	28년	15년
5년	15년	19년	18년	18년	8년	16년	29년	19년	13년	18년	29년	16년
6년	16년	20년	19년	19년	9년	17년	30년	20년, 내조했다.	14년	19년	30년	17년

13) 【색은(索隱)】 시호법에서 이름과 실상이 괴리된 것을 무(繆)라고 한다.

조						양				대	장사
16년	16년	9년	15년	8년	6년	4년	5년	5년	5년	22년	16년
17년	17년	10년	16년	9년, 내조했다.	7년	5년	6년	6년	6년	23년	17년
18년	18년	11년.	17년, 내조했다.	10년	8년	6년	7년, 사부를 죽여 폐위되어 방릉으로 옮겨졌다.	7년	7년	24년, 내조했다.	18년
19년	19년	12년	18년	11년	9년, 내조했다.	7년, 훙했다.	군으로 삼았다.	8년	8년	25년	19년
20년	20년	무왕(繆王) 원년이다.13)	19년	12년, 훙하니 후사가 없어 나라를 없애고 군으로 삼았다.	10년	평왕(平王) 양(襄) 원년이다.		9년	9년, 훙하니 후사가 없어 나라를 없애고 군으로 삼았다.	26년	20년
21년, 내조했다.	21년	**2**	20년		11년	2년		10년		27년	21년

	초			제						형	회남	연
원광(元光)원년	17년	21년	20년	20년	10년, 내 조 했다.	18년	31년	21년	15년, 내 조 했다.	20년	31년	18년, 내 조 했다.
2년	18년, 내 조 했다.	22년	21년	21년	11년	19년	32년	22년	16년	21년	32년	19년
3년	19년, 내 조 했다.	23년	22년	22년, 졸 했 다.	12년	20년	33년	23년	17년	22년	33년	20년
4년	20년	24년	23년	여 왕 (厲王) 차 창 (次昌) 원 년 이다.	13년	21년	34년	24년	18년	23년	34년	21년
5년	21년	25년	24년	2년	14년, 내 조 했다.	22년	35년, 훙 했 다.	25년	19년	24년	35년	22년
6년	22년, 훙 했 다.	26년, 훙 했 다.	25년	3년	15년	23년	정 왕 (靖王) 건(建) 원 년 이다.	26년	20년	25년	36년	23년

조					양		대	장사
22년	22년	3년	21년	12년	3년	11년	28년	22년
23년	23년	4년	22년, 내조했다.	13년	4년	12년	29년	23년, 너조했다.
24년	24년	5년	23년, 내조했다.	14년	5년	13년	왕 의(義) 원년이다.	24년, 너조했다.
25년	25년	6년	24년	15년	6년	14년, 내조했다.	2년	25년
26년	26년, 내조했다.	7년	25년	16년	7년	15년	3년	26년
27년, 내조했다.	공왕(恭王) 불해(不害) 원년이다.	8년	26년	17년	8년	16년	4년	27년

한나라가 일어난 이래의 제후왕 연표(漢興以來諸侯王年表) 제5

	초			제						형	회남	연
원삭(元朔) 원년	양 왕(襄王) 주(注) 원년이다.	안 왕(安王) 광(光) 원년이다.	26년	4년	16년	24년, 내조했다.	2년	27년	21년	26년	37년	24년, 금수 같은 짓을 한 죄에 걸려 자살했다. 나라를 없애고 군으로 삼았다.
2년	2년	2년	27년	5년, 훙하니 후사가 없어 나라를 없애고 군으로 삼았다.	17년	25년	3년	28년, 내조했다.	22년	왕 건(建) 원년이다.	38년	
3년	3년	3년	28년		18년	26년	4년	29년	23년	2년	39년	
4년	4년, 내조했다.	4년	29년		19년	27년	5년	30년	24년	3년	40년	
5년	5년	5년	30년		20년	28년	6년	31년	25년, 내조했다.	4년	41년, 안(安)에게 죄가 있어 2개 현이 삭감되었다.	
6년	6년	6년	31년		21년, 내조했다.	29년	7년	32년	26년	5년	42년	

조					양		대	장사
28년	2년	9년	27년	18년	9년	17년	5년	강왕(康王) 용(庸) 원년이다.
29년	3년	10년	28년	19년	10년, 내조했다.	18년	6년	2년
30년	4년, 훙했다.	11년	29년, 내조했다.	20년	11년	19년	7년	3년
31년	강왕(剛王) 감((堪) 원년이다.	12년	30년	21년	12년	20년, 내조했다.	8년	4년
32년	2년	13년	31년	22년	13년	21년	9년	5년
33년	3년	14년, 내조했다.	32년	23년, 내조했다.	14년	22년	10년	6년

한나라가 일어난 이래의 제후왕 연표(漢興以來諸侯王年表) 제5

	초			제					형	회남	연
원수(元狩) 원년	7년	7년	32년, 반란을 일으켰다가 자살하니 나라를 없앴다.	22년	30년	8년	33년	27년	6년	43년, 반란을 일으켜 자살했다.	
2년	8년, 내조했다.	8년, 내조했다.		23년	31년	9년	34년	28년	7년, 반란을 일으켜 자살했고 나라는 없어져 광릉군으로 삼았다.	육안국(六安國)을 두고 옛 진(陳)을 도읍으로 삼았다. 7월 병자일에 처음 공왕(恭王) 경(慶)을 왕으로 삼은 원년이다. 교동왕의 아들이다.	
3년	9년	9년		24년	32년, 내조했다.	10년	35년	애왕 현(賢) 원년이다.		2년	
4년	10년, 내조했다.	10년		25년	33년	11년	36년	2년		3년	
5년	11년	11년	다시 제나라를 두었다.	26년, 내조했다. 훙했다.	34년	12년, 내조했다.	37년	3년	다시 광릉국을 만들었다.	4년	다시 연나라를 두었다.
6년	12년	12년	4월 을사일에 처음으로 회왕(懷王) 굉(閎)을 왕으로 삼은 원년이다. 무제의 아들이다.	경왕(敬王)의 (義) 원년이다.	35년	13년	38년	4년	4월 을사일에 처음으로 서(胥)를 왕으로 삼은 원년이다. 무제의 아들이다.	5년	4월 을사일에 처음으로 날왕(剌王) 단(旦)을 왕으로 삼은 원년이다. 무제의 아들이다.[14]

14) 【색은(索隱)】 시호법에서 난폭하고 오만하며 혈친을 제 몸처럼 여기지 않는 것

조					양		대	장사
34년, 내조했다.	4년	15년	33년	24년	15년	23년	11년	7년
35년	5년	16년	34년	25년	16년	24년	12년, 내조했다.	8년, 내조했다.
36년	6년	17년	35년, 내조했다.	26년	17년	25년	13년	9년
37년	7년	18년	36년	27년	18년	26년, 내조했다.	14년	10년
38년	8년	19년	37년	28년	19년	27년	15년	11년
39년	9년, 내조했다.	20년	38년	29년, 내조했다.	20년	28년	16년	12년

을 날(剌)이라고 한다.

	초			제						형	회남	연
원정(元鼎) 원년	13년	13년		2년	2년	36년	14년	39년	5년	2년	6년	2년
2년	14년, 훙했다.	14년, 내조했다.		3년	3년	37년	15년	40년	6년	3년	7년	3년
3년	절왕(節王) 순(純) 원년이다.	15년	처음으로 사수(泗水)를 두었고 담(郯)에 도읍했다.	4년	4년	38년	16년	41년	7년	4년	8년	4년
4년	2년	16년	사왕(思王) 상(商) 원년이다. 상은 상산헌왕의 아들이다.	5년	5년	39년	17년	42년	8년	5년	9년	5년
5년	3년	17년	2년	6년	6년	40년	18년	43년	9년	6년	10년	6년
6년	4년	18년	3년	7년	7년	41년, 내조했다.	19년	44년	10년	7년	11년, 내조했다.	7년

조						양		대	장사
40년	10년	21년, 내조했다.	39년		30년	21년	29년, 표(剽)가 사람을 죽이니 상용으로 옮기고 나라는 태하군(太河郡)으로 삼았다.	17년	13년
41년	11년	22년	40년		31년	22년		18년, 내조했다.	14년
42년	12년, 훙했다.	23년	41년, 내조했다.	다시 청하국을 두었다.	32년, 훙하니 아들이 왕이 되었다.	23년		19년, 청하로 옮겼다. 태원군으로 삼았다.	15년, 내조했다.
43년	경왕(頃王) 수(授) 원년이다.	24년	42년, 훙했다.	20년, 대왕의(義)를 청하로 옮겼다. 이 사람이 강왕(剛王)이다.	다시 진정국(眞定國)을 두었다. 경왕(頃王) 평(㽮) 원년이다. 상산헌왕의 아들이다.	24년			16년
44년	2년	25년, 내조했다.	애왕 창(昌) 원년이다. 같은 해에 훙했다.	21년	2년	25년			17년
45년	3년	26년	강왕(康王) 곤치(昆侈) 원년이다.	22년	3년	26년			18년

	초			제						형	회남	연
원봉(元封) 원년	5년	19년	4년	8년, 훙하니 후사가 없어 나라를 없애고 군으로 삼았다.	8년, 내조했다.	42년	20년	45년	11년	8년	12년	8년
2년	6년	20년	5년		9년, 훙했다.	43년	경왕(頃王) 유(遺) 원년이다.[15]	46년	12년	9년	13년	9년
3년	7년	21년, 내조했다.	6년		혜왕(慧王) 무(武) 원년이다.	44년	2년	47년, 훙하니 후사가 없어 나라를 없앴다.	13년	10년	14년	10년
4년	8년	22년	7년		2년	45년	3년		14년	11년	15년	11년
5년	9년	23년, 태산에 조문했다.	8년		3년	46년, 태자를 조문했다.	4년		대왕(戴王) 통(通) 원년이다.	12년	16년	12년
6년	10년	24년	9년		4년	47년	5년		2년	13년	17년	13년

15) 【색은(索隱)】 제남왕 벽광의 아들이다.

조						양	장사
46년	4년	27년	2년	23년	4년, 내조했다.	27년	19년
47년	5년	28년	3년	24년	5년	28년	20년
48년	6년	29년	4년	25년, 내조했다.	6년	29년	21년
49년	7년	30년	5년	26년	7년	30년	22년
50년	8년	31년	6년	27년	8년	31년	23년
51년	9년	32년	7년	28년	9년, 내조했다.	32년	24년

한나라가 일어난 이래의 제후왕 연표(漢興以來諸侯王年表) 제5

	초			제				형	회남	연
태초(太初)원년	11년	25년	10년, 훙했다.	5년	48년	6년	3년	14년	18년, 내조했다.	14년
2년	12년	26년		6년	49년	7년	4년	15년	19년	15년
3년	13년	27년	2년	7년, 훙했다.	50년	8년	5년	16년	20년	16년
4년	14년	28년	3년	황왕(荒王) 하(賀) 원년이다.	51년	9년	6년	17년	21년	17년

16) 17)

16) 【집해(集解)】 서광(徐廣)이 말했다. "효무(孝武) 태시(太始) 2년에 광릉·중산·진정 등 다섯 왕이 내조(來朝)했다. 효선(孝宣) 본시(本始) 원년에 조나라 왕이 내조했고, 2년에 광천왕이 내조했으며, 4년에 청하왕이 내조했다. 효선 지절(地節) 원년에 양나라 왕이 내조했고, 2년에 하간왕이 내조했다. 3년에 제북왕이 내조하니, 제북을 평원(平原)과 태산(太山) 2개 군으로 나눴다."

17) 【색은술찬(索隱述贊)】 한나라가 천하를 소유하자[漢有天下]/이에 옛날의 흥망성쇠를 거울로 삼았도다[爰鑒興亡]/처음에 명산대천에 맹세했고[始誓河岳] /성대하게 말하며 높은 작위 내려주었다네[言峻寵章]/회음은 초나라로 나아

조						양	장사
53년	10년	33년	8년	29년	10년	33년	25년
54년	11년	34년	9년, 내조했다.	30년	11년	34년	26년
54년	12년	35년	10년	31년	12년	35년	27년
55년	13년	36년	11년	32년	13년	36년, 내조했다.	28년, 내조했다.

갔고[淮陰就楚]/팽월은 양나라에 봉해졌네[彭越封梁]/형나라 연나라는 가까운 인척이었고[荊燕懿戚]/제나라 조나라는 공신들이었다네[齊趙棣棠]/개 어금니와 이빨처럼 서로 맞물리니[犬牙相制]/후손들도 영광을 누릴 수 있었도다[麟趾有光]/문제 경제 때로 내려오니[及降文景]/대나라에 영왕 있었지[代有英王]/노왕은 공손했고 양왕은 효도했으며[魯恭梁孝]/제북왕 성양왕[濟北城陽]/그들의 어질과 뛰어남도 기록할 만하니[仁賢足紀]/충렬함을 이에 널리 표창하노라[忠烈斯彰]!

권18 ─ 고조 공신 중 후가 된 사람 연표(高祖功臣侯者年表) 제6

권18 고조 공신 중
후가 된 사람 연표(高祖功臣侯者年表) 제6[1]

태사공(太史公)이 말한다.

"옛날에 남의 신하 된 자의 공훈(功勳)에는 다섯 종류[五品]가 있었다. 다움[德]으로 종묘(宗廟)를 바로 세우고 사직(社稷)을 안정시킨 신하를 훈(勳)이라고 했고, 말[言]로써 그렇게 한 신하를 노(勞)라고 했으며, 힘을 써서 그렇게 한 신하를 공(功)이라고 했고, 공로 등의 등급을 명확하게 한 신하를 벌(伐)이라고 했으며, 오래도록 정무(政務)를 맡아본 신하를 열(閱)이라고 했다.

봉작(封爵)할 때는 이렇게 맹세했다.

'황하(黃河)가 허리띠처럼 가늘게 되고[如帶] 태산(泰山)이 닳아서 숫돌처럼 작아지더라도[若厲][2] 봉국은 영원토록 평안할 것이고, 이에[爰=於是] 먼 후손들에게까지 이르게 되리라!'

처음에는 일찍이 그 근본을 튼튼하게 하려고 하지 않은 바가 없었겠지만, 가지와 잎은 점점 뒤로 가면서 하향세를 그리며[陵夷] 쇠미해졌다.

---

1) 【정의(正義)】 고조는 처음에 천하를 평정하고서 소하(蕭何)나 조참(曹參)처럼 공로가 있는 신하들을 후(侯)로 삼겠다고 표명했다.

2) 【집해(集解)】 응소(應劭)가 말했다. "봉작의 맹세는 국가가 공신들에게 봉국이 무궁토록 전해지기를 바란 것이다. 황하가 어느 때에 허리띠가 될 것이며, 태산이 어느 때에 숫돌이 되겠는가? 이는 허리띠가 되고 숫돌이 되어야만 봉국이 마침내 끊어질 뿐임을 말한 것이다."

나는 고조(高祖)께서 공신들에게 후(侯)를 봉하신 명부를 읽었는데, 그들이 맨 처음에 작위를 받게 된 일과 (나중에) 잃게 된 까닭을 살펴보고는 말하기를 '내가 최근에[新] 들은 바와는 다르구나!'라고 했다.

『서경(書經)』에 (요임금이) '만국(萬國)을 화합시켰다'라고 했는데, 하(夏)나라와 상(商)나라로 넘어오면서 어떤 시기에는 이런 화합이 수천 년을 이어오기도 했다[1]. 대개 주(周)나라는 800여 나라를 봉했으며, 유왕(幽王)과 여왕(厲王) 이후 그들의 행적은 (공자가 편찬한)『춘추(春秋)』에 실려 있다.『상서(尙書-서경)』에 실려 있는 당우(唐虞-요순) 때 봉한 후(侯)와 백(伯)들은 (하·상·주) 삼대(三代) 1,000여 년의 세월을 거치면서 자신을 보전하고 또한 이로써 울타리가 되어 천자를 보위했으니, 이것이 어찌 어짊과 마땅함[仁義]을 도탑게 하고 상법(上法-천자의 법도)을 잘 받들었기 때문이 아니랴!

1) 물론 과장이다.

한(漢)나라가 일어나고서 공신 중에 봉작을 받은 사람은 100여 명이다[1]. (이 당시는) 천하가 평정된 초기라서 크고 이름난 성이라 해도 백성이 흩어지고 도망쳐버렸기 때문에 호구(戶口)라고 해보았자 셀 수 있는 것은 원래의 10분의 2나 3[十二三]에 지나지 않았으니[2], 이 때문에 대후(大侯)라도 1만 호(戶)를 넘지 못했으며 소후(小侯)는 500~600호 정도였다. 그 후 여러 세대를 지나 백성이 모두 향리로 돌아오게 되자 호구가 점점 늘어나서 소하(蕭何)·조참(曹參)·주발(周勃)·관영(灌嬰) 등은 혹 4만 호에 이르렀고, 소후도 갑절로 늘어나[自倍][3] 그들의 재부(財富) 또한 (예전의) 대후 못지않게 넉넉해졌다. 이에 그 자손들은 교만이 도에 넘쳐서, 선조들을 잊어버린 채 음란한 짓을 일삼고 사람들을 함부로 대했다[淫嬖=淫狎].

(그 결과 무제) 태초(太初) 연간에 이르기까지 100년 사이에 남아 있는 후

[見侯=現侯]는 다섯뿐이었고[4], 나머지는 모두 법에 걸려 목숨을 잃거나 나라가 없어져서 흔적도 없이 사라졌다[耗]. 이는 중앙조정의 법망이 실로 조금 촘촘해진[密] 탓도 있겠지만, 모두 자신이 당대의 금령(禁令)을 조심하지[兢兢=業業] 않았기 때문이라 할 것이다[云].

1) 【색은(索隱)】 살펴보건대, 아랫글에 따르면 고조의 공신은 137명이고 외척과 왕자를 겸하면 모두 143명이다.

2) 【색은(索隱)】 10분의 겨우[纔] 2나 3 정도일 뿐이었다는 말이다.

3) 【색은(索隱)】 초기에 봉해졌을 때의 호구 수보다 배가 되었다는 말이다.

4) 【정의(正義)】 평양후(平陽侯) 조종(曹宗), 곡주후(曲周侯) 역종근(酈終根), 양아후(陽阿侯) 제인(齊仁), 대후(戴侯) 비몽(祕蒙), 곡릉후(穀陵侯) 풍언(馮偃)을 말한다.

지금 세상에 살면서 옛사람들이 걸어간 길[古之道]을 기록하고 알아내려 하는 것[志=志識]은 스스로를 비추는 거울로 삼자는 것일 뿐[自鏡]이니[1], 지금과 옛날이 반드시 모두 같을 수는 없을 것이다. 제왕(帝王)들은 각자 다른 예(禮)를 갖고 있고 행한 일[務=事業]도 각기 달랐지만, 요컨대 그들의 성공을 크고 작은 벼리로 삼으면 될 뿐이지 어찌 뒤섞을[緝=混] 수 있으랴! 제후들이 존귀해지고 총애를 얻은 까닭과 폐위되고 모욕을 당한 까닭을 살펴본다면 이 또한 그 당대의 얻고 잃는 숲[得失之林]에서 일어난 것이지[2] 어찌 반드시 옛일을 들춰내야만 하랴! 이에[於是] 삼가 제후들이 봉해지고 폐위된 자초지종을 살펴서 글로 드러내었는데, 그 본말이 다 밝혀지지 않은 것들이 꽤 있어서 그중 분명한 부분만 기록하고 의심나는 것은 제쳐놓았다[疑者闕之][3]. 훗날 군자가 있어 미뤄 헤아려서 더 깊이 서술하려고 할 때 보고서 참고할 수 있으리라!”

1) **【색은(索隱)】** 옛사람들의 길을 기록하고 알아내면 당대의 존망을 스스로 비춰 보는 거울이 될 수 있다는 말이다.

2) **【색은(索隱)】** 지금 신하들이 존귀함과 총애를 얻는 까닭은 반드시 충후(忠厚)함 때문이며 폐위되고 모욕을 당하는 까닭은 반드시 교음(驕淫) 때문이니, 흥하고 망하는 것 역시 당대의 얻고 잃는 숲에서 일어난다는 말이다.

3) 의심스러운 것은 제쳐놓는 것은 바로 공자의 『춘추(春秋)』 정신이다. 『논어(論語)』에 등장하는 관련 구절을 보자. 먼저 「학이(學而)」편이다. "많이 듣고서 (그중) 의심스러운 것은 제쳐늫고[多聞闕疑] 그 나머지에 대해 신중하게 말한다면 허물이 적을 것이고, 많이 보고서 (그중) 타당하지 못한 것은 제쳐놓고 그 나머지에 대해 신중하게 행한다면 뉘우침이 적을 것이다." 「자로(子路)」편이다. "한심하구나, 유(由-자로)야! 군자는 자기가 알지 못하는 것은 비워두고서[闕如] 말을 하지 않는 법이다." 「위령공(衛靈公)」편이다. "나는 오히려 (옛날 역사서에서) 사관(史官)이 (의심스러운 내용은) 글을 빼놓고 기록하지 않는 것[闕文]과 말을 가진 자가 남에게 빌려주어 타게 하는 것을 보았는데, 지금은 사라지고 없구나!"

나라 이름[1]	후(侯)가 된 공로[侯功]	고조 재위 12년	효혜 재위 7년
평양(平陽)[3]	중연(中涓)으로서 고조를 따라[從][4] 패(沛)에서 일어나 패상(霸上)에 이르러 후가 되었다. 장군으로서 한(漢)에 들어와 좌승상으로서 제나라와 위(魏)나라를 쳤고, 우승상으로서 평양후(平陽侯)가 되었다. 식읍은 1만 600호였다.	6년 12월 갑신일, 의후(懿侯) 조참(曹參) 원년[5] 7[6]	5 그 (효혜) 2년에 상국(相國)이 되었다. 2 6년 10월 정후(靖侯) 줄(窋) 원년
신무(信武)[11]	중연으로서 고조를 따라 원(宛)과 구(朐)에서 일어나 기도위(騎都尉)로서 삼진(三秦)을 평정하고 항우(項羽)를 쳤으며, 별도로 강릉(江陵)을 평정해 후(侯)가 되었고 식읍은 5,300호였다. 거기장군(車騎將軍)으로서 경포(黥布)와 진희(陳豨)를 공격했다.	6년 12월 갑신일, 숙후(肅侯) 근흡(靳歙) 원년[12] 7	7
청양(淸陽)[13]	중연으로서 고조를 따라 풍(豐)에서 일어나 패상에 이르렀고 기랑장(騎郎將)이 되어 한(漢)에 들어왔다. 장군으로서 항우를 공격해 공을 세워 후(侯)가 되었고 식읍은 3,100호였다.	6년 12월 갑신일, 정후(定侯) 왕흡(王吸) 원년 7	7

1) 【정의(正義)】 모두 제후들이 봉해진 나라 이름이다.

2) 【색은(索隱)】 요씨(姚氏)가 말했다. "소하가 제1, 조참이 제2, 장오가 제3, 주발이 제4, 번쾌가 제5, 역상이 제6, 해연(奚涓)이 제7, 하후영이 제8, 관영이 제9, 부관이 제10, 근흡이 제11, 왕릉이 제12, 진무가 제13, 왕급이 제14, 설구가 제15, 주창이 제16, 정복이 제17, 충달이 제18이다. 『사기』와 『한서』는 동일하고 『초한춘추』는 다르다. 이는 육가(陸賈)가 고조와 혜제 때 일을 기록했기 때문이다."

3) 【색은(索隱)】 『한서』 「지리지」에 따르면 평양현은 하동군(河東郡)에 속한다.

4) 원문에는 따로 고조라는 말이 없지만 고조의 공신을 언급하고 있기에 자동으로 주어는 고조가 된다. 이하에서도 똑같다.

5) 【색은(索隱)】 의(懿)는 시호이다.

6) 이는 고조가 책봉을 시행한 고조 6년으로부터 다시 7년이 지났음을 나타낸다.

7) 이처럼 아무 사건이 없을 때는 재위 기간을 나타낼 뿐이다.

고후 재위 8년	효문 재위 23년	효경 재위 16년	건원(建元)부터 원봉(元封) 6년까지 재위 36년, 태초(太初) 원년부터 후원(後元) 2년까지 재위 18년	후등급 [侯第]2
8[7]	**19** 후4년 간후(簡侯) 기(奇) 원년 **4**	**3** 4년 이후(夷侯) 시(時) 원년[8] **13**	**10** 원광(元光) 5년 공후(恭侯) 양(襄) 원년 **16** 원정(元鼎) 3년 금후(今侯) 종(宗) 원년[9] **24** 정화(征和) 2년 후(侯) 종좌(宗坐)의 태자가 죽고 나라는 없어졌다.	2[10]
5 6년 이후(夷侯) 정(亭) 원년 **3**	**18** 후원(後元) 3년, 후(侯) 정이 나라 사람들을 법률보다 지나치게 부린 죄에 걸려 후를 빼앗기고 나라는 없어졌다.			11
8	**7** 원년, 애후(哀侯) 강(彊) 원년 8년, 효후(孝侯) 강(亢) 원년[14] **16**	**4** 5년, 애후(哀侯) 불해(不害) 원년 **12**	**7** 원광(元光) 2년, 후 불해가 훙하니 후사가 없어 나라를 없앴다.	14

8) 【색은(索隱)】 시(時)는 간혹 치(畴)로 되어 있고 발음은 지(止)나 시(市)다.

9) 현재 후 자리에 있다는 뜻으로, 무제를 가리켜 금상(今上)이라고 한 것과 통한다.

10) 【색은(索隱)】 『한서음의(漢書音義)』에서 말하기를, 조참이 제2인데도 표의 첫머리에 두었고 소하가 제1위인데도 열세 번째에 둔 것은 봉작을 받은 선후 때문이라고 했다. 살펴보건대 조참이 6년 12월에 봉해졌고 소하가 6년 정월에 봉해졌는데, 고조는 진나라 역법을 좇아서 10월을 한 해의 처음으로 삼았으므로 12월이 정월보다 앞에 있게 된 것이다.

11) 【색은(索隱)】 「지리지」에는 신무현이 없는데, 이때에는 이미 폐지되었기 때문이다.

12) 【색은(索隱)】 歙의 발음은 섭(攝)도 되고 흡(吸)도 된다.

13) 【색은(索隱)】 『한서』에는 청하(清河)로 되어 있다. 「지리지」에 따르면 청양현은 청하군(清河郡)에 속한다.

14) 【색은(索隱)】 伉의 발음은 (항이 아니라) 고(苦)와 낭(浪)의 반절음이다.

나라 이름	후(侯)가 된 공로[侯功]	고조 재위 12년	효혜 재위 7년
여음(汝陰)[15]	영사(令史)로서 고조를 따라 패(沛)를 항복시키고 태복(太僕)과 상봉거(常奉車)가 되어 등공(滕公)이 되었고, 끝내 천하를 평정하고 한중(漢中)에 들어와 효혜와 노원(魯元)공주를 온전하게 지켜 후(侯)가 되었다. 식읍은 6,900호였다. 늘 태복으로 있었다.	6년 12월 갑신일, 문후(文侯) 하후영(夏侯嬰) 원년 7	7
양릉(陽陵)[16]	사인(舍人-가신)으로서 고조를 따라 횡양(橫陽)에서 일어나 패상에 이르러 기장(騎將)이 되어 삼진(三秦)을 평정했다. 회음(淮陰-한신)에 소속되어 제나라를 평정하고 제나라 승상이 되자 후(侯)가 되었다. 식읍은 2,600호였다.	6년 12월 갑신일, 경후(景侯) 부관(傅寬) 원년 7	5 6년, 수경후(隨頃侯) 정(靖) 원년 2
광엄(廣嚴)[17]	중연으로서 고조를 따라 패(沛)에서 일어나 패상(霸上)에 이르러 연오(連敖-창고 담당)가 되어 한(漢)에 들어왔다. 기장(騎將)으로서 연나라와 조나라를 평정했고 장군으로 승진해 후(侯)가 되었다. 식읍은 2,200호였다.	6년 12월 갑신일, 장후(壯侯) 소우(召毆) 원년[18] 7	7
광평(廣平)[19]	사인으로 고조를 따라 풍(豐)에서 일어나 패상(霸上)에 이르렀고 낭중(郎中)이 되어 한(漢)에 들어왔다. 장군으로서 항우(項羽)와 종리매(鍾離眜)를 공격해 후(侯)가 되었고, 식읍은 4,500호였다.	6년 12월 갑신일, 경후(敬侯) 설구(薛毆) 원년 7	7

15) 【색은(索隱)】 여음현은 여남군(汝南郡)에 속한다. 모든 현 이름은 「지리지」에 근거를 두고 있으며, 현 이름을 말하지 않을 때는 글이 생략된 때문이다.

16) 【색은(索隱)】 양릉현은 풍익(馮翊)에 속한다. 『초한춘추』에서는 음릉(陰陵)이라고 했다.

17) 【색은(索隱)】 『진서(晉書)』 「지도기(地道記)」에 따르면 광현(廣縣)은 동완(東莞)

고후 재위 8년	효문 재위 23년	효경 재위 16년	건원(建元)부터 원봉(元封) 6년까지 재위 36년, 태초(太初) 원년부터 후원(後元) 2년까지 재위 18년	후 등급 [侯第]
8	8 9년, 이후(夷侯) 조(竈) 원년 7 16년, 공후(恭侯) 사(賜) 원년 8	16	7 원광(元光) 2년 후(侯) 파(頗) 원년 19 원정(元鼎) 2년, 후 파가 공주와 결혼한 뒤 아버지의 천첩과 간통한 죄에 걸려 자살하고 나라는 없어졌다.	8
8	14 15년, 공후(恭侯) 칙(則) 원년 9	3 전(前) 4년, 후(侯) 언(偃) 원년 13	18 원수(元狩) 원년, 후 언이 회남왕(淮南王)과 모반한 일로 나라가 없어졌다.	10
8	1 2년, 대후(戴侯) 승(勝) 원년 9 13 11년, 공후(恭侯) 가(嘉) 원년. 후원(後元) 7년에 이르러 가가 훙하니 후사가 없어 나라를 없앴다.			28
8 원년, 정후(靖侯) 산(山) 원년	18 후원(後元) 3년, 후(侯) 택(澤) 원년 5	8 중(中) 2년, 죄가 있어 후작이 끊어졌다. 중 5년, 평극(平棘)으로 고쳐 다시 봉해졌으니 절후(節侯) 택(澤) 원년이다. 5	15 그 10년에 승상이 되었다. 원삭(元朔) 4년, 후(侯) 양(穰) 원년 3 원수(元狩) 원년, 양(穰)이 회남왕의 재물을 받고 신하라고 칭했는데, 사면령 이전이라 비방죄[謗罪]를 조서로 문책하고 나라를 없앴다.	15

에 있다. 엄(嚴)은 시호인데, 아래에서 또 장(壯)이라고 했으니, 반고나 사마천[반마班馬] 모두 잘못을 저질렀다.

18) 【색은(索隱)】 毆는 발음이 (구가 아니라) 오(烏)와 후(后)의 반절음이다.[원문에는 여구(呂毆)로 되어 있는데 『한서』를 따라 소구라고 옮겼다.]

19) 【색은(索隱)】 현 이름이고 임회군(臨淮郡)에 속한다.

나라 이름	후(侯)가 된 공로[侯功]	고조 재위 12년	효혜 재위 7년
박양(博陽)[20]	사인으로 고조를 따라 탕(碭)에서 일어나 자객장(刺客將)으로서 한(漢)에 들어왔고, 도위(都尉)로서 항우(項羽)를 형양(滎陽)에서 공격해 용도(甬道)를 끊고 병졸들을 쳐서 죽였으며, 추가로 공을 세워 후(侯)가 되었다.	6년 12월 간신일, 장후(壯侯) 진비(陳濞) 원년[21] 7	7
곡역(曲逆)[23]	옛 초나라 도위(都尉)였다. 한왕(漢王) 2년에 처음으로 수무(脩武)에서 고조를 따랐고, 도위가 되었다가 호군 중위(護軍中尉)로 승진했다. 여섯 가지 기책을 내 천하를 평정해 후(侯)가 되었고 식읍은 5,000호였다.	6년 12월 갑신일, 헌후(獻侯) 진평(陳平) 원년 7	7 그 5년에 좌승상이 되었다.
당읍(堂邑)[24]	스스로 동양(東陽)을 평정하고 장군이 되어 항량(項梁)에게 소속되어 초(楚) 주국(柱國)이 되었다. 4년 후 항우가 죽자, 한(漢)에 들어와 예장(豫章)과 절강(折江)을 평정한 뒤 절강을 도읍으로 삼아 자기를 세워 왕이 되었다. 장사왕(壯思王)으로 후(侯)가 되었는데, 식읍은 1,800호였다. 다시 초(楚) 원왕(元王) 11년에 재상이 되었다.	6년 12월 갑신일, 안후(安侯) 진영(陳嬰) 원년 7	7
주려(周呂)[26]	여후(呂后)의 오빠로 처음에 일어나 객(客)으로 고조를 따랐고 한(漢)에 들어와 후(侯)가 되었다. 돌아와 삼진(三秦)을 평정하고 군사를 이끌고 먼저 탕(碭)에 들어갔다. 한왕(漢王)이 패해 팽성(彭城)을 떠날 때 가서 그를 따랐고, 다시 군대를 동원해 고조를 도와 천하를 평정해 공을 세워 후(侯)가 되었다.	6년 정월 병술일, 영무후(令武侯) 여택(呂澤) 원년[27] 3 9년, 아들 태(台)가 역후(酈侯)에 봉해진 원년이다.[28] 4	7 죄가 있었다.

20) 【색은(索隱)】 박양현은 여남군(汝南郡)에 속한다.

21) 【색은(索隱)】 『초한춘추』에는 이름이 퇴(隤)라고 했다.

22) 【색은(索隱)】 새(塞)는 요림(姚林) 서쪽에 있다.

23) 【색은(索隱)】 현 이름이며 중산(中山)에 속하는데, 후한 장제(章帝) 때 포음(蒲陰)으로 고쳤다.

24) 【색은(索隱)】 현 이름이며 임회군(臨淮郡)에 속한다.

고후 재위 8년	효문 재위 23년	효경 재위 16년	건원(建元)부터 원봉(元封) 6년까지 재위 36년, 태초(太初) 원년부터 후원(後元) 2년까지 재위 18년	후 등급 [侯第]
8	**18** 후원(後元) 3년, 후(侯) 시(始) 원년 **5**	**4** 전 5년에 후 시가 죄가 있어 나라를 없앴다. 중(中) 5년에 새(塞)로 고쳐서 다시 시(始)를 봉했다.[22] **2** 후원(後元) 2년에 시(始)가 죄가 있어 나라를 없앴다.		19
8 그 원년에 옮겨서 우승상이 되었고 뒤에 홀로 승상이 되어 효문(孝文) 2년 동안 재상으로 보필했다.	**2** 3년, 공후(恭侯) 매(買) 원년 5년, 간후(簡侯) 회(悝) 원년 **19**	**4** 5년, 후(侯) 하(何) 원년 **12**	**10** 원광(元光) 5년, 후(侯) 하(何)가 남의 아내를 빼앗은 죄에 걸려 기시(棄市)되고 나라는 없어졌다.	47
4 5년, 공후(恭侯) 록(祿) 원년 **4**	**2** 3년, 이후(夷侯) 오(午) 원년 **21**	16	**11** 원광(元光) 6년, 계수(季須) 원년[25] **13** 원정(元鼎) 원년, 후(侯) 수(須)가 어머니 장공주(長公主)가 졸했을 때 상기(喪期) 중인데도 간통했고 형제들과 재산을 다투니, 죄가 사형에 해당해 자살했고 나라는 없어졌다.	86

25) 계(季)는 후(侯)의 오기로 보인다.

26) 【색은(索隱)】 응소(應劭)가 말했다. "주려는 나라 이름이다." 살펴보건대, 주(邾)와 여(呂)는 둘 다 나라 이름이다. 제음(濟陰)에 여도현(呂都縣)이 있다.

27) 【색은(索隱)】 영(令)은 읍이고, 무(武)는 시호다.

28) 【색은(索隱)】 역(酈)은 판본에 따라 부(鄜)로 되어 있는데, 둘 다 현 이름이다.

나라 이름	후(侯)가 된 공로[侯功]	고조 재위 12년	효혜 재위 7년
건성(建成)[29]	여후의 오빠로 처음에 일어나 객(客)으로 고조를 따랐고 삼진(三秦)을 공격했다. 한왕(漢王)이 한(漢)에 들어오자, 석지(釋之)는 풍패(豊沛)로 돌아가 여선왕(呂宣王)과 태상황을 받들어 호위했으니, 천하가 이미 평정되자 석지를 봉해 건성후로 삼았다.[30]	6년 정월 병술일, 강후(康侯) 석지(釋之) 원년 7	**2** 3년, 후(侯) 칙(則) 원년 **5** 죄가 있었다.
유(留)[31]	구장(廐將-마구간 책임자)으로 고조를 따라 하비(下邳)에서 일어나, 한(韓)나라 신도(申徒-재상)로서 한나라를 떨어뜨렸다. 군대의 위엄을 말하자 진왕(秦王)이 두려워하며 항복했고, 상(上-유방)이 항우(項羽)와 틈이 생기자, 한왕에게 한중(漢中) 땅을 청하게 했다. 늘 계책을 담당하며 천하를 평정했고, 후(侯)가 되어 식읍은 1만 호였다.	6년 정월 병오일, 문성후(文成侯) 장량(張良) 원년[32] 7	7
사양(射陽)[33]	군사들이 일어나던 초기에 제후들과 함께 공동으로 진(秦)나라를 공격해 초나라 좌영윤(左令尹)이 되었고, 한왕(漢王)이 홍문(鴻門)에서 항우(項羽)와 틈이 있을 때 항백(項伯) 전(纏)이 그 어려움을 해결했다. 항우를 깨뜨릴 때 항전이 일찍이 공이 있어 사양후(射陽侯)에 봉해졌다.	6년 정월 병오일, 후(侯) 항전(項纏) 원년, 유씨(劉氏) 성을 내려받았다. 7	**2** 3년, 후(侯) 전(纏)이 졸했다. 사자(嗣子) 저(睢)가 죄가 있어 나라를 없앴다.

29) 【색은(索隱)】 현 이름이며 패군(沛郡)에 속한다.

30) 【색은(索隱)】 여선왕은 여공(呂公)의 시호다.

31) 【색은(索隱)】 위소(韋昭)가 말했다. "유는 지금의 팽성(彭城)이다."

고후 재위 8년	효문 재위 23년	효경 재위 16년	건원(建元)부터 원봉(元封) 6년까지 재위 36년, 태초(太初) 원년부터 후원(後元) 2년까지 재위 18년	후 등급 [侯第]
원년 5월 병인, 칙(則)의 동생 태중대부(大中大夫) 여록(呂祿) 원년 호릉(胡陵)으로 고쳤다. **7** 8년, 록(祿)이 조왕(趙王)이 되자 나라를 없앴다. 강후를 추존해 소왕(昭王)으로 삼았다. 록이 조왕으로서 도모하는 바가 좋지 못하자 대신들이 록을 주살하고 드디어 여씨를 멸했다.				
2 3년, 불의(不疑) 원년 **6**	**4** 5년, 후(侯) 불의(不疑)가 문하 대부들과 옛 초나라 내사(內史)를 죽이려고 모의한 죄에 걸려들었으니, 죄가 사형에 해당했으나 속(贖)을 바치고 성단(城旦-축성 노역)을 했으며 나라는 없어졌다.			62

32) 【색은(索隱)】 『한서』 「표」에서는 문평(文平)이라고 했는데, 살펴보건대 장량의 시호는 문성(文成)이다.

33) 【색은(索隱)】 현 이름이며 임회군(臨淮郡)에 속한다.

나라 이름	후(侯)가 된 공로[侯功]	고조 재위 12년	효혜 재위 7년
찬(酇)[34]	객(客)으로 처음 일어나 고조를 따라 한(漢)에 들어와서 승상이 되어 촉(蜀)과 관중(官中)을 수비하며 군량을 공급했고, 상(上)을 도와 제후들을 평정하고 법령을 만들었으며 종묘를 세워 후(侯)가 되었다. 식읍은 8,000호였다.	6년 정월 병오일, 문종후(文終侯) 소하(蕭何) 원년. **7** 원년, 승상이 되었고 9년에 상국(相國)이 되었다.	**2** 3년, 애후(哀侯) 록(祿) 원년 **5**
곡주(曲周)[36]	장군으로서 고조를 따라 기(岐)에서 일어나 남쪽에서 장사(長社)를 공격했고, 별도로 한중(漢中)과 촉(蜀)을 평정하고 삼진(三秦)을 평정한 뒤 항우(項羽)를 공격해 후(侯)가 되었다. 식읍은 4,800호였다.	6년 정월 병오일, 경후(景侯) 역상(酈商) 원년 **7**	**7**
강(絳)[37]	중연(中涓)으로서 고조를 따라 패(沛)에서 일어나 패상(霸上)에 이르러 후(侯)가 되었다. 삼진(三秦)을 평정하고 식읍을 받았으며 장군이 되었다. 한(漢)에 들어와 농서(隴西)를 평정하고 항우(項羽)를 공격했으며 요관(嶢關)을 지키고 사수(泗水)와 동해(東海)를 평정했다. 식읍은 8,100호였다.	6년 정월 병오일, 무후(武侯) 주발(周勃) 원년 **7**	**7**

34) 【색은(索隱)】 현 이름이며 패군(沛郡)에 있다.

35) 【색은(索隱)】 현 이름이다.

36) 【색은(索隱)】 현 이름이며 광평군(廣平郡)에 속한다.

고후 재위 8년	효문 재위 23년	효경 재위 16년	건원(建元)부터 원봉(元封) 6년까지 재위 36년, 태초(太初) 원년부터 후원(後元) 2년까지 재위 18년	후 등급 [侯第]
1 2년, 의후(懿侯) 동(同) 원년. 동은 록의 동생이다. **7**	**19** 축양(筑陽)[35]으로 고쳤다. 원년에 동(同)이 죄가 있어 소하의 막내아들 연(延)을 봉한 원년이다. **1** 후 4년, 양후(煬侯) 정(遉) 원년 **3** 5년, 후(侯) 칙(則) 원년	**1** 죄가 있었다. **7** 무양(武陽)으로 고쳤다. 전 1년, 향후(煬侯)의 동생 유후(留侯) 가(嘉)를 봉한 원년이다. **8** 중 1년, 후(侯) 승(勝) 원년	**10** 원삭(元朔) 2년, 후(侯) 승(勝)이 불경죄에 걸려 작위가 끊어졌다. **3** 원수(元狩) 3년, 소하의 증손 공후(恭侯) 경(慶)을 봉한 원년이다. (다시) 찬(酇)으로 고쳤다. 원수(元狩) 6년, 후(侯) 수성(壽成) 원년 **30** 원봉(元封) 원년, 수성이 태상(太常)이 되었으나, 희생물 사용을 법령대로 하지 않아 나라가 없어졌다.	**1**
8	**23** 원년, 후(侯) 기(寄) 원년	**9** 죄가 있어 작위가 끊어졌다. **7** 무(繆)로 고쳤다. 중 3년, 상(商)의 다른 아들 정후(靖侯) 견(堅)을 봉한 원년이다.	**9** 원광(元光) 4년, 강후(康侯) 수(邃) 원년 **5** 원삭(元朔) 3년, 후(侯) 종(宗) 원년 **11** 원정(元鼎) 2년, 후(侯) 종근(終根) 원년 **28** 후 2년 5월, 후 종근이 저주죄에 걸려 주살되고 나라는 없어졌다.	**6**
8 그 (고후) 4년에 태위(太尉)가 되었다.	**11** 원년, 우승상이 되고 3년에 면직되었다가 다시 승장이 되었다. **6** 12년, 후(侯) 승지(勝之) 원년 **6** 조(條)로 고쳤다. 후원(後元) 2년, 주발 아들 아부(亞夫)를 봉한 원년이다.	**13** 그 (효경) 3년에 태위가 되었고 7년에 승상이 되었다. 죄가 있어 나라를 없앴다. **3** 평곡(平曲)으로 고쳤다. 후원(後元) 원년, 주발의 아들 공후(恭侯) 견(堅)을 봉한 원년이다.	**16** 원삭(元朔) 5년, 후(侯) 건덕(建德) 원년 **12** 원정(元鼎) 5년, 후 건덕이 주금(酎金-중앙 조정에서 제사용 금을 갹출하던 일)에 걸려 나라가 없어졌다.	**4**

37) 【색은(索隱)】 현 이름이며 하동군(河東郡)에 속한다. 아들 아부(亞夫)가 조후(條侯)가 되었다.

나라 이름	후(侯)가 된 공로[侯功]	고조 재위 12년	효혜 재위 7년
무양(舞陽)[38]	사인(舍人)으로서 패(沛)에서 일어나 고조를 따라 패상(霸上)에 이르러 후(侯)가 되었다. 한(漢)에 들어와 삼진(三秦)을 평정했고 장군이 되어 항적(項籍)을 공격해 다시 익봉(益封)되었다. 고조를 따라 연(燕)나라를 깨뜨리고 한신(韓信)을 붙잡아 후(侯)가 되었다. 식읍은 5,000호였다.	6년 정월 병오일, 무후(武侯) 번쾌(樊噲) 원년. 7 그 7년 장군이 되었고 3개월 동안 상국으로 있었다.	6 7년, 후(侯) 강(伉) 원년. 여수(呂須)의 아들이다. 1
영음(潁陰)[39]	중연(中涓)으로서 고조를 따라 탕(碭)에서 일어나 패상(霸上)에 이르러 문창군(文昌君)이 되었다. 한(漢)에 들어와 삼진(三秦)을 평정하고 식읍을 받았다. 거기장군으로서 회음(淮陰)에 소속되어 제(齊)·회남(淮南)·하읍(下邑)을 평정해 후(侯)가 되었다. 식읍은 5,000호였다.	6년 정월 병오일, 의후(懿侯) 관영(灌嬰) 원년 7	7
분음(汾陰)[40]	처음에 직지(職志)로 일어나 진(秦)나라를 공격해 깨뜨렸고, 한(漢)에 들어왔고 관문을 나와 내사(內史)로서 오창(敖倉-식량 창고)을 굳게 지켰으며, 어사대부(御史大夫)로서 제후들을 평정해 청양후(清陽侯-왕흡)와 어깨를 나란히 했다. 식읍은 2,800호였다.[41]	6년 정월 병오일, 도후(悼侯) 주창(周昌) 원년 7	3 건평(建平)으로 고쳤다. 4 4년, 애후(哀侯) 개방(開方) 원년. 죄가 있어 작위가 끊어졌다.
양추(梁鄒)[42]	군사를 처음으로 일으켜 알자(謁者)로서 고조를 따라 진(秦)나라를 공격해 깨뜨렸고, 한(漢)에 들어와 장군으로서 제후들을 공격해 평정한 공로로 박양후(博陽侯)와 어깨를 나란히 했다. 식읍은 2,800호였다.	6월 정월 병오일, 효후(孝侯) 무유(武儒) 원년[43] 7	4 5년, 후(侯) 최(最) 원년 3

38) 【색은(索隱)】 현 이름이며 영천군(潁川郡)에 속한다.

39) 【색은(索隱)】 현 이름이며 영천군(潁川郡)에 속한다.

40) 【색은(索隱)】 현 이름이며 하동군(河東郡)에 속한다.

고후 재위 8년	효문 재위 23년	효경 재위 16년	건원(建元)부터 원봉(元封) 6년까지 재위 36년, 태초(太初) 원년부터 후원(後元) 2년까지 재위 18년	후 등급 [侯第]
8 여씨(呂氏)와 연루된 죄에 걸려 주살되고 족멸당했다.	**원년, 번쾌(樊噲)의 아들 황후(荒侯) 시인(市人)을 봉한 원년이다.** **23**	**6** 7년, 후(侯) 타광(它廣) 원년 **6** 중원(中元) 원년, 후 타광이 황후 시인의 아들이 아님이 드러나 나라를 없앴다.		**5**
8	**4** 그 (효문) 1년에 태위(太尉)가 되었고 3년에 승상이 되었다. **19** 5년, 평후(平侯) 하(何) 원년	**9** 중 3년, 후(侯) 강(彊) 원년 **7**	**6** 죄가 있어 작위가 끊어졌다. **9** 원광(元光) 2년, 관영 손자 현(賢)을 봉해 임여후(臨汝侯)로 삼았다. 후 현 원년이다. 원삭(元朔) 5년, 후 현이 뇌물죄를 저질러 나라를 없앴다.	**9**
8	**4** 전 5년, 후(侯) 의(意) 원년 **13** 죄가 있어 작위가 끊어졌다.	안양(安陽)으로 고쳤다. **8** 중 2년, 주창의 손자 좌거(左車)를 봉했다. 건원(建元) 원년, 죄가 있어 나라를 없앴다.		**16**
8	**23**	**16**	**6** 원광(元光) 원년, 경후(頃侯) 영제(嬰齊) 원년 **3** 원광(元光) 원년, 후(侯) 산부(山柎) 원년 **20** 원정(元鼎) 원년, 후 산부가 주금(酎金)에 걸려 나라가 없어졌다.	**20**

41) 【색은(索隱)】 여순(如淳)이 말했다. "직지는 관직 이름으로 깃발을 주관했다."

42) 【색은(索隱)】 현 이름이며 제남군(濟南郡)에 속한다.

43) 【색은(索隱)】 『한서』「표」에는 유(儒)가 호(虎)로 되어 있다.

나라 이름	후(侯)가 된 공로[侯功]	고조 재위 12년	효혜 재위 7년
성(成)[44]	군사를 처음 일으켰을 때 사인(舍人)으로서 고조를 따라 진(秦)나라를 공격해 도위(都尉)가 되었고, 한(漢)에 들어와 삼진(三秦)을 평정했다. 관문을 나와 장군으로서 제후들을 평정해 공로를 세움으로써 염차후(厭次侯)와 어깨를 나란히 했다. 식읍은 2,800호였다.	6년 정월 병오일, 경후(敬侯) 동설(董渫) 원년 7	7 원년, 강후(康侯) 적(赤) 원년
요(蓼)[46]	집순(執盾)으로서 전(前) 원년에 고조를 따라 탕(碭)에서 일어났고, 좌사마(左司馬)로서 한(漢)에 들어가 장군이 되었으며, 도위(都尉)로서 세 차례 항우(項羽)를 치고 한신(韓信)에게 소속되어 공을 세워 후(侯)가 되었다.[47]	6년 정월 병오일, 후(侯) 총(蔥) 원년 7	7
비(費)[48]	사인(舍人)으로서 전(前) 원년에 고조를 따라 탕(碭)에서 일어나 좌사마로서 한(漢)에 들어갔고, 도위(都尉)로서 한신에 소속되어 항우(項羽)를 공격해 공을 세워 장군이 되었으며, 회계(會稽)·절강(浙江)·호양(湖陽)을 평정하여 후(侯)가 되었다.	6년 정월 병오일, 어후(圉侯) 진하(陳賀) 원년[49] 7	7

44) 【색은(索隱)】 현 이름이며 탁군(涿郡)에 속한다.

45) 【색은(索隱)】 절지는 현 이름이다.

46) 【색은(索隱)】 현 이름이며 육안군(六安郡)에 속한다.

47) 【색은(索隱)】 한(漢) 5년 해하(垓下)에서 항우를 에워쌌을 때 회음후(淮陰侯-한신)

고후 재위 8년	효문 재위 23년	효경 재위 16년	건원(建元)부터 원봉(元封) 6년까지 재위 36년, 태초(太初) 원년부터 후원(後元) 2년까지 재위 18년	후 등급 [侯第]
8	23	**6** 죄가 있어 작위가 끊어졌다. **5** 절지(節氏)[45]로 고쳤다. 중 5년, 다시 강후 적을 봉한 원년이다.	**2** 건원(建元) 4년, 공후(恭侯) 파군(罷軍) 원년 **5** 원광(元光) 3년, 후(侯) 조(朝) 원년 **12** 원수(元狩) 3년, 후 조가 제남(濟南)태수가 되어 성양왕(城陽王) 딸과 간통하는 불경을 저질러 나라가 없어졌다.	25
8	**8** 9년, 후(侯) 장(臧) 원년 **15**	**16**	**14** 원삭(元朔) 3년, 후 장이 태상으로 있으면서 남릉(南陵)의 교량 붕괴·의관과 수레가 법도에 어긋한 일에 걸려들어 나라를 없앴다.	30
8	**23** 원년, 공후(共侯) 상(常) 원년	**1** 2년, 후(侯) 언(偃) 원년 **8** 중 2년, 죄가 있어 작위가 끊어졌다. **4** 소(巢)로 고쳤다. 중 6년, 진하 아들 후(侯) 최(最)가 봉해진 원년이다. 후 3년, 최가 훙하니 후사가 없어 나라를 없앴다.		

가 40만을 거느리고 그 전투를 떠맡았는데, 공(孔)장군이 왼쪽을, 비(費)장군이 오른쪽을 맡았다. 비장군이란 아래에 나오는 비후(費侯) 진하(陳賀)다.

48) 【색은(索隱)】 현 이름이며 동해군(東海郡)에 속한다.

49) 【집해(集解)】 서광(徐廣)이 말했다. "판본에 따라 어(圉)가 유(幽)로 되어 있다."

나라 이름	후(侯)가 된 공로[侯功]	고조 재위 12년	효혜 재위 7년
양가(陽夏)[50]	특장(特將)으로서 병졸 500명을 이끌고 전(前) 원년에 고조를 따라 원(宛)과 구(朐)에서 일어났고, 패상(霸上)에 이르러 후(侯)가 되었다. 유격장군으로서 따로 대(代)를 평정하고 이미 장도(臧荼)를 깨뜨리니, 희(豨)를 봉해 양가후(陽夏侯)로 삼았다.	6년 정월 병오일, 후(侯) 진희(陳豨) 원년. **5** 10년 8월 진희가 조나라 상국으로서 병사를 이끌고 대(代)를 지켰는데, 한(漢)나라가 사자를 보내 진희를 부르자 진희는 반란을 일으켜 자기 병사·왕황(王黃) 등과 함께 대를 공략해 스스로를 세우고 왕이 되었다. 한나라는 영구(靈丘)에서 진희를 죽였다.	
융려(隆慮)[51]	사졸로서 고조를 따라 탕(碭)에서 일어나 연오(連敖)로서 한(漢)에 들어왔고, 장피도위(長鈹都尉)로서 항우(項羽)를 공격해 공을 세우고 후(侯)가 되었다.	6년 정월 정미일, 애후(哀侯) 주조(周竈) 원년 **7**	**7**
양도(陽都)[52]	조나라 장군으로서 고조를 따라 업(鄴)에서 일어나 패상(霸上)에 이르렀고, 누번(樓煩)의 장수가 되어 한(漢)에 들어와 삼진(三秦)을 평정하고 적왕(翟王)을 항복시켰으며, 도무왕(悼武王·여택)에 소속되어 팽성(彭城)에서 용저(龍且)를 죽여 대사마(大司馬)가 되었다. 항우의 군대를 섭(葉) 땅에서 깨뜨리고 제배되어 장군이 되었다. 충신이었고, 후(侯)가 되었는데 식읍은 7,800호였다.	6년 정월 무신일, 경후(敬侯) 정복(丁復) 원년 **7**	**7**
신양(新陽)[53]	한(漢) 5년, 좌영윤(左令尹)으로서 처음으로 고조를 따랐다. 공로는 당읍후(堂邑侯)와 비슷했고, 식읍은 1,000호였다.	6년 정월 임자일, 호후(胡侯) 여청(呂淸) 원년 **7**	**3** 4년, 경후(頃侯) 신(臣) 원년 **4**
동무(東武)[54]	호위(戶衛)로서 (고조를 따라) 설(薛)에서 일어나 도무왕(悼武王)에 소속되어 강리(槓里=杠里)에서 진나라 군대를 깨뜨렸고, 곡우(曲遇)에서 양웅(楊熊)의 군대를 깨뜨리고서 한(漢)에 들어와 월(越)장군이 되어 삼진(三秦)을 평정했다. 도위(都尉)로서 오창(敖倉)을 굳게 지켜 장군이 되었고, 항적(項籍)의 군대를 깨뜨려 공을 세워 후(侯)가 되었다. 식읍은 2,000호였다.	6년 정월 무오일, 정후(貞侯) 곽몽(郭蒙) 원년 **7**	**7**

50) 【색은(索隱)】 현 이름이며 회음군(淮陰郡)에 속한다.

51) 【색은(索隱)】 현 이름이며 하내군(河內郡)에 속한다.

52) 【색은(索隱)】 『한서』 「지리지」에는 없고, 『진서(晉書)』 「지도기(地道記)」에는 낭야군(琅邪郡)에 속한다고 했다.

고후 재위 8년	효문 재위 23년	효경 재위 16년	건원(建元)부터 원봉(元封) 6년까지 재위 36년, 태초(太初) 원년부터 후원(後元) 2년까지 재위 18년	후 등급 [侯第]
8	**17** 후(後) 2년, 후(侯) 통(通) 원년 **6**	**7** 중(中) 원년, 후 통이 죄가 있어 나라를 없앴다.		34
5 6년, 조후(趞侯) 영(甯) 원년 **3**	**9** 10년, 후(侯) 안성(安成) 원년 **14**	**1** 후 안성이 죄가 있어 나라를 없앴다.		17
8	**6** **2** 7년, 회후(懷侯) 의(義) 원년 **15** 9년, 혜후(惠侯) 타(它) 원년	**4** **5** 5년, 공후(恭侯) 선(善) 원년 **7** 중(中) 3년, 후(侯) 담(譚) 원년	**28** 원정(元鼎) 5년, 후 담이 주금(酎金)에 걸려 나라를 없앴다.	81
5 6년, 후(侯) 타(它) 원년 **3**	**23**	**5** 6년, 후 타가 기시(棄市)되어 나라를 없앴다.		41

53) 【색은(索隱)】 『한서』에는 양신(陽信)으로 되어 있다. 현 이름이며 여남군(汝南郡)에 속한다.

54) 【색은(索隱)】 현 이름이며 낭야군(琅邪郡)에 속한다.

나라 이름	후(侯)가 된 공로[侯功]	고조 재위 12년	효혜 재위 7년
십방(汁方)[55]	조나라 장군으로서 전(前) 3년에 고조를 따라 제후들을 평정하고 후(侯)가 되었다. 식읍은 2,500호였고 공로는 평정후(平定侯)와 비슷했다. 옹치(雍齒)는 옛 패(沛)의 호족으로 유력자였으나 상(上)과 틈이 있어, 그래서 뒤늦게 따른 것이다.	6년 3월 무자일, 숙후(肅侯) 옹치(雍齒) 원년 7	2 3년, 황후(荒侯) 거(巨) 원년 5
극포(棘蒲)[56]	장군으로서 전(前) 원년에 병사 2,500명을 이끌고 설(薛)에서 일어나 따라 동아(東阿)를 구원하고 패상(霸上)에 이르렀고, 2년 10월 한(漢)에 들어와 역하(歷下)에서 제나라 군대 전기(田旣)와 싸워 공을 세우고 후(侯)가 되었다.	6년 3월 병신일, 강후(剛侯) 진무(陳武) 원년[57] 7	7
도창(都昌)[58]	사인(舍人)으로서 전(前) 원년에 고조를 따라 패(沛)에서 일어났다. 기대솔(騎隊率-기병 선봉장)로서 적왕(翟王)을 먼저 항복시키고 장한(章邯)을 사로잡은 공로를 세워 후(侯)가 되었다.	6년 3월 경자일, 장후(莊侯) 주진(朱軫) 원년 7	7
무강(武彊)[59]	사인(舍人)으로서 고조를 따라 패상(霸上)에 이르렀고 기장(騎將)으로서 한(漢)에 들어왔다. 돌아와 항우(項羽)를 치고 승상 영(甯-정영)에 소속되어 공을 세워 후(侯)가 되었고, 장군으로서 경포(黥布)를 쳐 (다시) 후(侯)가 되었다.	6년 3월 경자일, 장후(莊侯) 장불식(莊不識) 원년 7	7
세(貰)[60]	월나라 호장(戶將)으로서 고조를 따라 진(秦)나라를 깨뜨렸고, 기장(騎將)으로 한(漢)에 들어와 삼진(三秦)을 평정했다. 도위(都尉)로서 항우(項羽)를 공격해 식읍 1,600호를 받았는데, 공로가 대후(臺侯)와 엇비슷했다.	6년 3월 경자일, 제후(齊侯) 여(呂) 원년[61] 2 8년, 공후(恭侯) 방산(方山) 원년 5	7

55) 【색은(索隱)】 현 이름이며 광한군(廣漢郡)에 속한다. 발음은 (즙방이 아니라) 십방(十方)이다. 또 즙으로 읽기도 한다.

56) 【색은(索隱)】 『한서』「지리지」에는 없다.

57) 시무(柴武)라고 부르기도 한다.

58) 【색은(索隱)】 『한서』「지리지」에는 없다.

고후 재위 8년	효문 재위 23년	효경 재위 16년	건원(建元)부터 원봉(元封) 6년까지 재위 36년, 태초(太初) 원년부터 후원 (後元) 2년까지 재위 18년	후 등급 [侯第]
8	23	**2** 3년, 후(侯) 야(野) 원년 **14** 중(中) 6년, 종후(終 侯) 환(桓) 원년	**28** 원정(元鼎) 5년, 종후 환이 주금(酎金) 이 걸려 나라를 없앴다.	57
8	**16** 후(後) 원년, 후 진 무가 훙했다. 사자(嗣子) 기(奇)가 반란을 일으켜 후 사를 둘 수 없어 나 라를 없앴다.			13
8	**7** 8년, 이후(夷侯) 굴 (詘) 원년 **16**	**2** 원년, 공후(恭侯) 언 (偃) 원년 **5** 3년, 후(侯) 벽강(辟 彊) 원년 중(中) 원년, 벽강이 훙하니 후사가 없 어 나라를 없앴다.		23
6 7년, 간후(簡侯) 영 (嬰) 원년 **2**	**17** 후(後) 2년, 후(侯) 청적(青翟) 원년 **6**	16	**25** 원정(元鼎) 2년, 후 청적이 승상이 되 어 장사(長史) 주매신(朱買臣) 등과 함 께 어사대부(御史大夫) 장탕(張湯)을 체포하려 한 것이 곧지 못한 일이라 해서 죄를 입어 나라가 없어졌다.	33
8	**2** 원년, 양후(煬侯) 적 (赤) 원년 **12** 12년, 강후(康侯) 유(遺) 원년	16	**16** 원삭(元朔) 5년, 후 천(倩) 원년 **8** 원정(元鼎) 원년, 후 천이 살인죄에 걸 려 기시(棄市)되니 나라를 없앴다.	36

59) **【색은(索隱)】**『한서』「지리지」에는 없다.

60) **【색은(索隱)】** 현 이름이며 거록군(鉅鹿郡)에 속한다.

61) **【집해(集解)】** 여(呂)가 어떤 판본에는 태(台)로 되어 있다. **【색은(索隱)】** 시호법에 마

음을 다잡고 능히 장엄할 수 있는 것을 제(齊)라고 한다고 했다.

나라 이름	후(侯)가 된 공로[侯功]	고조 재위 12년	효혜 재위 7년
해양(海陽)[62]	월나라 대장(隊長)으로서 고조를 따라 진(秦)나라를 깨뜨렸고, 한(漢)에 들어와 삼진(三秦)을 평정하고 도위(都尉)로서 항우(項羽)를 공격해 후(侯)가 되었다. 식읍은 1,800호였다.	6년 3월 경자일, 제신후(齊信侯) 요무여(搖毋餘) 원년[63] 7	2 3년, 애후(哀侯) 초양(招攘) 원년[64] 5
남안(南安)[65]	하남(河南)의 장군으로서 한왕 3년에 진양(晉陽)을 항복시켰고, 아장(亞將)으로서 장도(臧荼)를 깨뜨리고 후(侯)가 되었다. 식읍은 900호였다.[66]	6년 3월 경자일, 장후(莊侯) 선호(宣虎) 원년 7	7
비여(肥如)[67]	위(魏)나라 태복(太僕)으로서 (한) 3년에 처음으로 고조를 따랐고, 거기 도위(車騎都尉)로서 용저(龍且)를 깨뜨리고 팽성(彭城)에 이르러 후(侯)가 되었다. 식읍은 1,000호였다.	6년 3월 경자일, 경후(敬侯) 채인(蔡寅) 원년 7	7
곡성(曲城)[68]	곡성 호장(戶將)으로 병졸 37명을 거느리고 처음에 고조를 따라 탕(碭)에서 일어났고, 패상(霸上)에 이르러 집규(執珪)가 되었다. 이대장(二隊長)이 되어 도무왕(悼武王)에 속해 한(漢)에 들어와 삼진(三秦)을 평정했고, 도위(都尉)로서 진(陳) 아래에서 항우(項羽)의 군대를 깨뜨리고 공을 세워 후(侯)가 되었다. 식읍은 4,000호였다. 장군이 되어 연나라와 대(代)를 공격해 뽑아버렸다.	6년 3월 경자일, 어후(圉侯) 고봉(蟲逢) 원년[69] 7	7

62) 【색은(索隱)】 해양은 남월(南越)의 현이다. 「지리지」에는 없다.

63) 【색은(索隱)】 무여는 동월(東越)의 족속이다.

64) 【색은(索隱)】 『한서』 「표」에는 소양(昭襄)으로 되어 있다.

65) 【색은(索隱)】 현 이름이며 건위군(犍爲郡)에 속한다. 건안(建安)에도 같은 이름의 현이 있다.

66) 【색은(索隱)】 아장이 『한서』 「표」에는 연장(連將)으로 되어 있다.

67) 【색은(索隱)】 현 이름이며 요서군(遼西郡)에 속한다.

고후 재위 8년	효문 재위 23년	효경 재위 16년	건원(建元)부터 원봉(元封) 6년까지 재위 36년, 태초(太初) 원년부터 후원(後元) 2년까지 재위 18년	후 등급[侯第]
4 5년, 강후(康侯) 건(建) 원년 **4**	**23**	**3** **10** 4년, 애후(哀侯) 성(省) 원년 중(中) 6년, 후 성이 훙하니 후사가 없어 나라를 없앴다.		37
8	**8** 9년, 공후(共侯) 융(戎) 원년 **11** 후(後) 4년, 후(侯) 천추(千秋) 원년 **4**	**7** 중(中) 원년, 천추가 사람을 해친 일에 걸려들어 면직되었다.		63
8	**2** 3년, 장후(莊侯) 성(成) 원년 **14** 후(後) 원년, 후(侯) 노(奴) 원년 **7**	원년, 후 노가 훙하니 후사가 없어 나라를 없앴다.		66
8	**8** 원년, 후(侯) 첩(捷) 원년에 죄가 있어 작위가 끊어졌다. **5** 후(後) 3년, 다시 공후 첩을 봉한 원년이다.	**13** 죄가 있어 작위가 끊어졌다. **3** 원(垣)으로 고쳤다. 중(中) 5년, 다시 공후 첩을 봉한 원년이다.	**1** 건원(建元) 2년, 후(侯) 고유(皐柔) 원년 **25** 원정(元鼎) 3년, 후 고유가 여남(汝南) 태수로 있으면서 백성이 적측전(赤側錢)으로 세금을 내지 않는 것을 알고서도 금하지 않은 죄에 걸려들어 나라가 없어졌다.[70]	18

68) 【색은(索隱)】 곡성현은 『한서』 「지리지」에는 없고 「표」에는 탁군(涿郡)에 있다고 했다.

69) 【색은(索隱)】 『초한춘추』에서는 야후(夜侯) 고달(蠱達)이라고 했는데, 아마도 개봉했기 때문일 것이다.

70) 【색은(索隱)】 이때는 적측전을 사용했는데, 여남은 이를 세금을 납부하는 데 쓰지 않았다.

나라 이름	후(侯)가 된 공로[侯功]	고조 재위 12년	효혜 재위 7년
하양(河陽)[71]	사졸로 전(前) 원년에 탕(碭)에서 일어나 고조를 따랐다. 이대장(二隊長)으로서 한(漢)에 들어와 항우(項羽)를 공격했고, 자신은 낭장(郞將) 자리를 얻어 공을 세워 후(侯)가 되었다. 승상으로서 제나라 땅을 평정했다.	6년 3월 경자일, 장후(莊侯) 진연(陳涓) 원년 7	7
회음(淮陰)[72]	병사로 처음에 일어나 사졸로서 항량(項梁)을 따랐으며 항량이 죽자, 항우에 소속되어 낭중(郞中)으로서 함양(咸陽)에 이르렀다가, 도망쳐 고조를 따라 한(漢)에 들어왔다. 연오전객(連敖典客)으로 있었는데, 소하(蕭何) 추천으로 대장군(大將軍)이 되어 따로 위(魏)·제(齊)나라를 평정하고 왕이 되었다가 초(楚)나라로 옮겨졌다. 마음대로 군대를 출동시킨 죄에 걸려 폐위되어 회음후(淮陰侯)가 되었다.	6년 4월, 후(侯) 한신(韓信) 원년 5 11년, 한신이 관중(關中)에서 모반하니, 여후(呂后)가 한신을 주살하고 삼족을 멸한 다음에 나라를 없앴다.	
망(芒)[73]	문위(門尉)로서 전(前) 원년에 처음 탕(碭)에서 일어나 패상(霸上)에 이르러 무정군(武定君)이 되었고, 한(漢)에 들어왔다가 돌아와 삼진(三秦)을 평정하고 도위(都尉)로서 항우(項羽)를 공격해 후(侯)가 되었다.	6년, 후(侯) 소(昭) 원년[74] 3 9년, 후 소가 죄가 있어 나라를 없앴다.	

71) 【색은(索隱)】 현 이름이며 하내군(河內郡)에 속한다.

72) 【색은(索隱)】 현 이름이며 임회군(臨淮郡)에 속한다.

73) 【색은(索隱)】 현 이름이며 패군(沛郡)에 속한다.

74) 【집해(集解)】 서광(徐廣)이 말했다. "『한서』「연표」에는 망후(芒侯) 이지(耏跖)라

고후 재위 8년	효문 재위 23년	효경 재위 16년	건원(建元)부터 원봉(元封) 6년까지 재위 36년, 태초(太初) 원년부터 후원(後元) 2년까지 재위 18년	후 등급 [侯第]
8	**3** 원년, 후(侯) 신(信) 원년 4년, 후 신이 다른 사람에게 갚아야 할 것은 갚지 않고 6개월 동안 그 사람의 잘못만 따진 죄에 걸려들어 후 작위를 빼앗기고 나라도 없어졌다.			29
		12 장(張)으로 고쳤다. 효경(孝景) 3년, 소(昭)는 옛 망후로서 군사를 이끌고 태위(太尉) 주아부(周亞夫)를 따라 오나라와 초나라를 공격해 공이 있어 다시 후(侯)가 되었다. **2** 후(後) 원년 3월, 후(侯) 신(申) 원년	**17** 원삭(元朔) 6년, 후 신이 남궁공주(南宮公主)와 결혼해 불경한 짓을 했다가 나라가 없어졌다.[75]	

고 했다." 【색은(索隱)】 彤跙의 발음은 (내척이 아니라) 이지(而只)이며, 이(彤)는 성(姓)이다.

75) 【색은(索隱)】 남궁공주는 경제의 딸이다. 처음에 남궁후 장생(張生)이 그와 결혼했는데, 죄가 있어 장후(張侯) 이신(彤申)이 공주와 결혼했다.

나라 이름	후(侯)가 된 공로[侯功]	고조 재위 12년	효혜 재위 7년
고시(故市)[76]	집순(執盾)으로서 처음에 일어나 한(漢)에 들어와 하상(河上) 군수가 되었고, 임시 재상이 되었다가 항우(項羽)를 공격해 후(侯)가 되었다. 식읍은 1,000호로, 공로는 평정후(平定侯)와 엇비슷했다.	6년 4월 계미일, 후(侯) 염택적(閻澤赤) 원년 3 9년, 이후(夷侯) 무해(毋害) 원년 4	7
유구(柳丘)[77]	연오(連敖)로서 고조를 따라 설(薛)에서 일어났고, 이대장(二隊長)으로서 한(漢)에 들어와 삼진(三秦)을 평정했다. 도위(都尉)로서 항적(項籍)의 군대를 깨뜨려 장군이 되었다. 후(侯)가 되었고, 식읍은 1,000호였다.	6년 6월 정해일, 제후(齊侯) 융사(戎賜) 원년 7	7
위기(魏其)[78]	사인(舍人)으로서 패(沛)에서 고조를 따랐고, 낭중(郎中)으로서 한(漢)에 들어와 주신후(周信侯)가 되었다. 삼진(三秦)을 평정하고 승진해 낭중기장(郎中騎將)이 되었고, 동성(東城)에서 항적(項籍)을 깨뜨리고 후(侯)가 되었다. 식읍은 1,000호였다.	6년 6월 정해일, 장후(莊侯) 주정(周定) 원년 7	7
기(祁)[79]	집순(執盾)으로서 한왕(漢王) 3년에 처음 일어나 고조를 따라 진양(晉陽)에 갔다. 연오(連敖)로서 항적(項籍)을 공격했다가 한왕이 패해 달아났는데, 그때 증하(繪賀)가 군대를 거느리고 초나라를 공격했으나 추격하는 기병 때문에 나아갈 수 없었다. 한왕이 돌아보며 하에게 말했다. "그대는 팽성(彭城)에.남아 집규(執圭)로서 동쪽으로 항우를 쳐 급히 근처의 성벽을 끊어라!" 후(侯)가 되었는데, 식읍은 1,400호였다.	6년 6월 정해일, 곡후(穀侯) 증하(繪賀) 원년 7	7
평(枰)[80]	병사로 처음에 일어났고 사인(舍人)으로서 고조를 따라 진(秦)나라를 공격했고, 낭중(郎中)으로서 한(漢)에 들어왔다. 장군으로서 제후들을 평정하고 낙양(洛陽)을 지킨 공로가 있어 후(侯)가 되었는데, 비후(費侯) 하(賀)와 엇비슷했다. 식읍은 1,300호였다.	6년 6월 정해일, 도후(悼侯) 패가(沛嘉) 원년 6 12년, 정후(靖侯) 노(奴) 원년 1	7

76) 【색은(索隱)】 현 이름이며 하남군(河南郡)에 속한다.

77) 【색은(索隱)】 현 이름이며 발해군(渤海郡)에 속한다.

78) 【색은(索隱)】 현 이름이며 낭야군(琅邪郡)에 속한다.

고후 재위 8년	효문 재위 23년	효경 재위 16년	건원(建元)부터 원봉(元封) 6년까지 재위 36년, 태초(太初) 원년부터 후원(後元) 2년까지 재위 18년	후 등급 [侯第]
8	**19** 후(後) 4년, 대후(戴侯) 속(續) 원년 **4**	**4** 효경(孝景) 5년, 후(侯) 곡(穀)이 이어 받았다. **12**	**28** 원정(元鼎) 5년, 후 곡이 주금(酎金)에 걸려 나라를 없앴다.	55
4 5년, 정후(定侯) 안국(安國) 원년 **4**	23	**3** 4년, 경후(敬侯) 가성(嘉成) 원년 **10** 후(後) 원년, 후(侯) 각(角)이 이어받았으나 죄가 있어 나라를 없앴다.		26
4 5년, 후(侯) 간(間) 원년 **4**	23	**2** 전(前) 3년, 후 간이 반란을 일으켜 나라를 없앴다.		44
8	**11** 12년, 경후(頃侯) 호(湖) 원년 **12**	**5** 6년, 후(侯) 타(它) 원년 **11**	**8** 원광(元光) 2년, 후 타가 활쏘기 시합에 상을 따라갔다가 멋대로 빠져나가 불경죄에 걸려 나라가 없어졌다.	51
8	**15** 16년, 후(侯) 집(執) 원년 **8**	**11** 중(中) 5년, 후 집이 죄가 있어 나라를 없앴다.		32

79) 【색은(索隱)】 현 이름이며 태원군(太原郡)에 속한다.

80) 【색은(索隱)】 현 이름이며 하남군(河南郡)에 속한다.

고조 공신 중 후가 된 사람 연표(高祖功臣侯者年表) 제6

나라 이름	후(侯)가 된 공로[侯功]	고조 재위 12년	효혜 재위 7년
노(魯)[81]	사인(舍人)으로서 고조를 따라 패(沛)에서 일어나 함양(咸陽)에 이르러 낭중(郎中)이 되었고, 한(漢)에 들어가 장군으로서 고조를 따라 제후들을 평정하고 후(侯)가 되었다. 식읍은 4,800호로 공로가 무양후(舞陽侯)와 엇비슷했다. 고조를 섬기다 죽었기에 어머니가 그를 이어 후(侯)가 되었다.[82]	6년 중(中), 모후(母侯) 자(疵) 원년 7	7
고성(故城)[83]	병사로서 처음에 일어나 알자(謁者)로서 고조를 따라 한(漢)에 들어갔고, 장군으로서 제후들을 공격했으며, 우승상으로서 회양(淮陽)을 수비해 공을 세워 후가 되었다. 공로가 염차후(厭次侯)와 엇비슷해 식읍이 2,000호였다.	6년 중(中), 장후(莊侯) 윤회(尹恢) 원년 7	2 3년, 후(侯) 개방(開方) 원년 5
임(任)[84]	기도위(騎都尉)로서 한(漢) 5년에 고조를 따라 동원(東垣)에서 일어났고, 연나라와 대(代)나라를 치고 옹치(雍齒)에 소속되어 공이 있어 후(侯)가 되었다. 거기장군(車騎將軍)이 되었다.	6년, 후(侯) 장월(張越) 원년 7	7
극구(棘丘)[85]	집순대사(執盾隊史)로서 전(前) 원년에 고조를 따라 탕(碭)에서 일어나 진(秦)나라를 깨뜨렸고, 치속내사(治粟內史)로서 한(漢)에 들어왔다. 상군(上郡)군수로서 서위(西魏) 땅을 공격해 평정한 공으로 후(侯)가 되었다.	6년, 후(侯) 양(襄) 원년[86] 7	7
아릉(阿陵)[87]	연오(連敖)로서 전(前) 원년에 고조를 따라 선보(單父)에서 일어났고, 새소(塞疏)로서 한(漢)에 들어왔다.[88]	6년 7월 경인일, 경후(頃侯) 곽정(郭亭) 원년 7	7

81) 【색은(索隱)】 현 이름이며 노국(魯國)에 속한다.

82) 【색은(索隱)】 연(涓)은 아들이 없어 어머니 자(疵)를 봉했다.

83) 【색은(索隱)】 『한서』 「표」에는 성보(城父)로 되어 있고 패군(沛郡)에 속한다.

84) 【색은(索隱)】 현 이름이며 광평군(廣平郡)에 속한다.

85) 【색은(索隱)】 『한서』 「지리지」에는 극구라는 땅이 없다.

고후 재위 8년	효문 재위 23년	효경 재위 16년	건원(建元)부터 원봉(元封) 6년까지 재위 36년, 태초(太初) 원년부터 후원(後元) 2년까지 재위 18년	후 등급 [侯第]
4 5년, 모후 자가 훙하니 후사가 없어 나라를 없앴다.				7
2 3년, 후 방이 후작(侯爵)을 빼앗기고 관내후(關內侯)가 되었다.				26
2 3년, 후 월이 사형죄를 범한 사람을 숨겨준 죄에 걸려 면직되어 서인이 되었고 나라는 없어졌다.				
4 4년, 후 양이 후작(侯爵)을 빼앗기고 사오(士伍)가 되니 나라를 없앴다.				
8	**2** 3년 혜후(惠侯) 구(歐) 원년 **21**	**18** 전(前) 2년, 후(侯) 승객(勝客) 원년, 죄가 있어 작위가 끊어졌다. **4** 남(南)으로 고쳤다. 중(中) 6년, 정후(靖侯) 연거(延居) 원년	**11** 원광(元光) 6년, 후(侯) 칙(則) 원년 **17** 원정(元鼎) 5년, 후 칙이 주금(酎金)에 걸려 나라를 없앴다.	27

86) 【색은(索隱)】 양은 이름이다. 성과 시호는 역사에 전하지 않는다.

87) 【색은(索隱)】 현 이름이며 탁군(涿郡)에 속한다.

88) 【집해(集解)】 서광(徐廣)이 말했다. "판본에 따라 새로(塞路)로 되어 있다." 【색은(索隱)】 살펴보건대 로(路)가 잘못해서 소(疏)로 되었다. 안사고(顔師古)가 말했다. "새로란 요새와 요로를 차단하는 일을 임무로 한다."

나라 이름	후(侯)가 된 공로[侯功]	고조 재위 12년	효혜 재위 7년
창무(昌武)[89]	처음에 사인(舍人)으로서 일어나 고조를 따랐고, 낭중(郞中)으로 한(漢)에 들어와 평정했으며, 낭중장(郞中將)으로서 제후들을 공격해 후(侯)가 되었다. 식읍은 980호였는데, 위기후(魏其侯)와 엇비슷했다.	6년 7월 경인일, 정신후(靖信侯) 선녕(單甯) 원년[90] 7	**5** 원년, 간후(簡侯) 득(得) 원년 2
고원(高苑)[91]	처음에 사인(舍人)으로서 일어나 고조를 따라 한(漢)에 들어와 삼진(三秦)을 평정했고, 중위(中尉)로서 항적(項籍)을 깨뜨려 후(侯)가 되었다. 식읍은 1,600호로 척구후(斥丘侯)와 엇비슷했다.	6년 7월 무술일, 제후(制侯) 병천(丙倩) 원년 7	**7** 원년, 간후(簡侯) 득(得) 원년
선곡(宣曲)[92]	사졸로서 고조를 따라 유(留)에서 일어나 기장(騎將)으로서 한(漢)에 들어와 삼진(三秦)을 깨뜨렸다. 형양(滎陽)에서 항적(項籍)의 군대를 깨뜨렸고, 낭기장(郞騎將)이 되어 고릉(固陵)에서 종리매(鍾離昧)의 군대를 깨뜨려 후(侯)가 되었다. 식읍은 670호였다.	6년 7월 무술일, 제후(齊侯) 정의(丁義) 원년 7	7
강양(絳陽)[93]	월나라 장수로 고조를 따라 유(留)에서 일어나 한(漢)에 들어왔고, 삼진(三秦)을 평정하고 장도(臧荼)를 쳐서 후(侯)가 되었다. 식읍은 740호였다. 고조를 따라 마읍(馬邑)과 경포(黥布)를 공격했다.	6년 7월 무술일, 제후(齊侯) 화무해(華無害) 원년 7	7
동모(東茅)[94]	사인(舍人)으로서 고조를 따라 탕(碭)에서 일어나 패상(霸上)에 이르렀고, 이대(二隊)로서 한(漢)에 들어와 삼진(三秦)을 평정했다. 도위(都尉)로서 항우(項羽)를 공격하고 장도(臧荼)를 깨뜨려 후(侯)가 되었다. 한신(韓信)을 붙잡아 장군이 되어 1,000호를 더 받았다.	6년 8월 병진일, 경후(敬侯) 유쇠(劉釗) 원년 7	7

89) 【색은(索隱)】『한서』 「지리지」에는 창무가 없다.

90) 【색은(索隱)】 單甯의 발음은 (단녕이 아니라) 선녕(善佞)이다.

91) 【색은(索隱)】 현 이름이며 천승군(千乘郡)에 속한다.

고후 재위 8년	효문 재위 23년	효경 재위 16년	건원(建元)부터 원봉(元封) 6년까지 재위 36년, 태초(太初) 원년부터 후원(後元) 2년까지 재위 18년	후 등급 [侯第]
8	23	**10** 중(中) 4년, 강후(康侯) 가성(賈成) 원년 **6**	**10** 원광(元光) 5년, 후(侯) 득(得) 원년 **4** 원삭(元朔) 3년, 후 득이 사람을 다치게 해 20일 만에 죽자 기시(棄市)하고 나라를 없앴다.	45
8	**15** 16년, 효후(孝侯) 무(武) 원년 **8**	**16**	**2** 건원(建元) 원년, 후(侯) 신(信) 원년 건원 3년, 후 신이 황제의 속거(屬車) 사이를 들고난 일에 걸려들어 후작(侯爵)을 빼앗기고 나라가 없어졌다.	41
8	**10** 11년, 후(侯) 통(通) 원년 **13**	**4** 죄가 있어 나라를 없앴다. 발루(發婁)로 고쳤다. 중(中) 5년, 다시 후 통을 봉한 원년이다. 중 6년, 후 통이 죄가 있어 나라를 없앴다.		43
8	**3** 4년, 공후(恭侯) 발제(勃齊) 원년 **16** **4** 후(後) 4년, 후(侯) 녹(祿) 원년	**3** 4년, 후 녹이 경계를 벗어나 죄를 지어 나라를 없앴다.		46
8	**2** 3년, 후(侯) 길(吉) 원년 **13** 16년, 후 길이 작위를 빼앗겨 나라가 없어졌다.			48

92) 【색은(索隱)】『한서』「지리지」에는 선곡이 없다.

93) 【색은(索隱)】『한서』「지리지」에는 없고, 「표」에는 종릉(終陵)이라고 했다.

94) 【색은(索隱)】『한서』「지리지」에는 없고, 판본에 따라 모(茅)가 유(柔)로 되어 있다.

나라 이름	후(侯)가 된 공로[侯功]	고조 재위 12년	효혜 재위 7년
척구(斥丘)[95]	사인(舍人)으로서 고조를 따라 풍(豊)에서 일어나 좌사마(左司馬)로서 한(漢)에 들어왔다. 아장(亞將)으로서 항적(項籍)을 공격해 적을 꺾었다. 동군도위(東郡都尉)가 되어 무성(武城)에서 항적을 쳐 깨뜨리고 후(侯)가 되었고, 한중위(漢中尉)가 되어 경포(黥布)를 쳐 척구후가 되었다. 식읍은 1,000호였다.[96]	6년 8월 병진일, 의후(懿侯) 당려(唐厲) 원년 7	7
대(臺)[97]	사인(舍人)으로서 고조를 따라 탕(碭)에서 일어나 대솔(隊率)로서 한(漢)에 들어왔고, 도위(都尉)로서 항적(項籍)을 쳤다. 항적이 죽자, 군대를 돌려 임강(臨江)을 공격했으니, 장군 유가(劉賈)에게 소속되어 공을 세워 후(侯)가 되었다. 장군으로서 연나라를 쳤다.	6년 8월 갑자일, 정후(定侯) 대야(戴野) 원년 7	7
안국(安國)[98]	객(客)으로서 고조를 따라 풍(豊)에서 일어나 구장(廄將)으로서 따라 동군(東郡), 남양(南陽)을 평정했고, 고조를 따라 패상(霸上)에 이르렀다. 한(漢)에 들어와 풍을 지켰다. 상(上)이 동쪽으로 가자 그 참에 따라가서 싸웠으나, 불리해지자 효혜(孝惠)와 노원(魯元)공주를 받들어 수수(睢水)를 탈출해 풍을 견고히 지켰다. 옹후(雍侯)에 봉해졌는데, 식읍은 5,000호였다.	6년 8월 갑자일, 무후(武侯) 왕릉(王陵) 원년 7	7 그 (혜제) 6년, 우승상이 되었다.
낙성(樂成)[99]	중연(中涓) 기병으로서 고조를 따라 탕(碭)에서 일어나 기장(騎將)이 되어 한(漢)에 들어왔고, 삼진(三秦)을 평정해 후(侯)가 되었다. 도위(都尉)로서 항적(項籍)을 공격했고, 관영(灌嬰)에 소속되어 용저(龍且)를 죽이고 다시 낙성후(樂成侯)가 되었다. 식읍은 1,000호였다.	6년 8월 갑자일, 절후(節侯) 정례(丁禮) 원년 7	7
벽양(辟陽)[100]	사인(舍人)으로서 처음에 일어나 여후(呂后)와 효혜(孝惠)를 패(沛)에서 3년 10개월 동안 모셨다. 여후가 초나라에 들어가자 심이기(審食其)가 1년 동안 시종해 후(侯)가 되었다.	6년 8월 갑자일, 유후(幽侯) 심이기(審食其) 원년 7	7
안평(安平)[101]	알자(謁者)로서 한왕(漢王) 3년에 처음으로 고조를 따라 제후들을 평정했다. 공이 있어 작질을 받았고 소하(蕭何)를 천거했다. 공로를 세워 후(侯)가 되었는데, 식읍은 2,000호였다.	6년 8월 갑자일, 경후(敬侯) 악천추(鄂千秋) 원년 7	2 효혜(孝惠) 3년, 간후(簡侯) 가(嘉) 원년 5

95) 【색은(索隱)】 현 이름이며 위군(魏郡)에 속한다.

96) 【색은(索隱)】 무성에서 항적을 깨뜨리고 처음으로 무성후(武城侯)가 되었고, 뒤에 경포를 공격해 개봉해서 척구후가 되었다.

97) 【색은(索隱)】 임치군(臨淄郡)에 대향현(臺鄉縣)이 있다.

고후 재위 8년	효문 재위 23년	효경 재위 16년	건원(建元)부터 원봉(元封) 6년까지 재위 36년, 태초(太初) 원년부터 후원(後元) 2년까지 재위 18년	후 등급 [侯第]
8	8 13 9년, 공후(恭侯) 조(晁) 원년 2 후(後) 6년, 후(侯) 현(賢) 원년	16	25 원정(元鼎) 2년, 후(侯) 존(尊) 원년 3 원정 5년, 후 존이 주금(酎金)에 걸려 나라를 없앴다.	40
8	3 4년, 후(侯) 재(才) 원년 20	2 3년, 후 재가 반란을 일으켜 나라를 없앴다.		35
7 8년, 애후(哀侯) 기(忌) 원년 1	원년, 종후(終侯) 유(游) 원년 23	16	20 건원(建元) 원년 3월, 한후(安侯) 벽방(辟方) 원년 8 원수(元狩) 3년, 후(侯) 정(定) 원년 원정(元鼎) 5년, 후 정이 주금(酎金)에 걸려 나라를 없앴다.	12
9	4 5년, 이후(夷侯) 마종(馬從) 원년 18 1 후(後) 7년, 무후(武侯) 객(客) 원년	16	25 원정(元鼎) 2년, 후(侯) 의(義) 원년 3 원정 5년, 후 의가 오리후(五利侯·난대)가 무도하다고 말한 죄에 걸려 기시(棄市)되었고 나라는 없어졌다.	42
8	3 4년, 후(侯) 평(平) 원년 20	2 3년, 평이 반란죄에 걸려 나라를 없앴다.		59
7 8년, 경후(頃侯) 응(應) 원년 1	13 14년, 양후(煬侯) 기(寄) 원년 10	15 후(後) 3년, 후(侯) 단(但) 원년 1	18 원수(元狩) 원년, 회남왕(淮南王) 딸과 간통하고도 회남왕에게 편지를 보내 신하로 칭하며 온 힘을 다하겠다고 한 죄에 걸려 기시(棄市)되었고 나라는 없어졌다.	61

98) 【색은(索隱)】 현 이름이며 중산군(中山郡)에 속한다.

99) 【색은(索隱)】 『한서』 「지리지」에는 없다.

100) 【색은(索隱)】 현 이름이며 신도군(信都郡)에 속한다.

101) 【색은(索隱)】 현 이름이며 탁군(涿郡)에 속한다.

나라 이름	후(侯)가 된 공로[侯功]	고조 재위 12년	효혜 재위 7년
괴성(蒯成)[102]	사인(舍人)으로서 고조를 따라 패(沛)에서 일어나 패상(霸上)에 이르러 후(侯)가 되었다. 한(漢)에 들어와 삼진(三秦)을 평정하고 지양(池陽)을 식읍으로 받았다. 형양(滎陽)에서 항우(項羽)의 군대를 공격해 용도(甬道)를 끊었고, 고조를 따라서 나와 평음(平陰)을 건너 양국(襄國)에서 회음후(淮陰侯)의 군대와 마주쳤다. 초나라와 한나라는 홍구(鴻溝)를 나누기로 약조하면서 주설(周緤)을 신무후(信武侯)로 삼았다. 전세가 불리해도 감히 상(上)을 떠나지 않았으니, 후(侯)로 삼는데 식읍은 3,300호였다.	6년 8월 갑자일, 존후(尊侯) 주설(周緤) 원년 7 12년 10월 을미일, 괴성을 평정했다.	7
북평(北平)[104]	객(客)으로서 고조를 따라 양무(陽武)에서 일어나 패상(霸上)에 이르렀다. 상산(常山) 군수가 되어 진여(陳餘)를 붙잡고 대나라 재상이 되었다가, 조나라 재상으로 옮기고 후(侯)가 되었다. 계상(計相)으로 4년을 지냈고, 회남왕의 재상으로 14년을 지냈다. 식읍은 1,300호였다.	6년 8월 정축일, 문후(文侯) 장창(張倉) 원년 7	7
고호(高胡)[105]	사졸로서 고조를 따라 강리(杠里)에서 일어나 한(漢)에 들어왔고, 도위(都尉)로서 항적(項籍)을 공격했으며, 도위(都尉)로서 연나라를 평정하고 후(侯)가 되었다. 식읍은 1,000호였다.	6년, 중후(中侯) 진부걸(陳夫乞) 원년 7	7
염차(厭次)[106]	신장(愼將)으로서 전(前) 원년에 고조를 따라 유(留)에서 일어나 한(漢)에 들어왔고, 도위(都尉)로서 광무(廣武)를 지켜 공로가 있어 후(侯)가 되었다.	6년, 중후(中侯) 원경(元頃) 원년 7	7
평고(平皐)[107]	항타(項它)다. 한(漢) 6년, 탕군(碭郡)의 장(長)으로서 처음으로 고조를 따랐으니, 성을 내려줘 유씨(劉氏)라고 했다. 공로는 대후(戴侯) 팽조(彭祖)와 엇비슷하며, 식읍은 580호였다.	7년 10월 계해일, 양후(煬侯) 유타(劉它) 원년 6	4 5년, 공후(恭侯) 원(遠) 원년 3

102) 【색은(索隱)】『한서』「지리지」에는 없고, 『진서(晉書)』「지도기(地道記)」에는 북지군(北地郡)에 속한다고 했다.

103) 【색은(索隱)】 酇의 발음은 (단이 아니라) 다(多)다.

104) 【색은(索隱)】 현 이름이며 중산군(中山郡)에 속한다.

고후 재위 8년	효문 재위 23년	효경 재위 16년	건원(建元)부터 원봉(元封) 6년까지 재위 36년, 태초(太初) 원년부터 후원(後元) 2년까지 재위 18년	후 등급 [侯第]
8	**5** 주설이 훙하니 아들 창(昌)이 이어받았다. 죄가 있어 후작(侯爵)은 끊어졌고 나라는 없어졌다.	**1** 다(鄲)[103]로 고쳤다. 중(中) 원년, 주설의 아들 강후(康侯) 응(應)을 봉한 원년이다. 중 2년, 후(侯) 중거(中居) 원년 **8**	**26** 원정(元鼎) 3년, 중거가 태상(太常)으로 있으면서 죄를 지어 나라를 없앴다.	21
8	**23** 그 4년에 승상이 되었다가 5년 후에 그만두었다.	**5** **8** 6년, 강후(康侯) 봉(奉) 원년 **3** 후(後) 원년, 후(侯) 예(預) 원년	**4** 건원(建元) 5년, 후 예가 제후의 상(喪)에 상보다 늦게 참석하니, 불경죄에 걸려 나라가 없어졌다.	65
8	**4** 5년, 상후(殤侯) 정(程)이 뒤를 이었다. 훙하니 후사가 없어 나라를 없앴다.			82
8	**5** 원년, 후(侯) 하(賀) 원년 6년, 후 하가 모반해 나라를 없앴다.			24
8	23	**16** 원년, 절후(節侯) 광(光) 원년	**2** 건원(建元) 원년, 후(侯) 승(勝) 원년 **18** 원정(元鼎) 5년, 후 승이 주금(酎金)에 걸려 나라를 없앴다.	121

105) **【색은(索隱)】**『한서』「지리지」에는 없다.

106) **【색은(索隱)】**『한서』「지리지」에는 없고, 『진서(晉書)』「지도기(地道記)」에는 평원군(平原郡)에 속한다고 했다.

107) **【색은(索隱)】** 현 이름이며 하내군(河內郡)에 속한다.

나라 이름	후(侯)가 된 공로[侯功]	고조 재위 12년	효혜 재위 7년
복양(復陽)[108]	사졸로서 고조를 따라 설(薛)에서 일어나 한(漢)에 들어왔고, 우사마(右司馬)로서 항적(項籍)을 공격하여 후(侯)가 되었다. 식읍은 1,000호였다.	7년 10월 갑자일, 강후(剛侯) 진서(陳胥) 원년 6	7
양하(陽河)[109]	중알자(中謁者)로서 고조를 따라 한(漢)에 들어왔고, 낭중기(郎中騎)로서 고조를 따라 제후들을 평정해 후(侯)가 되었다. 식읍은 500호였으며, 공로가 고호후(高胡侯)와 엇비슷했다.	7년 10월 갑자일, 제애후(齊哀侯) 원년[110] 3 10년, 후(侯) 안국(安國) 원년 3	7
조양(朝陽)[111]	사인(舍人)으로서 고조를 따라 설(薛)에서 일어났고, 연오(連敖)로서 한(漢)에 들어왔다. 도위(都尉)로서 항우(項羽)를 공격했고 뒤에 한왕(韓王) 신(信)을 공격해 후(侯)가 되었다. 식읍은 1000호였다.	7년 3월 임인일, 제후(齊侯) 화기(華寄) 원년 7	7
극양(棘陽)[112]	사졸로서 고조를 따라 호릉(胡陵)에서 일어나 한(漢)에 들어왔다. 낭장(郎將)으로서 좌승상의 군대를 맞이해 항적(項籍)을 공격해 후(侯)가 되었고, 식읍은 1,000호였다.	7년 7월 병신일, 장후(莊侯) 두득신(杜得臣) 원년 6	7
열양(涅陽)[113]	기사(騎士)로서 한왕(漢王) 2년에 고조를 따라 함곡관을 나갔고, 낭장(郎將)으로서 항우(項羽)를 공격해 목을 베어 후(侯)가 되었다. 식읍은 1,500호로 두연후(杜衍侯)와 엇비슷했다.	7년 중(中), 장후(莊侯) 여승(呂勝) 원년 6	7
평극(平棘)[114]	객(客)으로서 고조를 따라 강보(亢父)에서 일어나 장한(章邯)이 임명한 촉(蜀) 군수를 목 베었고, 연나라 재상으로서 후(侯)가 되었다. 식읍은 1,000호였다.	7년 중(中), 의후(懿侯) 집(執) 원년 6	7

108) 【색은(索隱)】 현 이름이며 남양군(南陽郡)에 속한다.

109) 【색은(索隱)】 현 이름이며 상당군(上黨郡)에 속한다.

110) 【색은(索隱)】 『한서』 「표」에는 기후(其侯) 기석(其石)으로 되어 있다.

111) 【색은(索隱)】 현 이름이며 남양군(南陽郡)에 속한다.

고후 재위 8년	효문 재위 23년	효경 재위 16년	건원(建元)부터 원봉(元封) 6년까지 재위 36년, 태초(太初) 원년부터 후원(後元) 2년까지 재위 18년	후등급[侯第]
8	**10** 11년, 공후(恭侯) 가(嘉) 원년 **13**	**5** **11** 6년, 강후(康侯) 습(拾) 원년	**12** 원삭(元朔) 원년, 후(侯) 강(彊) 원년 **7** 원수(元狩) 2년, 습이 진가의 아들이 아님이 드러나 나라를 없앴다.	49
8	23	**10** 중(中) 4년, 후(侯) 오(午) 원년. 중도에 후작(侯爵)이 끊어졌다. 6	**27** 원정(元鼎) 4년, 공후(恭侯) 장(章) 원년. 비산(埤山)으로 고쳤다. **3** 원봉(元封) 원년, 후(侯) 인(仁) 원년 **20** 정화(征和) 3년 10월, 인이 어미와 함께 저주하고 대역무도한 일에 걸려들어 나라를 없앴다.	83
원년, 문후(文侯) 요(要) 원년 8	**13** 14년, 후(侯) 당(當) 원년 **10**	16	**13** 원삭(元朔) 2년, 후 당이 사람을 시켜 글을 올려서 법을 왜곡하려 한 죄에 걸려 나라가 없어졌다.	69
8	**5** 6년, 질후(質侯) 단(但) 원년 **18**	16	**9** 원광(元光) 4년, 회후(懷侯) 무(武) 원년 **7** 원삭(元朔) 5년, 훙하니 후사가 없어 나라를 없앴다.	81
8	**4** 5년, 장후의 아들 성(成)이 실은 아들이 아니어서 후(侯)가 되기에 마땅하지 않았기에 나라를 없앴다.			104
7 8년, 후(侯) 벽강(辟彊) 원년 1	**5** 6년, 후 벽강이 죄가 있어 귀신형(鬼薪刑)에 처하고 나라를 없앴다.			64

112) 【색은(索隱)】 현 이름이며 남양군에 속한다.

113) 【색은(索隱)】 현 이름이며 남양군에 속한다.

114) 【색은(索隱)】 현 이름이며 상산군(常山郡)에 속한다.

나라 이름	후(侯)가 된 공로[侯功]	고조 재위 12년	효혜 재위 7년
갱알(羹頡)	고조 형의 아들로서 종군해, 반란을 일으킨 한왕 신(信)을 공격해 낭중장(郎中將-중랑장)이 되었다. 그의 어머니가 일찍이 고조가 한미할 때 잘못한 것이 있었는데, 태상(太上)이 그를 가련히 여겨서 봉해 갱알 후로 삼았다.	7년 중(中), 후(侯) 유신(劉信) 원년 6	7
심택(深澤)[115]	조나라 장수로서 한왕(漢王) 3년에 항복해 와서 회음후(淮陰侯)에 소속되어 조나라·제나라·조나라를 평정했고 평성(平城)을 공격해 후(侯)가 되었다. 식읍은 700호였다.	8년 10월 계축일, 제후(齊侯) 조장야(趙將夜) 원년 5	7
백지(柏至)[116]	병련(駢憐)으로서 고조를 따라 창읍(昌邑)에서 일어났고, 세위(說衛)로서 한(漢)에 들어왔다. 중위(中尉)로서 항적(項籍)을 공격해 후(侯)가 되었고, 식읍은 1,000호였다.[117]	7년 10월 무진일, 정후(靖侯) 허온(許溫) 원년 6	7
중수(中水)[118]	낭중기장(郎中騎將)으로서 한왕(漢王) 원년에 고조를 따라 호치(好畤)에서 일어났고. 사마(司馬)로서 용저(龍且)를 공격했다. 다시 항우(項羽)를 공동으로 목 베어 후(侯)가 되었고, 식읍은 1,500호였다.	7년 정월 기유일, 장후(莊侯) 여마동(呂馬童) 원년 6	7

115) 【색은(索隱)】 현 이름이며 중산군(中山郡)에 속한다.

116) 【색은(索隱)】 『한서』 「지리지」에는 없다.

117) 【집해(集解)】 말 2마리를 병련이라고 하는데, 병련을 군대의 날개로 삼은 것이다.

고후 재위 8년	효문 재위 23년	효경 재위 16년	건원(建元)부터 원봉(元封) 6년까지 재위 36년, 태초(太初) 원년부터 후원(後元) 2년까지 재위 18년	후 등급 [侯第]
원년, 신이 죄가 있어 작위를 1급 깎아 관내후(關內侯)로 삼았다.				
1 후작(侯爵)을 빼앗기고 끊어졌다. 3년 만에 다시 봉해졌다가 1년 만에 다시 끊어졌다.	**4** 14년, 장야가 다시 봉해진 원년이다. **6** 후(後) 2년, 대후(戴侯) 두(頭) 원년	**2** 3년, 후(侯) 순(循) 원년 **7** 죄가 있어 후작(侯爵)이 끊어졌다. **5** 갱(更)으로 고쳤다. 중(中) 5년, 두의 아들 이후(夷侯) 호(胡)가 봉해진 원년이다.	**16** 원삭(元朔) 5년, 이후 호가 훙하니 후사가 없어 나라를 없앴다.	98
1 2년, 죄가 있어 후작(侯爵)이 끊어졌다. **6** 3년, 온을 다시 예전대로 봉해주었다.	**14** 원년, 간후(簡侯) 녹(祿) 원년 **9** 15년, 애후(哀侯) 창(昌) 원년	**16**	**7** 원광(元光) 2년, 공후(共侯) 안여(安如) 원년 **13** 원수(元狩) 3년, 후(侯) 복(福) 원년 **5** 원정(元鼎) 2년, 후 복이 죄가 있어 나라를 없앴다.	58
8	**9** 10년, 이후(夷侯) 가(假) 원년 **3** 13년, 공후(共侯) 청견(靑肩) 원년 **11**	**16**	**5** 건원(建元) 6년, 정후(靖侯) 덕(德) 원년 **1** 원광(元光) 원년, 후(侯) 의성(宜成) 원년 **23** 원정(元鼎) 5년, 의성이 주금(酎金)에 걸려 나라를 없앴다.	101

說의 발음은 세(稅)이니, 세위(說衛)는 행군과 주둔지를 제어하는 일을 한다.

118) **【색은(索隱)】** 현 이름이며 탁군(涿郡)에 속한다.

나라 이름	후(侯)가 된 공로[侯功]	고조 재위 12년	효혜 재위 7년
두연(杜衍)[119]	낭중기(郎中騎)로서 한왕(漢王) 3년에 고조를 따라 하비(下邳)에서 일어났고, 회음후(淮陰侯)에 소속되었다가 관영(灌嬰)을 따라 공동으로 항우(項羽)를 목 베고 후(侯)가 되었다. 식읍은 1,700호였다.	7년 정월 기유일, 장후(莊侯) 왕예(王翳) 원년 6	7
적천(赤泉)[120]	낭중기(郎中騎)로서 한왕(漢王) 2년에 고조를 따라 두(杜)에서 일어났고, 회음후에 소속되었다가 뒤에 관영을 따라 공동으로 항우를 목 베고 후(侯)가 되었다. 식읍은 1,900호였다.	7년 정월 기유일, 장후(莊侯) 양희(楊喜) 원년 6	7
순(栒)[121]	연나라 장군으로 한왕(漢王) 4년에 조구(曹咎)의 군대를 따랐고, 연나라 재상으로 있으면서 연왕 도·(荼)가 반란을 일으키는 것을 고해 후(侯)가 되었다. 연나라 상국으로서 노노(盧奴)를 평정했는데, 식읍은 1,900호였다.	8년 10월 병진일, 경후(頃侯) 온개(溫疥) 원년 5	7
무원(武原)[122]	한(漢) 7년, 양(梁)나라 장수로서 처음에 고조를 따라 한신(韓信)·진희(陳豨)·경포(黥布)를 쳐서 공을 세움으로써 후(侯)가 되었다. 식읍은 2,800호로, 공로가 고릉후(高陵侯)와 엇비슷했다.	8년 12월 정미일, 정후(靖侯) 위거(衛胠) 원년 5	3 4년, 공후(共侯) 기(寄) 원년 4

119) 【색은(索隱)】 현 이름이며 남양군(南陽郡)에 속한다.

120) 【색은(索隱)】 『한서』「지리지」에는 없다.

고후 재위 8년	효문 재위 23년	효경 재위 16년	건원(建元)부터 원봉(元封) 6년까지 재위 36년, 태초(太初) 원년부터 후원(後元) 2년까지 재위 18년	후 등급 [侯第]
5 6년, 공후(共侯) 복(福) 원년 **3**	**4** 5년, 후(侯) 시신(市臣) 원년 **7** **12** 12년, 후(侯) 흡(翕) 원년	**12** 죄가 있어 후작(侯爵)이 끊어졌다. 후(後) 3년, 예(翳)의 아들 강후(彊侯) 영인(郢人)을 봉한 원년이다. **3**	**9** 원광(元光) 4년, 후(侯) 정국(定國) 원년 **12** 원수(元狩) 원년, 후 정국이 죄가 있어 나라를 없앴다.	102
1 원년, 후작을 빼앗기고 끊어졌다. 2년, 다시 봉해졌다. **7**	**11** 12년, 정후(定侯) 은(殷) 원년 **12**	**3** 4년, 후(侯) 무해(無害) 원년 **6** 죄가 있어 후작이 끊어졌다. **5** 임여(臨汝)로 고쳤다. 중(中) 5년, 후 무해를 다시 봉한 원년이다.	**7** 원광(元光) 2년, 후 무해가 죄가 있어 나라를 없앴다.	103
8	**5** **17** 6년, 문후(文侯) 인(仁) 원년 **1** 후(後) 7년, 후(侯) 하(河) 원년	**10** 중(中) 4년, 후 하가 죄가 있어 나라를 없앴다.		91
8	**23**	**3** 4년, 후(侯) 불해(不害) 원년 **13** 후(後) 2년, 불해가 장례를 지내면서 법률을 어긴 죄에 걸려 나라를 없앴다.		93

121) 【색은(索隱)】 현 이름이며 부풍(扶風)에 속한다.

122) 【색은(索隱)】 『한서』「지리지」에는 없다.

나라 이름	후(侯)가 된 공로[侯功]	고조 재위 12년	효혜 재위 7년
마(磨)[123]	조나라 위(衛)장군으로서 한왕(漢王) 3년에 고조를 따라 노노(盧奴)에서 일어났다. 항우(項羽)를 오창(敖倉) 아래에서 공격해 장군이 되었고, 장도(臧荼)를 공격해 공을 세워 후(侯)가 되었다. 식읍은 1,000호였다.	8년 7월 계유일, 간후(簡侯) 정흑(程黑) 원년 5	7
고(槀)[124]	고제(高帝) 7년, 장군이 되었고, 고조를 따라 대(代)나라 진희(陳豨)를 공격해 공이 있어 후(侯)가 되었다. 식읍은 600호였다.	8년 12월 정미일, 지후(祗侯) 진조(陳錯) 원년 5	2 3년, 회후(懷侯) 영(嬰) 원년 5
송자(宋子)[126]	한(漢) 3년, 조나라 우림(羽林)장군으로서 처음 고조를 따랐고, 제후들을 공격해 평정했다. 공로가 마후(磨侯)와 엇비슷한 540호였다.	8년 12월 정묘일, 혜후(惠侯) 허체(許瘱) 원년 4 12년, 공후(共侯) 불의(不疑) 원년 1	7
의씨(猗氏)[127]	사인(舍人)으로서 고조를 따라 풍(豐)에서 일어나 한(漢)에 들어왔고, 도위(都尉)로서 항우(項羽)를 공격해 후(侯)가 되었다. 식읍은 2,400호였다.	8년 3월 병술일, 경후(敬侯) 진속(陳遬) 원년 5	6 원년, 정후(靖侯) 교(交) 원년 1
청(淸)[128]	노장(弩將-쇠뇌 장수)으로서 처음에 일어나 고조를 따라 한(漢)에 들어왔고, 도위(都尉)로서 항우와 대나라를 공격해 후(侯)가 되었다. 공로는 팽후(彭侯)와 엇비슷했고, 식읍은 1,000호였다.	8년 3월 병술일, 간후(簡侯) 공중(空中) 원년[129] 5	7 원년, 경후(頃侯) 성(聖) 원년

123) 【색은(索隱)】『한서』「지리지」에는 없고, 「표」에는 역(歷)으로 되어 있다. 역현(歷縣)은 신도군(信都郡)에 있다.

124) 【색은(索隱)】『한서』「지리지」에 따르면, 고현은 산양군(山陽郡)에 속한다.

125) 【집해(集解)】 서광(徐廣)이 말했다. "천추의 아버지는 원삭(元朔) 원년에 세워졌다."

고후 재위 8년	효문 재위 23년	효경 재위 16년	건원(建元)부터 원봉(元封) 6년까지 재위 36년, 태초(太初) 원년부터 후원(後元) 2년까지 재위 18년	후 등급 [侯第]
2 3년, 효후(孝侯) 희(釐) 원년 **6**	**16** 후(後) 원년, 후(侯) 조(竈) 원년 **7**	**7** 중(中) 원년, 조가 죄가 있어 나라를 없앴다.		92
8	**6** **14** 7년, 공후(共侯) 응(應) 원년 **3** 후(後) 5년, 후(侯) 안(安) 원년	**16**	**12** 부득(不得)이 천추(千秋)의 아버지다.125) **7** 원수(元狩) 2년, 후(侯) 천추 원년 **9** 원정(元鼎) 5년, 후 천주가 주금(酎金)에 걸려 나라를 없앴다.	124
8	**9** **14** 10년, 후(侯) 구(九) 원년	**8** 중(中) 2년, 후 구가 요새 밖으로 반출이 금지된 물건을 판 죄에 걸려 나라를 없앴다.		99
8	**23**	**2** 3년, 경후(頃侯) 차(差) 원년 훙하니 후사가 없어 나라를 없앴다.		50
8	**7** 8년, 강후(康侯) 부(鮒) 원년 **16**	**16**	**20** 원수(元狩) 3년, 공후(恭侯) 석(石) 원년 **7** 원정(元鼎) 4년, 후(侯) 생(生) 원년 **1** 원정 5년, 생이 주금(酎金)에 걸려 나라를 없앴다.	71

126) **【색은(索隱)】**『한서』「지리지」에 따르면, 송자현은 거록군(鉅鹿郡)에 속한다.

127) **【색은(索隱)】** 현 이름이며 하동군(河東郡)에 속한다.

128) **【색은(索隱)】** 현 이름이며 동군(東郡)에 속한다.

129) **【집해(集解)】** 서광(徐廣)이 말했다. "판본에 따라 공(空)은 질(窒)로 되어 있다." **【색은(索隱)】** 질중(窒中)이 성(姓)이다.『풍속통(風俗通)』에 보인다.

나라 이름	후(侯)가 된 공로[侯功]	고조 재위 12년	효혜 재위 7년
강(彊)[130]	객리(客吏)로 처음에 일어나 고조를 따라 한(漢)에 들어왔고, 도위(都尉)로서 항우와 대나라를 공격해 후가 되었다. 공로는 팽후와 엇비슷했고, 식읍은 1,000호였다.	8년 3월 병술일, 간후(簡侯) 유승(留勝) 원년 3 11년, 대후(戴侯) 장(章) 원년 2	7
팽(彭)[131]	사졸로서 고조를 따라 설(薛)에서 일어났고, 노장(弩將)으로서 한(漢)에 들어왔다. 도위(都尉)로서 항우와 대나라를 공격해 후(侯)가 되었는데, 식읍은 1,000호였다.	8년 3월 병술일, 간후(簡侯) 진동(秦同) 원년 5	7
오방(吳房)[132]	낭중기장(郎中騎將)으로서 한왕(漢王) 원년에 고조를 따라 하규(下邽)에서 일어나 양가(陽夏)를 공격했고, 도위(都尉)로서 항우를 목 베고 공로가 있어 후(侯)가 되었다. 식읍은 700호다.	8년 3월 신묘일, 장후(莊侯) 양무(陽武) 원년 5	7
영(甯)[133]	사인(舍人)으로서 고조를 따라 탕(碭)에서 일어나 한(漢)으로 들어왔고, 도위(都尉)로서 장도(臧荼)를 공격해 공을 세워 후(侯)가 되었다. 식읍은 1,000호다.	8년 4월 신유일, 장후(莊侯) 위선(魏選) 원년 5	7
창(昌)[134]	제나라 장수로서 한왕(漢王) 4년에 회음후를 따라 무염(無鹽)에서 일어났고, 제나라를 평정하고 항적(項籍)을 쳤으며 대나라에서 한왕 신(信)을 공격해 후(侯)가 되었다. 식읍은 1,000호였다.	8년 6월 무신일, 어후(圉侯) 노경(盧卿) 원년 5	7
공(共)[135]	제나라 장수로서 한왕(漢王) 4년에 회음후를 따라 임치(臨淄)에서 일어나 항적을 쳤고, 평성(平城)에서 한왕 신(信)을 공격해 공을 세워 후(侯)가 되었다. 식읍은 1,200호였다.	8년 6월 임자일, 장후(莊侯) 노파사(盧罷師) 원년 5	7

130) 【색은(索隱)】 『한서』 「지리지」에는 강이 없다.

131) 【색은(索隱)】 『한서』 「표」에 따르면 동해군(東海郡)에 속한다.

132) 【색은(索隱)】 현 이름이며 여남군(汝南郡)에 속한다.

고후 재위 8년	효문 재위 23년	효경 재위 16년	건원(建元)부터 원봉(元封) 6년까지 재위 36년, 태초(太初) 원년부터 후원(後元) 2년까지 재위 18년	후 등급 [侯第]
8	**12** 13년, 후(侯) 복(服) 원년 **2** 15년, 후 복이 죄가 있어 나라를 없앴다.			72
8	**2** 3년, 대후(戴侯) 집(執) 원년 **21**	**2** 3년, 후(侯) 무(武) 원년 **11** 후(後) 원년, 후 무가 죄가 있어 나라를 없앴다.		70
8	**12** 13년, 후(侯) 거질(去疾) 원년 **11**	**14** 후(後) 원년, 거질이 죄가 있어 나라를 없앴다.		94
8	**15** 16년, 공후(恭侯) 연/련(連) 원년 **8**	원년, 후(侯) 지(指) 원년 **3** 4년, 후 지가 나라 밖을 나가는 죄를 지어 나라를 없앴다.		78
8	**14** 15년, 후(侯) 통(通) 원년 **9**	**2** 3년, 후 통이 반란을 일으켜 나라를 없앴다.		109
8	**6** 7년, 혜후(惠侯) 당(黨) 원년 **8** 15년, 회후(懷侯) 상(商) 원년 **5** 후(後) 4년, 후 상이 훙하니 후사가 없어 나라를 없앴다.			114

133) 【색은(索隱)】 『한서』 「표」에 따르면, 영양(甯陽)은 제남군(濟南郡)에 속한다.

134) 【색은(索隱)】 현 이름이며 낭야군(琅邪郡)에 속한다.

135) 【색은(索隱)】 현 이름이며 하내군(河內郡)에 속한다.

나라 이름	후(侯)가 된 공로[侯功]	고조 재위 12년	효혜 재위 7년
알지(閼氏)[136]	대나라 태위(太尉)로서 한왕(漢王) 3년에 항복해 안문(鴈門) 군수가 되었고, 특장(特將)으로서 대나라의 반란 무리를 평정하고 후(侯)가 되었다. 식읍은 1,000호였다.	8년 6월 임자일, 절후(節侯) 풍해감(馮解敢) 원년 4 12년, 공후(恭侯) 타(它) 원년 1	훙하니 후사가 없어 후작(侯爵)이 끊어졌다.
안구(安丘)[137]	사졸로서 고조를 따라 방여(方與)에서 일어나 위표(魏豹)에게 소속되었고, 2년 5개월이 지나 집피(執鈹)로서 한(漢)에 들어왔다. 사마(司馬)로서 항적(項籍)을 공격했고, 장군으로서 대나라를 평정해 후(侯)가 되었다. 식읍은 3,000호였다.	8년 7월 계유일, 의후(懿侯) 장열(張說) 원년[138] 5	7
합양(合陽)[139]	고조의 형이다. 군사가 일어나던 초기에 태공(太公)을 모시고 풍(豐)을 지켰고, 천하가 이미 평정되자 6년 정월에 중(仲)을 세워 대왕(代王)으로 삼았다. 고조(高祖) 8년에 흉노가 대나라를 공격하자 왕이 나라를 버리고 도망치니, 폐위되어 합양후가 되었다.	8년 9월 병자일, 후(侯) 유중(劉仲) 원년 5	2 중(仲)의 아들 비(濞)가 오왕(吳王)이 되었다. 아들 오왕 때문에 중(仲)을 높여 시호를 대경후(代頃侯)라고 했다.
양평(襄平)[140]	군사가 일어나던 초기에 기성(紀成)이 장군으로서 고조를 따라 진(秦)나라를 쳐서 깨뜨렸고 한(漢)에 들어와 삼진(三秦)을 평정했으니, 공로가 평정후(平定侯)와 엇비슷했다. 호치(好畤)에서 싸우다가 죽었다. 아들 통(通)이 기성의 공로를 이어받아 후(侯)가 되었다.	8년 후(後) 9월 병오일, 후(侯) 기통(紀通) 원년 5	7
용(龍)[141]	사졸로서 고조를 따라 한왕(漢王) 원년에 패상(霸上)에서 일어났다. 알자(謁者)로서 항적(項籍)을 쳤고 조구(曹咎)를 목 베어 후(侯)가 되었다. 식읍은 1,000호였다.	8년 후(後) 9월 기미일, 경후(敬侯) 진서(陳署) 원년 5	7
번(繁)[142]	조나라 기장(騎將)으로서 고조를 따랐고, 한(漢) 3년에 고조를 따라 제후들을 공격해 후(侯)가 되었다. 공로는 오방후(吳房侯)와 엇비슷했으며, 식읍은 1,500호였다.	9년 11월 임인일, 장후(莊侯) 강첨(彊瞻) 원년 4	4 5년, 강후(康侯) 구독(昫獨) 원년 3

136) 【색은(索隱)】 현 이름이며 안정군(安定郡)에 속한다.

137) 【색은(索隱)】 안구현은 북해군(北海郡)에 속한다.

138) 【색은(索隱)】 說의 발음은 (설이 아니라) 열(悅)이다.

139) 【색은(索隱)】 합양은 풍익(馮翊)에 속한다.

고후 재위 8년	효문 재위 23년	효경 재위 16년	건원(建元)부터 원봉(元封) 6년까지 재위 36년, 태초(太初) 원년부터 후원(後元) 2년까지 재위 18년	후 등급 [侯第]
	14 2년, 공후 타의 유복자 문후(文侯) 유(遺)를 봉한 원년이다. **8** 16년, 공후(恭侯) 승지(勝之) 원년	**5** 전(前) 6년, 후(侯) 평(平) 원년 **11**	**28** 원정(元鼎) 5년, 후 평이 주금(酎金)에 걸려 나라를 없앴다.	100
8	**12** 13년, 공후(恭侯) 노(奴) 원년 **11**	**3** 3년, 경후(敬侯) 집(執) 원년 **13** 4년, 강후(康侯) 흔(訢) 원년	**18** 원수(元狩) 원년, 후(侯) 지(指) 원년 **9** 원정(元鼎) 4년, 후 지가 상림원에 들어가 사슴을 훔치려고 모의한 일에 걸려 나라를 없앴다.	67
8	**23**	**9** 중(中) 3년, 강후(康侯) 상부(相夫) 원년 **7**	**12** 원삭(元朔) 원년, 후(侯) 이오(夷吾) 원년 **19** 원봉(元封) 원년, 이오가 훙하니 후사가 없어 나라를 없앴다.	
6 7년, 후(侯) 견(堅) 원년 **2**	**16** 후(後) 원년, 후 견이 후작(侯爵)을 빼앗겨 나라를 없앴다.			84
8	**23**	**3** 4년, 후(侯) 기(寄) 원년 **6** 중(中) 3년, 후(侯) 안국(安國) 원년 **7**	**18** 원수(元狩) 원년, 안국이 다른 사람에게 살해되어 나라를 없앴다.	95

140) 【색은(索隱)】 현 이름이며 임회군(臨淮郡)에 속한다.

141) 【색은(索隱)】 여강군(廬江郡)에 용서현(龍舒縣)이 있는데, 아마도 이곳일 것이다.

142) 【색은(索隱)】 「지리지」에 번양(繁陽)이 있다. 그러나 번현과는 별개인 듯하다.

나라 이름	후(侯)가 된 공로[侯功]	고조 재위 12년	효혜 재위 7년
육량(陸梁)[143]	조서(詔書)로써 열후(列侯)로 삼으니, 스스로 관리를 두고 장사왕(長沙王)의 명령을 받았다.	9년 3월 병진일, 후(侯) 수무(須毋) 원년 **3** 12년, 공후(共侯) 상(桑) 원년 **1**	**7**
고경(高京)[144]	주하(周苛)가 군사를 일으켜 내사(內史)로서 고조를 따랐고, 진(秦)나라를 쳐서 깨뜨리고 어사대부(御史大夫)가 되어 한(漢)에 들어왔다. 제후들을 에워싸 군사들을 빼앗고 형양(滎陽)을 굳게 지켰으니, 그 공로가 벽양후(辟陽侯)와 엇비슷했다. 주하가 어사대부로서 죽자, 아들 성(成)이 후사가 되어 후작(侯爵)을 이어받았다.	9년 4월 무인일, 후(侯) 주성(周成) 원년 **4**	**7**
이(離)[145]	이 후(侯)가 시작된 바와 끊어진 까닭을 알지 못한다.	9년 4월 무인일, 등약(鄧弱) 원년	
의릉(義陵)[146]	장사(長沙) 주국(柱國)으로 서 후(侯)가 되었고, 식읍은 1,500호였다.	9년 9월 병자일, 후(侯) 오정(吳程) 원년 **4**	**3** 4년, 후(侯) 종(種) 원년 **4**
선평(宣平)[147]	군사가 일어나던 초기에 장이(張耳)가 진(秦)나라를 토벌하고 일어나 재상이 되었는데, 거록(鉅鹿)에 제후들의 병사를 모이게 한 다음 진나라를 깨뜨리고 조나라를 평정해 상산왕(常山王)이 되었다. 이때 진여(陳餘)가 반기를 들고 장이를 습격했다가 나라를 버리고 대신들과 함께 한(漢)에 귀의했다. 한나라가 조나라를 평정하자 왕이 되었다. 졸하니 아들 오(敖)가 이어받았는데, 그의 신하 관고(貫高)가 불선해 폐위해 후(侯)로 삼았다.	9년 4월, 무후(武侯) 장오(張敖) 원년 **4**	**7**

143) 【색은(索隱)】 살펴보건대 지금의 강남(江南)에 있다.

144) 【색은(索隱)】 『한서』 「지리지」에는 고경이 없다.

145) 【색은(索隱)】 『한서』 「지리지」에는 이가 없다.

고후 재위 8년	효문 재위 23년	효경 재위 16년	건원(建元)부터 원봉(元封) 6년까지 재위 36년, 태초(太初) 원년부터 후원(後元) 2년까지 재위 18년	후 등급 [侯第]
8	**18** 후(後) 3년, 강후(康侯) 경기(慶忌) 원년 **5**	원년, 후(侯) 염(冉) 원년 **16**	**28** 원정(元鼎) 5년, 후 염이 주금(酎金)에 걸려 나라를 없앴다.	137
8	**20** 후(後) 5년, 모반죄에 걸려 사형에 처해졌고 나라는 없어졌으며 작위는 끊어졌다.	승(繩)으로 고쳤다. 중(中) 원년, 성(成)의 손자 응(應)을 봉한 원년이다. 후(侯) 평이 이어받았으나 원년을 알 수 없다.	원수(元狩) 4년, 평이 태상(太常)으로 있으면서 원릉(園陵)을 제대로 손보지 않아 불경죄에 걸려 나라가 없어졌다.	60
6 7년, 후 종이 훙하니 후사가 없어 나라를 없앴다. 모두 시호를 알지 못한다.				134
6 신평(信平)으로 고쳤다. 훙하니 아들 언(偃)을 노왕(魯王)으로 삼고 나라를 없앴다.	**15** 원년, 옛 노왕을 남궁후(南宮侯)로 삼았다. **8** 16년, 애후(哀侯) 구(歐) 원년	**9** 중(中) 3년, 후(侯) 생(生) 원년 **7**	**7** 죄가 있어 후작(侯爵)이 끊어졌다. **18** 수양(睢陽)으로 고쳤다. 원광(元光) 3년, 언의 손자 후(侯) 광(廣)을 봉한 원년이다. **13** 원정(元鼎) 2년, 후(侯) 창(昌) 원년 태초(太初) 3년, 후 창이 태상(太常)으로 있으면서 사당 관리를 소홀히 해 나라를 없앴다.	3

146) 【색은(索隱)】 의양현(義陽縣)은 여남군(汝南郡)에 있다.

147) 【색은(索隱)】 『초한춘추』에서 남궁후(南宮侯) 장이(張耳)라고 했고 여기서는 선평후 오(敖)라고 했는데, 오는 장이의 아들이다.

나라 이름	후(侯)가 된 공로[侯功]	고조 재위 12년	효혜 재위 7년
동양(東陽)[148]	고조(高祖) 6년, 중대부(中大夫)가 되었다. 하간(河間) 군수로서 진희(陳豨)를 공격해 힘써 싸워 공을 세워 후(侯)가 되었고, 식읍은 1,300호였다.	11년 12월 계사일, 무후(武侯) 장상여(張相如) 원년 2	7
개봉(開封)[149]	우사마(右司馬)로서 한왕(漢王) 5년에 처음으로 고조를 따랐고, 중위(中尉)로서 연나라를 공격하고 대나라를 평정해 후(侯)가 되었다. 공로는 공후(共侯)와 엇비슷했고, 식읍은 2,000호였다.	11년 12월 병진일, 민후(閔侯) 도사(陶舍) 원년 1 12년, 이후(夷侯) 청(靑) 원년 1	7 경제(景帝) 때 승상이 되었다.
패(沛)[150]	고조의 형 합양후 유중(劉仲)의 아들로 후(侯)가 되었다.	11년 12월 계사일, 후(侯) 유비(劉濞) 원년 2 12년 10월 신축일, 후(侯) 비(濞)가 오왕(吳王)이 되니 나라를 없앴다.	
신양(愼陽)[151]	회음후(淮陰侯) 사인(舍人)으로서 회음후 한신(韓信)이 반란을 일으키려 한다는 것을 고해 후(侯)가 되었다. 식읍은 2,000호였다.	11년 12월 갑인일, 후(侯) 난열(欒說) 원년 2	7
화성(禾成)[152]	사졸로서 한(漢) 5년에 처음 고조를 따랐고, 낭중(郎中)으로서 대나라를 공격해 진희(陳豨)를 목 베고 후(侯)가 되었다. 식읍은 1,900호였다.	11년 정월 기미일, 효후(孝侯) 공손이(公孫耳) 원년 2	7

148) 【색은(索隱)】 현 이름이며 임회군(臨淮郡)에 속한다.

149) 현 이름이며 하남군(河南郡)에 속한다.

150) 【색은(索隱)】 현 이름이며 패군(沛郡)에 속한다.

고후 재위 8년	효문 재위 23년	효경 재위 16년	건원(建元)부터 원봉(元封) 6년까지 재위 36년, 태초(太初) 원년부터 후원(後元) 2년까지 재위 18년	후 등급 [侯第]
8	**5** 16년, 공후(共侯) 은(殷) 원년 **5** **3** 후(後) 5년, 대후(戴侯) 안국(安國) 원년	**3** 4년, 애후(哀侯) 강(彊) 원년 **13**	건원(建元) 원년, 후 강이 훙하니 후사가 없어 나라를 없앴다.	118
8	23	**9** 중(中) 3년, 절후(節侯) 언(偃) 원년 **7**	**10** 원광(元光) 5년, 후(侯) 수(睡) 원년 **18** 원정(元鼎) 5년, 후 수가 주금(酎金)에 걸려 나라를 없앴다.	115
8	23	**12** 중(中) 6년, 정후(靖侯) 원지(願之) 원년 **4**	**2** 건원(建元) 원년, 후(侯) 매지(買之) 원년 **12** 원수(元狩) 5년, 후 재지가 백금을 주조한 죄에 걸려 기시(棄市)되어 나라를 없앴다.	131
8	**4** 5년, 회후(懷侯) 점(漸) 원년 **9** 14년, 후 점이 훙하니 후사가 없어 나라를 없앴다.			117

151) 【색은(索隱)】 신양은 여남군(汝南郡)에 속한다. 여순(如淳)이 말했다. "발음은 진(震)이다."

152) 【색은(索隱)】 색은(索隱)】『한서』「지리지」에는 화성이 없다.

나라 이름	후(侯)가 된 공로[侯功]	고조 재위 12년	효혜 재위 7년
당양(堂陽)[153]	중연(中涓)으로서 고조를 따라 패(沛)에서 일어났고, 낭중(郎中)으로서 한(漢)에 들어왔으며, 장군으로서 항적(項籍)을 쳐 혜후(惠侯)가 되었다. 형양(滎陽)을 지키면서 초나라에 항복한 죄로 후작이 없어졌다. 뒤에 돌아와 낭(郎)으로서 항적을 쳐 상당(上黨) 군수가 되었고, 진희(陳豨)를 쳐서 후(侯)가 되었는데 식읍은 800호였다.	11년 정월 기미일, 애후(哀侯) 손적(孫赤) 원년 2	7
축아(祝阿)[154]	객(客)으로서 고조를 따라 설상(齧桑)에서 일어났으며, 십대장(十隊將)으로서 한(漢)에 들어왔다. 장군으로서 위(魏)나라 태원(太原)을 평정하고 정형(井陘)을 깨뜨렸으며, 회음후(淮陰侯)에 소속되어 부도군(阻度軍)으로서 항적(項籍)을 치고 진희(陳豨)를 공격해 후(侯)가 되었다. 식읍은 800호였다.	11년 정월 기미일, 효후(孝侯) 고읍(高邑) 원년 2	7
장수(長脩)[155]	한(漢) 2년, 어사(御史)로서 처음으로 고조를 따라 함곡관을 나왔고, 내사(內史)로서 제후들을 공격해 공로가 수창후(須昌侯)와 엇비슷했다. 정위(廷尉)로서 죽으니, 식읍은 1,900호였다.	11년 정월 병진일, 평후(平侯) 두념(杜恬) 원년 2	2 3년, 회후(懷侯) 중(中) 원년 5
강읍(江邑)[156]	한(漢) 5년, 어사(御史)로 있으면서 기발한 계책을 써서 어사대부(御史大夫) 주창(周昌)을 옮겨 조나라 재상으로 삼고 자기가 어사대부로 옮겼다. 고조를 따라 진희(陳豨)를 쳐서 공을 세워 후(侯)가 되었는데, 식읍은 600호였다.	11년 정월 신미일, 후(侯) 조요(趙堯) 원년 2	7
영릉(營陵)[157]	한(漢) 3년, 낭중(郎中)으로 있으면서 항우(項羽)를 쳤고, 장군으로서 진희(陳豨)를 공격해 왕황(王黃)을 붙잡아 후(侯)가 되었다. 고조와는 먼 친척 관계인 유씨(劉氏)였기에 대대로 위위(衛尉)가 되었다. 식읍은 1만 2,000호였다.	11년, 후(侯) 유택(劉澤) 원년 2	7
토군(土軍)[158]	고조(高祖) 6년, 중지(中地)군수가 되었고 정위(廷尉)로서 진희(陳豨)를 쳐 후(侯)가 되었는데, 식읍은 1,200호였다. 봉국에 나아갔고, 뒤에 연나라 재상이 되었다.	11년 2월 정해일, 무후(武侯) 선의(宣義) 원년 2	5 6년, 효후(孝侯) 막여(莫如) 원년 2

153) 【색은(索隱)】 현 이름이며 거록군(鉅鹿郡)에 속한다.

154) 【색은(索隱)】 현 이름이며 평원군(平原郡)에 속한다.

155) 【색은(索隱)】 현 이름이며 하동군(河東郡)에 속한다.

156) 【색은(索隱)】 『한서』 「지리지」에는 강읍이 없다.

고후 재위 8년	효문 재위 23년	효경 재위 16년	건원(建元)부터 원봉(元封) 6년까지 재위 36년, 태초(太初) 원년부터 후원(後元) 2년까지 재위 18년	후 등급 [侯第]
8 원년, 후(侯) 덕(德) 원년	**23**	**13** 중(中) 6년, 후 덕이 죄가 있어 나라를 없앴다.		77
8	**4** 5년, 후(侯) 성(成) 원년 **14** 후(後) 3년, 후 성이 나라 사람들을 섬기면서 법률에 지나친 죄에 걸려 나라를 없앴다.			74
8	**4** 5년, 후(侯) 희(喜) 원년 **19**	**8** 죄가 있어 끊어졌다. **5** 양평(陽平)으로 고쳤다. 중(中) 5년, 다시 봉해졌다. 후(侯) 상부 (相夫) 원년	**33** 원봉(元封) 4년, 후 상부가 태상(太常)으로 있으면서 악령(樂令) 무가(無可)와 함께 정나라 무인(舞人)들에게 마음대로 일을 시키고 허가도 없이 함곡관을 나간 죄에 걸려 나라를 없앴다.	108
원년, 후 요가 죄가 있어 나라를 없앴다.				
5 6년, 후 택이 낭야 왕(琅邪王)이 되자 나라를 없앴다.				88
8	**23**	**2** 3년, 강후(康侯) 평 (平) 원년 **14**	**5** 건원(建元) 6년, 후(侯) 생(生) 원년 **8** 원삭(元朔) 2년, 생이 남의 처와 간통한 죄에 걸려 나라를 없앴다.	112

157) 【색은(索隱)】 현 이름이며 북해군(北海郡)에 속한다.

158) 【색은(索隱)】 포개(包愷)가 말했다. "「지리지」에 따르면 서하(西河)에 토군현(土軍縣)이 있다고 했다."

나라 이름	후(侯)가 된 공로[侯功]	고조 재위 12년	효혜 재위 7년
광아(廣阿)[159]	객(客)으로서 고조를 따라 패(沛)에서 일어나 어사(御史)로서 풍(豊)을 2년 동안 지켰고, 항적(項籍)을 쳐 상당(上黨) 군수가 되었다. 진희(陳豨)가 반란을 일으키자 굳게 지켜 후(侯)가 되었는데, 식읍은 1,800호였다. 뒤에 어사대부(御史大夫)로 승진했다.	11년 2월 정해일, 의후(懿侯) 임오(任敖) 원년 2	7
수창(須昌)[160]	알자(謁者)로서 한왕(漢王) 원년에 처음으로 한중(漢中)에서 일어났다. (장한의) 옹군(雍軍)이 진창(陳倉)으로 가는 길을 막고 있어 상(上)을 뵈었는데, 상이 돌아가려고 했으나 조연(趙衍)이 다른 길을 따라가면 길이 통할 것이라고 말함으로써 뒤에 하간(河間) 군수가 되었다. 진희(陳豨)가 반란을 일으키자, 도위(都尉) 상여(相如)를 주살하고 공을 세워서 후(侯)가 되었다. 식읍은 1,400호였다.	11년 2월 기유일, 정후(貞侯) 조연(趙衍) 원년 2	7
임원(臨轅)	처음에 일어나 고조를 따라 낭(郞)이 되었다. 도위(都尉)로서 기성(蘄城)을 지켰고 중위(中尉)로서 후(侯)가 되었는데, 식읍은 500호였다.	11년 2월 을유일, 견후(堅侯) 척새(戚鰓) 원년 2	4 5년, 이후(夷侯) 촉룡(觸龍) 원년 3
급(汲)[161]	고조(高祖) 6년, 태복(太僕)으로 있으면서 대나라 진희(陳豨)를 쳐서 공을 세워 후(侯)가 되었고, 식읍은 1,200호였다. 조나라 태부(太傅)가 되었다.	11년 2월 기사일, 종후(終侯) 공상불해(公上不害) 원년[162] 2	1 2년, 이후(夷侯) 무(武) 원년 6
영릉(寧陵)[163]	사인(舍人)으로서 진류(陳留)에서 고조를 따랐고, 낭(郞)으로서 한(漢)에 들어와 성고(成皋)에서 조구(曹咎)를 깨뜨렸다. 상(上)을 위해 기병의 추격을 풀었고, 도위(都尉)로서 진희(陳豨)를 쳐서 공을 세워 후(侯)가 되었다. 식읍은 1,000호였다.	11년 2월 신해일, 이후(夷侯) 여신(呂臣) 원년 2	7

159) 【색은(索隱)】 현 이름이며 거록군(鉅鹿郡)에 속한다.

160) 【색은(索隱)】 현 이름이며 동군(東郡)에 속한다.

161) 【색은(索隱)】 현 이름이며 하내군(河內郡)에 속한다.

고후 재위 8년	효문 재위 23년	효경 재위 16년	건원(建元)부터 원봉(元封) 6년까지 재위 36년, 태초(太初) 원년부터 후원(後元) 2년까지 재위 18년	후 등급 [侯第]
8	**2** 3년, 이후(夷侯) 경(竟) 원년 **1** **20** 4년, 경후(敬侯) 단(但) 원년	16	**4** 건원(建元) 5년, 후(侯) 월(越) 원년 **21** 원정(元鼎) 2년, 후 월이 태상으로 있으면서 사당의 술을 쉽게 만들어 불경죄에 걸려 나라를 없앴다.	89
8	**15** 16년, 대후(戴侯) 복(福) 원년 **4** 후(後) 4년, 후(侯) 불해(不害) 원년 **4**	**4** 5년, 후 불해가 죄가 있어 나라를 없앴다.		107
8	23	**3** 4년, 공후(共侯) 충(忠) 원년 **13**	**3** 건원(建元) 4년, 후(侯) 현(賢) 원년 **25** 원정(元鼎) 5년, 후 현이 주금(酎金)에 걸려 나라를 없앴다.	116
8	**13** 14년, 강후(康侯) 통(通) 원년 **10**	16	**1** **9** 건원(建元) 2년, 후(侯) 광덕(廣德) 원년 원광(元光) 5년, 후 광덕의 아내 정(精)이 대역죄를 저지르니, 광덕도 자못 연루되어 기시(棄市) 되고 나라는 없어졌다.	123
8	**10** 11년, 대후(戴侯) 사(射) 원년 **13**	**3** 4년, 혜후(惠侯) 시(始) 원년 **1** 5년, 후 시가 훙하니 후사가 없어 나라를 없앴다.		73

162) 【색은(索隱)】 공상이 성이고 불해가 이름이다.

163) 【색은(索隱)】 현 이름이며 진류군(陳留郡)에 속한다.

나라 이름	후(侯)가 된 공로[侯功]	고조 재위 12년	효혜 재위 7년
분양(汾陽)[164]	낭중기(郎中騎) 천인(千人-관직)으로서 전(前) 2년에 고조를 따라 양가(陽夏)에서 일어나 항우(項羽)를 쳤다. 중위(中尉)로서 종리매(鍾離昧)를 깨뜨리고 공을 세워 후(侯)가 되었다.	11년 2월 신해일, 후(侯) 근강(靳彊) 원년 2	7
재(戴)[165]	사졸로 고조를 따라 패(沛)에서 일어났고, 병사로서 패의 성문을 열어 태공(太公-유방 아버지)의 마부가 되었다. 중구령(中廐令)으로서 진희(陳豨)를 쳐서 후(侯)가 되었고, 식읍은 1,200호였다.	11년 3월 계유일, 경후(敬侯) 팽조(彭祖) 원년 2	7
연(衍)[166]	한(漢) 2년, 연나라 현령이었고, 도위(都尉)로서 초나라 성 9개를 떨어뜨리고 연나라를 견고하게 지켜 후(侯)가 되었다. 식읍은 900호였다.	11년 7월 을사일, 간후(簡侯) 적우(翟盱) 원년 2	7
평주(平州)[167]	한왕(漢王) 4년, 연나라 재상으로서 고조를 따라 항적(項籍)을 쳤고, 돌아와 장도(臧荼)를 공격했다. 이 때문에 2,000석 장군으로서 열후(列侯)가 되었는데, 식읍은 1,000호였다.	11년 8월 갑진일, 공후(共侯) 소섭도미(昭涉掉尾) 원년[168] 2	7

164) 【색은(索隱)】 현 이름이며 태원군(太原郡)에 속한다.

165) 【색은(索隱)】 戴는 지명인데, 발음은 (대가 아니라) 재(再)다.

166) 【색은(索隱)】 『한서』「지리지」에는 연이 없다.

고후 재위 8년	효문 재위 23년	효경 재위 16년	건원(建元)부터 원봉(元封) 6년까지 재위 36년, 태초(太初) 원년부터 후원(後元) 2년까지 재위 18년	후 등급 [侯第]
2 3년, 공후(共侯) 해(解) 원년 **6**	**23**	**4** **12** 5년, 강후(康侯) 호(胡) 원년 후작(侯爵)이 끊어졌다.	강추(江鄒)로 고쳤다. 원정(元鼎) 5년, 후(侯) 석(石) 원년 **19** 태시(太始) 4년 5월 정묘일, 후 석이 태상(太常)으로 있으면서 태복(太僕)의 일을 행하다가 색부가년(嗇夫可年-짐승 관리 담당)을 겸하게 되었는데, 점점 방만하게 하니 나라를 없앴다.	96
2 3년, 공후(共侯) 도(悼) 원년 **6**	**7** 8년, 이후(夷侯) 안국(安國) 원년 **16**	**16**	**16** 원삭(元朔) 5년, 후(侯) 안기(安期) 원년 **12** 원정(元鼎) 5년, 후(侯) 몽(蒙) 원년 **25** 후원(後元) 원년 5월 갑술일, 저주를 행해 무도한 죄에 걸려 나라를 없앴다.	116
3 4년, 지후(祗侯) 산(山) 원년 **2** **3** 6년, 절후(節侯) 가(嘉) 원년	**23**	**16**	**2** 건원(建元) 3년, 후(侯) 불의(不疑) 원년 **10** 원삭(元朔) 원년, 불의가 조서(詔書)를 끼고서 논죄한 죄에 걸려 나라를 없앴다.	130
8	**1** 2년, 대후(戴侯) 복(福) 원년 **3** **4** 5년, 회후(懷侯) 타인(它人) 원년 **15** 9년, 효후(孝侯) 마동(馬童) 원년	**14** 후(後) 2년, 후(侯) 매(眛) 원년 **2**	**33** 원수(元狩) 5년, 후 매가 치도(馳道-어도)를 가면서 더욱 채찍질을 가해 말을 빨리 달린 죄에 걸려 나라를 없앴다.	111

167) **[색은(索隱)]** 『한서』 「지리지」에는 없다. 『진서(晉書)』 「지도기(地道記)」에 따르면 파군(巴郡)에 속한다.

168) **[색은(索隱)]** 소섭이 성이고 도미가 이름이다.

나라 이름	후(侯)가 된 공로[侯功]	고조 재위 12년	효혜 재위 7년
중모(中牟)[169]	사졸로서 고조를 따라 패(沛)에서 일어나 한(漢)에 들어왔고, 낭중(郎中)으로서 경포(黥布)를 쳐 공을 세워 후(侯)가 되었다. 식읍은 2,300호였다. 애초에 고조가 한미하던 시절 위급한 일이 생겼는데, 고조에게 말 1마리를 제공해 후(侯)가 될 수 있었다.	12년 10월 을미일, 공후(共侯) 선보성(單父聖) 원년 1	7
기(邔)[170]	옛 도적 떼 두목으로 임강(臨江)의 장수로 있다가, 얼마 후 한나라 편이 되어 임강왕과 제후들을 치고 경포(黥布)를 깨뜨렸다. 공이 있어 후(侯)가 되었는데, 식읍은 1,000호였다.	12년 10월 무술일, 장후(莊侯) 황극중(黃極中) 원년 1	7
박양(博陽)[171]	사졸로서 고조를 따라 풍(豐)에서 일어나 대졸(隊卒)로서 한(漢)에 들어왔고, 항적(項籍)을 성고(成皐)에서 쳐서 공로가 있어 장수가 되었다. 경포(黥布)가 반란을 일으키자, 오군(吳郡)을 평정하고 후(侯)가 되었는데, 식읍은 1,400호였다.	12년 10월 신축일, 절후(節侯) 주취(周聚) 원년 1	7
양의(陽義)[172]	형(荊)나라 영윤(令尹)으로 한왕(漢王) 5년에 처음으로 고조를 따랐고, 종리매(鍾離昧)와 진공(陳公) 이기(利幾)를 쳐서 깨뜨리고 승진해 한나라 대부가 되었다. 고조를 따라 진(陳)에 이르러 한신(韓信)을 붙잡고 돌아와서 중위(中尉)가 되었으며, 고조를 따라 경포(黥布)를 쳐서 공로를 세워 후(侯)가 되었다. 식읍은 2,000호였다.	12년 10월 임인일, 정후(定侯) 영상(靈常) 원년 1	7
하상(下相)[173]	객(客)으로서 고조를 따라 패(沛)에서 일어났고, 병사로서 고조를 따라 제나라 전해(田解-전광 부하)의 군대를 쳐서 깨뜨렸다. 초나라 승상으로서 팽성(彭城)을 굳게 지키며 경포(黥布)의 군대를 막아낸 공로로 후(侯)가 되었으니, 식읍은 2,000호였다.	12년 10월 기유일, 장후(莊侯) 냉이(冷耳) 원년 1	7
덕(德)[174]	대나라 경왕(頃王)의 아들로 후(侯)가 되었다. 경왕은 오왕(吳王) 비(濞)의 아버지고, 광(廣)은 비(濞)의 동생이다.	12년 11월 경진일, 애후(哀侯) 유광(劉廣) 원년 1	7

169) 【색은(索隱)】 현 이름이며 하남군(河南郡)에 속한다.

170) 【색은(索隱)】 남군(南郡)에 속한다.

171) 【색은(索隱)】 현 이름이며 팽성군(彭城郡)에 속한다.

고후 재위 8년	효문 재위 23년	효경 재위 16년	건원(建元)부터 원봉(元封) 6년까지 재위 36년, 태초(太初) 원년부터 후원(後元) 2년까지 재위 18년	후 등급 [候第]
8	**7** 8년, 경후(敬侯) 증(繒) 원년 **5** 13년, 대후(戴侯) 종근(終根) 원년 **11**	**16**	**10** 원광(元光) 5년, 후(侯) 순(舜) 원년 **18** 원정(元鼎) 5년, 후 순이 주금(酎金)에 걸려 나라를 없앴다.	125
8	**11** 12년, 경후(慶侯) 영성(榮盛) 원년 **9** 후(後) 5년, 공후(共侯) 명(明) 원년 **3**	**16**	**16** 원삭(元朔) 5년, 후(侯) 수(邃) 원년 **8** 원정(元鼎) 원년, 수가 현관(縣官-재정 담당 관청)에 집을 팔면서 지나치게 높은 값으로 판 죄에 걸려 나라를 없앴다.	113
8	**8** 9년, 후(侯) 원년 **15**	**12** 중(中) 5년, 후(侯)의 작위 한 등급을 빼앗고 나라를 없앴다.		53
6 7년, 공후(共侯) 하(賀) 원년 **2**	**7** 7년, 애후(哀侯) 승(勝) 원년 **6** 12년, 후 승이 훙하니 후사가 없어 나라를 없앴다.			119
8	**2** 3년, 후(侯) 신(愼) 원년 **21**	**2** 3년 3월, 후 신이 반란을 일으켜 나라를 없앴다.		85
2 3년, 경후(頃侯) 통(通) 원년 **6**	**23**	**5** 6년, 후(侯) 흘(齕) 원년 **1**	**27** 원정(元鼎) 4년, 후(侯) 하(何) 원년 **1** 원정(元鼎) 5년, 후 하가 주금(酎金)에 걸려 나라를 없앴다.	127

172) **【색은(索隱)】** 현이고 의양군(宜陽郡)에 속한다.

173) **【색은(索隱)】** 현 이름이며 임회(臨淮郡)에 속한다.

174) **【색은(索隱)】** 『한서』 「지리지」에는 없고 「표」에는 제남군(濟南郡)에 속한다고 했다.

나라 이름	후(侯)가 된 공로[侯功]	고조 재위 12년	효혜 재위 7년
고릉(高陵)[175]	기사마(騎司馬)로서 한왕(漢王) 원년에 고조를 따라 폐구(廢丘)에서 일어나 도위(都尉)로서 전횡(田橫)과 용저(龍且)를 깨뜨렸고, 항적(項籍)을 추적해 동성(東城)에까지 이르렀다. 장군으로서 경포(黥布)를 쳤고, 식읍은 900호였다.	12년 12월 정해일, 어후(圉侯) 왕주(王周) 원년 1	7
기사(期思)[176]	회남왕(淮南王) 경포(黥布)의 중대부(中大夫)였는데, 경포가 반란을 도모한다는 글을 올려 후(侯)가 되었다. 식읍은 2,000호였다. 경포가 그의 일족을 모두 죽였다.	12년 12월 계묘일, 강후(康侯) 비혁(賁革)[177] 원년 1	7
곡릉(穀陵)	사졸로서 고조를 따라 전(前) 2년에 자(柘)에서 일어나 항적(項籍)을 쳤다. 대나라를 평정해 장군이 되었고, 공로가 있어 후(侯)가 되었다.	12년 정월 을축일, 정후(定侯) 풍계(馮谿) 원년 1	7
척(戚)[178]	도위(都尉)로서 한(漢) 2년에 처음 역양(櫟陽)에서 일어나 폐구(廢丘)를 공격해 깨뜨렸고, 이어서 항적(項籍)을 공격했다. 따로 한신(韓信)에 소속되어 제나라 군대를 깨뜨리고 장도(臧荼)를 공격했으며, 승진해 장군이 되어 한신을 쳐서 후가 되었다. 식읍은 1,000호였다.	12년 12월 계묘일, 어후(圉侯) 계필(季必) 원년 1	7
장(壯)[179]	초나라 장수로서 한왕(漢王) 3년에 항복해 임제(臨濟)에서 일어났으며, 낭중(郎中)으로서 항적(項籍)과 진희(陳豨)를 쳐 공을 세워 후(侯)가 되었다. 식읍은 600호였다.	12년 정월 을축일, 경후(敬侯) 허천(許倩) 원년 1	7
성양(成陽)[180]	위(魏)나라 낭(郎)으로서 한왕(漢王) 2년에 고조를 따라 양무(陽武)에서 일어나 항적(項籍)을 쳤는데, 위표(魏豹)에 소속되었다가 위표가 반란을 일으키자, 상국 팽월(彭越)에게 소속되었다. 태원(太原) 위(尉)로서 대나라를 평정하고 후(侯)가 되었는데, 식읍은 600호였다.	12년 정월 을유일, 정후(定侯) 의(意) 원년 1	7

175) 【색은(索隱)】 고릉현은 낭야군(琅邪郡)에 속한다.

176) 【색은(索隱)】 현 이름이며 여남군(汝南郡)에 속한다.

177) 【색은(索隱)】 賁의 발음은 (분이 아니라) 비(肥)다. 또 글자대로 발음해도 된다.

178) 【색은(索隱)】 『한서』 「지리지」에는 없다. 『진서(晉書)』 「지도기(地道記)」에 따르

고후 재위 8년	효문 재위 23년	효경 재위 16년	건원(建元)부터 원봉(元封) 6년까지 재위 36년, 태초(太初) 원년부터 후원(後元) 2년까지 재위 18년	후 등급 [侯第]
2 3년, 혜후(惠侯) 병궁(並弓) 원년 **6**	**12** 13년, 후(侯) 행(行) 원년 **11**	**2** 3년, 반란을 일으켜 나라를 없앴다.		92
8	**13** 14년, 혁이 훙하니 후사가 없어 나라를 없앴다.			132
8	**6** 7년, 공후(共侯) 웅(熊) 원년 **17**	**2** 3년, 은후(隱侯) 앙(卬) 원년 **2** 5년, 헌후(獻侯) 해(解) 원년 **12**	**3** 건원(建元) 4년, 후(侯) 언(偃) 원년	105
8	**3** 4년, 제후(齊侯) 반(班) 원년 **20**	**16**	**2** 건원(建元) 3년, 후(侯) 신성(信成) 원년 **20** 원수(元狩) 5년, 후 신성이 태상(太常)으로 있으면서 승상이 신도(神道) 앞 공터를 침범하는 것을 방치해 불경죄에 걸려 나라가 없어졌다.	90
8	**23**	**1** 2년, 공후(共侯) 회(恢) 원년 **15**	**1** 건원(建元) 2년, 상후(殤侯) 칙(則) 원년 **9** 원광(元光) 5년, 후(侯) 광종(廣宗) 원년 **15** 원정(元鼎) 원년, 후 광종이 주금(酎金)에 걸려 나라를 없앴다.	112
8	**10** 11년, 후(侯) 신(信) 원년 **13**	**16**	건원(建元) 원년, 후 신이 죄가 있어 귀신(鬼薪)의 벌을 받았고 나라를 없앴다.	110

면 동해군(東海郡)에 속한다.

179) 【색은(索隱)】 「한서」에는 엄(嚴)으로 되어 있다.

180) 【색은(索隱)】 현 이름이며 여남군(汝南郡)에 속한다.

나라 이름	후(侯)가 된 공로[侯功]	고조 재위 12년	효혜 재위 7년
도(桃)[181]	객(客)으로서 한왕(漢王) 2년에 고조를 따라 정도(定陶)에서 일어났고, 대알자(大謁者)로서 경포(黥布)를 쳐 후(侯)가 되었다. 식읍은 1,000호였다. 회음(淮陰) 군수가 되었으며, 항씨(項氏)와 친해 성을 하사받았다.	12년 3월 정사일, 안후(安侯) 유양(劉襄) 원년 1	7
고량(高粱)	역이기(酈食其)는 군사를 일으킬 때 객(客)으로서 고조를 따라 진(秦)나라를 쳐 깨뜨렸고, 열후(列侯)로서 한(漢)에 들어왔다가 다시 제후들을 평정했다. 늘 제후들을 화해시켜 병사들을 모은 공으로 후(侯)가 되었는데, 공로가 평후(平侯) 가(嘉)와 엇비슷했다. 일로 인해 죽었기 때문에 아들 개(疥)가 그 공을 이어받아 후(侯)가 되었으니, 식읍은 900호였다.	12년 3월 병인일, 공후(共侯) 역개(酈疥) 원년 1	7
기신(紀信)	중연(中涓)으로서 고조를 따라 풍(豐)에서 일어났고, 기장(騎將)으로서 한(漢)에 들어와 장군으로서 항적(項籍)을 쳤다. 뒤에 노관(盧綰)을 공격해 후(侯)가 되었고, 식읍은 700호였다.	12년 6월 임진일, 광후(匡侯) 진창(陳倉) 원년 1	7
감천(甘泉)[182]	거사마(車司馬)로서 한왕(漢王) 원년에 처음으로 고조를 따라 고릉(高陵)에서 일어났고, 유가(劉賈)에 소속되어 도위(都尉)로서 종군해 후(侯)가 되었다.	12년 6월 임진일, 후(侯) 왕경(王竟) 원년 1	6 7년, 대후(戴侯) 막요(莫搖) 원년 1
자조(煮棗)	월나라 연오(連敖)로서 고조를 따라 풍(豐)에서 일어났다. 낭장(郎將)으로 한(漢)에 들어와 제후들을 쳤으니, 도위(都尉)로서 후(侯)가 되었다. 식읍은 900호였다.	12년 6월 임진일, 정후(靖侯) 적(赤) 원년 1	7
장(張)[183]	중연기(中涓騎)로서 고조를 따라 풍(豐)에서 일어났고, 낭장(郎將)으로서 한(漢)에 들어왔다. 고조를 따라 제후들을 쳤고, 식읍은 700호였다.	12년 6월 임진일, 절후(節侯) 모택(毛澤) 원년 1	7

181) 【색은(索隱)】 현 이름이며 신도군(信都郡)에 속한다.

182) 【색은(索隱)】 살펴보건대 「지리지」에 감천은 없는데, 아마도 감수(甘水)가 이곳

고후 재위 8년	효문 재위 23년	효경 재위 16년	건원(建元)부터 원봉(元封) 6년까지 재위 36년, 태초(太初) 원년부터 후원(後元) 2년까지 재위 18년	후등급[侯第]
1 작위를 빼앗기고 끊어졌다. **7** 2년, 다시 양을 봉했다.	**9** 10년, 애후(哀侯) 사(舍) 원년 **14**	**16** 경제(景帝) 때 승상이 되었다.	**10** 건원(建元) 원년, 여후(厲侯) 신(申) 원년 **3** 원삭(元朔) 2년, 후(侯) 자(自) 원년 **15** 원정(元鼎) 5년, 후 자가 주금(酎金)에 걸려 나라를 없앴다.	135
8	**23**	**16**	**8** 원광(元光) 3년, 후(侯) 발(勃) 원년 **10** 원수(元狩) 원년, 조서를 거짓으로 꾸며 형산왕(衡山王)으로부터 금을 빼앗았는데, 죄가 사형에 해당했으나 병으로 죽었기에 나라를 없앴다.	66
2 3년, 이후(夷侯) 개방(開方) 원년 **6**	**17** 후(後) 2년, 후(侯) 양(陽) 원년 **6**	**2** 3년, 양이 반란을 일으켜 나라를 없앴다.		80
8	**10** 11년, 후(侯) 표(嫖) 원년 **13**	**9** 10년, 후 표가 죄가 있어 나라를 없앴다.		106
8	**1** 2년, 적의 아들 강후(康侯) 무(武) 원년이다. **22**	**8** **2** 중(中) 2년, 후(侯) 창(昌) 원년 중 4년, 죄가 있어 나라를 없앴다.		75
8	**10** 11년, 이후(夷侯) 경(慶) 원년 **2** 13년, 후(侯) 순(舜) 원년 **11**	**12** 중(中) 6년, 후 순이 죄가 있어 나라를 없앴다.		79

인 듯하다.

183) 【색은(索隱)】 현 이름이며 광평군(廣平郡)에 속한다.

나라 이름	후(侯)가 된 공로[侯功]	고조 재위 12년	효혜 재위 7년
언릉(鄢陵)[184]	사졸로서 고조를 따라 풍(豊)에서 일어나 한(漢)에 들어왔고, 도위(都尉)로서 항적(項籍)과 장도(臧荼)를 쳐서 후(侯)가 되었다. 식읍은 700호였다.	12년 중, 장후(莊侯) 주비(朱濞) 원년 1	7
균(菌)	중연(中涓)으로서 전(前) 원년에 고조를 따라 선보(單父)에서 일어났고, 함곡관에 들어가지 않고 항적(項籍), 경포(黥布), 연왕 노관(盧綰)을 쳤다. 남양(南陽)을 얻어 후(侯)가 되었고, 식읍은 2,700호였다.	12년, 장후(莊侯) 장평(張平) 원년 1	7

185)

184) 【색은(索隱)】 현 이름이며 영천군(潁川郡)에 속한다.

185) 【색은술찬(索隱述贊)】 빼어난 이 뛰어난 이 그림자와 메아리라면[聖賢影響]/바람과 구름은 묵계(默契)와도 같다네[風雲潛契]/고조가 천명을 받자[高祖膺籙]/공신들 명해 대대로 이어지게 했도다[功臣命世]/패에서 일어나 진나라에 들어갈 때[起沛入秦]/모책 도움 받고 계책에 의지했다네[憑謀仗計]/공훈 기록해 작위 내려주고[紀勳書爵=敍爵]/황하와 태산에 맹세했도다[河盟山誓]/소하 조참은 일의 경중 잘 알아 처리했고[蕭曹輕重]/강후 관영은 세력을 잘 헤아렸지[絳灌權勢]/모두 봉국으로 나아가[咸就封國]/죄짓고 도리 어기는 일 하지 말 것을 다짐했다네[式盟罪戾]/어질고 뛰어난 이는 후

고후 재위 8년	효문 재위 23년	효경 재위 16년	건원(建元)부터 원봉(元封) 6년까지 재위 36년, 태초(太初) 원년부터 후원(後元) 2년까지 재위 18년	후 등급[侯第]
3 4년, 공후(恭侯) 경(慶) 원년 **5**	**6** 7년, 공후 경이 훙하니 후사가 없어 나라를 없앴다.			52
4 5년, 후(侯) 승(勝) 원년 **4**	**3** 4년, 후 승이 죄가 있어 나라를 없앴다.			48

손이 올리는 제사를 흠향했고[仁賢者祀]/혼매하고 잔학한 이는 내쫓겼도다[昏虐者替]/선조들이 닦아놓은 모범영원토록 거울삼아[永監前脩]/왕량처럼 부끄러움을 알아야 꽃받침 단단해지리라[良戁固蔕]![후한 때 왕량(王良)은 고위 관직을 지냈고 공손·검소했다. 병으로 물러났다가 다시 부름을 받고 경사로 올라가는 길에 형양(滎陽)에 이르러 친구를 방문했는데, 친구가 만남을 거절하면서 말했다. "충성스러운 말과 뛰어난 계책이 없으면서 높은 자리를 차지하고서 어찌 그리도 자주 오가면서 번거로움을 꺼리지 않는가?" 왕량이 이에 부끄러워서[良戁] 뒤에 연이어 조정에서 불러도 응하지 않고 집에서 죽었다.]

권19 ─ 혜제에서 경제 사이에 후가 된 사람 연표(惠景間侯者年表) 제7

권19 혜제에서 경제 사이에
후가 된 사람 연표(惠景間侯者年表) 제7

태사공(太史公)이 역대 봉후(封侯)에 대한 기록을 읽다가 편후(便侯)1)에 이르러 말했다.

"그럴 만한 이유가 있었도다! 장사왕(長沙王)2)에 관해 영갑(令甲-「법령」 제1편)에 드러낸 것[著]은 그의 충직함을 그대로 기록한 것이다3). 예전에 고조(高祖)께서 천하를 평정하시고 나서 공신(功臣) 중에 동성(同姓)이 아닌데도 강토(疆土)를 주어 왕 노릇하게 한 나라는 모두 8개 나라였는데4), 효혜(孝惠) 때 이르면 오직 장사왕만이 나라를 온전히 할 수 있었다. 5대에 걸쳐 전해지다가[禪=傳位] 후사가 없어 끊어질 때까지5) 끝내 아무런 잘못도 저지르지 않고 번국(藩國)의 직임을 지켰으니, 믿을 만하도다! 그래서 그 은택이 방계 자손들에게까지 흘러가서 아무런 공로를 세우지 않았는데도 후(侯)가 된 자가 여러 명이었다6).

효혜로부터 효경(孝景)에 이르는 50년 동안에는 고조 때 남은 공신들이 추봉(追封)되었고 (또) 효문제(孝文帝)를 따라 대(代)나라에서 온 신하들과 오초(吳楚)의 난을 평정해 공을 세운 신하들이 봉해졌으며, 또 제후의 자제들과 왕실과 지근거리에 있는 외척들, 외국에서 귀의해 온 자 중에서 분봉된 자가 90여 명이었다. 모두 그 시작과 끝[始終]을 표(表)로 만드니, 그 당시 어짊과 마땅함[仁義]을 갖추거나 공로를 이룬 바가 드러난 사람들이다.

---

1) 【색은(索隱)】 便의 발음은 편(鞭)이고 현 이름이다. (장사왕의 아들) 오천(吳淺)이 봉해진 곳이다.

2) 오예(吳芮)다.

3) 【집해(集解)】 등전(鄧展)이 말했다. "한나라는 초기에 서약하기를 유씨가 아니면
왕(王)이 될 수 없다고 했다. 예왕(芮王)의 경우에는 그래서 영(令)을 드러내
특별히 왕으로 삼은 것이다. 혹자는 예가 지극히 충직했기 때문에 영을 드러
내었다고 말한다." 신찬(臣瓚)이 말했다. "한나라에서는 예가 충직했기 때문
에 특별히 그를 왕으로 삼았다. 제도에는 맞지 않기 때문에, 그래서 특별히
영을 드러낸 것이다."

4) 【색은(索隱)】 동성이 아니면서 왕 노릇한 8개 나라 왕은 제왕 한신(韓信), 한왕 한
신(韓信), 연왕 노관(盧綰), 양왕 팽월(彭越), 조왕 장이(張耳), 회남왕 영포(英
布-경포), 임강왕 공오(共敖), 장사왕 오예(吳芮)다.

5) 【집해(集解)】 서광(徐廣)이 말했다. "효문 후(後) 7년에 정왕(靖王)이 훙했는데, 후
사가 없었다."

6) 【색은(索隱)】 살펴보건대, 이 표에 있는 오예의 아들 오천은 편후에 봉해져서 현
손까지 전해졌고, 또 성왕(成王) 신(臣)의 아들이 봉해져서 원릉후(沅陵侯)가
되었는데 역시 증손까지 전해졌다.

나라 이름	제후의 공로	효혜 재위 7년	고후 재위 8년
편(便)[1]	장사왕(長沙王)의 아들로 후(侯)에 봉해졌다. 식읍은 2,000호였다.	원년 9월, 경후(頃侯) 오천(吳淺) 원년 7	8
대(軑)[2]	장사국의 재상이었으며 후(侯)에 봉해졌다. 식읍은 700호였다.	2년 4월 경자일, 후(侯) 이창(利倉) 원년[3] 6	2 3년, 후(侯) 희(豨) 원년 6
평도(平都)[4]	제나라 장수로서 고조 3년에 항복했고 제나라를 평정해 후(侯)가 되었다. 식읍은 1,000호였다.	5년 6월 을해일, 효후(孝侯) 유도(劉到) 원년 2	8

이상은 효혜 때 봉해준 3인이다.

나라 이름	제후의 공로	효혜	고후
부류(扶柳)[5]	고후(高后) 언니 장후(長姁)의 아들을 후(侯)로 삼았다.		원년 4월 경인일, 후(侯) 창평(昌平) 원년 7 8년, 후 평이 여씨의 일에 연루되어 주살되었고 나라는 없어졌다.
교(郊)[6]	여후(呂后) 오빠 도무왕(悼武王)이 고조를 도와 혼신을 다해 천하를 평정했고 여씨들도 고조를 도와 천하를 다스렸으니, 천하가 크게 안정되자 무왕의 막내아들 산(産)을 봉해 교후(郊侯)로 삼았다.		원년 4월 신묘일, 후(侯) 여산(呂産) 원년 5 6년 7월 임진일, 산이 여왕(呂王)이 되니 나라를 없앴다. 고후 8년 9월, 산이 여왕으로서 한나라 재상이 되어 좋지 못한 일을 도모하자 대신들이 산을 주살하고 드디어 여러 여씨를 멸했다.

1) 【색은(索隱)】『한서(漢書)』「지리지(地理志)」에 따르면 현 이름이며 계양군(桂陽郡)에 속한다.

2) 【색은(索隱)】 현 이름이며 강하군(江夏郡)에 속한다.

3) 【색은(索隱)】『한서』에는 대후(軑侯) 주창(朱倉)으로 되어 있다.

효문 재위 23년	효경 재위 16년	건원에서 원봉 6년까지 재위 36년	태초 이후
22 후(後) 7년, 공후(恭侯) 신(信) 원년 **1**	**5** 전(前) 원년, 후(侯) 광지(廣志) 원년 **11**	**29** 원정(元鼎) 5년, 후(侯) 천추(千秋)가 주금(酎金)에 걸려 나라를 없앴다.	
15 16년, 후(侯) 팽조(彭祖) 원년 **8**	**16**	**30** 원봉(元封) 원년, 후(侯) 질(秩)이 동해(東海)태수로 있었는데, 황궁을 지나면서 주청하지 않고 마음대로 병사들을 발동해 호위하게 했으니, 참형에 해당했지만 마침 사면령이 있어 (죽음은 면하고) 나라가 없어졌다.	
2 3년, 후(侯) 성(成) 원년 **21**	**14** 후(後) 2년, 후 성이 죄가 있어 나라를 없앴다.		

효문	효경	건원에서 원봉 6년까지	태초 이후

4) 【색은(索隱)】 동해군(東海郡)에 속한다.

5) 【색은(索隱)】 현 이름이며 신도군(信都郡)에 속한다.

6) 【색은(索隱)】 현 이름이며 패군(沛郡)에 속한다. 판본에 따라 효(洨)로 되어 있다.

나라 이름	제후의 공로	효혜	고후
남궁(南宮)[7]	아버지는 월나라 사람으로서 고조의 기장(騎將)이 되어 종군해 태중대부(太中大夫)로서 후(侯)가 되었다.		원년 4월 병인일, 후(侯) 장매(張買) 원년 7 고후 8년, 후 장매가 여씨 일에 걸려 주살되었고 나라는 없어졌다.
오(梧)[8]	군장(軍匠)으로서 고조를 따라 겹(郟)에서 일어나 한(漢)에 들어왔다. 뒤에 소부(少府)가 되어 장락궁(長樂宮)과 미앙궁(未央宮)을 짓고 장안성(長安城)을 축성해 먼저 나아가 공로를 세워 후(侯)가 되었다. 식읍은 500호였다.		원년 4월 을유일, 제후(齊侯) 양성현(陽成延) 원년 6 7년, 경후(敬侯) 거질(去疾) 원년 2
평정(平定)[10]	사졸로서 고조를 따라 유(留)에서 일어나 가거리(家車吏)로서 한(漢)에 들어왔다. 효기도위(驍騎都尉)로서 항적(項籍)을 치고 누번(樓煩)의 장수를 붙잡아 공을 세워 제나라 승상으로서 후(侯)가 되었다. 판본에 따라 항연(項涓)이라고 한다.		원년 4월 을유일, 경후(敬侯) 제수(齊受) 원년 8
박성(▨成)	도무왕(悼武王) 낭중(郎中)으로서 군사가 일어나던 초기에 고조를 따라 풍(豊)에서 일어나 옹구(雍丘)를 공격하고 항적(項籍)을 쳐 힘껏 싸웠다. 도무왕을 받들고 호위해 형양(榮陽)으로 출전해 공을 세우고 후(侯)가 되었다.		원년 4월 을해일, 경후(敬侯) 풍무택(馮無擇) 원년 3 4년, 후(侯) 대(代) 원년 4 고후(高后) 8년, 후 대가 여씨 일에 걸려 주살되었고 나라는 없어졌다.
패(沛)[11]	여후(呂后)의 오빠 강후(康侯)의 막내아들로 후(侯)가 되었고, 여선왕(呂宣王) 침원(寢園)을 받들었다.		원년 4월 을유일, 후(侯) 여종(呂種) 원년 7 불기후(不其侯)가 되었다. 1 고후(高后) 8년, 후 종이 여씨 일에 걸려 주살되었고 나라는 없어졌다.

7) 【색은(索隱)】 현 이름이며 신도군(信都郡)에 속한다.

8) 【색은(索隱)】 현 이름이며 팽성군(彭城郡)에 속한다.

9) 원문은 효부(孝父)로 되어 있다.

효문	효경	건원에서 원봉 6년까지	태초 이후
23	9 중원(中元) 3년, 정후(靖侯) 언(偃) 원년 7	8 원광(元光) 후(侯) 융노(戎奴) 원년 14 원수(元狩) 5년, 후 융노가 계부[9]를 죽이려 한 모의에 걸려 기시(棄市) 되어 나라가 없어졌다.	
1 2년, 제후(齊侯) 시인(市人) 원년 4 6년, 공후(恭侯) 응(應) 원년 18	16	7 원광(元光) 2년, 강후(康侯) 연거(延居) 원년 18 원정(元鼎) 2년, 후(侯) 창(昌) 원년 2 원정 4년, 후 창이 죄가 있어 나라를 없앴다.	

10) 【색은(索隱)】 『한서(漢書)』 「지리지(地理志)」에는 없다.

11) 【색은(索隱)】 현 이름이며 패군(沛郡)에 속한다.

나라 이름	제후의 공로	효혜	고후
양성(襄成)[12]	효혜(孝惠)의 아들로 후(侯)가 되었다.		원년 4월 신묘일, 후(侯) 의(義) 원년 1 2년, 후 의가 상산왕(常山王)이 되니 나라를 없앴다.
지(軹)[13]	효혜의 아들로 후(侯)가 되었다.		원년 4월 신묘일, 후(侯) 조(朝) 원년 3 고후(高后) 4년, 후 조가 상산왕이 되니 나라를 없앴다.
호관(壺關)	효혜의 아들로 후(侯)가 되었다.		원년 4월 신묘일, 후(侯) 무(武) 원년 4 고후(高后) 5년, 후 무가 회양왕(淮陽王)이 되니 나라를 없앴다.
원릉(沅陵)[14]	장사(長沙) 사성왕(嗣成王)의 아들로 후(侯)가 되었다.		원년 11월 임신일, 경후(頃侯) 오양(吳陽) 원년 8
상비(上邳)	초(楚) 원왕(元王)의 아들로 후(侯)가 되었다.		2년 5월 병신일, 후(侯) 유정객(劉程客) 원년 7
주허(朱虛)[15]	제(齊) 도혜왕(悼惠王)의 아들로 후(侯)가 되었다.		2년 5월 병신일, 후(侯) 유장(劉章) 원년 7
창평(昌平)[16]	효혜(孝惠)의 아들로 후(侯)가 되었다.		4년 2월 계미일, 후(侯) 태(太) 원년 3 고후(高后) 7년, 태가 여왕(呂王)이 되니 나라를 없앴다.

12) 【색은(索隱)】 현 이름이며 영천군(潁川郡)에 속한다.

13) 【색은(索隱)】 현 이름이며 하내군(河內郡)에 속한다.

14) 【색은(索隱)】 현 이름이며 장사(長沙)와 가깝고, 『한서』 「지리지」에 따르면 무릉

효문	효경	건원에서 원봉 6년까지	태초 이후
17 후(後) 2년, 경후(頃侯) 복(福) 원년 **6**	**11** 중원(中元) 5년, 애후(哀侯) 주(周) 원년 **4** 후(後) 2년, 후 주가 훙하니 후사가 없어 나라를 없앴다.		
1 효문(孝文) 원년, 후 정객이 초왕(楚王)이 되니 나라를 없앴다.			
1 효문 2년, 후 장이 성양왕(城陽王)이 되니 나라를 없앴다.			

군(武陵郡)에 속한다.

15) 【색은(索隱)】 현 이름이며 낭야군(琅邪郡)에 속한다.

16) 【색은(索隱)】 현 이름이며 상곡군(上谷郡)에 속한다.

나라 이름	제후의 공로	효혜	고후
췌기(贅其)[17]	여후(呂后) 곤제(昆弟-형제)의 아들로, 회양왕(淮陽王)의 승상으로서 후(侯)가 되었다.		4년 4월 병신일, 후(侯) 여승(呂勝) 원년 **4** 8년, 후 승이 여씨 일에 걸려 주살되었고 나라는 없어졌다.
중읍(中邑)	집모(執矛)로서 고조를 따라 한(漢)에 들어왔고, 중위(中尉)로서 조구(曹咎)를 깨뜨렸으며, 여태(呂台)의 승상으로서 후(侯)가 되었다.		4년 4월 병신일, 정후(貞侯) 주통(朱通) 원년 **5**
악평(樂平)	대졸(隊卒)로서 고조를 따라 패(沛)에서 일어나 황흔(皇訢)에 소속되었다. 낭(郎)으로서 진여(陳餘)를 쳤고 위위(衛尉)로서 후(侯)가 되었는데, 식읍은 600호였다.		4년 4월 병신일, 간후(簡侯) 위무택(衛無擇) 원년 **2** 6년, 공후(恭侯) 승(勝) 원년 **3**
산도(山都)	고조(高祖) 5년에 낭중주하령(郎中柱下令)이 되었다. 위장군(衛將軍)으로서 진희(陳豨)를 쳤고, 양나라 재상으로서 후(侯)가 되었다.		4년 4월 병신일, 진후(眞侯) 왕염개(王恬開) 원년 **5**
송자(松玆)[18]	군사들이 일어나던 초기에 사인(舍人)으로서 고조를 따라 패(沛)에서 일어났고, 낭리(郎吏)로서 한(漢)에 들어왔다가 돌아가면서 옹왕(雍王) 장한(章邯)의 가속들을 붙잡는 공을 세웠으며, 상산왕(常山王)의 승상으로서 후(侯)가 되었다.		4년 4월 병신일, 이후(夷侯) 서려(徐厲) 원년 **5**
성도(成陶)[19]	사졸로서 고조를 따라 선보(單父)에서 일어나 여씨(呂氏)의 사인(舍人)이 되었으며, 여씨가 회수(淮水)를 건널 때 공을 세웠고, 하남(河南)태수로서 후(侯)가 되었는데 식읍은 500호였다.		4년 4월 병신일, 이후(夷侯) 주신(周信) 원년 **5**

17) 【색은(索隱)】 현 이름이며 임회군(臨淮郡)에 속한다.

18) 【색은(索隱)】 현 이름이며 여강군(廬江郡)에 속한다.

효문	효경	건원에서 원봉 6년까지	태초 이후
17 후원(後元) 2년, 후(侯) 도(悼) 원년 **6**	**15** 후원 3년, 후 도가 죄가 있어 나라를 없앴다.		
23	**15** 후원(後元) 3년, 후(侯) 치(侈) 원년 **1**	**5** 건원(建元) 6년, 후 치가 전택(田宅)을 사면서 불법을 저질렀고 또 관리에게 죄줄 것을 청한 죄에 걸려 나라를 없앴다.	
3 4년, 혜후(惠侯) 중황(中黃) 원년 **20**	**3** 4년, 경후(敬侯) 촉룡(觸龍) 원년 **13**	**23** 원수(元狩) 5년, 후(侯) 당(當) 원년 **8** 원봉(元封) 원년, 후 당이 노비와 마음대로[闌] 상림원(上林苑)에 들어간 죄에 걸려 나라를 없앴다.	
6 7년, 강후(康侯) 도(悼) 원년 **17**	**12** 중(中) 6년, 후(侯) 언(偃) 원년 **4**	**5** 건원(建元) 6년, 후 언이 죄가 있어 나라를 없앴다.	
11 12년, 효후(孝侯) 발(勃) 원년 **3** 15년, 후 발이 죄가 있어 나라를 없앴다.			

---

19) 【색은(索隱)】『한서』「지리지」에는 없다.

나라 이름	제후의 공로	효혜	고후
유(兪)[20]	연오(連敖)로서 고조를 따라 진(秦)나라를 깨뜨렸고, 한(漢)에 들어와 도위(都尉)로서 제후들을 평정했다. 공로는 조양후(朝陽侯)와 엇비슷했다. 여영(呂嬰)이 죽자, 아들 타(它)가 그 공적을 이어받아 태중대부(太中大夫)로서 후(侯)가 되었다.		4년 4월 병신일, 후(侯) 여타 원년 4 8년, 후 타가 여씨 일에 걸려 주살되었고 나라는 없어졌다.
등(滕)[21]	사인(舍人)과 낭중(郎中)을 지냈고, (고조) 12년에 도위(都尉)로서 패상(霸上)에 주둔했으며, 초나라 재상으로서 후(侯)가 되었다.		4년 4월 병신일, 후(侯) 여갱시(呂更始) 원년 4 8년, 후 갱시가 여씨 일에 걸려 주살되었고 나라는 없어졌다.
예릉(醴陵)[22]	사졸로서 고조를 따라 한왕(漢王) 3년에 처음 역양(櫟陽)에서 일어났고, 졸리(卒吏)로서 항적(項籍)을 쳐 하내도위(河內都尉)가 되었으며, 장사왕(長沙王)의 재상으로 후(侯)가 되었는데 식읍은 600호였다.		4년 4월 병신일, 후(侯) 월(越) 원년 5
여성(呂成)	여씨(呂氏) 형제의 아들로 후(侯)가 되었다.		4년 4월 병신일, 후(侯) 여분(呂忿) 원년 4 8년, 후 분이 여씨 일에 걸려 주살되었고 나라는 없어졌다.
동모(東牟)[23]	제(齊) 도혜왕(悼惠王)의 아들로 후(侯)가 되었다.		6년 4월 정유일, 후(侯) 유흥거(劉興居) 원년 3
추(錘)[24]	여숙왕(呂肅王)의 아들로 후(侯)가 되었다.		6년 4월 정유일, 후(侯) 여통(呂通) 원년 2 고후(高后) 8년, 후 통이 연왕(燕王)이 되었다가 여씨 일에 걸려 주살되었고 나라는 없어졌다.
신도(信都)[25]	장오(張敖)와 노원태후(魯元太后)의 아들로 후(侯)가 되었다.		8년 4월 정유일, 후(侯) 치(侈) 원년 1

20) 【색은(索隱)】 현 이름이며 청하군(清河郡)에 속한다.

21) 【색은(索隱)】 유씨(劉氏)는 승(勝)이라고 했는데 잘못인 듯하다. 지금 살펴보건대, 등현(滕縣)은 패군(沛郡)에 속한다.

22) 【색은(索隱)】 현 이름이며 장사군(長沙郡)에 속한다.

효문	효경	건원에서 원봉 6년까지	태초 이후
3 효문(孝文) 4년, 후 월이 죄가 있어 나라를 없앴다.			
1 효문(孝文) 2년, 후 흥거가 제북왕(濟北王)이 되니 나라를 없앴다.			
효문(孝文) 원년, 후 치가 죄가 있어 나라를 없앴다.			

23) 【색은(索隱)】 현 이름이며 동래군(東萊郡)에 속한다.

24) 【집해(集解)】 판본에 따라 거(鉅)로 되어 있다. 【색은(索隱)】 현 이름이며 동래군(東萊郡)에 속한다.

25) 【색은(索隱)】 현 이름이며 신도군(信都郡)에 속한다.

나라 이름	제후의 공로	효혜	고후
악창(樂昌)	장오(張敖)와 노원태후(魯元太后)의 아들로 후(侯)가 되었다.		8년 4월 정유일, 후(侯) 수(受) 원년 1
축자(祝玆)[26]	고후(高后) 형제의 아들로 후(侯)가 되었다.		8년 4월 정유일, 후(侯) 여영(呂榮) 원년 여씨 일에 걸려 주살되었고 나라는 없어졌다.
건릉(建陵)[27]	대알자(大謁者)로서 후(侯)가 되었다. 환관이었으며 기이한 계책이 많았다.		8년 4월 정유일, 후(侯) 장택(張澤) 원년 고후(高后) 8년 9월, 후작(侯爵)을 빼앗기고 나라는 없어졌다.[28]
동평(東平)[29]	연왕(燕王) 여통(呂通)의 동생으로 후(侯)가 되었다.		8년 5월 병진일, 후(侯) 여장(呂莊) 원년 여씨 일에 걸려 주살되었고 나라는 없어졌다.

위는 고후(高后) 때의 31명이다.

나라 이름	제후의 공로	효문 재위 23년
양신(陽信)	고조(高祖) 12년에 낭(郎)이 되었다. 전객(典客)으로서 조나라 왕 여록(呂祿)의 인장을 빼앗은 뒤 전문(殿門)을 닫아걸고 여산(呂産) 등이 들어오는 것을 막았으며 공동으로 효문(孝文)을 세워 후(侯)가 되었는데, 식읍은 2,000호였다.	원년 2월 신축일, 후(侯) 유게(劉揭) 원년 14 15년, 후(侯) 중의(中意) 원년 9
지(軹)[30]	고조(高祖) 10년에 낭(郎)이 되어 종군했고 17년 만에 태중대부(太中大夫)가 되어 대(代)에서 효문(孝文)을 맞이했으며 거기장군(車騎將軍)으로서 태후를 맞이해 후(侯)가 되었다. 식읍은 1만 호였다. 박(薄)태후의 동생이다.	원년 4월 을사일, 후(侯) 박소(薄昭) 원년 10 11년, 역후(易侯) 융노(戎奴) 원년 13

26) 【색은(索隱)】『한서』에는 낭야(琅邪)로 되어 있다.

27) 【색은(索隱)】『한서』「표」에는 동해(東海)로 되어 있다.

28) 【색은(索隱)】 판본에 따라 택(澤)은 석(釋)으로 되어 있다.

효문	효경	건원에서 원봉 6년까지	태초 이후
효문 원년, 후 수가 죄가 있어 나라를 없앴다.			

효경 재위 16년	건원에서 원봉 6년까지	태초 이후
5 경제(景帝) 6년, 후 중의가 죄가 있어 나라를 없앴다.		
16	**1** 건원(建元) 2년, 후(侯) 량(梁) 원년	

혜제에서 경제 사이에 후가 된 사람 연표(惠景間侯者年表) 제7

29) 【색은(索隱)】 현 이름이며 동평군(東平郡)에 있다.

30) 【색은(索隱)】 현 이름이며 하내군(河內郡)에 속한다.

나라 이름	제후의 공로	효문 재위 23년
장무(壯武)[31]	가리(家吏)로서 고조를 따라 산동(山東)에서 일어났고, 도위(都尉)로서 고조를 따라 형양(滎陽)에 갔으며 식읍을 받았다. 대나라 중위(中尉)로서 대왕에게 한나라에 들어갈 것을 권유해 참승(驂乘)해 대저(代邸)에 이르렀고, 대왕이 마침내 제(帝)가 되자 공로로 후(侯)가 되었다. 식읍은 1,400호였다.	원년 4월 신해일, 후(侯) 송창(宋昌) 원년 23
청도(淸都)[32]	제(齊) 애왕(哀王)의 외숙으로서 후(侯)가 되었다.	원년 4월 신미일, 후(侯) 사균(駟鈞) 원년 5 효문(孝文) 전(前) 원년 6년, 균이 죄가 있어 나라를 없앴다.
주양(周陽)[33]	회남(淮南) 여왕(厲王)의 외숙으로서 후(侯)가 되었다.	원년 4월 신미일, 후(侯) 조겸(趙兼) 원년 5 효문(孝文) 전(前) 원년 6년, 겸이 죄가 있어 나라를 없앴다.
번(樊)[34]	수양(睢陽) 현령으로서 고조를 따라 아(阿)에서 처음 일어났다. 한가(韓家)의 자손으로서 돌아와 북지(北地)를 평정하고 상산왕(常山王)의 재상으로서 후(侯)가 되었는데, 식읍은 1,200호였다.	원년 6월 병인일, 후(侯) 채겸(蔡兼) 원년 14 15년 강후(康侯) 객(客) 원년 9
관(管)[35]	제(齊) 도혜왕(悼惠王)의 아들로서 후(侯)가 되었다.	4년 5월 갑인일, 공후(恭侯) 유파군(劉罷君) 원년 2 6년 공후(恭侯) 융노(戎奴) 원년 18
과구(瓜丘)[36]	제 도혜왕의 아들로서 후(侯)가 되었다.	4년 5월 갑인일, 후(侯) 유영국(劉寧國) 원년 11 15년, 후(侯) 언(偃) 원년 9
영(營)[37]	제 도혜왕의 아들로서 후(侯)가 되었다.	4년 5월 갑인일, 평후(平侯) 유신도(劉信都) 원년 10 14년, 후(侯) 광(廣) 원년 10

31) 【색은(索隱)】 현 이름이며 교동군(膠東郡)에 속한다.

32) 【색은(索隱)】 『한서』「표」에는 오후(鄔侯)로 되어 있는데, 오(鄔)는 태원현(太原縣)이다.

33) 【색은(索隱)】 현 이름이며 상군(上郡)에 속한다.

효경 재위 16년	건원에서 원봉 6년까지	태초 이후
11 중(中) 원년, 후 창이 후작(侯爵)을 빼앗겨 나라를 없앴다.		
9 중(中) 원년, 공후(恭侯) 평(枰) 원년 **7**	**13** 원삭(元朔) 2년, 후(侯) 벽방(辟方)원년 **14** 원정(元鼎) 4년, 후 벽방이 죄가 있어 나라를 없앴다.	
2 3년, 후 융노가 반란을 일으켜 나라를 없앴다.		
2 3년, 후 언이 반란을 일으켜 나라를 없앴다.		
2 효경(孝景) 3년, 후 광이 반란을 일으켜 나라를 없앴다.		

34) 【색은(索隱)】 현 이름이며 동평군(東平郡)에 속한다.

35) 【색은(索隱)】 옛날 봉국으로, 지금은 현이며 형양군(滎陽郡)에 속한다.

36) 【색은(索隱)】 현이며 위군(魏郡)에 있다.

37) 【색은(索隱)】 『한서』「표」에 따르면 제남군(濟南郡)에 있다.

나라 이름	제후의 공로	효문 재위 23년
양허(楊虛)	제 도혜왕의 아들로서 후(侯)가 되었다.	4년 5월 갑인일, 공후(恭侯) 유장려(劉將廬) 원년 **12** 16년, 후 장려가 제왕(齊王)이 되었다가 죄가 있어 나라를 없앴다.
역(杴)[38]	제 도혜왕의 아들로서 후(侯)가 되었다.[39]	4년 5월 갑인일, 후(侯) 유벽광(劉辟光) 원년 **12** 16년, 후 벽광이 제남왕이 되니 나라를 없앴다.
안도(安都)	제 도혜왕의 아들로서 후(侯)가 되었다.[40]	4년 5월 갑인일, 후(侯) 유지(劉志) 원년 **12** 16년, 후 지가 제북왕이 되니 나라를 없앴다.
평창(平昌)[41]	제 도혜왕 아들로서 후(侯)가 되었다.	4년 5월 갑인일, 후(侯) 유앙(劉印) 원년 **12** 16년 후 앙이 교서왕(膠西王)이 되니 나라를 없앴다.
무성(武城)	제 도혜왕의 아들로서 후(侯)가 되었다.	4년 5월 갑인일, 후(侯) 유현(劉賢) 원년 **12** 16년, 후 현이 치천왕(菑川王)이 되니 나라를 없앴다.
백석(白石)[42]	제 도혜왕의 아들로서 후(侯)가 되었다.	4년 5월 갑인일, 후(侯) 유웅거(劉雄據) 원년 **12** 16년, 후 웅거가 교동왕(膠東王)이 되니 나라를 없앴다.
파릉(波陵)	양릉군(陽陵君)으로서 후(侯)가 되었다.	7년 3월 갑인일, 강후(康侯) 위사(魏駟) 원년 **5** 효문(孝文) 12년, 강후 위사가 훙하니 후사가 없어 나라를 없앴다.
남정(南)	신평군(信平君)으로서 후(侯)가 되었다.	7년 3월 병인일, 후(侯) 기(起) 원년 **1** 효문(孝文) 때 아버지를 뒤에 서게 한 죄에 걸려 후작(侯爵)을 빼앗기고 관내후가 되었다.
부릉(阜陵)[43]	회남(淮南) 여왕(厲王)의 아들로서 후(侯)가 되었다.	8년 5월 병오일, 후(侯) 유안(劉安) 원년 **8** 효문(孝文) 16년, 안이 회남왕(淮南王)이 되니 나라를 없앴다.

38) 【색은(索隱)】 현 이름이며 평원군(平原郡)에 속한다.

39) 【색은(索隱)】 제남왕(濟南王)이 되었다.

40) 【색은(索隱)】 제북왕(濟北王)이 되었다.

효경 재위 16년	건원에서 원봉 6년까지	태초 이후

41) 【색은(索隱)】 현 이름이며 평원군(平原郡)에 속한다.

42) 【색은(索隱)】 현 이름이며 금성군(金城郡)에 속한다.

43) 【색은(索隱)】 현 이름이며 구강군(九江郡)에 속한다.

나라 이름	제후의 공로	효문 재위 23년
안양(安陽)[44]	회남 여왕의 아들로서 후(侯)가 되었다.	8년 5월 병오일, 후(侯) 발(勃) 원년 **8** 효문(孝文) 16년, 후 발이 형산왕(衡山王)이 되니 나라를 없앴다.
양주(陽周)	회남 여왕의 아들로서 후(侯)가 되었다.	8년 5월 병인일, 후(侯) 유사(劉賜) 원년 **8** 효문(孝文) 16년 후 발이 형산왕(衡山王)이 되니 나라를 없앴다.
동성(東城)[45]	회남 여왕의 아들로서 후(侯)가 되었다.	8년 5월 병인일, 애후(哀侯) 유량(劉良) 원년 **7** 효문(孝文) 15년, 후 량이 훙하니 후사가 없어 나라를 없앴다.
이(犁)[46]	제나라 재상 소평(召平)의 아들로서 후(侯)가 되었고, 식읍은 1,410호였다.	10년 4월 계축일, 경후(頃侯) 소노(召奴) 원년 **11** 후(後) 5년, 후(侯) 택(澤) 원년 **3**
병(缾)[47]	북지도위(北地都尉) 손앙(孫卬)이 흉노가 북지에 침입했을 때 힘껏 싸우다 죽었으니, 아들이 후(侯)가 되었다.	14년 3월 정사일, 후(侯) 손단(孫單) 원년 **10**
궁고(弓高)[48]	흉노의 상국(相國)으로서 항복했고, 옛 한왕(韓王) 신(信)의 얼자였다. 후(侯)가 되었는데, 식읍은 1,237호였다.	16년 6월 병자일, 장후(莊侯) 한퇴당(韓頹當) 원년 **8**
양성(襄成)[49]		16년 6월 병자일, 애후(哀侯) 한영(韓嬰) 원년 **7** **1** 후원(後元) 7년, 후(侯) 택지(澤之) 원년
고안(故安)[50]	회양(淮陽)군수로서 고조를 따라 한(漢)에 들어온 공으로 후(侯)가 되었는데, 식읍은 500호였다. 효문(孝文) 원년, 승상으로서 후(侯)가 되니 식읍은 1,712호였다.	후원(後元) 3년 4월 정사일, 절후(節侯) 신도가(申屠嘉) 원년 **5**

44) 【색은(索隱)】 현 이름이며 풍익(馮翊)에 속한다.

45) 【색은(索隱)】 현 이름이며 구강군(九江郡)에 속한다.

46) 【색은(索隱)】 현 이름이며 동군(東郡)에 속한다.

47) 【색은(索隱)】 현 이름이며 낭야군(琅邪郡)에 속한다.

효경 재위 16년	건원에서 원봉 6년까지	태초 이후
16	**16** 원삭(元朔) 5년, 후(侯) 연(延) 원년 **19** 원봉(元封) 6년, 후 연이 갖고 있던 말을 내놓지 않은 죄에 걸려 참형을 당했고 나라는 없어졌다.	
2 효경(孝景) 전(前) 3년, 후 단이 모반했기에 나라를 없앴다.		
전(前) 원년, 후(侯) 칙(則) 원년 **16**	**16** 원삭(元朔) 5년, 후 칙이 훙하니 후사가 없어 나라를 없앴다.	
16	**15** 원삭(元朔) 4년, 후 택지가 거짓으로 병이 들었다며 시종을 하지 않아서 불경죄에 걸려 나라를 없앴다.	
2 전(前) 3년, 공후(恭侯) 원년 **14**	**19** 원수(元狩) 2년, 청안후(淸安侯) 유(臾) 원년 **5** 원정(元鼎) 원년, 유가 구강 태수(九江太守)로 있으면서 죄가 있어 나라를 없앴다.	

48) **【색은(索隱)】**『한서』「표」에 따르면 영릉군(營陵郡)에 있다.

49) **【색은(索隱)】**『한서』「지리지」에 따르면 영천군(潁川郡)에 속한다.

50) **【색은(索隱)】** 현 이름이며 탁군(涿郡)에 속한다.

나라 이름	제후의 공로	효문 재위 23년
장무(章武)[51]	효문후(孝文后)의 동생으로 후(侯)가 되니, 식읍은 1만 1,869호였다.	후원(後元) 7년 6월 을묘일, 경후(景侯) 두광국(竇廣國) 원년 1
남피(南皮)[52]	효문후의 오빠 두장군(竇長君)의 아들로서 후(侯)가 되었고, 식읍은 6,460호였다.	후원(後元) 7년 6월 을묘일, 후(侯) 두팽조(竇彭祖) 원년 1

위는 효문(孝文) 때의 28명이다.

나라 이름	제후의 공로	효문	고후	효문
평륙(平陸)[53]	초(楚) 원왕(元王)의 아들로서 후(侯)가 되었는데, 식읍은 3,267호였다.			
휴(休)	초 원왕의 아들로서 후(侯)가 되었다.			

51) 【색은(索隱)】 현 이름이며 발해군(渤海郡)에 속한다.

52) 【색은(索隱)】 현 이름이며 발해군에 속한다.

효경 재위 16년	건원에서 원봉 6년까지	태초 이후
6 **10** 전(前) 7년, 공후(恭侯) 완(完) 원년	**8** 원광(元光) 3년, 후(侯) 상좌(常坐) 원년 **10** 원수(元狩) 원년, 후 상좌가 살인미수죄에 걸려 나라를 없앴다.	
16	**5** 건원(建元) 6년, 이후(夷侯) 량(良) 원년 **5** 원광(元光) 5년, 후(侯) 상림(桑林) 원년 **18** 원정(元鼎) 5년, 후 상림이 주금죄(酎金罪)에 걸려 나라를 없앴다.	

효경 재위 16년	건원에서 원봉 6년까지	태초 이후
원년 4월 을사일, 후(侯) 유례(劉禮) 원년 **1** 효경(孝景) 3년, 후(侯) 례가 초왕(楚王)이 되니 나라를 없앴다.		
원년 4월 을사일, 후(侯) 부(富) 원년 **2** 효경(孝景) 3년, 후 부는 형의 아들 무(戊)가 초왕으로서 반란을 일으키자, 가족과 함께 장안 불궐에 이르렀다가 스스로 귀순했으나, 제대로 교화하지 못한 죄를 물어 스스로 인수(印綬)를 바쳤다. 조서를 내려 다시 왕으로 삼았고, 뒤에 평륙후가 초왕이 되자 다시 봉해 부를 홍후(紅侯)로 삼았다.		

53) 【색은(索隱)】 현 이름이며 서하군(西河郡)에 속한다. 또 동평륙이 있는데, 이는 동평군(東平郡)에 있다.

나라 이름	제후의 공로	효문	고후	효문
침유(沈猶)[54]	초 원왕의 아들로서 후(侯)가 되었는데, 식읍은 1,380호였다.			
홍(紅)[55]	초 원왕의 아들로서 후(侯)가 되었는데, 식읍은 1,750호였다.			
원구(宛朐)[56]	초 원왕의 아들로서 후(侯)가 되었다.			
위기(魏其)[57]	대장군(大將軍)으로서 형양(滎陽)에 주둔해 오초칠국의 반란을 막고 이미 깨뜨림으로써 후(侯)가 되었는데, 식읍은 3,350호였다.			
극락(棘樂)	초 원왕의 아들로서 후(侯)가 되었고, 식읍은 1,213호였다.			

54) 【색은(索隱)】 『한서』 「표」에 따르면 고원(高苑)에 있다.

55) 【색은(索隱)】 「초원왕전」에 따르면 휴후 부가 후작을 잃었다가 다시 홍후로 봉해졌는데, 여기서는 나란히 열거했으니 잘못이다. 홍과 휴는 대개 2개 고을 이름이다.

효경 재위 16년	건원에서 원봉 6년까지	태초 이후
원년 4월 을사일, 이후(夷侯) 유예(劉穢) 원년 16	**4** 건원(建元) 5년, 후(侯) 수(受) 원년 **18** 원수(元狩) 3년, 후 수가 예전에 종정(宗正)으로 있으면서 종실의 호소를 제대로 들어주지 않아 불경죄에 걸려 나라를 없앴다.	
3년 4월 을사일, 장후(莊侯) 부(富) 원년 4 전(前) 7년, 도후(悼侯) 징(澄) 원년 1 중원(中元) 원년, 경후(敬侯) 발(發) 원년 9	**15** 원삭(元朔) 4년, 후(侯) 장(章) 원년 **1** 원삭 5년, 후 장이 훙하니 후사가 없어 나라를 없앴다.	
원년 4월 을사일, 후(侯) 휴집(劉執) 원년 2 효경(孝景) 3년, 후 집이 반란을 일으켜 나라를 없앴다.		
3년 6월 을사일, 후(侯) 두영(竇嬰) 원년 14	건원(建元) 원년, 승상이 되었다가 2년 만에 면직되었다. **9** 원광(元光) 4년, 후 영이 관부(灌夫)의 일을 다투면서 글을 올렸는데, 선제(先帝)의 조서라고 칭하면서 명령을 마음대로 고치는 해악을 저질러 기시(棄市) 되었고 나라는 없어졌다.	
3년 8월 임자일, 경후(敬侯) 유조(劉調) 원년 14	**1** 건원(建元) 2년, 공후(恭侯) 응(應) 원년 **11** 원삭(元朔) 원년, 후(侯) 경(慶) 원년 **16** 원정(元鼎) 5년, 후 경이 주금(酎金)에 걸려 나라를 없앴다.	

56) 【색은(索隱)】 현 이름이며 제음군(濟陰郡)에 속한다.

57) 【색은(索隱)】 현 이름이며 낭야군(琅邪郡)에 속한다.

나라 이름	제후의 공로	효문	고후	효문
수(兪)[58]	장군(將軍)으로서 오초의 반란 때 제나라를 쳐서 공을 세웠다. 난포는 옛 팽월(彭越)의 사인(舍人)으로 팽월이 반란을 일으켰을 때 난포는 사신으로 제나라에 갔는데, 돌아오니 이미 팽월이 효수당한 뒤였다. 이를 보고 난포가 제사를 지내고 곡을 했는데, 이는 팽형(烹刑)에 해당했으나 충성스러운 말을 하자 고조가 그를 용서해 주었다. 경포(黥布)가 반란을 일으켰을 때 난포는 도위(都尉)로서 (공을 세워) 후(侯)가 되었는데, 식읍은 1,800호였다.			
건릉(建陵)	장군으로서 오초를 쳐서 공을 세웠고, 중위(中尉)로서 후(侯)가 되었는데 식읍은 1,310호였다.			
건평(建平)[60]	장군으로서 오초를 쳐서 공을 세웠고, 강도국(江都國) 재상으로서 후(侯)가 되었는데 식읍은 3,150호였다.			
평곡(平曲)[61]	장군으로서 오초를 쳐서 공을 세웠고, 농서태수(隴西太守)로서 후가 되었는데 식읍은 3,220호였다.			
강양(江陽)[62]	장군으로서 오초를 쳐서 공을 세웠고, 조나라 재상으로서 후(侯)가 되었는데 식읍은 2,541호다.			
거(遽)[63]	조나라 재상 건덕(建德)은 왕이 드디어 반란을 일으키자 따르지 않다가 죽었으니, 아들이 후(侯)가 되었다. 식읍은 1,970호였다.			

58) 【색은(索隱)】 발음은 (유가 아니라) 수(輸)다. 현 이름이며 청하군(淸河郡)에 속한다.

59) 【집해(集解)】 판본에 따라 원삭(元朔) 2년이 후 분의 원년이라고 했다.

60) 【색은(索隱)】 현 이름이며 패군(沛郡)에 속한다.

효경 재위 16년	건원에서 원봉 6년까지	태초 이후
6년 4월 정묘일, 후(侯) 난포(欒布) 원년 **6** 중원(中元) 5년, 후 포가 훙했다.	**11** 원삭(元朔) 2년, 후(侯) 분(賁) 원년.[59] 원수(元狩) 6년, 후 분(賁)이 태상(太常)으로 있을 때 종교 희생을 법령대로 하지 않은 죄를 지어 나라를 없앴다.	
6년 4월 정묘일, 경후(敬侯) 위관(衛綰) 원년 **11**	**10** 원광(元光) 5년, 후(侯) 신(信) 원년 **18** 원정(元鼎) 5년, 후 신이 주금(酎金)에 걸려 나라를 없앴다.	
6년 4월 정묘일, 애후(哀侯) 정가(程嘉) 원년 **11**	**7** 원광(元光) 2년, 절후(節侯) 횡(橫) 원년 **1** 원광(元光) 3년, 후(侯) 회(回) 원년 **1** 원광 4년, 후 회가 훙하니 후사가 없어 나라를 없앴다.	
6년 4월 기사일, 후(侯) 공손혼야(公孫昆邪) 원년 **5** 중원(中元) 4년, 후 혼야가 죄가 있어 나라를 없앴다. 태복(太僕) 공손하(公孫賀)의 아버지다.		
6년 4월 임신일, 강후(康侯) 소가(蘇嘉) 원년 **4** 중원(中元) 2년, 의후(懿侯) 로(盧) 원년 **7**	**2** 건원(建元) 3년, 후(侯) 명(明) 원년 **15** 원삭(元朔) 6년, 후(侯) 조(雕) 원년 **11** 원정(元鼎) 5년, 후 조가 주금(酎金)에 걸려 나라를 없앴다.	
중원(中元) 2년 4월 기사일, 후(侯) 횡(橫) 원년[64] **6** 후원(後元) 2년, 후 횡이 죄가 있어 나라를 없앴다.		

61) 【색은(索隱)】『한서』「표」에 따르면 고성군(高城郡)에 있다.

62) 【색은(索隱)】 현이며 동해군(東海郡)에 있다.

63) 【색은(索隱)】『한서』「표」에 따르면 고을 이름이며 상산군(常山郡)에 있다.

64) 【색은(索隱)】 역사 기록에는 그의 성(姓)이 없다.

나라 이름	제후의 공로	효문	고후	효문
신시(新市)[65]	조나라 내사 왕신(王愼)은 왕이 드디어 반란을 일으키자 따르지 않다가 죽었으니, 아들이 후(侯)가 되었다. 식읍은 1,014호였다.			
상릉(商陵)[66]				
산양(山陽)	초나라 태부(太傅) 조이오(趙夷吾)는 왕 무(戊)가 반란을 일으키자 따르지 않았다가 죽었으니, 아들이 후(侯)가 되었다. 식읍은 1,114호였다.			
안릉(安陵)	흉노 왕으로 있다가 항복해 후(侯)가 되었고, 식읍은 1,517호였다.			
원(垣)[67]	흉노 왕으로 있다가 항복해 후(侯)가 되었다.			
주(遒)[68]	흉노 왕으로 있다가 항복해 후(侯)가 되었고, 식읍은 5,569호였다.			
용성(容成)[69]	흉노 왕으로 있다가 항복해 후(侯)가 되었고, 식읍은 700호였다.			
역(易)[70]	흉노 왕으로 있다가 항복해 후(侯)가 되었다.			

65) 【색은(索隱)】 현이며 거록군(鉅鹿郡)에 속한다.

66) 【색은(索隱)】 『한서』 「표」에 따르면 임회군(臨淮郡)에 있다.

67) 【색은(索隱)】 현이며 하동군(河東郡)에 속한다.

효경 재위 16년	건원에서 원봉 6년까지	태초 이후
중원(中元) 2년 4월 을사일, 후(侯) 강(康) 원년 **5** 후원(後元) 원년, 상후(殤侯) 시창(始昌) 원년 **3**	**9** 원광(元光) 4년, 상후 시창이 다른 사람에게 살해되어 나라를 없앴다.	
중원(中元) 2년 4월 을사일, 후(侯) 주(周) 원년 **8**	**29** 원정(元鼎) 5년, 후 주가 승상으로 있었는데, 열후들이 주금을 규정보다 가볍게 내는 것을 알고서도 그냥 넘어간 죄에 걸려 정위(廷尉)에 내려지자 자살하니 나라를 없앴다.	
중원(中元) 2년 4월 을사일, 후(侯) 당거(當居) 원년 **8**	**16** 원삭(元朔) 5년, 후 당거가 태상(太常)으로 있으면서 박사제자를 평가하면서[程] 실상에 맞게 하지 않은 죄에 걸려 나라를 없앴다.	
중원(中元) 3년 11월 경자일, 후(侯) 자군(子軍) 원년 **7**	**5** 건원(建元) 6년, 후 자군이 훙하니 후사가 없어 나라를 없앴다.	
중원(中元) 2년 12월 정축일, 후(侯) 사(賜) 원년 **3** 6년, 사가 죽었는데 후사를 두지 못했다.		
중원(中元) 3년 12월 정축일, 후(侯) 융강(隆彊) 원년 후사를 두지 못했다.		후(後) 원년 4월 갑진일, 후(侯) 칙(則)이 무당 제소군(齊少君)을 시켜 상(上)을 저주하는 제사를 지내게 했다가 대역 무도죄에 걸려 나라를 없앴다.
중원(中元) 3년 12월 정축일 후(侯) 유서로(唯徐盧) 원년 **7**	**14** 건원(建元) 2년, 강후(康侯) 작(綽) 원년 **22** 원삭(元朔) 3년, 후(侯) 광(光) 원년	**18** 후(後) 3년 5월 임진일, 후 광이 저주하는 제사를 지낸 죄에 걸려 나라를 없앴다.
중원(中元) 2년 12월 정축일, 후(侯) 복경(僕黥) 원년 **6** 후원(後元) 2년, 후 복경이 훙하니 후사가 없었다.		

68) 【색은(索隱)】 현이며 탁군(涿郡)에 속한다.

69) 【색은(索隱)】 현이며 탁군에 속한다.

70) 【색은(索隱)】 현이며 탁군에 속한다.

나라 이름	제후의 공로	효문	고후	효문
범양(范陽)[71]	흉노 왕으로 있다가 항복해 후(侯)가 되었고, 식읍은 1,197호였다.			
흡(翕)[72]	흉노 왕으로 있다가 항복해 후(侯)가 되었다.			
아곡(亞谷)[73]	흉노 동호왕(東胡王)으로 있다가 항복했다. 옛 연왕(燕王) 노관(盧綰)의 아들로서 후(侯)가 되었는데, 식읍은 1,500호였다.			
임려(隆慮)[74]	장공주(長公主) 표(嫖)의 아들로서 후(侯)가 되었는데, 식읍은 4,126호다.			
승지(乘氏)	양(梁) 효왕(孝王)의 아들로서 후(侯)가 되었다.			
환읍(桓邑)	양 효왕의 아들로서 후(侯)가 되었다.			
개(蓋)[76]	효경후(孝景后)의 오빠로서 후(侯)가 되었고, 식읍은 2,890호였다.			

71) 【색은(索隱)】 현이며 탁군에 속한다.

72) 【색은(索隱)】 『한서』「표」에 따르면 내황군(內黃郡)에 있다.

73) 【색은(索隱)】 『한서』「표」에 따르면 하내군(河內郡)에 있다.

74) 【색은(索隱)】 발음은 (융려가 아니라) 임려(林閭)다. 현이며 하내군(河內郡)에 속

효경 재위 16년	건원에서 원봉 6년까지	태초 이후
중원(中元) 2년 12월 정축일, 단후(端侯) 대(代) 원년 **7**	**7** 원광(元光) 2년, 회후(懷侯) 덕(德) 원년 **2** 원광(元光) 4년, 후 덕이 훙하니 후사가 없어 나라를 없앴다.	
중원(中元) 2년 12월 정축일, 후(侯) 한단(邯鄲) 원년 **7**	**9** 원광(元光) 4년, 후 한단이 와서 장신궁(長信宮-태후궁)을 알현하지 않아 불경죄에 걸려 나라를 없앴다.	
중원(中元) 5년 4월 정사일, 간후(簡侯) 타보(它父) 원년 **2** 후원(後元) 원년, 안후(安侯) 종(種) 원년 **3**	**11** 건원(建元) 원년, 강후(康侯) 편(偏) 원년 **25** 원광(元光) 6년, 후(侯) 하(賀) 원년	**15** 정화(征和) 3년 7월 신사일, 후 하가-태자 일에 걸려 나라를 없앴다.
중원(中元) 5년 5월 정축일, 후(侯) 교(蹻) 원년[75] **5**	**24** 원정(元鼎) 원년, 후 교가 어머니 장공주가 훙하고서 아직 상복을 벗지 않았는데도 간통하고 금수 같은 짓을 행하니, 사형에 해당했는데 자살하자 나라를 없앴다.	
중원(中元) 5년 5월 정묘일, 후(侯) 매(買) 원년 **1** 중원 6년, 후 배가 양왕(梁王)이 되니 나라를 없앴다.		
중원 5년 5월 정묘일, 후(侯) 명(明) 원년 **1** 효경(孝景) 중(中) 6년, 제천왕(濟川王)이 되니 나라를 없앴다.		
중원(中元) 3년 5월 갑술일, 정후(靖侯) 왕신(王信) 원년 **5**	**2** 원수(元狩) 3년, 후(侯) 언(偃) 원년 **18** 원정(元鼎) 5년, 후 언이 주금(酎金)에 걸려 나라를 없앴다.	

한다.

75) 【집해(集解)】 서광(徐廣)이 말했다. "「본기」를 살펴보건대 전(前) 5년이지 중원 5년이 아니다."

76) 【색은(索隱)】 『한서』 「표」에 따르면 발해군(渤海郡)에 있다.

나라 이름	제후의 공로	효문	고후	효문
새(塞)	어사대부(御史大夫) 전(前)장군으로서 오초를 쳐 공을 세워 후(侯)가 되었고, 식읍은 1,046호였다.			
무안(武安)[77]	효경후(孝景侯)의 동모제로서 후(侯)가 되었고, 식읍은 8,314호였다.			
주양(周陽)[78]	효경후의 동모제로서 후(侯)가 되었고, 식읍은 8,314호였다.			

위는 효경(孝景) 때의 31명이다.[79]

77) **【색은(索隱)】** 현이며 위군(魏郡)에 속한다.

78) **【색은(索隱)】** 현이며 상군(上郡)에 속한다.

79) **【색은술찬(索隱述贊)】** 효혜와 효경 사이에[惠景之際]/천하는 이미 안정되었도다 [天下已平]/그런데 여러 여씨 화근을 만들었고[諸呂構禍]/오초는 군사적으로 연결되었지[吳楚連兵]/조후 주아부(周亞夫) 토벌에 나섰고[條侯出討]/장무후(壯武侯) 송창이 받들어 맞이했도다[壯武奉迎]/박태후 두태후 은

효경 재위 16년	건원에서 원봉 6년까지	태초 이후
후원(後元) 원년 8월, 후(侯) 직불의(直不疑) 원년 3	**3** 건원(建元) 4년, 후(侯) 상여(相如) 원년 **12** 원삭(元朔) 4년, 후(侯) 견(堅) 원년 **13** 후견이 주금(酎金)에 걸려 나라를 없앴다.	
후원(後元) 3년 3월, 후(侯) 전분(田蚡) 원년 1	**9** 원광(元光) 4년, 후(侯) 오(梧) 원년 **5** 원삭(元朔) 3년, 후 오가 짧은 홑옷[襜褕] 차림으로 궁정에 들어왔다가 불경죄에 걸려 나라를 없앴다.	
후원(後元) 3년 3월, 의후(懿侯) 전승(田勝) 원년 1	**11** 원광(元光) 6년, 후(侯) 팽조(彭祖) 원년 **8** 원수(元狩) 2년, 후 팽조가 장후(章侯)에게 마땅히 돌려줘야 하는 집을 돌려주지 않은 죄에 걸려 나라를 없앴다.	

택 베풀었고[薄竇]/장창(張敞)과 조광한(趙廣漢) 충정을 다 바쳤다네[張趙忠貞]/적자 서자 갈리었지만[本支分蔭]/외척들 정성을 다했도다[外腑歸誠]/신시후 충직하게 일하다 죽었고[新市死事]/건릉후 공훈 세워 영예로웠다네[建陵勳榮]/모두 제후 되어 푸른 사직 열었고[咸開靑社]/모두 단청 받았도다[俱受丹靑]/영갑 드러내[旋窺甲令]/오예 편후 특히 명성을 높였다네[吳便有聲]!

권20

건원 이래 후가 된 사람 연표(建元以來侯者年表) 제8

권20 건원 이래
후가 된 사람 연표(建元以來侯者年表) 제8

태사공이 말한다.

"흉노(匈奴)가 (한(漢)나라와의) 화친을 끊어버리고 당로(當路-요충지에 있는 길)에 있는 요새들을 공격했으며, 민월(閩越)이 제멋대로 동구(東甌)를 치자 동구는 (구원해주기를 바라며 한나라에) 항복을 청했다.

(흉노와 민월) 이 두 오랑캐가 번갈아 침략하던 때는 강대한 한나라가 한창 융성하던 시기였으니, 이를 통해 볼 때 (이때의) 공신들이 봉국을 받은 것[受封]이 (전국 공신들과 같은) 선조들과도 견줄 만한[侔] 것이었을 알 수 있다. 어째서인가?

『시(詩-시경)』, 『서(書-서경)』에서 삼대(三代)를 칭송해 '융(戎)과 적(狄)에 맞서고[應=膺=當] 형(荊)과 서(荼)를 다스렸도다[懲=艾]¹⁾'라고 한 이래로 제(齊)나라 환공(桓公)은 연(燕)나라를 넘어가 산융(山戎)을 쳤고, 무령왕(武靈王)은 보잘것없는[區區] 조(趙)나라를 갖고서 선우(單于)를 복종케 했으며, 진(秦)나라 목공(穆公)은 백리해(百里奚)를 써서 서융(西戎)에서 패자가 되었고, 오(吳)나라와 초(楚)나라의 군주는 제후의 자격으로 백월(百越)을 부렸다[役]. 하물며 마침내 중원이 하나로 통일되자 현명한 천자가 위에 있으면서 문무를 함께 갖추고서 온 천하를 석권해 안으로 억만 백성을 결집시켰으니[輯], 어찌 여유 있게[晏然] 변경을 침입하는 자들을 정벌치 않을 수 있겠는가!

이때 이후로 드디어 군대를 내 북쪽으로 강대한 흉노[彊胡]를 토벌하고 남쪽으로 강성한 월(越)나라[勁越]를 주토(誅討) 하니, 장수와 병사들이 공

로의 차례에 따라 봉해졌다."

1) **【색은(索隱)】** 茶의 발음은 (도가 아니라) 서(舒)다.[이는 『시경(詩經)』 「노송(魯頌)·비궁(閟宮)」편 제5장에 나오는 구절이다. 원문에도 서(舒)로 되어 있다.]

나라 이름	제후의 공로	원광(元光)	원삭(元朔)
흡(翕)[1]	흉노의 재상으로 투항해 후(侯)가 되었다. 원삭 2년, 거기장군(車騎將軍)에 소속되어 흉노를 쳐서 공을 세워 익봉(益封)되었다.	4년 7월 임오일, 후(侯) 조신(趙信) 원년 3	5 6년, 후 신이 전(前)장군으로서 흉노를 쳤다가 선우(單于)의 병사와 맞닥뜨려 패하자, 흉노에 항복하니, 나라를 없앴다.
지장(持裝)[2]	흉노 도위(都尉)로 투항해 후(侯)가 되었다.	6년 윤9월 병인일, 후(侯) 악(樂) 원년 1	6
친양(親陽)[3]	흉노의 재상으로 투항해 후(侯)가 되었다.		2년 10월 계사일, 후(侯) 월지(月氏) 원년 5 원삭 5년, 후 월지가 (흉노로) 도망치다가 참형을 당하니 나라를 없앴다.
약양(若陽)[4]	흉노의 재상으로 투항해 후(侯)가 되었다.		2년 10월 계사일, 후(侯) 맹(猛) 원년 5 원삭 5년, 후 맹이 (흉노로) 도망치다가 참형을 당하니 나라를 없앴다.
장평(長平)[5]	원삭 3년에 다시 거기장군(車騎將軍)으로서 흉노를 쳐 삭방(朔方)과 하남(河南)을 차지한 공으로 후(侯)가 되었다. 원삭 5년에 대장군으로서 흉노를 쳐서 우현왕을 깨뜨리고 익봉(益封)되었는데, 식읍은 3,000호였다.		2년 2월 병신일, 열후(烈侯) 위청(衛靑)원년[6] 5
평릉(平陵)[7]	도위(都尉)로서 거기장군 위청을 따라가 흉노를 쳐서 공을 세우고 후(侯)가 되었고, 유격장군(游擊將軍)으로서 대장군을 따라가 익봉되었다.		2년 3월 병진일, 후(侯) 소건(蘇建) 원년 5
안두(岸頭)[8]	도위로서 거기장군 위청을 따라가 흉노를 쳐서 공을 세우고 후(侯)가 되었다. 원삭 6년 대장군을 따라가 익봉되었다.		2년 6월 임진일, 후(侯) 장차공(張次公) 원년 5

1) 【색은(索隱)】『한서(漢書)』「표(表)」를 살펴보건대 내황군(內黃郡)에 있다.

2) 【색은(索隱)】『한서』「표」에는 장(裝)이 원(轅)으로 되어 있고 남양군(南陽郡)에 속한다.

3) 【색은(索隱)】『한서』「표」에 따르면 무양군(舞陽郡)에 있다.

4) 【색은(索隱)】「표」에 따르면 평씨(平氏)에 있다.

원수(元狩)	원정(元鼎)	원봉(元封)	태초(太初) 이후
6	원정 원년, 후 악이 죽으니, 후사가 없어 나라를 없앴다.		
6	6	6	태초 원년, 지금의 후(侯) 항(亢) 원년
6	6 원정 6년, 후 건이 우장군(右將軍)으로서 흡후(翕侯) 조신(趙信)과 함께 모두 패하고서 홀로 탈출해 돌아왔다. 참형에 해당했으나 속죄금을 내니 나라를 없앴다.		
원수 원년, 차공이 회남왕(淮南王)의 딸과 간통하고 재물을 받은 죄에 걸려 나라를 없앴다.			

5) 【색은(索隱)】 「지리지」에 따르면 현 이름이며 여남군(汝南郡)에 속한다.

6) 【집해(集解)】 서광(徐廣)이 말했다. "청(靑)은 원봉 5년에 훙했다."

7) 【색은(索隱)】 「표」에 따르면 무당(武當)에 있다.

8) 【색은(索隱)】 「표」에 따르면 피지(皮氏)에 있다.

나라 이름	제후의 공로	원광(元光)	원삭(元朔)
평진(平津)	승상으로서 조서를 받고서 후(侯)가 되었다.		3년 11월 을축일, 헌후(獻侯) 공손홍(公孫弘) 원년 4
섭안(涉安)	흉노 선우(單于)의 태자로서 투항해 후가 되었다.		3년 4월 병자일, 후(侯) 어단(於單) 원년 3 5년, 졸하니 후사가 없어 나라를 없앴다.
창무(昌武)[9]	흉노왕으로서 투항해 후(侯)가 되었다. 창무후로서 표기장군(驃騎將軍)을 따라가 좌현왕(左賢王)을 공격해 공을 세우고 익봉되었다.		4년 7월 경신일, 견후(堅侯) 조안계(趙安稽) 원년 3
양성(襄城)[10]	흉노의 상국으로서 투항해 후(侯)가 되었다.		4년 7월 경신일, 후(侯) 무룡(無龍) 원년 3
남포(南窌)	기(騎)장군으로서 대장군 위청(衛青)을 따라 흉노를 쳐 왕을 붙잡는 공을 세워 후(侯)가 되었다. 태조 2년, 승상으로서 갈역후(葛繹侯)에 봉해졌다.		5년 4월 정미일, 후(侯) 공손하(公孫賀) 원년 2
합기(合騎)[11]	호군(護軍)도위로서 세 차례 대장군(위청)을 따라 흉노를 쳐서 우현왕(右賢王) 왕정에 이르러 왕을 붙잡았고, 그 공으로 후(侯)가 되었다. 원삭 6년 증봉(增封)되었다.		5년 4월 정미일, 후(侯) 공손오(公孫敖) 원년 2
낙안(樂安)[12]	경거(輕車)장군으로서 두 차례 대장군 위청을 따라 흉노를 쳤고, 왕을 붙잡은 공로로 후(侯)가 되었다.		5년 4월 정미일, 후(侯) 이채(李蔡) 원년 2

9) 【색은(索隱)】「표」에 따르면 무양(武陽)에 있다.

10) 【색은(索隱)】「지리지」에 따르면 양성은 영천군(穎川郡)에, 양무(襄武)는 농서군(隴西郡)에 있다.

원수(元狩)	원정(元鼎)	원봉(元封)	태초(太初) 이후
2 원수 3년, 후(侯) 경(慶) 원년 **4**	**6**	**3** 원봉 4년, 후 경이 산양(山陽)태수로 있으면서 죄가 있어 나라를 없앴다.	
6	**6**	**1** 2년, 후(侯) 충국(充國) 원년 **5**	태초 원년, 후 충국이 훙하니 후사가 없어 나라를 없앴다.
6	**6**	**6**	태초 2년, 무룡이 착야후(浞野侯)를 따라 싸움에 나가서 전사했다. **1** 4년, 후(侯) 병이(病已) 원년 **2**
6	**4** 원정 5년, 하가 주금(酎金)에 걸려 나라를 없앴다. 후작(侯爵)이 끊어진 지 10년이다.		**13** 태초 2년 3월 정묘일, 갈역후를 봉했다. 정화 2년, 하의 아들 경성(敬聲)이 죄가 있어 나라를 없앴다.
1 원수(元狩) 2년, 후 오가 군사를 이끌고 흉노를 쳤는데, 표기(驃騎)장군과 기약했으나 뒤에 겁을 먹고 나약해졌다. 참형에 해당했지만 속(贖)해 서인이 되었고, 나라는 없어졌다.			
4 원수 5년, 후 채가 승상으로 있으면서 효경릉 신도(神道)의 담장 옆 땅을 파낸 죄에 걸려 자살하니 나라를 없앴다.			

11) 【색은(索隱)】 「표」에 따르면 고성군(高城郡)에 있다.

12) 【색은(索隱)】 「표」에 따르면 창(昌)에 있고, 「지리지」에 따르면 창현은 낭야군(琅邪郡)에 있다.

나라 이름	제후의 공로	원광(元光)	원삭(元朔)
용액(龍額)[13]	도위(都尉)로서 대장군 위청을 따라 흉노를 쳐 왕을 붙잡은 공로로 후(侯)가 되었다. 원정 6년, 횡해(橫海) 장군으로서 동월(東越)을 쳐서 공을 세워 안도후(案道侯)가 되었다.		5년 4월 정미일, 후(侯) 한열(韓說) 원년 2
수성(隨成)[14]	교위(校尉)로서 세 차례 대장군 위청(衛靑)을 따라가 흉노를 쳤고, 농어(農吾)를 공격하면서 가장 먼저 석루(石累)에 올라 왕을 붙잡은 공으로 후(侯)가 되었다.		5년 4월 을묘일, 후(侯) 조불우(趙不虞) 원년 2
종평(從平)[15]	교위(校尉)로서 세 차례 대장군 위청을 따라가 흉노를 쳤고, 우현왕(右賢王) 왕정에 이르러 여러 차례 안행(鴈行)이 되어 석산을 가장 먼저 오른 공으로 후(侯)가 되었다.		5년 4월 을묘일, 공손융노(公孫戎奴) 원년 2
섭지(涉軹)	도위(都尉)로서 세 차례 대장군을 따라 흉노를 쳤고, 우현왕 왕정에 이르러 왕을 붙잡고 연지(閼氏)를 사로잡은 공으로 후(侯)가 되었다.		5년 4월 정미일, 후(侯) 이삭(李朔) 원년 2
의춘(宜春)[16]	아버지 대장군 위청이 우현왕을 깨뜨린 공로로 후(侯)가 되었다.		5년 4월 정미일, 후(侯) 위항(衛伉) 원년 2
음안(陰安)[17]	아버지 대장군 위청이 우현왕을 깨뜨린 공로로 후(侯)가 되었다.		5년 4월 정미일, 후(侯) 위불의(衛不疑) 원년 2
발간(發干)[18]	아버지 대장군 위청이 우현왕을 깨뜨린 공로로 후(侯)가 되었다.		5년 4월 정미일, 후(侯) 위등(衛登) 원년 2

13) 【색은(索隱)】「지리지」에 따르면 현 이름이며 평원군(平原郡)에 속한다.

14) 【색은(索隱)】「표」에 따르면 천승(千乘)에 있다.

15) 【색은(索隱)】「표」에 따르면 낙창읍(樂昌邑)에 있다.

16) 【색은(索隱)】「지리지」에 따르면 현 이름이며 여남군(汝南郡)에 속한다. 예장군

원수(元狩)	원정(元鼎)	원봉(元封)	태초(太初) 이후
6	**4** 원정 5년, 후 열이 주금(酎金)에 걸려 나라가 끊어졌다. 2년 후에 다시 후작을 되찾았다.	원년 5월 정묘일, 안도후 열 원년 6	**13** 정화 3년, 아들 장(長)이 뒤를 이어받았으나 죄가 있어 나라가 끊어졌다. 아들 증(曾)이 다시 봉작을 받아 용액후가 되었다.
3 원수 3년, 후 불우가 정양도위(定襄都尉)로 있을 때 흉노가 태수를 꺾었는데, 사실이 아니라고 보고한 기만죄에 걸려 나라를 없앴다.			
1 원수 2년, 후 융노가 상군(上郡)태수로 있으면서 군사를 발동해 흉노를 공격하고도 보고하지 않아 기만죄에 걸려 나라를 없앴다.			
원수 원년, 후 삭이 죄가 있어 나라를 없앴다.			
6	원정 원년, 항이 조서를 마음대로 고쳤으니, 해악은 없었으나 나라를 없앴다.		
6	**4** 원정 5년, 후 불의가 주금(酎金)에 걸려 나라를 없앴다.		
	4 원정 5년, 후 등이 주금(酎金)에 걸려 나라를 없앴다.		

(豫章郡)에도 같은 지명이 있다.

17) 【색은(索隱)】 「지리지」에 따르면 현 이름이며 위군(魏郡)에 속한다.

18) 【색은(索隱)】 「지리지」에 따르면 현 이름이며 동군(東郡)에 속한다.

나라 이름	제후의 공로	원광(元光)	원삭(元朔)
박망(博望)[19]	교위(校尉)로서 두 차례 대장군을 따랐고, 6년 후에 대장군을 따라 흉노를 치면서 수로를 알아내자, 그에 앞서 먼 나라 대하(大夏)에 사신을 보낸 공으로 후(侯)가 되었다.		6년 3월 갑진일, 후(侯) 장건(張騫) 원년 1
관군(冠軍)[20]	표요교위(剽姚校尉)로서 두 차례 대장군을 따랐고, 6년 후에 대장군을 따라 흉노를 쳐 상국을 목 베는 공을 세우고 후(侯)가 되었다. 원수 2년에 표기장군으로서 흉노를 쳐 기련(祁連)에 이르러 익봉되었다. 혼야왕(渾邪王)을 맞이해 익봉되었고, 좌·우현왕을 쳐서 익봉되었다.		6년 4월 임신일, 경환후(景桓侯) 곽거병(霍去病) 원년 1
중리(衆利)[22]	상곡(上谷)태수로서 네 차례 대장군을 따랐고, 6년 후에 흉노를 쳐서 가장 많은 1,000명 이상의 포로를 잡은 공으로 후(侯)가 되었다.		6년 5월 임진일, 후(侯) 학현(郝賢) 원년 1
요(漻)[23]	흉노 조왕(趙王)으로서 투항해 후(侯)가 되었다.		
의관(宜冠)[25]	교위(校尉)로서 표기장군을 따랐고, 2년 후에 다시 나가 흉노를 쳐서 공을 세워 후(侯)가 되었다. 옛 흉노가 귀의(歸義)한 것이다.		

19) 【색은(索隱)】 「지리지」에 따르면 현 이름이며 남양군(南陽郡)에 속한다.

20) 【색은(索隱)】 「지리지」에 따르면 현 이름이며 남양군에 속한다.

21) 【집해(集解)】 서광(徐廣)이 말했다. "선은 자(字)가 자후(子侯)이며 무제의 봉거(奉車)였다. 태산에 올라 봉(封)제사를 올리러 갔다가 갑자기 병사했다."

22) 【색은(索隱)】 「표」에 따르면 양성고막(陽城姑莫)에 있었는데 뒤에 이 땅을 이즉

원수(元狩)	원정(元鼎)	원봉(元封)	태초(太初) 이후
1 원수 2년, 후 건이 장군으로서 흉노를 쳤으나 겁에 질려 나약한 모습을 보였으니, 참형에 해당했으나 속죄금을 냈고 나라를 없앴다.			
6	원정 원년, 애후(哀侯) 선(嬋) 원년 **6**	원봉 원년, 애후 선이 훙하니 후사가 없어 나라를 없앴다.[21]	
1 원수 2년, 후 학현이 상곡 태수로 있을 때 수자리 서는 병졸들의 재물을 받고 회계를 속인 죄에 걸려 나라를 없앴다.			
원년 7월 임오일, 도후(悼侯) 조왕 훤지(趙王煖訾) 원년[24] **1** 원수 2년, 훤지가 죽으니, 후사가 없어 나라를 없앴다.			
2년 정월 을해일, 후(侯) 고불식(高不識) 원년 **2** 원수 4년, 불식이 흉노를 쳐 군공을 실제와 다르게 부풀렸으니, 참형에 해당했으나 속죄금을 냈고 나라를 없앴다.			

건(伊卽軒)에게 봉해주었다.

23) 【색은(索隱)】 「표」에 따르면 무양(舞陽)에 있다.

24) 【색은(索隱)】 煖의 발음은 (난이 아니라) 황(況)과 원(遠)의 반절음이고, 訾는 (자가 아니라) 즉(卽)과 이(移)의 반절음이다.

25) 【색은(索隱)】 「표」에 따르면 창야(昌也)에 있다.

나라 이름	제후의 공로	원광(元光)	원삭(元朔)
휘거(煇渠)[26]	교위(校尉)로서 표기장군을 따랐고, 2년 후에 다시 나가 흉노를 쳐서 왕을 붙잡는 공을 세워 후(侯)가 되었다. 교위로서 표기장군을 따른 지 2년 만에 다시 오왕(五王)을 붙잡은 공로로 익봉되었다. 옛 흉노가 귀의한 것이다.		
종표(從驃)[28]	사마(司馬)로서 두 차례 표기장군을 따랐고, 여러 차례 흉노에 침입해 두 왕자와 기장(騎將)을 붙잡은 공으로 후(侯)가 되었다. 흉하장군(匈何將軍)으로서 원봉 3년에 누란(樓蘭)을 쳐서 공을 세워 다시 후(侯)가 되었다.		
하휘(下麾)[29]	흉노왕으로서 투항해 후(侯)가 되었다.		
탑음(漯陰)[30]	흉노 혼야왕(渾邪王)으로 무리 10만 명을 거느리고 투항해 후(侯)가 되었고, 식읍은 1만 호였다.		
휘거(煇渠)	흉노왕으로서 투항해 후(侯)가 되었다.		
하기(河綦)[33]	흉노 우왕(右王)으로서 혼야왕과 함께 투항해 후(侯)가 되었다.		
상락(常樂)[35]	흉노 대당호(大當戶-흉노 관직)로서 혼야왕과 함께 투항해 후(侯)가 되었다.		

26) 【색은(索隱)】 고을 이름이다. 「표」를 살펴보건대 노양(魯陽)에 있다.

27) 【색은(索隱)】 『한서』 「표」에는 복붕(僕朋)으로 되어 있다. 여기서 '복다'라고 한 것은 「위청전(衛靑傳)」과 같다.

28) 【색은(索隱)】 표기장군(驃騎將軍)으로서 봉국을 받아 종표라고 했다. 뒤에 착야후(涅野侯)에 봉해졌다.

29) 【색은(索隱)】 「표」에 따르면 의씨(猗氏)에 있다. 麾의 발음은 휘(撝)다.

30) 【색은(索隱)】 「표」에 따르면 평원군(平原郡)에 있다.

원수(元狩)	원정(元鼎)	원봉(元封)	태초(太初) 이후
2년 2월 을축일, 충후(忠侯) 복다(僕多) 원년[27] 5	**3** 원정 4년, 후(侯) 전(電) 원년 3	6	4
2년 5월 정축일, 후(侯) 조파노(趙破奴) 원년 5	**4** 원정 5년, 후 파노가 주금(酎金)에 걸려 나라를 없앴다.	**4** 착야(浞野)로 고쳤다. 3년, 후(侯) 파노(破奴) 원년	**1** 2년, 후 파노가 준계장군(浚稽將軍)으로서 흉노를 쳐 군대를 잃고 포로로 잡혀 나라를 없앴다.
2년 6월 을해일, 후(侯) 호독니(呼毒尼) 원년 5	**4** 원정 5년, 양후(煬侯) 이즉건(伊卽軒) 원년 2	6	4
2년 7월 임오일, 정후(定侯) 혼야(渾邪) 원년 4	**6** 원정 원년, 위후(魏侯) 소(蘇) 원년[31] 6	**5** 원봉 5년, 위후 소가 훙하니 후사가 없어 나라를 없앴다.	
3년 7월 임오일, 도후(悼侯) 편비(扁訾) 원년[32] 4	**1** 2년, 후 편비가 죽으니 후사가 없어 나라를 없앴다.		
3년 7월 임오일, 경후(庚侯) 오리(烏犁) 원년[34] 4	**2** 원정 3년, 여리제(餘犁鞮) 원년 4	6	4
3년 7월 임오일, 비후(肥侯) 조조(稠雕) 원년[36] 4	6	6	**2** 태초 3년, 지금의 후(侯) 광한(廣漢) 원년

31) 【색은(索隱)】 위(魏)는 시호이고 소(蘇)는 이름이다. 시호법에 "능히 민첩하고 군사를 잘 부리는 것을 일러 위(魏)라고 한다"라고 했다.

32) 【색은(索隱)】 『한서』 「표」에서는 "도후 응비(應庀)"라고 했다.

33) 【색은(索隱)】 「표」에 따르면 제남군(濟南郡)에 있다.

34) 【색은(索隱)】 『한서』에는 금리(禽犁)로 되어 있다.

35) 【색은(索隱)】 「표」에 따르면 제남군에 있다.

36) 【색은(索隱)】 『한서』 「위청전(衛靑傳)」에는 조리(雕離)로 되어 있다.

나라 이름	제후의 공로	원광(元光)	원삭(元朔)
부리(符離)[37]	우북평(右北平)태수로서 표기장군을 따라 4년에 우왕(右王)을 쳤고, 군사를 이끌고 거듭해서 정해진 기한에 만나기로 해 2,700명을 사로잡은 공로로 후(侯)가 되었다.		
장(壯)[38]	흉노로서 귀의했고 인순왕(因淳王)이 되어 표기장군을 따라 4년에 좌왕(左王)을 쳤는데, 적은 군사로 다수를 깨뜨리고 2,100명을 포로로 잡은 공으로 후(侯)가 되었다.		
중리(衆利)	흉노로서 귀의했고 누전왕(樓剸王)이 되어 표기장군을 따라 4년에 우왕(右王)을 쳤는데, 손수 그 왕을 칼로 찌르며[手自劍] 싸움을 벌여서 공을 세워 후(侯)가 되었다.		
상성(湘成)[40]	흉노 부리왕(符離王)으로서 투항해 후(侯)가 되었다.		
의양(義陽)[41]	북지(北地) 도위(都尉)로서 표기장군을 따랐고, 4년에 좌왕을 쳐서 왕을 붙잡고 공을 세워 후(侯)가 되었다.		
산(散)[42]	흉노 도위(都尉)로서 투항해 후(侯)가 되었다.		
장마(臧馬)[43]	흉노 왕으로서 투항해 후(侯)가 되었다.		
주자남군(周子南君)[44]	주나라 후손 소(紹)를 봉했다.		

37) 【색은(索隱)】 현 이름이며 패군(沛郡)에 속한다.

38) 【색은(索隱)】 「표」에 따르면 동평군(東平郡)에 있다.

39) 【색은(索隱)】 軒은 (발음이 헌이 아니라) 거(居)와 언(言)의 반절음이다.

40) 【색은(索隱)】 「표」에 따르면 양성군(陽城郡)에 있다.

원수(元狩)	원정(元鼎)	원봉(元封)	태초(太初) 이후
4년 6월 정묘일, 후(侯) 노박덕(路博德) 원년 3	6	6	태초 원년, 후 노박덕이 죄가 있어 나라를 없앴다.
4년 6월 정묘일, 후(侯) 복류지(復陸支) 원년 3	2 원정 3년, 지금의 후(侯) 언(偃) 원년 4	6	4
4년 6월 정묘일, 질후(質侯) 이즉건(伊卽軒) 원년[39] 3	6	5 6년, 지금의 후(侯) 당시(當時) 원년 1	4
4년 6월 정묘일, 후(侯) 창도락(敝屠洛) 원년 3	4 원정 5년, 후 창도락이 주금(酎金)에 걸려 나라를 없앴다.		
4년 6월 정묘일, 후(侯) 위산(衛山) 원년 3	6	6	4
4년 6월 정묘일, 후(侯) 동여오(董荼吾) 원년 3	6	6	2 태초 3년, 지금의 후(侯) 안한(安漢) 원년 2
4년 6월 정묘일, 강후(康侯) 연년(延年) 원년 1 5년, 후 연년이 죽으니, 후사를 두지 못해 나라를 없앴다.			
	4년 10월 정묘일, 후(侯) 희가(姬嘉) 원년 3	3 4년, 군매(君買) 원년 3	4

41) 【색은(索隱)】「표」에 따르면 평씨(平氏)에 있다.

42) 【색은(索隱)】「표」에 따르면 양성군(陽城郡)에 있다.

43) 【색은(索隱)】「표」에 따르면 주허(朱虛)에 있다.

44) 【색은(索隱)】「표」에 따르면 장사(長社)에 있다.

나라 이름	제후의 공로	원광(元光)	원삭(元朔)
낙통(樂通)[45]	방술(方術)로 후(侯)가 되었다.		
요(瞭)[46]	흉노의 귀의한 왕으로서 투항해 후(侯)가 되었다.		
술양(術陽)[47]	남월왕의 형 월고창(越高昌)으로, 후(侯)가 되었다.		
용항(龍亢)[48]	교위(校尉) 규세락(摎世樂)이 남월을 치다가 죽으니, 아들이 후(侯)가 되었다.		
성안(成安)[49]	교위(校尉) 한천추(韓千秋)가 남월을 치다가 죽으니, 아들이 후(侯)가 되었다.		
곤(昆)[50]	속국(屬國) 대차거(大且渠)로, 흉노를 쳐 공을 세워 후(侯)가 되었다.		
기(騏)[51]	속국 기병으로, 흉노를 쳐 선우(單于) 형을 붙잡은 공으로 후(侯)가 되었다.		
양기(梁期)[52]	속국 도위(都尉)로서, 5년 동안 흉노에 출격해 복루치만(復累絺縵)을 붙잡은 공으로 후(侯)가 되었다.		

45) 【색은(索隱)】 위소(韋昭)가 말했다. "임회(臨淮) 고평(高平)에 있다."

46) 【색은(索隱)】 「표」에 따르면 무양(舞陽)에 있다.

47) 【색은(索隱)】 「표」에 따르면 하비(下邳)에 있다.

48) 【색은(索隱)】 노나라 읍이다.

49) 【색은(索隱)】 「표」에 따르면 섬(陝)에 있으며, 「지리지」에 따르면 진류군(陳留郡)

원수(元狩)	원정(元鼎)	원봉(元封)	태초(太初) 이후
	4년 4월 을사일, 후(侯) 오리장군(五利將軍) 난대(欒大) 원년 1 5년, 후 대가 죄가 있어 목을 베고 나라를 없앴다.		
	4년 6월 병오일, 후(侯) 차공(次公) 원년 1 5년, 후 차공이 주금(酎金)에 걸려 나라를 없앴다.		
	4년, 후(侯) 건덕(建德) 원년 1 5년, 후 건덕이 죄가 있어 나라를 없앴다.		
	5년 3월 임오일, 후(侯) 광덕(廣德) 원년 2	6 원봉 6년, 후 광덕이 죄가 있어 나라를 없앴다.	
	5년 3월 임자일, 후(侯) 연년(延年) 원년 2	6 원봉 6년, 연년이 죄가 있어 나라를 없앴다.	
	5년 5월 무술일, 후(侯) 거복루(渠復累) 원년 2	6	4
	5년 5월 임자일, 후(侯) 구기(駒幾) 원년 2	6	4
	5년 7월 신사일, 후(侯) 임파호(任破胡) 원년 2	6	4

에 있다.

50) **【색은(索隱)】** 「표」에 따르면 거록군(鉅鹿郡)에 있다.

51) **【색은(索隱)】** 「지리지」에 따르면 하동군(河東郡)에 속하고, 「표」에 따르면 북굴(北屈)에 있다.

52) **【색은(索隱)】** 「지리지」에 따르면 위군(魏郡)에 속한다.

나라 이름	제후의 공로	원광(元光)	원삭(元朔)
목구(牧丘)[53]	승상 겸 아버지인 만석군(萬石君)이 덕을 쌓고 행동을 신중히 했기에 후(侯)가 되었다.		
요(瞭)[54]	남월 장군으로서 투항해 후(侯)가 되었다.		
장량(將梁)	누선장군(樓船將軍)으로서 남월을 쳐 철퇴와 날카로운 칼로써 적을 물리쳐 후(侯)가 되었다.		
안도(安道)[56]	남월 게양(揭陽)현령으로, 한나라 군대가 이르렀다는 소식을 듣고 현령 정(定)이 스스로 투항해 후(侯)가 되었다.		
수도(隨桃)[57]	남월 창오왕(蒼梧王)으로, 한나라 군대가 이르렀다는 소식을 듣고 투항해 후(侯)가 되었다.		
상성(湘成)[58]	남월 계림감(桂林監)으로, 한나라 군대가 반우(番禺)를 깨뜨렸다는 소식을 듣고는 구락(甌駱)의 병사 40여만 명을 일깨워 투항해 후(侯)가 되었다.		
해상(海常)[60]	복파(伏波) 사마(司馬)로서, 남월 왕 건덕(建德)을 사로잡는 공을 세워 후(侯)가 되었다.		
북석(北石)[61]	옛 동월 연후(衍侯)로서 요왕(繇王)을 도와서 여선(餘善)을 목 베는 공을 세워 후(侯)가 되었다.		
하력(下酈)[62]	옛 구락(甌駱) 좌장(左將)으로, 서우왕(西于王)을 목 벤 공으로 후(侯)가 되었다.		

53) **【색은(索隱)】**「표」에 따르면 평원군(平原郡)에 있다.

54) **【색은(索隱)】**「표」에 따르면 하비(下邳)에 있다.

55) **【색은(索隱)】** 처음에는 차공(次公)을 봉했다가 뒤에 필취를 봉했다.

56) **【색은(索隱)】**「표」에 따르면 남양군(南陽郡)에 있다.

57) **【색은(索隱)】**「표」에 따르면 남양군에 있다.

원수(元狩)	원정(元鼎)	원봉(元封)	태초(太初) 이후
	5년 9월 정축일, 각후(恪侯) 석경(石慶) 원년 2	6	**2** 3년, 후(侯) 덕(德) 원년 2
	6년 3월 을유일, 후(侯) 필취(畢取) 원년[55] 1	6	4
	6년 3월 을유일, 후(侯) 양복(楊僕) 원년 1	**3** 원봉 4년, 후 복이 죄가 있어 나라를 없앴다.	
	6년 3월 을유일, 후(侯) 게양현령 정(定) 원년 1	6	4
	6년 4월 계해일, 후(侯) 조광(趙光) 원년 1	6	4
	6년 5월 임신일, 후(侯) 감거옹(監居翁) 원년[59] 1	6	4
	6년 6월 을유일, 장후(莊侯) 소홍(蘇弘) 원년 1	6	태초 원년, 후 홍이 죽으니, 후사가 없어 나라를 없앴다.
		원년 정월 임오일, 후(侯) 오양(吳陽) 원년 6	**3** 태초 4년, 지금의 후(侯) 수(首) 원년
		원년 4년 정유일, 후(侯) 좌장군 황동(黃同) 원년 6	4

58) 【색은(索隱)】「표」에 따르면 도양(堵陽)에 있다.

59) 【색은(索隱)】 감은 관직이고 거는 성이며 옹은 이름이다.

60) 【색은(索隱)】「표」에 따르면 낭야군(琅邪郡)에 있다.

61) 【색은(索隱)】「표」에는 외석(外石)으로 되어 있고 제남군(濟南郡)에 있다.

62) 【색은(索隱)】『한서』에는 역(酈)이 부(鄽)로 되어 있다.

나라 이름	제후의 공로	원광(元光)	원삭(元朔)
요앵(繚嫈)	옛 교위(校尉)로서, 횡해장군(橫海將軍) 열(說)을 따라 동월을 쳐서 공을 세워 후(侯)가 되었다.		
어아(籞兒)	군졸로서 동월의 순북장군(徇北將軍)을 목 벤 공으로 후(侯)가 되었다.		
개릉(開陵)[63]	옛 동월 건성후(建成侯)로서, 요왕(繇王)과 함께 공동으로 동월왕 여선(餘善)을 목 벤 공으로 후(侯)가 되었다.		
임채(臨蔡)[64]	옛 남월 낭(郎)으로, 한나라 군대가 반우(番禺)를 깨뜨렸다는 소식을 듣고 복파(伏波)가 되어 남월의 재상 여가(呂嘉)를 붙잡은 공으로 후(侯)가 되었다.		
동성(東成)[65]	옛 동월 요왕(繇王)으로, 동월왕 여선(餘善)을 목 베는 공을 세워 후(侯)가 되었는데 식읍은 1만 호였다.		
무석(無錫)[66]	동월 장군으로서 한나라 군대가 이르자 군대를 버리고 투항해 후(侯)가 되었다.		
섭도(涉都)[67]	아버지 기(棄)가 옛 남해 태수였는데 한나라 군대가 이르자 성읍을 갖고서 투항하니, 그 아들로서 후(侯)가 되었다.		
평주(平州)[68]	조선(朝鮮) 장군으로, 한나라 군대가 이르자 투항해 후(侯)가 되었다.		
적저(荻苴)[70]	조선 재상으로, 한나라 군대가 이르러 에워싸자 투항해 후(侯)가 되었다.		

63) 【색은(索隱)】「표」에 따르면 임회군(臨淮郡)에 있다.

64) 【색은(索隱)】「표」에 따르면 하내군(河內郡)에 있다.

65) 【색은(索隱)】「표」에 따르면 구강군(九江郡)에 있다.

66) 【색은(索隱)】「표」에 따르면 회계군(會稽郡)에 있다.

원수(元狩)	원정(元鼎)	원봉(元封)	태초(太初) 이후
		원년 5월 기묘일, 후(侯) 유복(劉福) 원년 **1** 2년, 후 복이 죄가 있어 나라를 없앴다.	
		원년 윤달 계묘일, 장후(莊侯) 원종고(轅終古) 원년 **6**	태초 원년, 종고가 죽으니, 후사가 없어 나라를 없앴다.
		원년 윤달 계묘일, 후(侯) 건성(建成) 원년 **6**	**4**
		원년 윤달 계묘일, 후(侯) 손도(孫都) 원년 **6**	**4**
		원년 윤달 계묘일, 후(侯) 거복(居服) 원년 **6**	**4**
		원년 후(侯) 다군(多軍) 원년 **6**	**4**
		원년 중(中), 후(侯) 가(嘉) 원년 **6**	**2** 태초 2년, 후 가가 훙하니 후사가 없어 나라를 없앴다.
		3년 4월 정묘일, 후(侯) 겹(唊) 원년[69] **1** 4년, 후 협이 훙하니 후사가 없어 나라를 없앴다.	
		3년 4월, 후(侯) 조선 재상 한음(韓陰) 원년 **4**	**4**

67) 【색은(索隱)】「표」에 따르면 남양군(南陽郡)에 있다.

68) 【색은(索隱)】「표」에 따르면 양보(梁父)에 있다.

69) 【집해(集解)】 여순(如淳)이 말했다. "唊은 발음이 (겹이 아니라) 협(頰)이다."

70) 【색은(索隱)】「표」에 따르면 발해군(渤海郡)에 있다.

나라 이름	제후의 공로	원광(元光)	원삭(元朔)
홰청(澅淸)[71]	조선 니계상(尼谿相)으로, 사람을 시켜 자기 왕 우거(右渠)를 죽이고 투항해 후(侯)가 되었다.		
제자(鞮茲)[72]	소월지(小月氏) 약저왕(若苴王)으로, 무리를 이끌고 투항해 후(侯)가 되었다.		
호(浩)	옛 중랑장(中郞將)으로, 군대를 이끌고 차사왕(車師王)을 붙잡은 공으로 후(侯)가 되었다.		
호접(瓡讘)[73]	소월지왕으로서, 기병 1,000기를 데리고 투항해 후(侯)가 되었다.		
기(幾)[74]	조선 왕자로서, 한나라 군대가 조선을 에워싸자 투항해 후(侯)가 되었다.		
열양(涅陽)[75]	조선 재상의 노인(路人)이 한나라 군대가 이르자 가장 먼저 투항했으나 길에서 죽었으니, 그 아들이 후(侯)가 되었다.		

71) 【색은(索隱)】「표」에 따르면 제(齊)에 있고 강 이름이다.

72) 【색은(索隱)】「표」에 따르면 낭야군(琅邪郡)에 있다.

73) 【집해(集解)】 서광(徐廣)이 말했다. "하동군(河東郡)에 있다. 瓡의 발음은 (집이 아니라) 호(胡)이고, 讘의 발음은 (섭이 아니라) 지(之)와 섭(涉)의 반절음

원수(元狩)	원정(元鼎)	원봉(元封)	태초(太初) 이후
		3년 6월 병진, 후(侯) 조선 니계상후(尼谿相侯) 참(參) 원년 4	4
		4년 11월 정묘일, 후(侯) 계곡고(稽谷姑) 원년 3	태초 원년, 후 계곡고가 훙하니 후사가 없어 나라를 없앴다.
		4년 정월 갑신일, 후(侯) 왕회(王恢) 원년 1 4년 4월, 후 회가 가만히 주천(酒泉)으로 하여금 황제의 명을 고쳐 전하게 해서 해를 끼쳤으니, 죄가 사형에 해당했으나 속죄금을 냈고 나라는 없어졌다. 봉국을 누린 기간은 모두 석 달가량이다.	
		4년 정월 을유일, 후(侯) 우자(扜者) 원년 2 6년, 후(侯) 승(勝) 원년 1	4
		4년 3월 계미일, 장각(張陷)이 귀의한 원년 2 원봉 6년, 후 장각이 조선에 사람을 보내 모반하려다가 죽으니, 나라를 없앴다.	
		4년 3월 임인일, 경후(庚侯) 자최(子最) 원년 3	2 태초 2년, 후 최가 죽으니 후사가 없어 나라를 없앴다.

이다.”

74) 【색은(索隱)】「표」에 따르면 하동군(河東郡)에 있다.

75) 【색은(索隱)】「표」에 따르면 제(齊)에 있고, 「지리지」에 따르면 남양군(南陽郡)에 있다.

위는 태사공 본래의 표다.[76]

당도(當塗)[77]	위불해(魏不害)인데, 어현(圉縣) 수위(守尉)로서 회양(淮陽)의 반란자 공손용(公孫勇) 등을 체포한 공으로 후(侯)가 되었다.
포(蒲)[78]	소창(蘇昌)인데, 어현 위사(尉史)로서 회양의 반란자 공손용 등을 체포한 공으로 후(侯)가 되었다.
요양(遼陽)[79]	강덕(江德)인데, 어현[80] 마구간 색부(嗇夫)로서 함께 회양의 반란자 공손용 등을 체포한 공으로 후(侯)가 되었다.
부민(富民)[81]	전천추(田千秋)의 집은 장릉(長陵-고조 유방 무덤)이었는데, 옛 고묘(高廟) 침랑(寢郎)으로서 글을 올려 효무(孝武)에게 간언해 말했다. "아들이 아버지 군대를 갖고서 농간을 부렸다면 죄는 태형(笞刑)에 해당합니다[82]. 부자간의 분노는 예로부터 있었습니다. 치우(蚩尤)가 아버지에게 반기를 들자, 황제(黃帝)는 강을 건넜습니다." 올린 글의 뜻이 지극해 그를 제배해 대홍려(大鴻臚)로 삼았다. 정화(征和) 4년에 승상이 되어 봉해지니, 식읍이 3,000호였다. 소제(昭帝) 때 이르러 병으로 죽으니 아들 순(順)이 뒤를 이어 세워졌다. 호아장군(虎牙將軍)이 되어 흉노를 쳤는데, 기약한 지점[賷=所期處]에 이르지 못해 주살당하니 나라를 없앴다.

76) 이어지는 권20의 나머지 표들은 저소손(褚少孫)이 보완한 내용들이다. 저소손은 왕식(王式)에게서 배웠으며, 원제(元帝)와 성제(成帝) 연간에 박사(博士)를 지냈다.

77) 【색은(索隱)】「표」에 따르면 구강군(九江郡)에 있다.

78) 【색은(索隱)】「표」에 따르면 낭야군(琅邪郡)에 있다.

79) 【색은(索隱)】「표」에 따르면 청하군(淸河郡)에 있다.

80) 원문의 원(園)은 어(圉)의 잘못으로 보여 어현으로 옮겼다.

81) 【색은(索隱)】「표」에 따르면 기(蘄)에 있다.

82) 여태자를 변호한 말이다.

위는 효무(孝武)가 봉해준 나라 이름이다.

후진으로서 일을 좋아하는[好事] 유자(儒者) 저선생(褚先生)이 말한다.

"태사공이 일을 기록하면서 무제(武帝)의 일에서 그쳤기 때문에 나는 소제(昭帝) 이래의 공신과 후(侯)들에 관한 기록을 정리해서 아래에 편찬했으니, 앞으로 일을 좋아하는 사람들은 성공과 실패, 장단점, 세대가 끊어지는 것의 적합성을 관찰해 스스로 경계로 삼을 수 있을 것이다.

당세(當世)의 군자들이 권도(權道)를 행하고 변화된 상황에 적절히 호응하면서[行權合變] 때를 헤아려 마땅함을 베풀고 세속에 맞춰[希世] 용사(用事)함으로써 공로를 세우고 토지를 소유하며 후(侯)에 봉해져서 당세에 이름을 떨쳤으니[立名], 어찌 성대하지 않으랴! (그러나) 살펴보건대 그들은 가득 갖고서 그것을 지키려는 도리만 있어서 모두 겸양하지 않고 교만하게 권력을 다투며 명예를 높이는 데 힘쓰고 나아갈 줄만 알았고 물러날 줄은 몰랐으니, 끝내 몸은 죽고 봉국은 망했다. 세 가지로 후(侯)가 되었으나[1] 몸을 자기 대에서 잃고 공로를 후세에 전하지 못했으며 은덕이 자손에까지 미치지 못하게 했으니, 어찌 슬프지 않으랴!

저 용액후(龍額侯) 증(曾)[2]은 전장군(前將軍)이 되었는데, 세속에 잘 순응했고 두텁고 진중하며 삼가고 신의가 있었으며 정사에는 간여하지 않고 물러서서 양보할 줄 알았고[退讓] 다른 사람을 사랑했다[愛人=仁]. 그의 선조가 진(晉)나라 육경(六卿)[3]에서 일어나 봉토를 소유하고 군주가 된 이래로 왕후(王侯)가 되어서 자손들이 대대로 이어짐이 끊어지지 않아서, 해를 거치고 대를 지나[歷年經世] 지금까지 100여 년이 되었다[4]. 어찌 공신이 되었다가 자기 몸에서 잃어버린 자들과 같은 날에 거론할 수 있겠는가? 슬프도다, 후세 사람들은 이에 그를 모범으로 삼아야 하리라!”

---

1) 【집해(集解)】 세 가지란 “권도(權道)를 행하고 변화된 상황에 적절히 호응하면서 때를 헤아려 마땅함을 베풀고 세속에 맞춰 용사(用事) 하는 것”이다.

2) 한왕 신의 후손이다. 한증(韓增)으로 쓰기도 한다.

3) 조씨(趙氏)·한씨(韓氏)·위씨(魏氏)·지씨(智氏)·범씨(范氏)·중항씨(中行氏)를 말한다.

4) 원문에는 800[八百]으로 되어 있는데, 잘못으로 보인다.

박륙(博陸)	곽광(霍光)이며 집은 평양(平陽)이다. 형이 표기장군(驃騎將軍)이어서 귀하게 되었다. 예전에 무제(武帝)를 섬길 때 시중(侍中)으로서 반란을 일으킨 마하라(馬何羅) 등을 발각해서 체포한 공으로 후(侯)가 되었고, 식읍은 3,000호였다. 중간에 어린 임금 소제(昭帝)를 보필해 대장군(大將軍)이 되었다. 조심하면서 믿음을 주었으며[謹信] 용사(用事)해 정권을 장악하니, 높여서 대사마(大司馬)가 되었고 1만 호를 익봉했다. 뒤에 선제(宣帝)를 섬겨서, 세 임금을 역대로 섬겨 천하의 신망이 모두 그를 향하니 2만 호를 더 봉해주었다. 아들 우(禹)가 자리를 이어 세워졌으나, 모반해 족멸되었고 나라는 없어졌다.
투(秺)[1]	김옹숙(金翁叔)이며 이름은 일제(日磾)인데, 흉노 휴도왕(休屠王)의 태자로서 혼야왕(渾邪王)을 따라 무리 5만을 거느리고 한(漢)나라에 투항해서 귀의해 무제를 섬겼고, 시중(侍中)으로 반란을 일으킨 마하라(馬何羅) 등을 발각해서 체포한 공으로 후(侯)가 되었는데 식읍은 3,000호였다. 중간에 소제를 섬겼는데, 조심하면서 두터워[謹厚] 3,000호를 익봉했다. 아들 홍(弘)이 자리를 이어 세워져서 봉거도위(奉車都尉)가 되어 선제를 섬겼다.
안양(安陽)[2]	상관걸(上官桀)이며 집은 농서(隴西)다. 말을 잘 타고 활을 잘 쏘아 종군했다. 점점[稍] 귀하게 되어 무제를 섬겨 좌장군(左將軍)이 되었다. 시중(侍中)으로서 반란을 일으킨 마하라(馬何羅)의 동생 중합후(重合侯) 마통(馬通)을 발각해 체포하여 목을 벤 공으로 후(侯)가 되었는데, 식읍은 3,000호였다. 중간에 소제를 섬겼고, 대장군 곽광과 권력을 다투다가 그로 인해 모반해 족멸되고 나라는 없어졌다.
상락(桑樂)[3]	상관안(上官安)이다. 아버지 걸(桀)이 장군이어서 귀하게 되어 시중이 되었고 소제를 섬겼다. 안(安)의 딸이 소제의 부인이 되어 세워져 황후가 되었기 때문에 안은 후(侯)가 되었는데, 식읍은 3,000호였다. 교만하고 안하무인이어서 대장군 곽광과 권력을 다투다가, 그로 인해 부자가 모반해 족멸되고 나라는 없어졌다.
부평(富平)[4]	장안세(張安世)이며 집은 두릉(杜陵)이다. 옛 어사대부(御史大夫) 장탕(張湯)의 아들로, 무제 때 급사상서(給事尚書)가 되었다. 소제를 섬겼고 조심하면서 두터웠으며 일에 밝아[智事] 광록훈(光祿勳) 우장군(右將軍)이 되었다. 정사를 보필한 13년 동안 이렇다 할 허물이 없어 후(侯)가 되었는데, 식읍은 3,000호였다. 선제를 섬기게 되자 곽광을 대신해 대사마(大司馬)가 되어 용사(用事) 했고, 1만 6,000호를 익봉 받았다. 아들 연수(延壽)가 뒤를 이어 세워져 태복(太僕)과 시중(侍中)이 되었다.
의양(義陽)[5]	부개자(傅介子)이며 집은 북지(北地)다. 종군해 낭(郎)이 되었고 평락감(平樂監)이 되었다. 소제 때 외국 왕을 찔러 죽이니, 천자가 조서를 내려 말했다. "평락감 부개자가 외국에 사신으로 가서 누란왕(樓蘭王)을 죽여, 곧음으로 원망을 갚음[以直報怨][6]으로써 군사를 동원할 필요를 없애는 공을 세웠으니, 이에[其] 읍 1,300호로 개자를 봉해 의양후(義陽侯)로 삼노라." 아들 려(厲)가 뒤를 이어 세워졌으나, 재물을 두고 서로 고발하는 죄를 지어 나라를 없앴다.

1) 【집해(集解)】『한서 음의(漢書音義)』에서 말했다. "제음(濟陰) 성무(成武)에 있다."

2) 【색은(索隱)】「표」에 따르면 탕음(蕩陰)에 있고, 「지리지」에 따르면 여남군(汝南郡)에 속한다.

3) 【색은(索隱)】「표」에 따르면 천승군(千乘郡)에 속한다.

4) 【색은(索隱)】「표」에 따르면 평원군(平原郡)에 속한다.

5) 【색은(索隱)】「표」에 따르면 평씨(平氏)에 속한다.

6) 『논어(論語)』에 나오는 공자의 말이다.

7) 【색은(索隱)】「표」에 따르면 서군(徐郡)에 속한다.

상리(商利)[7]	왕산(王山)이며 제나라 사람이다. 예전에 승상사(丞相史)였는데, 마침 기(騎)장군 상관안이 모반하자 산이 안을 설득해 함께 승상에게 들어간 다음에 안을 목 베었다. 산은 군공으로 후(侯)가 되었는데, 식읍은 3,000호였다. 글을 올려 백성을 직접 다스리고 싶다고 해 대(代) 태수가 되었다. 다른 사람에게 상서 내용을 말하여 감옥에 갇혔는데, 사형에 해당했으나 마침 사면령이 내려져서 쫓겨나 서인이 되었고 나라는 없어졌다.
건평(建平)[8]	두연년(杜延年)이다. 옛 어사대부 두주(杜周)의 아들로, 급사대장군(給事大將軍) 막부로 있다가 모반자 기장군 상관안 등의 죄를 발각해서 봉해져 후(侯)가 되었는데 식읍은 2,700호였고, 제배되어 태복(太僕)이 되었다. 원년에 지방으로 나가 서하(西河) 태수가 되었다. 오봉(五鳳) 3년에 들어와 어사대부가 되었다.
익양(弋陽)[9]	임궁(任宮)이다. 옛 상림위(上林尉)로서, 모반한 좌장군 상관걸을 붙잡아 그를 편문(便門)에서 죽이고 봉해져 후(侯)가 되었는데 식읍은 2,000호였다. 뒤에 태상(太常)이 되어 위위(衛尉)의 일까지 맡아서 처리했다. 절검 했고, 삼가며 믿음을 주었다. 천수를 누리고 죽어[壽終] (작위를) 자손에게 전했다.
의성(宜成)[10]	연창(燕倉)이다. 옛 대장군 막부 군리(軍吏)로서, 모반한 기장군 상관안의 죄를 발각한 공으로 후(侯)에 봉해졌고 식읍은 2,000호였다. 여남(汝南) 태수가 되었는데, 유능하다는 명성이 있었다.
의춘(宜春)[11]	왕흔(王訢)이며 집은 제(齊)다. 본래 소리좌사(小吏佐史)였다가 점점 승진해[稍遷] 우보도위(右輔都尉)에 이르렀다. 무제가 부풍군(扶風郡)에 여러 차례 행차했는데, 이때 왕흔이 공동으로 준비를 잘해서 제배해 우부풍(右扶風)으로 삼았다. 효소(孝昭) 때에 이르러 상홍양(桑弘羊)을 대신해 어사대부가 되었다. 원봉(元鳳) 3년에 전천추를 대신해 승상이 되어 식읍 2,000호를 받았다. 세워진 지 2년에 다른 사람에게 상서의 내용을 말한 죄를 지어 자살했는데, 더는 처벌을 받지 않았다. 아들이 대를 이어 세워져 속국(屬國) 도위(都尉)가 되었다.
안평(安平)[12]	양창(楊敞)이며 집은 화음(華陰)이다. 옛 급사대장군(給事大將軍) 막부로 있다가 점점 승진해 대사농(大司農)에 이르렀고, 어사대부가 되었다. 원봉(元鳳) 6년에 왕흔을 대신해 승상이 되어 식읍 2,000호를 봉 받았다. 세워진 지 2년 만에 병으로 죽었다. 아들 분(貴)이 대를 이어 세워졌다가 13년 만에 병으로 죽었고, 아들 옹군(翁君)이 대를 이어 세워져 전속국(典屬國)이 되었다. 3년 후에 계부 양운(楊惲)을 비방한 일로 감옥에 갇혔고, 사형에 해당했으나 사면을 받아 서인이 되었고 나라는 없어졌다.

위는 효소(孝昭) 때 봉해진 나라 이름이다.

8) 【색은(索隱)】 「표」에 따르면 제양(濟陽)에 속한다.

9) 【색은(索隱)】 「지리지」에 따르면 여남군(汝南郡)에 속한다.

10) 【색은(索隱)】 「표」에 따르면 제음군(濟陰郡)에 속한다.

11) 【색은(索隱)】 「지리지」에 따르면 여남군(汝南郡)에 속한다.

12) 【색은(索隱)】 「표」에 따르면 여남군(汝南郡)에 있고, 「지리지」에 따르면 탁군(涿郡)에 속한다.

양평(陽平)[13]	채의(蔡義)이며 집은 온(溫)이다. 옛날에 스승에게 한시(韓詩)를 전수 받아 박사(博士)가 되었고, 급사대장군 막부로 있으면서 두성문후(杜城問侯)가 되었다. 들어와 시중(侍中)이 되었고, 소제(昭帝)에게 한시를 전수했으며 어사대부가 되었다. 이해에 나이 80세로 노쇠해져서 늘 두 사람이 양쪽에서 부축해야 마침내 길을 갈 수 있었으나, 공경대부들이 토의해 임금의 스승이기 때문에 마땅히 승상으로 삼아야 한다고 했다. 원평(元平) 원년, 양창을 대신해 승상이 되니, 후에 봉해졌고 식읍은 2,000호였다. 병으로 죽으니, 후사가 끊어지고 없어 나라를 없앴다.
부양(扶陽)[14]	위현(韋賢)이며 집은 노(魯)다. 시(詩)·예(禮)·『상서(尚書)』에 통달했다. 박사가 되어 노나라 대유(大儒)들을 가르쳤으며, 들어와 시중으로서 소제의 스승이 되었고, 승진해 광록대부, 대홍려, 장신소부(長信少府) 등을 지냈다. 임금의 스승이라 하여 본시(本始) 3년에 채의를 대신해 승상이 되어 부양후(扶陽侯)에 봉해지니, 식읍은 1,800호였다. 승상이 된 지 5년 만에 은혜를 많이 입고도 관리 업무에 익숙하지 못해서 면직되어 집으로 나아갔다가 병으로 죽었다. 아들 현성(玄成)이 대를 이어 세워져 태상(太常)이 되었는데, 종묘 제사 때 사당까지 말을 타고 온 죄에 걸려 작위를 빼앗기고 관내후(關內侯)가 되었다.
평릉(平陵)[15]	범명우(范明友)이며 집은 농서(隴西)다. 집안 대대로 외국의 일을 익혔으며 사자가 되어 서강(西羌)을 담당했다. 소제를 섬겨 제배되어 도요장군(度遼將軍)이 되어 오환(烏桓)을 쳐서 공을 세우고 후(侯)가 되니, 식읍은 2,000호였다. 곽광의 딸을 아내로 맞았다. 지절(地節) 4년에 곽광의 아들 우(禹) 등과 모반했다가 족멸되었고 나라는 없어졌다.
영평(營平)[16]	조충국(趙充國)이다. 농서기사(隴西騎士)로 종군해 관직을 얻어서 시중(侍中)이 되었고 무제를 섬겼다. 여러 차례 군사를 이끌고 흉노를 쳐서 공을 세워 호군도위(護軍都尉)가 되었고, 시중으로서 소제를 섬겼다. 소제가 붕하자 선제(宣帝)를 세워야 한다는 의견을 내 의심을 끊어내고 정책(定策)함으로써 종묘를 안정시킨 공으로 후(侯)가 되었는데, 식읍은 2,500호였다.
양성(陽成)	전연년(田延年)이다. 군리로서 소제를 섬겼고, 상관걸의 모반 사건을 발각했으나 뒤에 일이 지체되어 봉읍을 받지 못하고 대사농이 되었다. 본래 창읍왕(昌邑王)을 폐하고 선제를 세워야 한다는 의견을 내 의심을 끊어내고 정책(定策)함으로써 종묘를 안정시킨 공으로 후(侯)가 되었는데, 식읍은 2,700호였다. 소제가 붕해 바야흐로 일이 급할 때 도내(都內)[17]의 돈 3,000만 전을 도둑질했다가 발각되어 자살하니 나라를 없앴다.
평구(平丘)[18]	왕천(王遷)이며 집은 위현(衛縣)이다. 상서랑(尚書郎)이 되어 도필(刀筆) 업무를 익혔고, 시중이 되어 소제를 섬겼다. 제(帝)가 붕하자 선제를 세우면서 의심을 끊어내고 정책(定策)함으로써 종묘를 안정시킨 공으로 후(侯)가 되었는데, 식읍은 2,000호였다. 광록대부가 되니 작질은 중(中) 2,000석이었다, 제후왕들에게 뇌물을 받은 죄에 걸렸다. 궁중의 일[中事]을 누설한 죄에 걸려 주살되었고 나라는 없어졌다.

13) 【색은(索隱)】「지리지」에 따르면 동군(東郡)에 속한다.

14) 【색은(索隱)】「지리지」에 따르면 패군(沛郡)에 속하고, 「표」에 따르면 소(蕭)에 있다.

15) 【색은(索隱)】「표」에 따르면 무당(武當)에 있다.

16) 【색은(索隱)】「표」에 따르면 제남(濟南)에 있다.

17) 【집해(集解)】『한서』「백관표」에 따르면 "사농(司農) 관아 중에 도내가 있다"라고 했다.

18) 【색은(索隱)】「지리지」에 따르면 진류(陳留)에 속하고, 「표」에 따르면 비성(肥城)에 있다.

낙성(樂成)[19]	곽산(霍山)이다. 산은 대장군 곽광의 형의 아들이다. 곽광이 살아 있을 때 글을 올려 말했다. "신의 형 표기장군 거병(去病)은 종군해 공을 세웠는데, 병으로 죽으니, 시호를 내려 경환후(景桓侯)라고 했습니다. 그런데 후사가 없어 끊어졌습니다. 신 광이 바라건대, 봉해주셨던 동무양읍(東武陽邑) 3,500호를 나눠 산에게 주소서." 천자가 허락하고 산을 제배해 후(侯)로 삼았다. 뒤에 모반죄에 걸려 족멸되었고 나라는 없어졌다.
관군(冠軍)[20]	곽운(霍雲)이다. 대장군의 형 표기장군의 적손으로 후가 되었다. 지절(地節) 3년에 천자가 조서를 내려 말했다. "표기장군 거병은 흉노를 쳐서 공을 세워 봉해져 관군후(冠軍侯)가 되었다. 훙하자, 아들이 후를 이어받아 세워졌으나 병으로 죽고 후사가 없었다. 『춘추』의 의리에 따르면 좋은 일은 자손들에게 미친다고 했으니, 이에 그 읍 3,000호를 갖고서 운(雲)을 봉해 관군후로 삼노라." 뒤에 모반죄에 걸려 족멸되었고 나라는 없어졌다.
평은(平恩)[21]	허광한(許廣漢)이며 집은 창읍(昌邑)이다. 어떤 일에 걸려 잠실(蠶室)에 내려졌으며[22] 딸 하나가 있었는데 (훗날의 선제에게) 시집갔다. 선제가 아직 세워지지 않았을 때 평소 광한과 서로 출입하며 서로 통했는데, 점쟁이가 말하기를 그 사람이 크게 귀해질 것이라고 해서 이 때문에 광한이 은혜 베풀기를 더욱 두텁게 했다. 지절(地節) 3년에 봉해져 후(侯)가 되었는데, 식읍은 3,000호였다. 병으로 죽었고 후사가 없어 나라를 없앴다.
창수(昌水)[23]	전광명(田廣明)이다. 옛 낭(郞)으로 사마(司馬)가 되었고, 점점 승진해서 남군도위, 회양태수, 홍려(鴻臚), 좌풍익(左馮翊)에 이르렀다. 소제가 붕하자 의견을 내 창읍왕을 폐하고 선제를 세우자고 하여 의심을 끊어내고 정책(定策)함으로써 종묘를 안정시켰다. 본시(本始) 3년에 봉해져 후(侯)가 되었는데, 식읍은 2,300호였다. 어사대부가 되었다. 뒤에 기련(祁連)장군이 되어 흉노를 쳤는데, 군대가 만나기로 약속한 장소[質]에 이르지 못해 사형에 해당하니 자살했고 나라를 없앴다.
고평(高平)[24]	위상(魏相)이며 집은 제음(濟陰)이다. 어릴 때 주역을 배웠고, 부(府) 졸사(卒史)로 있다가 현량(賢良)으로 천거되어 무릉(茂陵)현령이 되었으며 승진해 하남(河南)태수에 이르렀다. 죄 없는 사람을 죽여 옥에 갇혀 사형당하게 되었으나, 마침 사면령이 있어 면직되어 서인이 되었다. 조서가 있어 임시[守] 무릉현령이 되었고 양주자사(楊州刺史)로 옮겼다가 조정에 들어와 간의대부(諫議大夫)가 되었다. 다시 하남태수로 나갔다가 승진해 대사농, 어사대부로 옮겼다. 지절(地節) 3년에 위현(韋賢)을 참소하고 헐뜯어 그를 대신해 승상이 되어 1,500호를 식읍으로 받았다. 병으로 죽으니 맏아들 빈(賓)이 뒤를 이어 세워졌는데, 종묘 제사 때 잘못한 죄로 후(侯)를 잃었다.
박망(博望)[25]	허중옹(許中翁)이다[26]. 평은후 허광한의 동생이라 하여 봉해져 후(侯)가 되었다. 식읍은 2,000호였다. 예전에 사사로운 은혜를 베풀었다 하여 장락위위(長樂衛尉)가 되었고 죽자, 아들 연년(延年)이 뒤를 이어 세워졌다.
낙평(樂平)	허옹손(許翁孫)이다. 평은후 허광한의 막냇동생이라 하여 봉해져 후(侯)가 되었다. 식읍은 2,000호였다. 제배되어 강노장군(彊弩將軍)이 되어 서강(西羌)을 쳐서 깨뜨렸고, 돌아와 다시 제배되어 대사마(大司馬) 광록훈(光祿勳)이 되었다. 역시 예전에 사사로운 은혜를 베풀었다 하여 (추가로) 봉읍을 얻었다. 술을 좋아하고 여색을 밝혀 일찍 병으로 죽었다. 아들 탕(湯)이 뒤를 이어 세워졌다.

19) 【색은(索隱)】 「표」에 따르면 평씨(平氏)에 있고, 「지리지」에 따르면 남양(南陽)에 있다.

20) 【색은(索隱)】 「지리지」에 따르면 남양(南陽)에 속한다.

21) 【색은(索隱)】 「지리지」에 따르면 위군(魏郡)에 속한다.

22) 궁형을 당했다는 말이다.

23) 【색은(索隱)】 「표」에 따르면 오릉(於陵)에 있다.

24) 【색은(索隱)】 「지리지」에 따르면 임회(林檜)에 속한다.

25) 【색은(索隱)】 「지리지」에 따르면 남양(南陽)에 속한다.

26) 【집해(集解)】 이름은 순(舜)이다.

장릉(將陵)	사자회(史子回)다[27]. 선제 할머니의 집안으로서 봉해져 후(侯)가 되었고 식읍은 2,600호였으며, 평대후(平臺侯)와 함께 형제가 벼슬길에 나아갔다. 자회의 아내 의군(宜君)은 옛 성왕(成王)의 손녀로서 질투가 심해 여종 40여 명을 목 졸라 죽였고, 부인이 처음 낳은 아이의 팔뚝과 무릎을 잘라 훔쳐서 저주를 내리는 미도(媚道)를 행했다. 다른 사람에게 상서의 내용을 말한 죄에 걸려 기시형(棄市刑)을 받았으나, 외가라 하여 자회가 후(侯)를 잃지는 않았다.
평대(平臺)[28]	사자숙(史子叔)[29]이다. 선제 할머니의 집안으로서 봉해져 후(侯)가 되었고 식읍은 2,500호였다. 위(衛)태자 때 사씨(史氏)가 태자에게 딸 하나를 들이고[內] 또 딸 하나를 노왕(魯王)에게 시집보냈으니, 지금 보면 노왕도 사씨의 외손인 셈이다. 가까운 외가여서 귀하게 되었고 여러 차례 상사(賞賜)를 받았다.
낙릉(樂陵)[30]	사자장(史子長)이다[31]. 선제 할머니의 집안으로서 귀하게 되어 시중(侍中)이 되었고 (사람됨이) 중후하고 충신했다. 곽씨 모반 사건을 발각해 식읍 3,500호에 봉해졌다.
박성(博成)[32]	장장(張章)이며, 아버지는 옛 영천(潁川) 사람이었다. 장안(長安) 정장(亭長)이었는데, 관직을 잃자 북궐(北闕)로 가서 글을 올리게 되었다. 곽씨(霍氏) 집안에 기대어 지내며 마구간에서 잠을 자다가 (우연히) 말을 기르는 노비들이 서로 하는 말을 들었는데, 여러 곽씨의 자손들이 모반을 일으키려 한다는 것이었다. 곧바로 글을 올려 모반을 고해서 후(侯)가 되었으니, 식읍은 3,000호였다.
도성(都成)[33]	김안상(金安上)은 선조가 옛 흉노였다. 고(故) 대장군 곽광의 아들 우(禹) 등이 모반하는 일을 발각해서 공을 세워 후(侯)에 봉해졌고, 식읍은 2,800호였다. 안상은 봉거도위 투후(秺侯)의 조카로서 행실이 조신하고 착했으며, 퇴양(退讓)함으로써 자기 절조를 지켰고 공덕을 자손들에게 전하고 싶어 했다.
평통(平通)[34]	양운(楊惲)이며 집은 화음(華陰)이다. 옛 승상 양창(楊敞) 막내아들로, 그 덕에 낭(郎)이 되었다. 선비들을 좋아하고 스스로 사람을 잘 본다[知人]고 자부해서 무리 속에 있을 때에도 늘 다른 사람의 안색을 살폈는데, 옛 고창후(高昌侯) 동충(董忠)이 다른 사람들을 다 내보내고서 곽씨가 모반하는 정상을 말하자 함께 모반을 고변해 후(侯)가 되었다. 식읍은 2,000호였으며, 이어 광록훈이 되었다. 오봉(五鳳) 5년에 이르러 요언(妖言)을 지어냈다가 대역죄에 걸려 허리가 잘리는 요참(腰斬)을 당했고, 나라는 없어졌다.

27) 【집해(集解)】 이름은 증(曾)이다.

28) 【색은(索隱)】 「지리지」에 따르면 상산(常山)에 속한다.

29) 【집해(集解)】 이름은 현(玄)이다.

30) 【색은(索隱)】 「지리지」에 따르면 임회(臨淮)에 속한다. 평원군에 또 낙릉이 있다.

31) 【집해(集解)】 이름은 고(高)이다.

32) 【색은(索隱)】 「표」에 따르면 임회(臨淮)에 있다.

33) 【색은(索隱)】 「지리지」에 따르면 영천(潁川)에 속한다.

고창(高昌)[35]	동충(董忠)이며 아버지는 옛 영천(潁川) 양적(陽翟) 사람으로 글을 익혀 장안(長安)에 이르렀다. 동충은 재주와 능력이 있었으며 말을 잘 타고 활을 잘 쏘아 단병(短兵)으로서 급사기문(給事期門)이 되었다. 장장(張章)과 서로 잘 알고 지냈는데, 장장이 충에게 곽우의 모반 정황을 고하니 충이 이를 상시기랑(常侍騎郎) 양운에게 말해 공동으로 모반을 발각해서 고하여 후(侯)가 되었고 식읍은 2,000호였다. 지금은 효기도위(驍騎都尉)와 시중이 되었다. 종묘 제사에 작은 수레를 탄 채 들어간 죄를 지어 식읍 100호를 빼앗겼다.
원척(爰戚)	조성(趙成)이다[36]. 초나라 모반 사건을 발각해 후(侯)가 되었는데, 식읍은 2,300호였다. 지절(地節) 원년, 초왕이 광릉왕(廣陵王)과 함께 모반을 했는데 성이 반란 상황을 발각했으나, 천자가 은혜를 베풀어서[推恩] 다움과 마땅함[德義]를 넓혀 조서를 내려 말했다. "광릉왕은 법으로 다스리지 말라." 그런데도 광릉은 달라지지 않았다. 뒤에 다시 나라가 망하기를 저주하는 죄에 걸려 자살하니 나라를 없앴다. 지금의 제(帝-무제)가 그 아들을 세워 광릉왕으로 삼았다.
찬(酇)	지절(地節) 3년에 천자가 조서를 내려 말했다. "짐이 듣건대 한나라가 흥하게 된 데는 상국(相國) 소하(蕭何)의 공로가 제일이라고 했는데, 지금은 끊어져 후사가 없으니 짐은 이를 심히 가련하게 여긴다. 이에[其] 읍 3,000호를 갖고서 소하의 현손 건세(建世)를 세워 찬후(酇侯)로 삼도록 하라."
평창(平昌)	왕장군(王長君)으로[37] 집은 조나라이며 상산(常山) 광망읍(廣望邑) 사람이다. 위(衛)태자 때 태자의 집안에 시집가서 태자 사(史)황손의 배필이 되어 아들을 낳았는데, 관계가 끊어져 아무런 소식을 들을 수 없었다. 시간이 40여 년이나 흘러 지금에 이른 원강(元康) 원년에 조서를 내려 불러서 그를 세워 후(侯)로 삼았는데 식읍은 5,000호였다. 선제의 외숙이다.
낙창(樂昌)[38]	왕치군(王稚君)이며[39] 집은 조나라이고 상산(常山) 광망읍(廣望邑) 사람이다. 선제의 외숙부로, 오가 사람이라 봉해서 후(侯)로 삼았는데 식읍은 5000호였다. 평창후 왕장군의 동생이다.
공성(邛成)[40]	왕봉광(王奉光)이며 집은 방릉(房陵)이다. 딸이 세워져 선제의 황후가 되었기 때문에 봉해져 식읍이 1,500호였다. 사람들이 말하기를, 봉광이 처음 태어났을 때 밤에 하늘 위에 빛이 보였으니 전해 들은 자들은 마땅히 귀하게 될 것이라고 했다. 뒤에 과연 딸로 인해 후(侯)가 되었다.

34) 【색은(索隱)】 「표」에 따르면 박양(博陽)에 있다.

35) 【색은(索隱)】 「지리지」에 따르면 천승(千乘)에 속한다.

36) 【색은(索隱)】 「표」에는 조장평(趙長平)으로 되어 있다.

37) 【집해(集解)】 이름은 무고(無故)이다.

38) 【색은(索隱)】 「표」에 따르면 여남(汝南)에 있다.

39) 【집해(集解)】 이름은 무(武)이다.

40) 【색은(索隱)】 「표」에 따르면 제음(濟陰)에 있다.

안원(安遠)[41]	정길(鄭吉)이며 집은 회계(會稽)다. 졸오(卒伍)로 일어나 종군해 낭(郎)이 되었고, 장수들을 보호하고 형벌을 느슨하게 하며 거리(渠梨)[42]에서 병사들로 하여금 둔전하게 했다. 마침 흉노의 선우(單于)가 죽자, 나라가 혼란해 서로 공격하게 되니 일축왕(日逐王)이 무리를 이끌고 와서 한(漢)에 투항했는데, 그에 앞서 사자를 보내 정길에게 투항 의사를 말했고 정길이 이졸(吏卒) 수백 명을 이끌고 가서 그를 맞이했다. 무리 중에는 자못 돌아가고자 하는 자들이 많았으나 그 거솔(渠率-흉노 지휘관)을 목 베어 죽이고서 드디어 함께 한에 들어왔다. 군공으로 후가 되었는데, 식읍은 2,000호였다.
박양(博陽)[43]	병길(邴吉)이며 집은 노(魯)이다. 본래 옥사를 다스리는 어사(御史) 속관으로 급사대장군 막부로 있었다. 늘 선제에게 구은(舊恩)을 베풀었기에 승진해서 어사대부가 되어 후(侯)에 봉해졌는데, 식읍은 2,000호였다. 신작(神爵) 2년에 위상(魏相)을 대신해 승상이 되었다. 세워진 지 5년 만에 병으로 죽었다. 아들 옹맹(翁孟)이 뒤를 이어 세워졌고 장군, 시중이 되었다.
건성(建成)[44]	황패(黃霸)이며, 집은 양가(陽夏)이고 역사(役使)로 있다가 운양(雲陽)으로 이사를 갔다. 염리(廉吏)로서 하내(河內) 수승(守丞)이 되었고, 승진해 정위감(廷尉監)이 되어 승상 장사(丞相長史)의 일을 대행했다. 하후승(夏侯勝)이 조서를 비난하는 대불경죄를 저지른 것을 알고서도 신고하지 않은 죄에 걸려 3년 동안 길게 옥에 갇혔는데, 하후승에게 『상서(尙書)』를 배웠기 때문이다. 마침, 사면령이 있어 현량(賢良)으로 뽑혀서 양주(揚州) 자사(刺史), 영천(潁川) 태수가 되었다. 교화를 잘해 남녀가 서로 다른 길로 다녔고 농부들이 밭두둑을 사양했으니, 황금 100근을 내려주었고 작질(爵秩)은 중(中) 2,000석이었다. 영천에 있다가 들어와 태자 사부가 되었고 승진해 어사대부가 되었다. 오봉(五鳳) 3년에 병길을 대신해 승상이 되었다. 식읍은 1,800호였다.
서평(西平)[45]	우정국(于定國)이며 집은 동해(東海)다. 본래 치옥급사(治獄給事-옥사 담당 하급 관리)로 있다가 정위사(廷尉史)가 되었고, 점점 승진해 어사중승(御史中丞)이 되었다. 글을 올려 창읍왕(昌邑王)에게 간언했고, 승진해 광록대부(光祿大夫)가 되고 정위(廷尉)가 되었다. 마침내 『춘추』를 스승에게 배웠으니, 도리를 변화시켜 교화를 행했고 모의가 깊고 두터웠으며 사람을 사랑했다. 승진해 어사대부가 되었고, 황패를 대신해 승상이 되었다.

위는 효선(孝宣) 때 봉해진 나라 이름이다.

양평(陽平)[46]	왕치군(王稚君)이며[27] 집은 위군(魏郡)이다. 옛 승상사(丞相史)로서 딸이 태자비가 되었다. 태자가 세워져 제(帝)가 되고 딸이 황후가 되자 후(侯)가 되었는데, 식읍은 1,200호였다. 초원(初元) 이래 바야흐로 성대하고 귀해져서 용사(用事)하게 되자 경사(京師)에서 노닐며 관직을 얻으려는 자들이 대부분 그의 힘을 구했는데, 그가 지략을 국가에 널리 폈다는 이야기는 들어본 적이 없다.

48)

41) 【색은(索隱)】 「표」에 따르면 신(愼)에 있다.

42) 판본에 따라 거려(渠黎)로 되어 있다.

43) 【색은(索隱)】 「표」에 따르면 남돈(南頓)에 있다.

44) 【색은(索隱)】 「표」에 따르면 패군(沛郡)에 있다.

45) 【색은(索隱)】 「표」에 따르면 임회(臨淮)에 있다.

46) 【색은(索隱)】 「표」에 따르면 동군(東郡)에 있다.

47) 【집해(集解)】 이름은 걸(傑)이다. 【색은(索隱)】 『한서』 「표」에 따르면 이름은 금(禁)이다.

48) 【색은술찬(索隱述贊)】 효무제 시대에[孝武之代]/천하에 근심거리 많았다네[天下多虞]/남쪽으로 민월을 토벌하고[南討閩越]/북쪽으로 선우를 쳐야 했도다[北擊單于]/장평후 위청 온몸 던져 싸우고[長平鞠旋]/관군후 곽거병 말을 달려 선봉에 섰구나[冠軍前駈=驅]/술양후 월고창 옥을 입에 물고 투항했고[術陽銜璧]/임채후는 반우(番禺)를 깨뜨렸다네[臨蔡破禺]/박륙후 곽광 재상에 올랐고[博陸上宰]/평진후 공손홍은 큰 유학자였도다[平津巨儒]/금색 인장에 패를 찼고[金章且佩]/자주색 인끈 휘감았구나[紫綬行紆]/소제 이후르는[昭帝已後]/훈총이 두드러지지 않았다네[勳寵不殊]/애석하도다 기록이 끊어짐이여[惜哉絶筆]/저씨가 이에 보충했도다[褚氏補諸]!

권21 │ 건원 이래 왕자 중에서 후가 된 사람 연표(建元已來王子侯者年表) 제9

권21 건원 이래 왕자 중에서
후가 된 사람 연표(建元已來王子侯者年表) 제9

(제(帝)가) 어사(御史)에게 제조(制詔-명령)했다.

"제후왕 중에서 혹 사사로운 은혜를 베풀어[推私恩=推恩] 자제들에게 식읍(食邑)을 나눠주고자 해서 각자 조목을 만들어 상주(上奏)할 경우가 있으면 짐이 장차 친히 그 봉호(封號)의 명칭을 정하겠노라."

태사공(太史公)이 말한다.

"성대하도다, 천자의 다움[德]이여! 한 사람이 좋은 일을 하면 천하가 그에 힘입는구나."

나라 이름	왕자 호(號)	원광	원삭
자(玆)	하간(河間) 헌왕(獻王)의 아들	5년 정월 임자일, 후(侯) 유명(劉明) 원년 2	**2** 원삭 3년, 후 명이 모반하고 사람을 죽인 죄에 걸려 기시(棄市)되어 나라를 없앴다.
안성(安成)[1]	장사(長沙) 정왕(定王)의 아들	6년 7월 을사일, 사후(思侯) 유창(劉蒼) 원년 1	**6**
의춘(宜春)	장사 정왕의 아들	6년 7월 을사일, 후(侯) 유성(劉成) 원년 1	**6**
구용(句容)[2]	장사 정왕의 아들	6년 7월 을사일, 애후(哀侯) 유당(劉黨) 원년 1	원삭 원년, 애후 당이 훙하니 후사가 없어 나라를 없앴다.
구릉(句陵)	장사 정왕의 아들	6년 7월 을사일, 유복(劉福) 원년 1	**6**
행산(杏山)	초(楚) 안왕(安王)의 아들	6년 후 9월 임술일, 후(侯) 유성(劉成) 원년 1	**6**
부구(浮丘)[3]	초 안왕의 아들	6년 후 9월 임술일, 후(侯) 유불심(劉不審) 원년 1	**6**
광척(廣戚)	노(魯) 공왕(共王)의 아들		원년 10월 정유일, 절후(節侯) 유택(劉擇) 원년 6
단양(丹陽)[4]	강도(江都) 역왕王)의 아들		원년 12월 갑진일, 애후(哀侯) 감(敢) 원년 6
우이 (盱台-우태)	강도 역왕의 아들		원년 12월 갑진일, 후(侯) 유상지(劉象之) 원년[5] 6
호숙(湖孰)[6]	강도 역왕의 아들		원년 정월 정해일, 경후(頃侯) 유서(劉胥) 원년[7] 6

1) 【색은(索隱)】「표」에 따르면 예장(豫章)에 있다.

2) 【색은(索隱)】「표」에 따르면 회계(會稽)에 있다.

3) 【색은(索隱)】「표」에 따르면 패군(沛郡)에 있다.

4) 【색은(索隱)】「표」에 따르면 무호(蕪湖)에 있다.

원수	원정	원봉	태초
6	원년, 지금의 후(侯) 자당(自當) 원년 6	6	4
6	4 5년, 후 성이 주금(酎金)에 걸려 나라를 없앴다.		
6	4 5년, 후 복이 주금(酎金)에 걸려 나라를 없앴다.		
6	4 5년, 후 성이 주금(酎金)에 걸려 나라를 없앴다.		
4 5년, 후(侯) 패(霸) 원년 2	4 5년, 후 패가 주금(酎金)에 걸려 나라를 없앴다.		
6 원년, 후(侯) 시(始) 원년	4 5년, 후 시가 주금(酎金)에 걸려 나라를 없앴다.		
원수 원년, 후 감이 훙하자, 후사가 없어 나라를 없앴다.			
6	4 5년, 후 상지가 주금(酎金)에 걸려 나라를 없앴다.		
6	4 5년, 지금의 후(侯) 성(聖) 원년 2	6	4

5) **【색은(索隱)】** 「표」에 따르면 몽지(蒙之)로 되어 있다.

6) **【색은(索隱)】** 「표」에 따르면 단양(丹陽)에 있다.

7) **【색은(索隱)】** 「표」에 따르면 서행(胥行)으로 되어 있다.

나라 이름	왕자 호(號)	원광	원삭
질양(秩陽)[8]	강도 역왕의 아들		원년 정월 정묘일, 종후(終侯) 유련(劉漣) 원년[9] 6
수릉(睢陵)[10]	강도 역왕의 아들		원년 정월 정묘일, 후(侯) 유정국(劉定國) 원년 6
용구(龍丘)[11]	강도 역왕의 아들		2년 5월 을사일, 후(侯) 유대(劉代) 원년 5
장량(張梁)	강도 역왕의 아들		2년 5월 을사일, 해후(哀侯) 유인(劉仁) 원년 5
극(劇)	치천(菑川) 의왕(懿王)의 아들		2년 5월 을사일, 원후(原侯) 유조(劉錯) 원년 5
양(壤)	치천 의왕의 아들		2년 5월 을사일, 이후(夷侯) 유고수(劉高遂) 원년 5
평망(平望)	치천 의왕의 아들		2년 5월 을사일, 이후(夷侯) 유상(劉賞) 원년 5
임원(臨原)[12]	치천 의왕의 아들		2년 5월 을사일, 경후(敬侯) 유시창(劉始昌) 원년 5
갈괴(葛魁)[13]	치천 의왕의 아들		2년 5월 을사일, 절후(節侯) 유관(劉寬) 원년 5
익도(益都)	치천 의왕의 아들		2년 5월 을사일, 후(侯) 유호(劉胡) 원년 5

8) 【색은(索隱)】 「표」에는 말양(秣陽)으로 되어 있다.

9) 【색은(索隱)】 「표」에 따르면 이름이 전(纏)으로 되어 있다.

10) 【색은(索隱)】 「표」에 따르면 회릉(淮陵)에 있다.

원수	원정	원봉	태초
6	3 4년, 종후 련이 훙하니 후사가 없어 나라를 없앴다.		
6	4 5년, 후 정국이 주금(酎金)에 걸려 나라를 없앴다.		
6	4 5년, 후 대가 주금(酎金)에 걸려 나라를 없앴다.		
6	2 3년, 지금의 후(侯) 수(須) 원년 4	6	4
6	1 2년, 효창후(孝昌侯) 광창(廣昌) 원년 5	6	4
6	원년, 지금의 후 연(延) 원년 6	6	4
2 2년, 지금의 후(侯) 초인(楚人) 원년 4	6	6	4
6	6	6	4
3 4년, 지금의 후(侯) 척(戚) 원년 3	2 원정 3년, 후 척이 살인죄에 걸려 기시(棄市) 되니 나라를 없앴다.		
6	6	6	4

11) 【색은(索隱)】「표」에 따르면 낭야(琅邪)에 있다.

12) 【색은(索隱)】「표」에는 임중(臨衆)으로 되어 있다.

13) 【색은(索隱)】「표」와 「지리지」에는 없는데, 아마도 마을 이름인 듯하다.

나라 이름	왕자 호(號)	원광	원삭
평작(平酌)[14]	치천 의왕의 아들		2년 5월 을사일, 대후(戴侯) 유강(劉彊) 원년 5
극괴(劇魁)[15]	치천 의왕의 아들		2년 5월 을사일, 이후(夷侯) 유묵(劉墨) 원년 5
수량(壽梁)[16]	치천 의왕의 아들		2년 5월 을사일, 후(侯) 유수(劉守) 원년 5
평도(平度)[17]	치천 의왕의 아들		2년 5월 을사일, 후(侯) 유연(劉衍) 원년 5
의성(宜成)[18]	치천 의왕의 아들		2년 5월 을사일, 강후(康侯) 유언(劉偃) 원년 5
임구(臨朐)[19]	치천 의왕의 아들		2년 5월 을사일, 애후(哀侯) 유노(劉奴) 원년 5
뇌(雷)[20]	성양(城陽) 공왕(共王)의 아들		2년 5월 갑술일, 후(侯) 유희(劉稀) 원년 5
동완(東莞)[21]	성양 공왕의 아들		2년 5월 갑술일, 후(侯) 유길(劉吉) 원년 3 원삭 5년, 후 길이 고질병이 있어 조회에 참석하지 못하니 폐하고 나라를 없앴다.

14) 【색은(索隱)】 「표」에는 평적(平的)으로 되어 있다.

15) 【색은(索隱)】 「지리지」에 따르면 북해(北海)에 속한다.

16) 【색은(索隱)】 「표」에 따르면 수락(壽樂)에 있다.

17) 【색은(索隱)】 「지리지」에 따르면 동래(東萊)에 속한다.

원수	원정	원봉	태초
6	원년, 충후(忠侯) 중시(中時) 원년 6	6	4
6	6	원년, 후(侯) 소(昭) 원년 3 4년, 후(侯) 덕(德) 원년 3	4
6	4 5년, 후 수가 주금(酎金)에 걸려 나라를 없앴다.		
6	6	6	4
6	6 원년, 후(侯) 복(福) 원년	6	태초 원년, 후 복이 동생을 죽인 죄로 기시(棄市) 되니 나라를 없앴다.
6	6	6	4
6	5 5년, 후 희가 주금(酎金)에 걸려 나라를 없앴다.		

18) 【색은(索隱)】 「표」에 따르면 평원(平原)에 속한다.

19) 【색은(索隱)】 「표」에 따르면 동해(東海)에 속한다.

20) 【색은(索隱)】 「표」에 따르면 동해(東海)에 속한다.

21) 【색은(索隱)】 「지리지」에 따르면 낭야(琅邪)에 있다.

나라 이름	왕자 호(號)	원광	원삭
벽(辟)[22]	성양 공왕의 아들		2년 5월 갑술일, 절후(節侯) 유장(劉壯) 원년 3 5년, 후(侯) 붕(朋) 원년 2
위문(尉文)[23]	조(趙) 경숙왕(敬肅王)의 아들		2년 6월 갑오일, 절후(節侯) 유병(劉丙) 원년 5
봉사(封斯)[24]	조 경숙왕의 아들		2년 6월 갑오일, 공후(共侯) 유호양(劉胡陽) 원년 5
유구(楡丘)	조 경숙왕의 아들		2년 6월 갑오일, 후(侯) 유수복(劉壽福) 원년 5
양섬(襄嚵)[25]	조 경숙왕의 아들		2년 6월 갑오일, 후(侯) 유건(劉建) 원년 5
감회(邯會)[26]	조 경숙왕의 아들		2년 6월 갑오일, 후(侯) 유인(劉仁) 원년 5
조(朝)[27]	조 경숙왕의 아들		2년 6월 갑오일, 후(侯) 유의(劉義) 원년 5
동성(東城)[28]	조 경숙왕의 아들		2년 6월 갑오일, 후(侯) 유유(劉遺) 원년 5
음성(陰城)	조 경숙왕의 아들		2년 6월 갑오일, 후(侯) 유창(劉蒼) 원년 5

22) 【색은(索隱)】 「표」에 따르면 동해(東海)에 있다.

23) 【색은(索隱)】 「표」에 따르면 남군(南郡)에 있다.

24) 【색은(索隱)】 「지리지」에 따르면 상산(常山)에 속한다.

25) 【색은(索隱)】 위소(韋昭)가 말했다. "광평현(廣平縣)이다." 嚵의 발음은 (참이 아니

원수	원정	원봉	태초
6	**4** 5년, 후 붕이 주금(酎金)에 걸려 나라를 없앴다.		
6 원년, 후(侯) 독(犢) 원년	**4** 원정 5년, 후 독이 주금(酎金)에 걸려 나라를 없앴다.		
6	6	6	**1** 4년, 지금의 후(侯) 여의(如意) 원년
6	**4** 원정 5년, 후 수복이 주금(酎金)에 걸려 나라를 없앴다.		
6	**4** 원정 5년, 후 건이 주금(酎金)에 걸려 나라를 없앴다.		
6	6	6	4
6	**2** 2년, 지금의 후(侯) 록(祿) 원년 **4**	6	4
6	**4** 원년, 후 유가 죄가 있어 나라를 없앴다.		
6	6	원년, 후 창이 죄가 있어 나라를 없앴다.	

라) 사(仕)와 검(儉)의 반절음이다.

26) 【색은(索隱)】 「지리지」에 따르면 위군(魏郡)에 속한다.

27) 【색은(索隱)】 「표」와 「지리지」에는 없다.

28) 【색은(索隱)】 「지리지」에 따르면 구강(九江)에 속한다.

나라 이름	왕자 호(號)	원광	원삭
광망(廣望)[29]	중산(中山) 정왕(靖王)의 아들		2년 6월 갑오일, 후(侯) 유안중(劉安中) 원년 5
장량(將梁)[30]	중산 정왕의 아들		2년 6월 갑오일, 후(侯) 유조평(劉朝平) 원년 5
신관(新館)[31]	중산 정왕의 아들		2년 6월 갑오일, 후(侯) 미앙(未央) 원년 5
신처(新處)[32]	중산 정왕의 아들		2년 6월 갑오일, 후(侯) 유가(劉嘉) 원년 5
형성(陘城)[33]	중산 정왕의 아들		2년 6월 갑오일, 후(侯) 유정(劉貞) 원년 5
포령(蒲領)[34]	광천(廣川) 혜왕(惠王) 아들		3년 10월 계유일, 후(侯) 유가(劉嘉) 원년 4
서웅(西熊)	광천 혜왕의 아들		3년 10월 계유일, 후(侯) 유명(劉明) 원년 4
조강(棗彊)[35]	광천 혜왕의 아들		3년 10월 계유일, 후(侯) 유안(劉晏) 원년 4
필량(畢梁)[36]	광천 혜왕의 아들		3년 10월 계유일, 후(侯) 유영(劉嬰) 원년 4
방광(房光)[37]	하간(河間) 헌왕(獻王)의 아들		3년 10월 계유일, 후(侯) 유은(劉殷) 원년 4

29) 【색은(索隱)】「지리지」에 따르면 탁군(涿郡)에 속한다.

30) 【색은(索隱)】「표」에 따르면 탁군(涿郡)에 있다.

31) 【색은(索隱)】「표」에 따르면 탁군(涿郡)에 있다.

32) 【색은(索隱)】「표」에 따르면 탁군(涿郡)에 있다.

33) 【색은(索隱)】「표」에 따르면 탁군(涿郡)에 있고, 「지리지」에 따르면 중산(中山)에

원수	원정	원봉	태초
6	6	6	4
6	**4** 원정 5년, 후 조평이 주금(酎金)에 걸려 나라를 없앴다.		
6	**4** 원정 5년, 후 미앙이 주금(酎金)에 걸려 나라를 없앴다.		
6	**4** 원정 5년, 후 가가 주금(酎金)에 걸려 나라를 없앴다.		
6	**4** 원정 5년, 후 정이 주금(酎金)에 걸려 나라를 없앴다.		
6	6	**3** 원수 4년, 후 영이 죄가 있어 나라를 없앴다.	
6	원정 원년, 후 은이 죄가 있어 나라를 없앴다.		

속한다.

34) 【색은(索隱)】 「표」에 따르면 동해(東海)에 있다.

35) 【색은(索隱)】 「지리지」에 따르면 청하(淸河)에 속한다.

36) 【색은(索隱)】 「표」에 따르면 위군(魏郡)에 있다.

37) 【색은(索隱)】 「표」에 따르면 위군(魏郡)에 있다.

나라 이름	왕자 호(號)	원광	원삭
거양(距陽)	하간 헌왕의 아들		3년 10월 계유일, 후(侯) 유백(劉白) 원년 4
누안(蔞安)[38]	하간 헌왕의 아들		3년 10월 계유일, 후(侯) 유막(劉邈) 원년 4
아무(阿武)	하간 헌왕의 아들		3년 10월 계유일, 혼후(溷侯) 4
참호(參戶)[39]	하간 헌왕의 아들		3년 10월 계유일, 후(侯) 유면(劉勉) 원년 4
주향(州鄉)[40]	하간 헌왕의 아들		3년 10월 계유일, 절후(節侯) 유금(劉禁) 원년 4
성평(成平)[41]	하간 헌왕의 아들		3년 10월 계유일, 후(侯) 유례(劉禮) 원년 4
광(廣)[42]	하간 헌왕의 아들		3년 10월 계유일, 후(侯) 유순(劉順) 원년 4
개서(蓋胥)[43]	하간 헌왕의 아들		3년 10월 계유일, 후(侯) 유양(劉讓) 원년 4
배안(陪安)[44]	제북(濟北) 정왕(貞王)의 아들		3년 10월 계유일, 강후(康侯) 유불해(劉不害) 원년 4

38) 【색은(索隱)】『한서』「표」에는 누절후(蔞節侯)로 되어 있고 안(安)자가 없다. 절(節)은 시호다.

39) 【색은(索隱)】「지리지」에 따르면 발해(渤海)에 속한다.

40) 【색은(索隱)】「지리지」에 따르면 탁군(涿郡)에 속한다.

41) 【색은(索隱)】「표」에 따르면 남피(南皮)에 있다.

원수	원정	원봉	태초
4 5년, 후(侯) 도(渡) 원년 **2**	**4** 원정 5년 후 도가 죄가 있어 나라를 없앴다.		
6	**6**	**6** 원년, 지금의 후(侯) 영(嬰) 원년	**4**
6	**6**	**6**	**2** 3년, 지금의 후(侯) 관(寬) 원년
6	**6**	**6**	**4**
6	**6**	**5** 6년, 지금의 후(侯) 혜(惠) 원년 **1**	**4**
2 원수 3년, 후 례가 죄가 있어 나라를 없앴다.			
6	**4** 원정 5년, 후 순이 주금(酎金)에 걸려 나라를 없앴다.		
6	**4** 원정 5년, 후 양이 주금(酎金)에 걸려 나라를 없앴다.		
6	**1** 2년, 애후(哀侯) 진객(秦客) 원년 **2** 원정 3년, 후 진객이 훙하니 후사가 없어 나라를 없앴다.		

42) 【색은(索隱)】 「표」에 따르면 발해(渤海)에 있다.

43) 【색은(索隱)】 「지리지」에서는 태산(太山)에 있다고 했고, 「표」에 따르면 위군(魏郡)에 있다.

44) 【색은(索隱)】 「표」에 따르면 위군(魏郡)에 있다.

나라 이름	왕자 호(號)	원광	원삭
영간(榮簡)	제북 정왕의 아들		3년 10월 계유일, 후(侯) 유건(劉 騫) 원년 4
주견(周堅)	제북 정왕의 아들		3년 10월 계유일, 후(侯) 유하(劉 何) 원년 4
안양(安陽)[45]	제북 정왕의 아들		3년 10월 계유일, 후(侯) 유걸(劉 桀) 원년 4
오거(五據)[46]	제북 정왕의 아들		3년 10월 계유일, 후(侯) 유왁구 (劉膅丘)[47] 원년 4
부(富)	제북 정왕의 아들		3년 10월 계유일, 후(侯) 유습(劉 襲) 원년 4
배(陪)[48]	제북 정왕의 아들		3년 10월 계유일, 목후(繆侯) 유 명(劉明) 원년 4
추(叢)[49]	제북 정왕의 아들		3년 10월 계유일, 후(侯) 유신(劉 信) 원년 4
평(平)[50]	제북 정왕의 아들		3년 10월 계유일, 후(侯) 유수(劉 遂) 원년 4
우(羽)[51]	제북 정왕의 아들		3년 10월 계유일, 후(侯) 유성(劉 成) 원년 4
호모(胡母)[52]	제북 정왕의 아들		3년 10월 계유일, 후(侯) 유초(劉 楚) 원년 4

45) 【색은(索隱)】 「표」에 따르면 평원(平原)에 있다.

46) 【색은(索隱)】 「표」에 따르면 태산(泰山)에 있다.

47) 【색은(索隱)】 膅의 발음은 오(烏)와 곽(霍)의 반절음이다.

48) 【색은(索隱)】 「표」에 따르면 평원(平原)에 있다.

원수	원정	원봉	태초
2 3년, 후 건이 죄가 있어 나라를 없앴다.			
4 5년, 후(侯) 당시(當時) 원년 **2**	**4** 원정 5년, 후 당시가 주금(酎金)에 걸려 나라를 없앴다.		
6	6	6	4
6	**4** 원정 5년, 후 완구가 주금(酎金)에 걸려 나라를 없앴다.		
6	6	6	4
6	**2** 3년, 후(侯) 읍(邑) 원년 **2** 원정 5년, 후 읍이 주금(酎金)에 걸려 나라를 없앴다.		
6	**4** 원정 5년, 후 신이 주금(酎金)에 걸려 나라를 없앴다.		
원수 원년, 후 수가 죄가 있어 나라를 없앴다.			
6	6	6	4
6	**4** 후 초가 주금(酎金)에 걸려 나라를 없앴다.		

49) 【색은(索隱)】 발음은 (총이 아니라) 추(緅)다. 평원(平原)에 있다.

50) 【색은(索隱)】 「지리지」에 따르면 하남(河南)에 속한다.

51) 【색은(索隱)】 「지리지」에 따르면 평원(平原)에 속한다.

52) 【색은(索隱)】 「표」에 따르면 태산(泰山)에 있다.

나라 이름	왕자 호(號)	원광	원삭
이석(離石)[53]	대(代) 공왕(共王)의 아들		3년 정월 임술일, 후(侯) 유관(劉縮) 원년 4
소(邵)[54]	대 공왕의 아들		3년 정월 임술일, 후(侯) 유신(劉愼) 원년 4
이창(利昌)[55]	대 공왕의 아들		3년 정월 임술일, 후(侯) 유가(劉嘉) 원년 4
인(藺)[56]	대 공왕의 아들		3년 정월 임술일, 후(侯) 유희(劉熹) 원년 4
임하(臨河)[57]	대 공왕의 아들		3년 정월 임술일, 후(侯) 유현(劉賢) 원년 4
습성(隰成)[58]	대 공왕의 아들		3년 정월 임술일, 후(侯) 유충(劉忠) 원년 4
토군(土軍)[59]	대 공왕의 아들		3년 정월 임술일, 후(侯) 유정객(劉程客) 원년 4
고랑(皐狼)[60]	대 공왕의 아들		3년 정월 임술일, 후(侯) 유천(劉遷) 원년 4
우장(于章)[61]	대 공왕의 아들		3년 정월 임술일, 후(侯) 유우(劉遇) 원년 4

53) 【색은(索隱)】 「표」에 따르면 상당(上黨)에 있는데, 「지리지」에서는 서하(西河)에 속한다고 했다.

54) 【색은(索隱)】 「표」에 따르면 산양(山陽)에 있다.

55) 【색은(索隱)】 「지리지」에 따르면 제군(齊郡)에 속한다.

56) 【색은(索隱)】 「지리지」에 따르면 서하(西河)에 속한다.

원수	원정	원봉	태초
6	6	6	4
6	6	6	4
6	6	6	4
	후 정객이 다른 사람 아내와 간통한 죄에 걸려 기시(棄市) 되었다.		

57) **【색은(索隱)】**「지리지」에 따르면 삭방(朔方)에 속한다.

58) **【색은(索隱)】**「지리지」에 따르면 서하(西河)에 속한다.

59) **【색은(索隱)】**「지리지」에 따르면 서하(西河)에 속한다.

60) **【색은(索隱)】**「표」에 따르면 임회(臨淮)에 있다.

61) **【색은(索隱)】**「표」에 따르면 평원(平原)에 있다.

나라 이름	왕자 호(號)	원광	원삭
박양(博陽)[62]	제(齊) 효왕(孝王)의 아들		3년 3월 을묘일, 강후(康侯) 유취(劉就) 원년 4
영양(寧陽)[63]	노(魯) 공왕(共王)의 아들		3년 3월 을묘일, 절후(節侯) 유회(劉恢) 원년 4
하구(瑕丘)[64]	노 공왕의 아들		3년 3월 을묘일, 절후(節侯) 유정(劉貞) 원년 4
공구(公丘)[65]	노 공왕의 아들		3년 3월 을묘일, 이후(夷侯) 유순(劉順) 원년 4
욱랑(郁狼)[66]	노 공왕의 아들		3년 3월 을묘일, 후(侯) 유기(劉騎) 원년 4
서창(西昌)	노 공왕의 아들		3년 3월 을묘일, 후(侯) 유경(劉敬) 원년 4
형성(陘城)	중산(中山) 정왕(靖王)의 아들		3년 3월 계유일, 후(侯) 유의(劉義) 원년 4
한평(邯平)[67]	조(趙) 경숙왕(敬肅王)의 아들		3년 4월 경진일, 후(侯) 유순(劉順) 원년 4
무시(武始)[68]	조 경숙왕의 아들[69]		3년 4월 경진일, 후(侯) 유창(劉昌) 원년 4

62) 【색은(索隱)】 「지리지」에 따르면 여남(汝南)에 속한다.

63) 【색은(索隱)】 「표」에 따르면 제남(濟南)에 있다.

64) 【색은(索隱)】 「지리지」에 따르면 산양(山陽)에 속한다.

65) 【색은(索隱)】 「지리지」에 따르면 패군(沛郡)에 속한다.

원수	원정	원봉	태초
6	**2** 3년, 후(侯) 종길(終吉) 원년 **2** 원정 5년, 후 종길이 주금(酎金)에 걸려 나라를 없앴다.		
6	6	6	4
6	6	6	4
6	6	6	4
6	**4** 원정 5년, 후 기가 주금(酎金)에 걸려 나라를 없앴다.		
6	**4** 후 경이 주금(酎金)에 걸려 나라를 없앴다.		
6	**4** 원정 5년, 후 의가 주금(酎金)에 걸려 나라를 없앴다.		
6	**4** 원정 5년 후 순이 주금(酎金)에 걸려 나라를 없앴다.		
6	6	6	4

66) 【색은(索隱)】 위소(韋昭)는 노(魯)에 속한다고 말했다.

67) 【색은(索隱)】 「표」에 따르면 광평(廣平)에 있다.

68) 【색은(索隱)】 「표」에 따르면 위(魏)에 있다.

69) 【색은(索隱)】 뒤에 세워져 조왕이 되었다.

나라 이름	왕자 호(號)	원광	원삭
상씨(象氏)[70]	조 경숙왕의 아들		3년 4월 경진일, 후(侯) 유하(劉賀) 원년 **4**
역(易)[71]	조 경숙왕의 아들		3년 4월 경진일, 후(侯) 유평(劉平) 원년 **4**
낙릉(洛陵)[72]	장사(長沙) 정왕(定王)의 아들		4년 3월 을축일, 후(侯) 유장(劉章) 원년 **3**
유여(攸輿)[73]	장사 정왕의 아들		4년 3월 을축일, 후(侯) 유칙(劉則) 원년 **3**
도릉(茶陵)[74]	장사 정왕의 아들		4년 3월 을축일, 후(侯) 유흔(劉欣) 원년 **3**
건성(建成)[75]	장사 정왕의 아들		4년 3월 을축일, 후(侯) 유습(劉拾) 원년 **3**
안중(安衆)[76]	장사 정왕의 아들		4년 3월 을축일, 강후(康侯) 유단(劉丹) 원년 **3**
섭(葉)[77]	장사 정왕의 아들		4년 3월 을축일, 후(侯) 유가(劉嘉) 원년 **3**
이향(利鄕)	성양(城陽) 공왕(共王)의 아들		4년 3월 을축일, 강후(康侯) 유영(劉嬰) 원년 **3**

70) 【색은(索隱)】 위소(韋昭)는 거록(鉅鹿)에 있다고 말했다.

71) 【색은(索隱)】 「지리지」에 따르면 탁군(涿郡)에 속하고, 「표」에 따르면 호(鄗)에 있다.

72) 【색은(索隱)】 「표」에는 노릉(路陵)으로 되어 있는데, 남양(南陽)에 있다.

73) 【색은(索隱)】 「표」에 따르면 남양(南陽)에 있다.

원수	원정	원봉	태초
6	6	**2** 원봉 3년, 사후(思侯) 안덕(安德) 원년 **4**	4
6	6	**4** 5년, 지금의 후(侯) 종(種) 원년 **2**	4
1 원정 2년, 후 장이 죄가 있어 나라를 없앴다.			
6	6	6	태초 원년, 후 칙이 찬탈하려 해 사형에 해당해 기시(棄市) 당하니 나라를 없었다.
6	**1** 2년, 애후(哀侯) 양(陽) 원년 **5**	6	태초 원년, 후 양이 훙하니 후사가 없어 나라를 없앴다.
5 원수 6년, 후 습이 조회하지 않아 불경죄에 걸려 나라를 없앴다.			
6	6	**5** 6년, 지금의 후 산부(山拊) 원년 **1**	4
6	**4** 원정 5년, 후 가가 주금(酎金)에 걸려 나라를 없앴다.		
2 원수 3년, 후 영이 죄가 있어 나라를 없앴다.			

74) 【색은(索隱)】 「표」에 따르면 계양(桂陽)에 있고, 「지리지」에 따르면 장사(長沙)에 속한다.

75) 【색은(索隱)】 「표」에 따르면 예장(豫章)에 있다.

76) 【색은(索隱)】 「지리지」에 따르면 남양(南陽)에 속한다.

77) 【색은(索隱)】 현 이름이며 남양(南陽)에 속한다.

나라 이름	왕자 호(號)	원광	원삭
유리(有利)[78]	성양 공왕의 아들		4년 3월 을축일, 후(侯) 유정(劉釘) 원년 3
동평(東平)[79]	성양 공왕의 아들		4년 3월 을축일, 후(侯) 유경(劉慶) 원년 3
운평(運平)[80]	성양 공왕의 아들		4년 3월 을축일, 후(侯) 유흔(劉訢) 원년 3
산주(山州)	성양 공왕의 아들		4년 3월 을축일, 후(侯) 유치(劉齒) 원년 3
해상(海常)[81]	성양 공왕의 아들		4년 3월 을축일, 후(侯) 유복(劉福) 원년 3
균구(鈞丘)[82]	성양 공왕의 아들		4년 3월 을축일, 후(侯) 유헌(劉憲) 원년 3
남성(南城)	성양 공왕의 아들		4년 3월 을축일, 후(侯) 유(劉貞) 원년 3
광릉(廣陵)	성양 공왕의 아들		4년 3월 을축일, 상후(常侯) 유표(劉表) 원년 3
장원(莊原)[83]	성양 공왕의 아들		4년 3월 을축일, 후(侯) 유고(劉皋) 원년 3
임락(臨樂)[84]	중산(中山) 정왕(靖王)의 아들		4년 4월 갑오일, 돈후(敦侯) 유광(劉光) 원[85] 3

78) 【색은(索隱)】「표」에 따르면 동해(東海)에 있다.

79) 【색은(索隱)】「표」에 따르면 동해(東海)에 있다.

80) 【색은(索隱)】「표」에 따르면 동해(東海)에 있다.

81) 【색은(索隱)】「표」에 따르면 낭야(琅邪)에 있다.

82) 【색은(索隱)】『한서』「표」에는 추구(騶丘)로 되어 있다.

원수	원정	원봉	태초
원수 원년, 후 정이 회남왕에게 편지를 보내 신하라고 칭한 죄에 걸려 기시(棄市) 되니 나라를 없앴다.			
2 원수 3년, 후 경이 자매와 간통한 죄가 있어 나라를 없앴다.			
6	4 원정 5년, 후 흔이 주금(酎金)에 걸려 나라를 없앴다.		
6	4 원정 5년, 후 치가 주금(酎金)에 걸려 나라를 없앴다.		
6	4 원정 5년, 후 복이 주금(酎金)에 걸려 나라를 없앴다.		
3 4년, 지금의 후(侯) 집덕(執德) 원년 3	6	6	4
6	6	6	4
4 5년, 후(侯) 성(成) 원년 2	4 원정 5년, 후 성이 주금(酎金)에 걸려 나라를 없앴다.		
6	4 원정 5년, 후 고가 주금(酎金)에 걸려 나라를 없앴다.		
6	6	5 6년, 지금의 후(侯) 건(建) 원년 1	4

83) 【색은(索隱)】『한서』「표」에는 두원(杜原)으로 되어 있다.

84) 【색은(索隱)】 위소(韋昭)가 말하기를, 현 이름이며 발해(渤海)에 속한다고 했다.

85) 【색은(索隱)】 시호법에 따르면, 선행을 하는 데 조금도 게으름이 없는 것을 일러

돈(敦)이라고 한다고 했다.

나라이름	왕자 호(號)	원광	원삭
동야(東野)	중산 정왕의 아들		4년 4월 갑오일, 후(侯) 유장(劉章) 원년 3
고평(高平)[86]	중산 정왕의 아들		4년 4월 갑오일, 후(侯) 유가(劉嘉) 원년 3
광천(廣川)	중산 정왕의 아들		4년 4월 갑오일, 후(侯) 유파(劉頗) 원년 3
천종(千鍾)[87]	하간(河間) 헌왕(獻王)의 아들		4년 4월 갑오일, 후(侯) 유요(劉搖) 원년 3
피양(披陽)[88]	제 효왕(孝王)의 아들		4년 4월 을축일, 경후(敬侯) 유연(劉燕) 원년 3
정(定)[89]	제 효왕의 아들		4년 4월 을묘일, 경후(敬侯) 유월(劉越) 원년 3
도(稻)[90]	제 효왕의 아들		4년 4월 을축일, 이후(夷侯) 유정(劉定) 원년 3
산(山)[91]	제 효왕의 아들		4년 4월 을묘일, 후(侯) 유국(劉國) 원년 3
번안(繁安)	제 효왕의 아들		4년 4월 을묘일, 후(侯) 유충(劉忠) 원년[92] 3

86) 【색은(索隱)】 「표」에 따르면 평원(平原)에 있다.

87) 【색은(索隱)】 『한서』 「표」에는 중후(重侯)로 되어 있고 평원(平原)에 있다.

88) 【색은(索隱)】 「지리지」에 따르면 천승(千乘)에 속한다.

89) 【색은(索隱)】 땅 이름이다.

원수	원정	원봉	태초
6	6	6	4
6	**4** 원정 5년, 후 가가 주금(酎金)에 걸려 나라를 없앴다.		
6	**4** 원정 5년, 후 파가 주금(酎金)에 걸려 나라를 없앴다.		
1 원수 2년, 후가 몰래 다른 사람으로 하여금 추청(秋請-가을 조회)을 하지 말게 해서 죄가 있어 나라를 없앴다.			
6	**4** 5년, 지금의 후(侯) 우(隅) 원년 **2**	6	4
6	**3** 4년, 지금의 후(侯) 덕(德) 원년 **3**	6	4
6	**2** 3년, 지금의 후(侯) 도양(都陽) **4**	6	4
6	6	6	4
6	6	6	**3** 4년, 지금의 후(侯) 수(壽) 원년 **3**

90) 【색은(索隱)】「지리지」에 따르면 낭야(琅邪)에 속한다.

91) 【색은(索隱)】「표」에 따르면 발해(渤海)에 있다.

92) 【색은(索隱)】 이후(夷侯) 충(忠)이다.

나라 이름	왕자 호(號)	원광	원삭
유(柳)	제 효왕의 아들		4년 4월 을묘일, 강후(康侯) 유양(劉陽) 원년 3
운(雲)[93]	제 효왕의 아들		4년 4월 을묘일, 이후(夷侯) 유신(劉信) 원년 3
모평(牟平)[94]	제 효왕의 아들		4년 4월 을묘일, 공후(共侯) 유설(劉諜) 원년 3
시(柴)[95]	제 효왕의 아들		4년 4월 을묘일, 원후(原侯) 유대(劉代) 원년 3
백양(栢陽)[96]	조(趙) 경숙왕(敬肅王)의 아들		5년 11월 신유일, 후(侯) 유종고(劉終古) 원년 2
호(鄗)[97]	조 경숙왕의 아들		5년 11월 신유일, 후(侯) 유연년(劉延年) 원년 2
상구(桑丘)[98]	중산(中山) 정왕(靖王)의 아들		5년 11월 신유일, 절후(節侯) 유양(劉洋) 원년[99] 2
고구(高丘)	중산 정왕의 아들		5년 3월 계유일, 애후(哀侯) 유파호(劉破胡) 원년 2
유숙(柳宿)[100]	중산 정왕의 아들		5년 3월 계유일, 이후(夷侯) 유개(劉蓋) 원년 2

93) 【색은(索隱)】「지리지」에 따르면 낭야(琅邪)에 속한다.

94) 【색은(索隱)】「지리지」에 따르면 동래(東萊)에 속한다.

95) 【색은(索隱)】「지리지」에 따르면 태산(泰山)에 속한다.

96) 【색은(索隱)】「표」에 따르면 중산(中山)에 있다.

원수	원정	원봉	태초
6	3 4년, 후(侯) 파사(罷師) 원년 3	4 5년, 후(侯) 자위(自爲) 원년 2	4
6	5 6년, 지금의 후(侯) 세발(歲發) 원년 1	6	4
2 4년, 지금의 후(侯) 노(奴) 원년 4	6	6	4
6	6	6	4
6	6	6	4
6	4 원정 5년, 후 연년이 주금(酎金)에 걸려 나라를 없앴다.		
6	3 4년, 지금의 후(侯) 덕(德) 원년 3	6	4
6	원정 원년, 후 파호가 훙하니 후사가 없어 나라를 없앴다.		
2 2년, 후(侯) 소(蘇) 원년 4	4 원정 5년, 후 소가 주금(酎金)에 걸려 나라를 없앴다.		

97) 【색은(索隱)】 「지리지」에 따르면 상산군(常山郡)에 속한다.

98) 【색은(索隱)】 「표」에 따르면 심택(深澤)에 있다.

99) 【색은(索隱)】 『한서』 「표」에 따르면 이름이 장야(將夜)다.

100) 【색은(索隱)】 「표」에 따르면 탁군(涿郡)에 있다.

나라 이름	왕자 호(號)	원광	원삭
융구(戎丘)	중산 정왕의 아들		5년 3월 계유일, 후(侯) 유양(劉讓) 원년 2
번여(樊輿)	중산 정왕의 아들		5년 3월 계유일, 절후(節侯) 유조(劉條) 원년 2
곡성(曲成)[101]	중산 정왕의 아들		5년 3월 계유일, 후(侯) 유만세(劉萬歲) 원년 2
안곽(安郭)[102]	중산 정왕의 아들		5년 3월 계유일, 후(侯) 유박(劉博) 원년 2
안험(安險)[103]	중산 정왕의 아들		5년 3월 계유일, 후(侯) 유응(劉應) 원년 2
안요(安遙)[104]	중산 정왕의 아들		5년 3월 계유일, 후(侯) 유회(劉恢) 원년 2
부이(夫夷)	장사(長沙) 정왕(定王)의 아들		5년 3월 계유일, 경후(敬侯) 유의(劉義) 원년 2
용릉(春陵)[105]	장사 정왕의 아들		5년 6월 임자일, 후(侯) 유매(劉買) 원년 2
도량(都梁)[106]	장사 정왕의 아들		5년 6월 임자일, 경후(敬侯) 유수(劉遂) 원년 2

101) 【색은(索隱)】「표」에 따르면 탁군(涿郡)에 있다.

102) 【색은(索隱)】「표」에 따르면 탁군(涿郡)에 있다.

103) 【색은(索隱)】「지리지」에 따르면 중산(中山)에 속한다.

원수	원정	원봉	태초
6	**4** 원정 5년, 후 양이 주금(酎金)에 걸려 나라를 없앴다.		
6	6	6	4
6	**4** 원정 5년, 후 만세가 주금(酎金)에 걸려 나라를 없앴다.		
6	6	6	4
6	**4** 원정 5년, 후 응이 주금(酎金)에 걸려 나라를 없앴다.		
6	**4** 원정 5년, 후 회가 주금(酎金)에 걸려 나라를 없앴다.		
6	**4** 5년, 지금의 후(侯) 우(禹) 원년 **2**	6	4
6	6	6	4
6	**1** 원년, 지금의 후(侯) 계(係) 원년 **6**	6	4

건원 이래 왕자 중에서 후가 된 사람 연표(建元已來王子侯者年表) 제9

104) 【색은(索隱)】 「표」에는 안도(安道)로 되어 있다.

105) 【색은(索隱)】 「지리지」에 따르면 남양(南陽)에 속한다.

106) 【색은(索隱)】 「지리지」에 따르면 영릉(零陵)에 속한다.

나라 이름	왕자 호(號)	원광	원삭
도양(洮陽)[107]	장사 정왕의 아들		5년 6월 임자일, 정후(靖侯) 유구체(劉狗彘) 원년[108] 2
천릉(泉陵)[109]	장사 정왕의 아들		5년 6월 임자일, 절후(節侯) 유현(劉賢) 원년 2
종익(終弋)[110]	형산왕(衡山王) 사(賜)의 아들		6년 4월 정축일, 후(侯) 유광치(劉廣置) 원년[111] 1
맥(麥)[112]	성양(城陽) 경왕(頃王)의 아들		
거합(鉅合)[113]	성양 경왕의 아들		
창(昌)[114]	성양 경왕의 아들		
비(簧)[115]	성양 경왕의 아들		
우은(雩殷)[116]	성양 경왕의 아들		
석락(石洛)[117]	성양 경왕의 아들		

107) **【색은(索隱)】** 「지리지」에 따르면 영릉(零陵)에 속한다. 洮의 발음은 (조가 아니라) 도(滔) 혹은 도(道)다.

108) **【색은(索隱)】** 『한서』「표」에 따르면 이름이 장연(將燕)이다.

109) **【색은(索隱)】** 「지리지」에 따르면 영릉(零陵)에 속한다.

110) **【색은(索隱)】** 「표」에 따르면 여남(汝南)에 있다.

111) **【색은(索隱)】** 광매(廣買)이다.

원수	원정	원봉	태초
5 원수 6년 구체가 훙하니 후사가 없어 나라를 없앴다.			
6	6	6	4
6	**4** 원정 5년, 후 광치가 주금(酎金)에 걸려 나라를 없앴다.		
원년 4월 무인일, 후(侯) 유창(劉昌) 원년 6	**4** 원정 5년, 후 창이 주금(酎金)에 걸려 나라를 없앴다.		
원년 4월 무인일, 후(侯) 유발(劉發) 원년 6	**4** 원정 5년, 후 발이 주금(酎金)에 걸려 나라를 없앴다.		
원년 4월 무인일, 후(侯) 유차(劉差) 원년 6	**4** 원정 5년, 후 차가 주금(酎金)에 걸려 나라를 없앴다.		
원년 4월 무인일, 후(侯) 유방(劉方) 원년 6	**4** 원정 5년, 후 방이 주금(酎金)에 걸려 나라를 없앴다.		
원년 4월 무인일, 강후(康侯) 유택(劉澤) 6	6	6	4
원년 4월 무인일, 후(侯) 유경(劉敬) 원년 6	6	6	4

112) **【색은(索隱)】** 「표」에 따르면 낭야(琅邪)에 있다.

113) **【색은(索隱)】** 「표」에 따르면 평원(平原)에 있다.

114) **【색은(索隱)】** 「지리지」에 따르면 낭야(琅邪)에 속한다.

115) **【색은(索隱)】** 발음은 (괴가 아니라) 비(秘)다. 「표」에 따르면 낭야(琅邪)에 있다.

116) **【색은(索隱)】** 「지리지」에 따르면 낭야(琅邪)에 속한다.

117) **【색은(索隱)】** 「표」에 따르면 낭야(琅邪)에 있다.

나라 이름	왕자 호(號)	원광	원삭
부침(扶㳎)[118]	성양 경왕의 아들		
효(按)[119]	성양 경왕의 아들		
늑(扐)[121]	성양 경왕의 아들		
보성(父城)[122]	성양 경왕의 아들		
용(庸)[123]	성양 경왕의 아들		
적(翟)[125]	성양 경왕의 아들		
비(鐘)[126]	성양 경왕의 아들		
팽(彭)[127]	성양 경왕의 아들		

118) 【색은(索隱)】 낭야(琅邪)에 있다. 㳎는 발음이 침(浸)이다.

119) 【색은(索隱)】 按는 발음이 (교가 아니라) 효(效)다. 「지리지」에는 없다.

120) 【색은(索隱)】 성양 경왕의 아들은 22명이고 효후(按侯)는 이름이 운(雲)이며 협희후(挾釐侯)는 이름이 패(覇)인데, 여기에는 단지 19명뿐이니 아마도 누락된 듯하다.

121) 【색은(索隱)】 扐은 발음이 (력이 아니라) 늑(勒)이다. 늑현은 평원(平原)에 속한다.

122) 【집해(集解)】 서광(徐廣)이 말했다. "판본에 따라 육성(六城)으로 되어 있

원수	원정	원봉	태초
원년 4월 무인일, 후(侯) 유곤오(劉昆吾) 원년 6	6	6	4
원년 4월 무인일, 후(侯) 유패(劉霸) 원년[120] 6	6	6	4
원년 4월 무인일, 후(侯) 유양(劉讓) 원년 6	6	6	4
원년 4월 무인일, 후(侯) 유광(劉光) 원년 6	4 원정 5년, 후 광이 주금(酎金)에 걸려 나라를 없앴다.		
원년 4월 무인일, 후(侯) 유담(劉譚)[124] 6	6	6	4
원년 4월 무인일, 후(侯) 유수(劉壽) 원년 6	4 원정 5년, 후 수가 주금(酎金)에 걸려 나라를 없앴다.		
원년 4월 무인일, 후(侯) 유응(劉應) 원년 6	4 원정 5년, 후 응이 주금(酎金)에 걸려 나라를 없앴다.		
원년 4월 무인일, 후(侯) 유언(劉偃) 원년 6	4 원정 5년, 후 언이 주금(酎金)에 걸려 나라를 없앴다.		

다." 【색은(索隱)】 「지리지」에서는 요서(遼西)에 있다고 했고, 「표」에서는 동해(東海)라고 했다.

123) 【색은(索隱)】 「표」에 따르면 낭야(琅邪)에 있다.

124) 【색은(索隱)】 『한서』 「표」에서는 이름이 여(餘)라고 했다.

125) 【색은(索隱)】 「표」에 따르면 동해(東海)에 있다.

126) 【색은(索隱)】 발음은 (전이 아니라) 비(肥)이니, 현 이름이다.

127) 【색은(索隱)】 「표」에 따르면 동해(東海)에 있다.

나라 이름	왕자 호(號)	원광	원삭
집(瓡)[128]	성양 경왕의 아들		
허수(虛水)[129]	성양 경왕의 아들		
동회(東淮)[130]	성양 경왕의 아들		
순(栒)[131]	성양 경왕의 아들		
육(涓)[132]	성양 경왕의 아들		
육(陸)[133]	치천(菑川) 정왕(靖王)의 아들		
광요(廣饒)[134]	치천 정왕의 아들		
병(䣜)[135]	치천 정왕의 아들		
유려(俞閭)	치천 정왕의 아들		

128) 【색은(索隱)】 현 이름으로, 「지리지」에서는 북해(北海)에 속한다고 했다. 안사고(顏師古)는 곧 호(瓡)자라고 했다.

129) 【색은(索隱)】 「지리지」에 따르면 낭야(琅邪)에 속한다.

130) 【색은(索隱)】 「표」에 따르면 동해(東海)에 있다.

131) 【색은(索隱)】 「지리지」를 살펴보건대 순은 부풍에 있다.[구(栒)로 읽기도 한다.]

원수	원정	원봉	태초
원년 4월 무인일, 후(侯) 유식(劉息) 원년 6	6	6	4
원년 4월 무인일, 후(侯) 유우(劉禹) 원년 6	6	6	4
원년 4월 무인일, 후(侯) 유류(劉類) 원년 6	4 원정 5년, 후 류가 주금(酎金)에 걸려 나라를 없앴다.		
원년 4월 무인일, 후(侯) 유매(劉買) 원년 6	4 원정 5년, 후 매가 주금(酎金)에 걸려 나라를 없앴다.		
원년 4월 무인일, 후(侯) 유불의(劉不疑) 원년 6	4 원정 5년, 후 불의가 주금(酎金)에 걸려 나라를 없앴다.		
원년 4월 무인일, 후(侯) 유하(劉何) 원년 6	6	6	4
원년 10월 신묘일, 강후(康侯) 유국(劉國) 원년 6	6	6	4
원년 10월 신묘일, 후(侯) 유성(劉成) 원년 6	6	6	4
원년 10월 신묘일, 후(侯) 유불해(劉不害) 원년 6	6	6	4

132) 【색은(索隱)】 발음은 (연이 아니라) 육(育)이다. 동해(東海)에 있다. 살펴보건대 육수(淯水)가 남양(南陽)에 있다.

133) 【색은(索隱)】 「표」에 따르면 수광(壽光)에 있다.

134) 【색은(索隱)】 「지리지」에 따르면 제군(齊郡)에 속한다.

135) 【색은(索隱)】 「지리지」에 따르면 낭야(琅邪)에 속한다.

나라 이름	왕자 호(號)	원광	원삭
감정(甘井)[136]	광천(廣川) 목왕(穆王)의 아들		
양릉(襄陵)[137]	광천 목왕의 아들		
고우 (皐虞)[138]	교동(膠東) 강왕(康王)의 아들		
위기 (魏其)[139]	교동 강왕의 아들		
축자(祝玆)[140]	교동 강왕의 아들		

[141]

136) 【색은(索隱)】「표」에 따르면 거록(鉅鹿)에 있다.

137) 【색은(索隱)】「표」에 따르면 거록(鉅鹿)에 있고, 「지리지」에 따르면 하동(河東)에 속한다.

138) 【색은(索隱)】「지리지」에 따르면 낭야(琅邪)에 속한다.

139) 【색은(索隱)】「지리지」에 따르면 낭야(琅邪)에 속한다.

140) 【색은(索隱)】「표」에 따르면 낭야(琅邪)에 있다.

141) 【색은술찬(索隱述贊)】 한나라 왕실 초기에[漢氏之初]/굽은 것을 바로잡으려다가 정도를 지나쳤도다[矯枉過正]/유씨 적자와 서자들을 중시하려 하여[欲大

원수	원정	원봉	태초
원년 10월 을유일, 후(侯) 유원(劉元) 원년 6	6	6	4
원년 10월 을유일, 후(侯) 유성(劉聖) 원년 6	6	6	4
	원년 5월 병오일, 후(侯) 유건(劉建) 원년 3 4년, 지금의 후(侯) 처(處) 원년 3	6	4
	원년 5월 병오일, 창후(暢侯) 유창(劉昌) 원년 6	6	4
	원년 5월 병오일, 후(侯) 유연(劉延) 원년 4 원정 5년, 연이 인수(印綬-도장과 인끈)를 버리고 나라 밖을 나가는 불경죄에 걸려 나라를 없앴다.		

本枝]/먼저 동성들을 봉했다네[先封同姓]/건원 연간 이후로[建元已後]/제후왕들의 나라가 크게 번성했도다[藩翰克盛]/주보언이 건의해[主父上言]/추은령을 내렸다네[推恩下令]/장사왕 제북왕[長沙濟北]/중산왕 조나라 경왕 등이 그들이라지[中山趙敬]/봉읍 나눠 널리 봉해주니[分邑廣封]/노랫소리 크게 울려 퍼졌도다[振振在詠]/성을 지켜 외적을 막으니[扞城禦侮]/그 기운과 광채 성대했도다[曄曄輝映]/다리가 많은 벌레는 끊어져도 쓰러지지 않는다 하더니[百足不僵]["백족지충(百足之蟲) 사이불강(死而不僵)"의 줄임말이다.]/황제 한 사람에게는 경사로움이로다[一人有慶]!

권 22 ── 한나라가 일어난 이래 장군·재상·명신 연표(漢興以來將相名臣表) 제10

권22 한나라가 일어난 이래 장군·재상·명신 연표(漢興以來將相名臣) 제10

기년(紀年)	큰 사건 기록[1]	재상위(宰相位)[2]	장군위(將軍位)[3]	어사대부위 (御史大夫位)[4]
고황제 원년	봄에 패공이 한왕이 되어 남정(南鄭)으로 가다. 가을에 돌아와 옹(雍) 땅을 평정하다.	**1** 승상 소하(蕭何)가 한중(漢中)을 지키다.		어사대부 주하(周苛)가 형양(榮陽)을 지키다.
2년 태자를 세우다.	봄에 새(塞)·적(翟)·위(魏)·하남(河南)·한(韓)·은국(殷國)을 평정하다. 여름에 항적(項籍)을 쳐서 팽성(彭城)에 이르다. 돌아와 형양(榮陽)에 주둔하다.	**2** 관중(關中)을 지키다.	**1** 태위(太尉) 장안후(長安侯) 노관(盧綰)	
3년	위표(魏豹)가 반란을 일으키다. 한신(韓信)을 시켜 별도로 위를 평정하고 조나라를 치다. 초나라가 우리 형양을 에워싸다.	**3**	**2**	
4년	한신을 시켜 별도로 제나라와 연나라를 평정하고 태공은 초나라에서 돌아왔으며, 초나라와 홍거(洪渠)를 경계로 삼고 대치하다.	**4**	**3** 주하가 형양을 지키다가 죽다.	어사대부 분양후(汾陽侯) 주창(周昌)[5]

1) 【색은(索隱)】 주벌(誅伐)·봉건(封建)·사망(薨)·반란(叛) 등이다.

2) 【색은(索隱)】 승상(丞相)·태위(太衛)·삼공(三公)을 가리킨다.

3) 【색은(索隱)】 명을 받고 장군이 되어 군사를 일으킨 경우다.

4) 【색은(索隱)】 아상(亞相-재상에 버금가는 지위)이다.

5) 【색은(索隱)】 분양은 하동(河東)에 속한다.

기년(紀年)	큰 사건 기록	재상위(宰相位)	장군위(將軍位)	어사대부위 (御史大夫位)
5년 수도 관중에 들어가다.[6]	겨울에 해하(垓下)에서 초나라를 깨뜨리고 항우를 죽이다. 봄에 왕이 정도(定都)에서 황제(皇帝) 자리에 오르다.	5 태위 관직을 없애다.	4 후 9월[7]에 노관이 연왕(燕王)이 되다.	
6년	태공(太公)을 높여 태상황(太上皇)으로 삼다. 유중(劉仲)을 대왕(代王)으로 삼다. 대시(大市·큰 시장)를 세우다. 함양을 고쳐 장안(長安)이라고 부르다.	6 (소하를) 찬후(酇侯)로 봉하고 장창(張蒼)을 계상(計相)으로 삼다.[8]		
7년	장락궁(長樂宮)을 완성하자 수도를 역양(櫟陽)에서 장안으로 옮기다. 흉노를 치니 흉노가 평성(平城)에서 우리를 에워싸다.	7		
8년	반란한 한신을 쳐서 조성(趙郕)에서 사로잡다. 관고(貫高)가 난을 일으키려다 이듬해 발각되어 주살하다. 흉노가 대왕(代王)을 공격하자 대왕이 나라를 버리고 달아나니, 폐위해 합양후(郃陽侯)로 삼다.	8		
9년	미앙궁(未央宮)이 완성되자 전(前殿)에 술자리를 베푸니 태상황이 연(輦)을 타고 맨 위에 앉았고, 제가 옥잔을 받들어 축수를 올리며 말했다. "애초에 늘 둘째 형님[仲]의 부지런함[力=勤力]에 미치지 못한다고 여기셨습니다. (그런데) 지금 신이 이룬 업적과 둘째 형님을 비교하면 누가 더 큽니까?" 태상황이 웃자 전 위에서는 모두 만세를 외쳤다. 제나라 전씨(田氏)와 초나라 소씨(昭氏), 굴씨(屈氏), 경씨(景氏)를 관중으로 옮겼다.	9 자리를 옮겨 상국(相國)이 되다.		어사대부 창(昌)이 조나라 승상이 되다.
10년	태상황이 붕하다. 진희(陳豨)가 대(代)에서 반란을 일으키다.	10		어사대부 강읍후(江邑侯) 조요(趙堯)

6) **【색은(索隱)】** 함양(咸陽)이다. 동쪽은 함곡관(函谷關), 남쪽은 요무관(嶢武關), 서쪽은 산관(散關), 북쪽은 소관(蕭關)이니, 네 관의 가운데라 관중(關中)이라고 한 것이다. 유경(劉敬)과 장량(張良)의 계책을 써서 이곳을 도읍으로 삼았다.

7) 윤달이다.

8) **【색은(索隱)】** 계상이란 천하의 회계 서류와 회계 관리를 주관하는 자리다.

기년(紀年)	큰 사건 기록	재상위(宰相位)	장군위(將軍位)	어사대부위 (御史大夫位)
11년	회음(淮陰-한신)과 팽월(彭越)을 주살하다. 경포(黥布)가 반란을 일으키다.	11	주발(周勃)이 태위가 되어 대(代)를 공격하다. 뒤에 태위 관직을 없애다.	
12년	겨울에 경포를 치다. 돌아오면서 패(沛)를 지나오다. 여름에 상이 붕하니 장릉(長陵)에 안장하다.	12		
효혜 원년	조나라 은왕(隱王) 여의(如意)가 죽다. 비로소 서북쪽에 장안성을 짓다. 제후들의 승상 직명을 없애고 그냥 상(相)이라고 하다.	13		
2년	초 원왕(元王)과 제 도혜왕(悼惠王)이 와서 조회하다. 7월 신미일, 소하(蕭何)가 훙하다.	14 7월 계사일, 제나라 상(相) 평양후(平陽侯) 조참(曹參)이 상국(相國)이 되다.		
3년	처음으로 장안성을 짓다. 촉(蜀)의 전저(湔氐)가 반란을 일으키니 가서 치다.[9]	2		
4년	3월 갑자일, 사면령을 내렸고, 나라에는 아무런 일도 없었다.	3		
5년	고조를 위해 패성(沛城)에 사당을 세우고 가아(歌兒) 120명을 두다. 8월 을축일, 조참이 졸하다.	4		
6년	7월 제나라 도혜왕이 훙하다. 태창(太倉)과 서시(西市)를 세우다. 8월, 제나라를 용서하다.	1 10월 을사일, 안국후(安國侯) 왕릉(王陵)이 우승상이 되다. 10월 기사일, 곡역후(曲逆侯) 진평(陳平)이 좌승상이 되다.	조요가 죄에 저촉되다.	광아후(廣阿侯) 임오(任敖)가 어사대부가 되다.[10]
7년	상이 붕하다. 대신들이 장벽강(張辟彊)의 계책을 썼는데, 여씨(呂氏)들의 권세가 중하니 여태(呂台)를 여왕(呂王)으로 삼다. 소제(少帝)를 세우다. 기묘일에 안릉(安陵)에 안장하다.	2		

9) 【색은(索隱)】 전저는 현 이름이다.

10) 【집해(集解)】 서광(徐廣)이 말했다. "『한서(漢書)』에는 고후 원년으로 되어 있다."

기년(紀年)	큰 사건 기록	재상위(宰相位)	장군위(將軍位)	어사대부위 (御史大夫位)
고후 원년	효혜의 여러 아들을 왕으로 삼다. 효제(孝悌)와 역전(力田)을 두다.[11]	**3** 11월 갑자일에 진평을 옮겨 우승상으로 삼다. 벽양후(辟陽侯) 심이기(審食其)를 좌승상으로 삼다.		
2년	12월, 여왕 태(台)가 훙하자, 아들 가(嘉)가 대신해 세워져 여왕(呂王)이 되다. 팔수전(八銖錢)을 유통하다.	**4** 진평 **2** 심이기		평양후 조줄(曹窋)이 어사대부가 되다.[12]
3년		**5** **3**		
4년	소제(少帝)를 폐위하고 상산왕(常山王) 홍(弘)을 고쳐 세워 제(帝)로 삼다.	**6** **4** 태위 관직을 (다시) 두다.	**1** 강후(絳侯) 주발(周勃)이 태위가 되다.	
5년	8월, 회양왕(淮陽王)이 훙하니 동생 호관후(壺關侯) 무(武)를 회양왕으로 삼다. 영을 내려 수자리 근무 기간을 바꾸다.	**7** **5**	**2**	
6년	여산(呂産)을 여왕(呂王)으로 삼다. 4월 정유일, 천하를 사면하다. 낮에도 어두웠다.	**8** **6**	**3**	
7년	조왕이 유폐되어 죽자, 여록(呂祿)을 조왕으로 삼다. 양왕(梁王)을 조(趙)로 옮기니 자살하다.	**9** **7**	**4**	
8년	7월, 고후가 훙하다. 9월, 여러 여씨를 주살하다. 후 9월, 대왕(代王)이 들어와 황제 자리에 오르다. 후 9월, 심이기가 승상에서 면직되다.	**10** 7월 신사일에 제(帝) 태부가 되었다가 9월 병술일에 다시 승상이 되다. **8**	**5** 융려후(隆慮侯) 조(竈)가 장군이 되어 남월을 치다.[13]	어사대부 창(蒼)

11) 인재 선발의 항목으로 효도하고 공순한 자와 부지런히 농사에 힘쓴 자를 뽑도록 한 것이다.

12) 조참의 아들이다.

13) 【집해(集解)】 서광(徐廣)이 말했다. "성은 주(周)다."

기년(紀年)	큰 사건 기록	재상위(宰相位)	장군위(將軍位)	어사대부위(御史大夫位)
효문 원년	처자식[帑]을 끌어들이는 연좌죄를 폐지하다. 태자를 세우다. 백성에게 작위를 내려주다.	**11** 11월 신사일, 진평을 옮겨 좌승상으로 삼다. 태위 강후 주발을 우승상으로 삼다.	**6** 주발이 승상이 되자 영음후(潁陰侯) 관영(灌嬰)을 태위로 삼다	
2년	비방률을 없애다. 황자 무(武)를 대왕(代王)으로, 참(參)을 태원왕(太原王)으로, 승(勝)을 양왕(梁王)으로 삼다. 10월, 승상 진평이 훙하다.	**1** 11월 을해일, 강후 주발이 다시 승상이 되다.	**1**	
3년	대왕 무를 옮겨 회양왕(淮陽王)으로 삼다. 상이 태원(太原)에 행차하다. 제북왕이 반란을 일으키다. 흉노가 상군(上郡)에 대거 침입하다. 땅을 전부 태원에 주고 태원의 이름을 대(代)로 바꾸다. 11월 임자일, 주발을 승상에서 면하고 봉국으로 가게 하다.	**1** 12월 을해일, 태위 영음후(潁陰侯) 관영(灌嬰)이 승상이 되다. 태위의 관직을 없애다.	**2** 극포후(棘蒲侯) 진무(陳武)가 대장군이 되어 제북(濟北)을 치다. 창후(昌侯) 노경(盧卿), 공후(共侯) 노파사(盧罷師), 영후(甯侯) 속(遫), 심택후(深澤侯) 장야(將夜)가 모두 장군이 되어 기후(祁侯) 증하(繒賀)에 소속되어 군사를 이끌고 형양(滎陽)에 주둔하다.[14]	
4년	12월 기사일, 관영(灌嬰)이 졸하다.	**1** 정월 갑오일, 어사대부 북평후(北平侯) 장창(張蒼)이 승상이 되다.	안구후(安丘侯) 장열(張說)이 오랑캐를 치러 대(代)에서 출격하다.	관중후(關中侯) 신도가(申屠嘉)가 어사대부가 되다.
5년	주전(鑄錢) 하는 법률을 없애니 백성이 주전을 할 수 있게 되다.	**2**		
6년	회남왕(淮南王)을 폐해 엄도(嚴道)로 옮기니 가던 길에 옹(雍)에서 죽다.[15]	**3**		
7년	4월 병자일, 처음으로 남릉(南陵)을 두다.	**4**		
8년	태복(太僕) 여음후(汝陰侯) 등공(滕公)이 졸하다.[16]	**5**		

14) 【집해(集解)】 서광(徐廣)이 말했다. "속은 성이 위(魏)고, 장야는 성이 조(趙)다."

15) 【색은(索隱)】 엄도는 촉군(蜀郡)에, 옹은 부풍(扶風)에 있다.

16) 【색은(索隱)】 하후영(夏侯嬰)이 등공이 되었기에 등공이라고 한 것이다.

기년(紀年)	큰 사건 기록	재상위(宰相位)	장군위(將軍位)	어사대부위 (御史大夫位)
9년	온실(溫室)의 종이 스스로 울었다. 지양(芷陽-현)의 한 고을을 패릉 (霸陵)으로 삼다.	6		어사대부 풍경(馮 敬)
10년	제후와 왕들이 모두 장안(長安)에 이르다.	7		
11년	상이 대(代)에 행차하다. 지진이 일어나다.	8		
12년	황하가 동군(東郡) 김제(金隄)에서 터지다. 회양왕(淮陽王)을 옮겨 양왕(梁王) 으로 삼다.	9		
13년	육형(肉刑)·전조세율(田租稅律)을 없애다. 수졸령(戍卒令)을 없애다.	10		
14년	흉노가 소관(蕭關)에 대거 침입해 군대를 발동해 치고서 장안 주변 에 주둔하다.	11	성후(成侯) 동적(董 赤)[17], 내사(內史) 난 포(欒布), 창후(昌侯) 노경(盧卿), 융려후 (隆慮侯) 주조(周竈), 영후(甯侯) 위속(魏 遫)이 모두 장군이 되고 동양후(東陽 侯) 장상여(張相如) 가 대장군이 되어 모두 흉노를 치다. 중위(中尉) 주사(周 舍), 낭중령 장무(張 武)는 모두 장군이 되어 장안 주변에 주둔하다.	
15년	황룡(黃龍)이 성기(成紀)에 나타나 다. 상이 처음으로 옹(雍)에서 오제 (五帝)에게 교제사를 지내다.	12		
16년	상이 처음으로 위양(渭陽)에서 오 제(五帝)에게 교제사를 지내다.	13		
후원 원년	신원평(新垣平)이 거짓으로 방사 (方士)를 말했다가 발각되어 주살 되다.	14		
2년	흉노와 화친하다. 지진이 일어나 다. 8월 무술일, 장창을 승상에서 면 직하다.	15 8월 경오일, 어사대 부 신도가가 승상이 되어 고안후(故安侯) 에 봉해지다.		어사대부 도청(陶 青)

17) 동혁(董赫)의 잘못이다.

18) 【색은(索隱)】 서광(徐廣)이 말하기를, 한(捍)은 성이 서(徐)이고 일명 서려(徐厲)

기년(紀年)	큰 사건 기록	재상위(宰相位)	장군위(將軍位)	어사대부위(御史大夫位)
3년	곡구읍(谷口邑)을 두다.	2		
4년		3		
5년	상이 옹에 행차하다.	4		
6년	흉노 3만 명이 상군(上郡)에, 2만 명이 운중군(雲中郡)에 침입하다.	5	중대부 영면(令免)을 거기장군으로 삼아 비호(飛狐)에, 옛 초나라 재상 소의(蘇意)를 장군으로 삼아 구주(句注)에 주둔시키다. 하내 군수 주아부(周亞夫)를 장군으로 삼아 세류(細柳)에 주둔시키고 종정(宗正) 유례(劉禮)를 패상(霸上)에 주둔시키며 축자후(祝茲侯) 서려(徐厲)를 극문(棘門)에 주둔시켜 오랑캐에 대비하다. 여러 달이 지나 오랑캐가 물러가니 이들도 철수하다.	
7년	6월 기해일, 효문황제가 붕하다. 정미일, 태자가 세워지다. 백성은 사흘 동안 임곡(臨哭)하고 패릉(霸陵)에 안장하다.	6	중위 주아부가 거기장군, 낭중령 장무가 복토(復土)장군, 속국(屬國) 한(扞)은 장둔(將屯)장군이 되다. 첨사(詹事) 융노(戎奴)가 거기장군이 되어 태후를 모시다.[18]	
효경 원년	효문황제의 사당을 세우고 군국에는 태종묘(太宗廟)를 세우다.	7 사도(司徒)의 관직을 두다.		
2년	황자 덕(德)을 세워 하간왕(河間王)으로, 알(閼)을 세워 임강왕(臨江王)으로, 여(餘)를 세워 회남왕(淮南王)으로, 비(非)를 세워 여남왕(汝南王)으로, 팽조(彭祖)를 세워 광천왕(廣川王)으로, 발(發)을 세워 장사왕(長沙王)으로 삼다. 4월 중에 효문태후가 붕하다. 신도가(申屠嘉)가 졸하다.	8 개봉후(開封侯) 도청(陶靑)이 승상이 되다.		어사대부 조조(鼂錯)

이니 곧 축자후라고 했다.

기년(紀年)	큰 사건 기록	재상위(宰相位)	장군위(將軍位)	어사대부위(御史大夫位)
3년	오초칠국이 반란을 일으키자, 군사를 출동시켜 쳐서 모두 깨뜨리다. 황자 단(端)이 교서왕(膠西王)이 되고 승(勝)이 중산왕(中山王)이 되다.	2 태위(太尉)의 관직을 두다.	중위 조후(條侯) 주아부가 태위가 되어 오초를 치고 곡주후(曲周侯) 역기(酈寄)는 대장군이 되어 조나라를 치고 두영(竇嬰)은 대장군이 되어 형양(滎陽)에 주둔하고 난포는 대장군이 되어 제나라를 치다.	
4년	태자를 세우다.	3	2 태위 주아부	어사대부 전분(田蚡)
5년	양릉읍(陽陵邑)을 두다. 승상 북평후 장창이 졸하다.	4	3	
6년	광천왕 팽조를 옮겨 조왕(趙王)으로 삼다	5	4	어사대부 양릉후(陽陵侯) 잠매(岑邁)
7년	태자 영(榮)을 폐해 임강왕으로 삼다. 4월 정사일, 교동왕을 세워 태자로 삼다. 도청을 승상에서 면직하다.	6월 을사일, 태위 주아부가 승상이 되다. 태위의 관직을 없애다.	5 옮겨서 승상이 되다.	어사대부 유사(劉舍)
중원 원년		2		
2년	황자 월(越)을 광천왕, 기(寄)를 교동왕으로 삼다.	3		
3년	황자 승(乘)을 청하왕(清河王)으로 삼다. 주아부를 승상에서 면직하다.	4 어사대부 도후(桃侯) 유사(劉舍)가 승상이 되다.		어사대부 위관(衛綰)
4년	임강왕이 불려 와 자살하자 남전(藍田)에 매장했는데 제비 수만 마리가 흙을 물고 와 무덤 위에 두다.	2		
5년	황자 순(舜)을 상산왕(常山王)으로 삼다.	3		
6년	양나라 효왕이 훙하다. 양나라를 다섯 나라로 나눠 여러 아들이 왕 노릇하게 하다. 아들 매(買)는 양왕, 명(明)은 제천왕, 팽리(彭離)는 제동왕, 정(定)은 산양왕(山陽王), 불식(不識)은 제음왕(濟陰王)이 되다.	4		
후원 원년	5월, 지진이 일어나다. 7월 을사일, 일색이 있었다. 유사를 승상에서 면직하다.	5 8월 임진일, 어사대부 건릉후(建陵侯) 위관이 승상이 되다.		어사대부 직불의(直不疑)

기년(紀年)	큰 사건 기록	재상위(宰相位)	장군위(將軍位)	어사대부위 (御史大夫位)
2년		2	6월 정축일, 어사대부 잠매가 졸하다.	
3년	정월 갑자일, 효경황제가 붕하다. 2월 병자일, 태자가 세워지다.	3		
효무 건원 원년[19]	위관을 면직하다.	4 위기후(魏其侯) 두영(竇嬰)이 승상이 되다. 태위를 두다.	무안후(武安侯) 전분이 태위가 되다.	어사대부 우저(牛抵)
2년	무릉(茂陵-무제 무덤)을 두다. 두영을 면직하다.	2월 을미일, 태상(太常) 백지후(柏至侯) 허창(許昌)이 승상이 되다. 전분을 태위에서 면직하다. 태위 관직을 없애다.		어사대부 조관(趙綰)[20]
3년	동구왕(東甌王) 광무후(廣武侯) 망(望)이 무리 4만여 명을 이끌고 와서 투항하니 여강군(廬江郡)에 살게 해주다.	2		
4년		3		어사대부 청적(靑翟)[21]
5년	삼분전(三分錢)을 시행하다.	4		
6년	정월, 민월왕이 반란을 일으키다. 효경태후가 붕하다.[22] 허창을 면직하다.	5 6월 계사일, 무안후 전분이 승상이 되다.	청적이 태자태부가 되다.	어사대부 한안국(韓安國)
원광 원년		2		

19) 【색은(索隱)】 연호는 무제 때 처음 시작되었는데, 건원(建元)부터 후원(後元)까지 모두 11개다.

20) 【색은(索隱)】 위관을 대신한 자다.

21) 【색은(索隱)】 성은 장(莊)이다.

22) 【집해(集解)】 서광(徐廣)이 말했다. "경제의 어머니 두씨다."

기년(紀年)	큰 사건 기록	재상위(宰相位)	장군위(將軍位)	어사대부위 (御史大夫位)
2년	제(帝)가 처음으로 옹(雍)에 가서 오치(五時)에서 교제사를 지내다.	3	여름에 어사대부 한안국이 호군(護軍)장군, 위위(衛尉) 이광(李廣)이 효기(驍騎)장군, 태복 공손하(公孫賀)가 경거(輕車)장군, 대행(大行) 왕회(王恢)가 장둔(將屯)장군, 태중대부 이식(李息)이 재관(材官)장군이 되어 선우(單于)의 마읍(馬邑)을 공격했으나 제대로 성과를 내지 못해 왕회를 주살하다.	
3년	5월 병자일, 황하가 호자(瓠子)에서 터지다.	4		
4년	12월 정해일, 지진이 일어나다. 전분이 졸하다.	5 평극후(平棘侯) 설택(薛澤)이 승상이 되다.		어사대부 장구(張歐)
5년	10월, 관부(灌夫) 집안을 족멸하다.	2		
6년	남이(南夷)에 처음으로 우정(郵亭)을 두다.	3	태중대부 위청(衛靑)이 거기장군이 되어 상곡(上谷)에서, 위위 이광(李廣)이 효기장군이 되어 안문(鷹門)에서, 태중대부 공손오(公孫敖)가 기(騎)장군이 되어 대(代)에서, 태복 공손하가 경거장군이 되어 운중(雲中)에서 출진해 모두 흉노를 치다.	
원삭 원년	위(衛)부인이 세워져 황후가 되다.	4	거기장군 청이 안문에서 출진해 흉노를 치다. 위위 한안국이 장둔장군이 되어 대(代)에 주둔하고 이듬해 어양(漁陽)에 주둔하던 중 졸하다.	
2년		5	봄, 거기장군 위청이 운중에서 출진해 고궐(高闕)에 이르러서 하남(河南) 땅을 차지하다.	

기년(紀年)	큰 사건 기록	재상위(宰相位)	장군위(將軍位)	어사대부위 (御史大夫位)
3년	흉노가 대군 태수 우(友)를 꺾다.[23]	6		어사대부 공손홍 (公孫弘)
4년	흉노가 정양(定襄) 대(代) 상군(上郡)에 침입하다.	7		
5년	흉노가 대(代) 도위 주영(朱英)을 꺾다. 설택을 승상에서 면직하다.	8 11월 을축일, 어사대부 공손홍이 승상이 되어 평진후(平津侯)에 봉해지다.	봄, 장평후 위청이 대장군이 되어 우현(右賢)을 치다. 위위 소건(蘇建)이 유격장군이 되어 위청에 소속되다. 좌내사 이저(李沮)가 강노(强弩)장군, 태복 공손하가 거기장군, 대(代) 재상 이채(李蔡)가 경거장군, 안두후(岸頭侯) 장차공(張次公)이 장군, 대행 이식이 장군이 되어 모두 대장군에게 소속되어 흉노를 치다.	
6년		2	대장군 청이 다시 정양(定襄)에서 출진해 오랑캐를 치다. 합기후(合騎侯) 공손오가 중(中)장군, 태복 공손하가 좌장군, 낭중령 이광이 후장군, 흡후(翕侯) 조신(趙信)이 전장군이 되어 흉노를 꺾어 항복시키다. 위위 소건은 우장군이 되어 싸움에 져 몸만 탈출하다. 좌내자 이저가 강노장군이 되어 모두 위청에게 소속되다.	
원수 원년	10월 중에 회남왕 안(安)과 형산왕 사(賜)가 모반했다가 둘 다 자살하자 나라를 없애다.	3		어사대부 이채(李蔡)

23) 【집해(集解)】 서광(徐廣)이 말했다. "태수는 성이 공(共)이고 이름이 우다."

기년(紀年)	큰 사건 기록	재상위(宰相位)	장군위(將軍位)	어사대부위 (御史大夫位)
2년	흉노가 안문(鴈門) 대군(代郡)에 침입하다. 강도왕(江都王) 건(建)이 반란을 일으키다. 교동왕 아들 경(慶)이 세워져 육안왕(六安王)이 되다. 공손홍이 졸하다.	**4** 어사대부 낙안후(樂安侯) 이채가 승상이 되다.	관군후 곽거병(霍去病)이 표기장군이 되어 오랑캐를 쳐서 기련(祁連)에 이르렀고 합기후 공손오는 장군이 되어 북지(北地)에서 출진했으며 박망후 장건(張騫)과 낭중령 이광은 장군이 되어 우북평(右北平)에서 출진하다.	어사대부 장탕(張湯)
3년	흉노가 우북평과 정양에 침입하다.	**2**		
4년		**3**	대장군 위청이 정양에서 출진하고 낭중령 이광이 전장군, 태복 공손하가 좌장군, 주작도위(主爵都尉) 조이기(趙食其)가 우장군, 평양후 조양(曹襄)이 후장군이 되어 선우를 치다.	
5년	이채가 원릉 주변 담을 침범한 죄에 걸려 자살하다.	**4** 태자소부 무강후(武彊侯) 장청적(莊青翟)이 승상이 되다.		
6년	4월 을사일, 황자 굉(閎)이 제왕(齊王), 단(旦)이 연왕(燕王), 서(胥)가 광릉왕(廣陵王)이 되다.	**2**		
원정 원년		**3**		
2년	청적이 죄가 있어 자살하다.	**4** 태자태부 고릉후(高陵侯) 조주(趙周)가 승상이 되다.	장탕이 죄가 있어 자살하다.	어사대부 석경(石慶)
3년		**2**		
4년	상산(常山) 헌왕(憲王) 평(平)을 세워 진정왕(眞定王)으로 삼고 상(商)을 사수왕(泗水王)으로 삼다. 6월 중에 하동 분음(汾陰)에서 보정(寶鼎)을 얻다.	**3**		

기년(紀年)	큰 사건 기록	재상위(宰相位)	장군위(將軍位)	어사대부위 (御史大夫位)
5년	3월 중에 남월 재상 여가(呂嘉)가 반란을 일으켜 자기 왕과 한나라 사자를 죽이다. 8월, 조주가 주금(酎金)에 걸려 자살하다.	**4** 9월 신사일, 어사대부 석경이 승상이 되어 목구후(牧丘侯)에 봉해지다.	위위 노박덕(路博德)이 복파(伏波)장군이 되어 계양(桂陽)에서, 주작 양복(楊僕)이 누선(樓船)장군이 되어 예장(豫章)에서 출진해 모두 남월을 깨뜨리다.	
6년	12월, 동월(東越)이 반란을 일으키다.	**2**	옛 용액후 한열(韓說)이 횡해(橫海)장군이 되어 회계(會稽)에서, 누선장군 양복이 예장에서, 중위 왕온서(王溫舒)가 회계에서 출진해 모두 동월을 깨뜨리다.	
원봉 원년		**3**		어사대부 아관(兒寬)
2년		**4**	가을, 누선장군 양복과 좌장군 순체(荀彘)가 요동에서 출진해 조선(朝鮮)을 치다.	
3년		**5**		
4년		**6**		
5년		**7**		
6년		**8**		
태초 원년	역법을 개정해 정월(正月)을 한 해의 처음으로 삼다.[24]	**9**		
2년	정월 무인일, 석경이 졸하다.	**10** 3월 정묘일, 태복 공손하가 승상이 되어 갈역후(葛繹侯)에 봉해지다.		
3년		**2**		어사대부 연광(延廣)
4년		**3**		
천한 원년		**4**		어사대부 왕경(王卿)
2년		**5**		
3년		**6**		어사대부 두주(杜周)

24) 【색은(索隱)】 비로소 하나라 정월을 쓰기 시작했다.

기년(紀年)	큰 사건 기록	재상위(宰相位)	장군위(將軍位)	어사대부위 (御史大夫位)
4년		7	봄, 이사(貳師)장군 이광리(李廣利)가 삭방(朔方)에서 출진해 여오수(余吾水) 변에 이르렀고, 유격장군 한영이 오원(五原)에서 출진해 인우(因杅)장군 공손오와 함께 모두 흉노를 치다.[25]	
태시 원년[26]		8		
2년		9		
3년		10		어사대부 포승지(暴勝之)
4년		11		
정화 원년	겨울, 공손하가 무고(巫蠱)에 걸려 죽다.	12		
2년	7월 임오일, 태자가 군대를 발동해 유격장군 한열과 사자 강충(江充)을 죽이다.	3월 정사일, 탁군 태수 유굴리(劉屈氂)가 승상이 되어 팽성후(彭城侯)에 봉해지다.		어사대부 상구성(商丘成)
3년	6월, 유굴리가 무고(巫蠱)로 참형을 당하다.	2	봄, 이사장군 이광리가 삭방에서 출진했다가 병사들을 이끌고 오랑캐에 투항하다. 중합후(重合侯) 망통(莽通)이 주천(酒泉)에서, 어사대부 상구성이 하서(河西)에서 출진해 흉노를 치다.	
4년		6월 정사일, 대홍려 전천추(田千秋)가 승상이 되어 부민후(富民侯)에 봉해지다.		
후원 원년		2		

25) 【색은(索隱)】 인우는 땅 이름이다.

26) 【색은(索隱)】 이하는 저선생이 보충한 것이다.

기년(紀年)	큰 사건 기록	재상위(宰相位)	장군위(將軍位)	어사대부위 (御史大夫位)
2년		3	2월 기사일, 광록대부 곽광(霍光)이 대장군이 되어 박륙후(博陸侯)에 봉해지고 도위 김일제(金日磾)가 거기장군이 되어 투후(秺侯)에 봉해지고 태복 안양후(安陽侯) 상관걸(上官桀)이 대장군이 되다.	
효소 시원(始元) 원년		4	9월, 김일제가 졸하다.	
2년		5		
3년		6		
4년		7	3월 계유일, 위위 왕망(王莽)이 좌장군이 되고 기도위 상관안(上官安)이 거기장군이 되다.	
5년		8		
6년		9		
원봉(元鳳) 원년		10	9월 경오일, 광록훈 장안세(張安世)가 우장군이 되다.	어사대부 왕흔(王訢)
2년		11		
3년		12	12월 경인일, 중랑장 범명우(范明友)가 도요(度遼)장군이 되어 오환(烏桓)을 치다.	
4년	3월 갑술일, 전천추가 졸하다.	3월 을축일, 어사대부 왕흔이 승상이 되어 부춘후(富春侯)에 봉해지다.		어사대부 양창(楊敞)
5년	12월 경술일, 왕흔이 졸하다.	2		
6년		11월 을축일, 어사대부 양창이 승상이 되어 안평후(安平侯)에 봉해지다.	9월 경인일, 위위 평릉후(平陵侯) 범명우가 도요장군이 되어 오환을 치다.	

기년(紀年)	큰 사건 기록	재상위(宰相位)	장군위(將軍位)	어사대부위(御史大夫位)
원평(元平) 원년	양창이 졸하다.	9월 무술일, 어사대부 채의(蔡義)가 승상이 되어 양평후(陽平侯)에 봉해지다.	4월 갑신일, 광록대부 용액후 한증(韓曾)이 전장군이 되다. 5월 정유일, 수형도위(水衡都尉) 조충국(趙充國)이 후장군이 되고 우장군 장안세가 거기장군이 되다.	어사대부 창수후(昌水侯) 전광명(田廣明)
효선 본시(本始) 원년		2		
2년		3	7월 경인일, 어사대부 전광명이 기련장군, 용액후 한증이 후장군, 영평후(營平侯) 조충국이 포류(蒲類)장군, 도요장군 평릉후 범명우가 운중(雲中) 태수, 부민후 전순(田順)이 호아(虎牙)장군이 되어 모두 흉노를 치다.	
3년	3월 무자일, 황후가 붕하다. 6월 을축일, 채의가 훙하다.	6월 갑진일, 장신소부(長信少府) 위현(韋賢)이 승상이 되어 부양후(扶陽侯)에 봉해지다.	전광명·전순이 오랑캐를 치고 돌아와 둘 다 자살하다. 조충국의 장군 인장을 빼앗다.	어사대부 위상(魏相)
4년	10월 을묘일, 곽후(霍后)를 세우다.	2		
지절(地節) 원년		3		
2년		4 3월 경오일, 장군 곽광이 졸하다.	2월 정묘일, 시중 중랑장 곽우(霍禹)가 우장군이 되다.	
3년	태자를 세우다. 5월 갑신일, 위현이 나이가 많아 물러나니 금 100근을 내려주다.	6월 임진일, 어사대부 위상이 승상이 되어 고평후(高平侯)에 봉해지다.	7월, 장안세가 대사마(大司馬) 위장군(衛將軍), 곽우가 대사마가 되다.	어사대부 병길(邴吉)
4년		2 7월 임인일, 곽우가 허리가 잘리는 요참형에 처해지다.		
원강(元康) 원년		3		
2년		4		

기년(紀年)	큰 사건 기록	재상위(宰相位)	장군위(將軍位)	어사대부위 (御史大夫位)
3년		5		
4년		6 8월 병인일, 장안세가 졸하다.		
신작(神爵) 원년	상이 감천(甘泉)의 태치(太畤)와 분음(汾陰)의 후토(后土)에 교제사를 지내다.	7	4월, 낙성후 허연수(許延壽)가 강노(强弩)장군이 되다. 후장군 조충국이 강(羌)을 치다. 주천 태수 신무현(辛武賢)이 파강(破羌)장군이 되다. 한증이 대사마 거기장군이 되다.	
2년	상이 옹(雍)의 오치(五畤)에 교제사를 지내다. 대우(祋祤)에서 보배로운 벽옥과 옥기가 나오다.	8		
3년	3월, 위상이 졸하다.	4월 무술일, 어사대부 병길이 승상이 되어 박양후(博陽侯)에 봉해지다.		어사대부 소망지(蕭望之)
4년		2		
오봉(五鳳) 원년		3		
2년		4 5월 기축일, 한증이 졸하다.	5월, 허연수가 대사마 거기장군이 되다.	어사대부 황패(黃霸)
3년	정월, 병길이 졸하다.	3월 임신일, 어사대부 황패가 승상이 되어 건성후(建成侯)에 봉해지다.		어사대부 두연년(杜延年)
4년		2		
감로(甘露) 원년		3 3월 정미일, 허연수가 졸하다.		
2년	사형죄가 아닌 죄수들을 사명하고 연로한 사람과 환과고독(鰥寡孤獨)에게 비단과 여자와 소와 술을 내려주다.	4		어사대부 우정국(于定國)
3년	3월 기축일, 황패가 훙하다.	7월 정사일, 어사대부 우정국이 승상이 되어 서평후(西平侯)에 봉해지다.		태복 진만년(陳萬䄵)이 어사대부가 되다.

기년(紀年)	큰 사건 기록	재상위(宰相位)	장군위(將軍位)	어사대부위 (御史大夫位)
4년		2		
황룡(黃龍) 원년		3	낙릉후(樂陵侯) 사자장(史子長)이 대사마 거기장군이 되다. 태자태부 소망지가 전장군이 되다.	
효원 초원 (初元) 원년		4		
2년		5		
3년		6	12월, 집금오(執金吾) 풍봉세(馮奉世)가 우장군이 되다.	
4년		7		
5년		8	2월 정사일, 평은후(平恩侯) 허가(許嘉)가 좌장군이 되다.	중소부(中少府) 공우(貢禹)가 어사대부가 되다. 12월 정미일, 장신소부 설광덕(薛廣德)이 어사대부가 되다.
영광(永光) 원년	10월 무인일, 우정국이 면직되다.	9 7월, 사자장이 면직되어 사저로 가다.	9월, 위위 평창후(平昌侯) 왕접(王接)이 대사마 거기장군이 되다. 2월, 설광덕이 면직되다.	7월, 태자 태부 위현성(韋玄成)이 어사대부가 되다.
2년	3월 임술일 초하루, 일식이 일어나다.	2월 정유일, 어사대부 위현성이 승상이 되어 부양후(扶陽侯)에 봉해지다. 승상 위현의 아들이다.	7월, 태상 임천추(任千秋)가 분무(奮武)장군이 되어 서강(西羌)을 치고 운중 태수 한차군(韓次君)이 건위(建威)장군이 되어 강(羌)을 치다. 그 후로 행군하지 않다.	2월 정유일, 우부풍(右扶風) 정홍(鄭弘)이 어사대부가 되다.
3년		2	우장군 평은후 허가가 거기장군 시중, 광록대부 낙창후(樂昌侯) 왕상(王商)이 우장군, 우장군 풍봉세가 좌장군이 되다.	
4년		3		
5년		4		
건소(建昭) 원년		5		

기년(紀年)	큰 사건 기록	재상위(宰相位)	장군위(將軍位)	어사대부위 (御史大夫位)
2년		6		정홍이 면직되다. 광록훈 광형(匡衡)이 어사대부가 되다.
3년	6월 갑진일, 위현성이 훙하다.	7월 계해일, 어사대부 광형이 승상이 되어 낙안후(樂安侯)에 봉해지다.		위위(衛尉) 파연수(繁延壽)가 어사대부가 되다.
4년		2		
5년		3		
경녕(竟寧) 원년		4	6월 기미일, 위위 양평후(楊平侯) 왕봉(王鳳)이 대사마 대장군이 되다.	파연수가 졸하다. 3월 병인일, 태자소부 장담(張譚)이 어사대부가 되다.
효성 건시 (建始) 원년		5		
2년		6		
3년	12월 정축일, 광형이 면직되다.	7 8월 계축일, 광록훈을 보내 허가(許嘉)에게 조서를 내려 인수(印綬)를 반납도록 하고 면직해 금 200근을 내려주다.	10월, 우장군 낙창후 왕상이 광록대부 겸 우장군, 집금오 익양후(弋陽侯) 임천추(任千秋)가 우장군이 되다.	장담이 면직되다. 정위(廷尉) 윤충(尹忠)이 어사대부가 되다.
4년		3월 갑신일, 우장군 낙창후 왕상이 우승상이 되다.	임천추가 좌장군, 장락(長樂) 위위(衛尉) 사단(史丹)이 우장군이 되다.	10월 기해일, 윤충이 스스로 찔러 죽다. 소부 장충(張忠)이 어사대부가 되다.
하평(河平) 원년		2		
2년		3		
3년		4	10월 신묘일, 사단이 좌장군이 되고 태복 평안후(平安侯) 왕장(王章)이 우장군이 되다.	
4년	4월 임인일, 우승상 왕상이 면직되다.	6월 병오일, 제리산기(諸吏散騎) 광록대부 장우(張禹)가 승상이 되다.		
양삭(陽朔) 원년		2		

기년(紀年)	큰 사건 기록	재상위(宰相位)	장군위(將軍位)	어사대부위 (御史大夫位)
2년		**3**	장충이 졸하다.	6월, 태복 왕음(王音)이 어사대부가 되다.
3년			9월 갑자일,어사대부 왕음이 거기장군이 되다.	10월 을묘일, 광록훈 우영(于永)이 어사대부가 되다.
4년		7월 을축일, 우장군 광록훈 평안후 왕장이 졸하다.	윤달 임술일, 우영이 졸하다.	
홍가(鴻嘉) 원년	3월, 장우가 졸하다.	4월 경진일, 설선(薛宣)이 승상이 되다.		

27)

27) **【색은술찬(索隱述贊)】** 고조가 처음 일어났을 때[高祖初起]/여러 영웅도 더불어 봉기했다네[嘯命群雄]/천하가 아직 평정되지 않았을 때[天下未定]/우리 한중에서 왕 노릇했도다[王我漢中]/웅걸 셋 이미 얻으니[三傑旣得]/여섯 가지 기략으로 공로를 바쳤구나[六奇獻功]/장한이 이미 격파되자[章邯已破]/소하는 함양에 궁궐을 지었다네[蕭何築宮]/주발은 두텁고 진중했고[周勃厚重]/주허후 지극한 충성 다했도다[朱虛至忠]/평진후 공손홍 재상이 되었고[平津作相]/조후 주아부는 병권을 쥐었도다[條侯總戎]/병길과 위상 나란히 뜻을 세워[丙魏立志]/몸 바쳐 정사를 바로잡았다네[湯堯飾躬]/천한 연간 이후로는[天漢之後]/공로가 없이도 표에 서술되었구나[表述非功]!

KI신서 16196

이한우의 사기 3
표(表) 권13-권22

1판 1쇄 인쇄 2026년 3월 13일
1판 1쇄 발행 2026년 4월 1일

지은이 사마천
옮긴이 이한우
펴낸이 김영곤
펴낸곳 ㈜북이십일 21세기북스

서가명강팀 팀장 양으녕 **책임편집** 서진교 **마케팅** 김주현
디자인 푸른나무디자인
마케팅영업부문 정지은
영업팀 김지윤 강경남 김도연
e-커머스팀 장철용 명인수 황성진
제작팀 이영민 권경민

출판등록 2000년 5월 6일 제406-2003-061호
주소 (10881) 경기도 파주시 회동길 201(문발동)
대표전화 031-955-2100 **팩스** 031-955-2151 **이메일** book21@book21.co.kr

(주)북이십일 경계를 허무는 콘텐츠 리더

21세기북스 채널에서 도서 정보와 다양한 영상자료, 이벤트를 만나세요!
페이스북 facebook.com/jiinpill21 **포스트** post.naver.com/21c_editors
유튜브 youtube.com/book21pub **인스타그램** instagram.com/jiinpill21
홈페이지 www.book21.com

당신의 일상을 빛내줄 탐나는 탐구 생활 〈탐탐〉
21세기북스 채널에서 취미생활자들을 위한 유익한 정보를 만나보세요!

ⓒ 이한우, 2026
ISBN 979-11-7357-896-0 (04910)
      979-11-7357-893-9 (04910) (세트)